U0692659

中國歷史文集叢刊

抱經堂文集

〔清〕盧文弨 著
王文錦 點校

中華書局

圖書在版編目(CIP)數據

抱經堂文集/(清)盧文弨著,王文錦點校.—北京:中華書局,1990.6(2015.8重印)
(中國歷史文集叢刊)
ISBN 978-7-101-00153-2

Ⅰ.抱… Ⅱ.①盧…②王… Ⅲ.盧文弨(1717~1795)-文集 Ⅳ.Z429.49

中國版本圖書館CIP數據核字(2006)第026196號

抱 經 堂 文 集

〔清〕盧文弨 著

王文錦 點校

*

中 華 書 局 出 版 發 行

(北京市豐臺區太平橋西里38號 100073)

http://www.zhbc.com.cn

E-mail:zhbc@zhbc.com.cn

北京天來印務有限公司印刷

*

850×1168毫米 1/32・15⅝印張・2插頁・325千字

1990年6月第1版 2015年8月北京第3次印刷

印數:3501-5500冊 定價:58.00元

ISBN 978-7-101-00153-2

前言

這部三十四卷的抱經堂文集，彙集了清代學者盧文弨的各類文章三百九十五篇。嚴元照晦庵學文卷八書盧抱經先生札記後説，盧文弨「垂殁之年始以文集付梓，未及五之一，即下世。錢塘梁山舟侍講出白金五十兩，布告同人佽之，年餘刊成五十卷。予家離杭百里而遥，不獲與校讎。其編次芟汰有不可解者」。又説：「予向先生二子借手稿，將爲更定一本，以報先生。二子固不肯。未幾即散落書估手，不復可聚。已矣，復何言。使先生遲一二年殁，得手定之，豈至於此。」現在行世的這部三十四卷本的文集，僅是盧氏全部文章中的一小部分，大部分已散佚，連編次失當的五十卷本也見不到了。

盧文弨字紹弓，號磯漁，又號檠齋，晚更號抱經，浙江杭州人，生於公元一七一七年，死於一七九六年。簡歷是：清乾隆三年，中順天鄉試。七年，考授内閣中書。十七年，以一甲第三人成進士，授翰林院編修。二十二年，命尚書房行走。二十三年，署日講起居注官，陞左春坊右中允、翰林院侍讀。二十九年，陞翰林院侍讀學士。三十年，充廣東鄉試正考官。三十一年，會試同考官，提督湖南學政。三十三年，以條陳學政事不合朝廷意，降調還都。三十四年，辭官回故里，時年五十四歲。此後歷主鍾山紫陽書院及崇文、龍城、婁東、暨陽、晉陽各書院講席，長期從事教育和學術活動。乾隆六十年逝世，享年七十九歲。

盧文弨生活在雍正、乾隆兩朝。那時候政局比較穩定，文苑儒林也是羣芳争艷。從這部文集中，我們可以看到盧氏同當時的傑出學者如戴震、王念孫、段玉裁、翁方綱、錢大昕、秦蕙田、桂馥、梁玉繩、汪中等人都有交往、切磋。他本人以校勘名家，夙爲學界所推重。

我們中國的古籍，自古至今，迭遭天災人禍，所失已多。其間，幸而有熱心人從事蒐集、保存、校理、繕寫、傳刻，才有一部分得以世代相傳，使民族的文化遺産不致蕩然無存，先人的思想面貌不致全歸澌滅。生活在十八世紀的盧文弨，就是一位以極大的熱忱、用畢生的精力獻身於古籍整理工作的學者。

盧氏一生校定了許多重要古籍。鏤板行世的有經典釋文、孟子音義、逸周書、賈誼新書、春秋繁露、方言、白虎通、荀子、吕氏春秋、韓詩外傳、獨斷和儀禮注疏詳校等書。另外，採納梁玉繩建議，將三十八種古籍，以摘字詞加校注的方式彙刻成書，名曰羣書拾補。盧氏校勘精審，他留下來的這批校勘成果，也是一項珍貴的文化遺産。

盧氏一生精力瘁於校書，不暇專門著述。除文集外，有鍾山札記四卷，龍山札記三卷，讀史札記一卷。

從這部文集中，我們可以看出盧文弨在校勘古籍方面何以能够做出這樣卓越的成績。他愛這項工作可以説已經到了嗜之成性的境界。他説自己「於世間技藝，一無所能。童時喜抄書，少長漸喜校書」（卷七羣書拾補小引，下同）。即使在做官的年代，也是「退直之暇，兹事不廢」。別人嘲諷他：「人之讀書，求己有益耳；若子所爲，書并受益矣。」他不措意。及至有人斥之爲「玩物喪志」，他的心亦未嘗不「怦怦有動於中」。然而「輟之，遂覺闕然有所失。斯實性之所近，終不可以復反」。他選擇和認定了這條路，就心安理得的走下去了，從少壯至衰老，五六十年如一日，讀書不懈，校書不懈。他對古籍整理的責任感，越來越强烈，他在卷十李軌注揚子法言跋中説：「余今年七十有六矣，目眵神昏，而復自力爲此，亦不專望於子孫，第使古人之遺編完善，悉復其舊，俾後之學者亦獲得見完書，於余懷不大愜哉！」認真的校勘是爲了保證古籍高質量的流播和傳世，並不簡單，盧文弨是勝任這項工作的。讀這部文集，我們可以看出，他經書小學功底深厚，博學洽聞。盧氏指導晚輩用功的途徑是「六經之外，如爾雅、説文、史記、漢書，皆所當讀也。然後博覽羣書，其不解者鮮矣。此言初聽若迂，然細審之，事無有捷於此者」（卷十七與從子掌絲書）。他本人就是這樣走過來的。可以説，除客觀條件外，扎實的學問功底，長期不懈的讀書和校讎實踐，整理祖國文化遺産的濃厚興趣，沾溉後學的極大熱忱，是他校勘古籍做出優異成績的主要原因。

盧氏的序跋書信，在文集中佔很大比重，這是最有價值的部分。作者古籍知識豐富，見解高明，特别是他的校理經驗，最值得注意和借鑑。摘録些文句看看：

「古來所傳經典，類非一本。陸氏所見與賈、孔諸人所見本不盡同。今取陸氏書附於注疏本中，非强彼以就此，即强此以就彼，欲省兩讀，翻致兩傷」（卷二重雕經典釋文緣起）。這是説，不是單傳的經典，後人不能在文字上强爲劃一。

「觀漢魏以上書，每有一事至四五見，而傳聞互異，讀者皆當用此法以治之，相形而不相掩斯善矣」（卷二十與王懷祖庶常論校正大戴禮記書）。這是說，同是一事，各書記載有異，需儘量各存其舊。

「大凡昔人援引古書，不盡如本文，故校正羣籍，自當先從本書相傳舊本爲定」（卷二十與丁小雅進士論校正方言書）。這是說，整理某書，必須把本書的版本校放在第一位上，輔之以他校，不能本末倒置。

「今之所貴於宋本者，謂經屢寫則必不逮前時也。然書之失真，亦每由於宋人。宋人每好逞臆見而改舊文」（卷二重雕經典釋文緣起）。這是說，整理古籍要充分尊重宋本，但也不要佞宋。

「宋以前所增竄者，疑亦不少，此則不敢去，恐其陽穅及米也」（卷十書校本賈誼新書後）。這是說，凡懷疑是古人增竄之處，不能擅刪，否則就難免損真。

「不斷之以理，而惟誤書之是信，夫豈可哉」（卷二〇與王懷祖庶常論校正大戴禮記書）。這是說，雖古本、善本也不能盲信盲從。

「其義得兩通則仍而不革，慮其損真也」（卷三校本韓詩外傳序）。這是說，要盡量尊重本書原貌，不要輕易改動。

「張刻本固不佳，然其晦滯驟難曉處，轉恐似本文。趙本、凌本乃文從字順，安知非後人不得其解而以意更定者乎」（卷十書韓非子後）。這是說，時代風格不同，作者文筆各異，後人傳刻古書每有修改原文者，文字順了，原貌丟了，這樣要不得。

「删訂之説，在成書之時則可，在後人又難以輕議爲也」（卷十一書七脩類稿後）；「愚意不敢即據以更改此書者，則以校書之與著書不同」（卷二十與陳立三上舍書）。這是説，校改不是修改，更不同於著書。

「校讎之功如去疾焉，期於盡而後止」（卷五鮑氏知不足齋叢書序）。這是説，校勘要認真嚴肅，細緻耐心，一字一句不能輕易放過。

文集中像這類有關校勘古書的精言粹語，是很多的。盧氏的經驗之談，對今天古籍整理工作者來説，很有指導意義，不能忽視。

我點校的這部抱經堂文集，用四部叢刊本（上海涵芬樓借閩縣李氏觀槿齋藏原刊本影印）作底本，取民國十二年北京直隸書局影印乾隆六十年刊本進行了通校。兩本雖然都是影印本，而直隸書局本錯字較多，當是影印前「加工」致誤者，這類不出校。個别地方，四部叢刊本誤而直隸書局本不誤者，則改字出校。確知書中避清諱、避孔子諱的地方，就逕改成本字；有缺筆者，補足筆畫，這類都不出校。書中凡避家諱的地方，作者每有小字注明，這類都一仍其舊。這個點校本共校改三十餘處，統於書後出校，一一注明頁數行數，而正文不再添加校記數碼。原書總目後有助梓姓氏和校訂姓氏名單，每卷第二行下半行都題有「東里盧文弨紹弓」字樣，每卷末行上端都標注抱經堂文集卷數，下端都刻有弟子某人校等字樣。這個點校排印本將這些都予删省。爲了方便讀者，書後附録了兩篇資料。

盧文弨學問淵博，文章典雅。我們點校他的文集，雖尚認真，惟因學殖淺陋，難免誤校錯標，塵穢原著。敬請讀者和專家熱心指正，以利於我們再版修訂。

王文錦

皇清誥授朝議大夫前日講起居注官翰林院侍讀學士抱經先生盧公墓誌銘

賜進士出身資政大夫内閣侍讀學士前内閣學士兼禮部侍郎大興翁方綱并書

公姓盧氏，諱文弨，字紹弓，號磯漁，又號檠齋，晚更號弓父。抱經，其堂顔也。人稱曰抱經先生。其先自范陽遷越，又自餘姚遷居於杭。曾祖承芳，建平令。祖之翰。父存心，恩貢生，應試宏辭科。公以乾隆戊午中順天鄉試。壬戌，授内閣中書。壬申，一甲第三人進士，授編修。丁丑，會試同考官、尚書房行走。戊寅，署日講起居注官，陞左春坊左中允、翰林院侍讀。甲申，陞翰林院侍讀學士。乙酉，主廣東鄉試。丙戌，會試同考官，視湖南學政。戊子，以條陳學政事，降調還都，旋假歸里。至壬子，猶賦重游泮宫詩。年七十九而卒。公前後在中書十年，在翰林十有七年。又前後掌鍾山紫陽書院及崇文、龍城、婁東、暨陽、晉陽壘主講席，著録稱極盛焉。公精於校讎。於陸氏經典釋文，取宋本參校，又別爲攷證附本書後。又於逸周書、孟子音義、賈誼新書、春秋繁露、方言、白虎通、西京雜記、蔡邕獨斷諸書，皆彙諸家校本，詳勘刊正。又於友朋相質，若荀子、吕氏春秋、釋名、韓詩外傳、顔氏家訓、封氏聞見記、左傳古義、謝宣城集，皆手加是正。又於五經正義表，若周易、禮記注疏，若吕氏讀詩記，若魏書、宋史、金史，若新唐書糺謬，若列子、申鑒、新序、新論，諸本脱漏者，咸加薈萃，曰羣書拾補，并繫以校語。公精研許氏説文，晚復雅意金石文字之學，所著述古文集外，有廣雅注釋，訂正儀禮注疏、史記索隱，而鍾山、龍城札記及其他題跋件繫攷證之書，不可勝記。即以秀水朱氏經義攷公所補正手書莒稾以寄方綱出於方綱所補正千餘條之外者，此尚皆未刊行者也。公爲人方嚴誠篤，事親孝，與人忠，其殫竭心力爲人所難能者，筆不勝書。而方綱於其嗣君之請志墓，專詳於所訂諸書者，校讎經籍之功，近世儒林之所少也。公生康熙丁酉六月三日，卒於乾隆乙卯十一月二十八日。娶桑氏，繼娶謝氏、楊氏。子男四：慶詒附監生，武謀監生，慶鍾、慶録。女四。孫男一。以嘉慶元年十二月葬于芝芳橋之原。

銘曰：

盧氏系出，稽自范陽。大小戴記，解詁始詳。淵矣先生，後先相望。緝之禮注，功續議郎。整齊百家，訓故三倉。包羅羣粹，攟摭衆長。先生精靈，汗竹有光。須友之齋，康成禮堂。學海長瀾，環匯於杭。詒厥後人，湖山澤長。

翰林院侍讀學士盧公墓誌銘

金壇段玉裁撰

公諱文弨，字紹弓，號抱經。其先自餘姚遷杭州。曾祖父承芳，明末建平令，有治績。祖父之翰，有春柳堂詩。父存心，恩貢生，召試博學鴻詞，有白雲詩文集。母馮太恭人，馮先生景女也。公生而穎異，擩染庭訓，又漸涵於外王父之緒論。長則桑先生調元壻而師之。馮、桑二公皆浙中懋學之士，故其學具有原本。乾隆戊午，舉順天鄉試。壬戌，考授内閣中書。壬申，以一甲第三人成進士，授翰林院編修。丁丑，命尚書房行走。遂由左春坊左中允洊陞翰林院侍讀學士，爲乙酉廣東正典試，旋提督湖南學政。戊子，以學政言事不當，例議左遷。明年，先生以繼母張太恭人年高，遂請歸養，時年五十有四。

公好校書，終身未嘗廢。在中書十年及在尚書房與歸田後主講四方書院凡二十餘年，雖耄，孳孳無怠。早昧爽而起，繙閱點勘，朱墨竝作，几閒闃闃無置茗盌處。日且冥，甫出户散步庭中，俄而篝燈如故，至夜半而後即安。祁寒酷暑不稍閒。官俸脯脩所入，不治生産，僅以購書。聞有舊本，必借鈔之；聞有善説，必謹録之。一策之間，分別迻寫諸本之乖異，字細而必工。今抱經堂藏書數萬卷皆是也。校讎之事，自漢劉向、揚雄，後至聖朝極盛。公自以家居無補於國，而以刊定之書惠學者，亦足以裨益右文之治。出所定經典釋文、孟子音義、逸周書、賈誼新書、春秋繁露、方言、白虎通、荀卿子、吕氏春秋、韓詩外傳、獨斷諸善本，鏤版行世。又苦鏤板難多，則合經史子集三十八種，如經典釋文例，摘字而注之，名曰羣書拾補以行世。所自爲書，有文集三十四卷，儀禮注疏詳校十七卷，鍾山札記四卷，龍城札記三卷，廣雅釋天已下注二卷。皆使學者諟正積非，蓄疑涣釋。向時棄官歸，天下爲公惜之。然犨摩歲月，衣被將來，昌黎子云：「雖爲將相於一時，以彼易此，孰得孰失，必有能議之者。」公治經有不可磨之論，其言曰：「唐人之爲義疏也，本單行，不與經注合。單行經注，唐以後尚多善本。自宋後附疏於經注，而所附之經注，非必孔、賈諸人所據之本也，則兩相鉏鋙矣。南宋後又附經典釋文於注疏間，而陸氏所據之經注，又非孔、賈諸人所據也，則鉏鋙更多矣。淺人必比而同之，則彼此互改，多失其真，有改之不盡以滋其鉏鋙者，故注疏釋文合刻似便而非古法也。」其讀書特識類如此。公生於康熙丁酉六月初三日，卒於常州龍城書院，乾隆乙卯十一月廿八日也，年七十有九。平生事親孝謹，年七十三喪繼母，猶盡禮，與弟詔音友愛，篤於師友之誼，皆鄉邦所共信者。配桑氏、謝氏、楊氏。子四人，慶詒、武謀皆太學生，慶詒踵公没，武謀早逝，慶鍾、慶録皆業儒。女四人，適庠生周方岳、江寧府知府李堯棟、舉人陳春華、庠生朱元爔。孫男一人能庸，孫女二人。公之没也，無以爲家。公之執友有爲謀以抱經堂書數萬卷歸有力，有力佽助其家，待公子孫如約取歸，如南陽井公與晁昭德故事。慶鍾、慶録曰：「先人手澤存焉，雖貧，安忍一日離也。」烏呼！公可謂有子矣。嘉慶元年十一月廿四日，與桑、謝、楊三恭人合葬仁和芝芳橋之原。公之弟子臧鏞堂以公與余相知最深，來請銘。銘曰：

先生與余交忘年。一字剖析歡開顔。十年知己情則堅。先生一去予介然。歸於其宮神理緜。其書可讀其澤延。

抱經堂文集目録

卷四

序三

卷五

序四

卷六

序五

卷七

題辭

卷八

跋一

卷九

跋二

卷十

跋三

卷十一

跋四

卷十二

跋五

卷十三

跋六

卷十四

跋七

卷十五

跋八

卷十六

跋九

卷十七

卷十八

卷十九

卷三十三

墓誌銘

卷三十四

墓誌銘

乙卯之春，抱經先生整比自著文集，至冬十一月已刻成二十五帙，尚未定卷次先後，而先生遽歸道山。鮑君以文力任剞劂，蕆工，以鯤與先生有知己之感，因屬校讎。末學膚淺，豈足窺先生之奧窔。幸孫頤谷侍御相與商搉采選，指示體裁，又與桑孝廉典林定標目之例，去取嚴審，庶無遺憾。然先生餘稾尚夥，其續刻十餘卷，當諈諉梁君曜北定之，梁君亦誼不容辭也。憶先生嘗言前輩文集有係後人編次者，體例多未盡善，故於垂暮之年，手編付梓，以及見書成爲幸。乃此志未遂，留恨而殁，嗚呼惜哉！嘉慶二年秋七月，蕭山後學徐鯤謹識。

抱經堂文集卷第一

對策　朝考卷　散館卷

應殿試策 壬申

制曰：「朕紹承大統，撫御萬邦，宵旰孜孜，勤求治理，所冀内外臣工靖共爾位，閭閻黎庶共慶盈寧，羣材之登進日隆，邊境之敉寧益永，庶幾海内臣民共登上理焉。顧官方或未盡肅，民食或未盡豐，取士之術猶疎，邊圉之防未備，將何以整綱飭紀以臻郅隆之治與國家設官分職所藉以熙績亮工、宣上德而達下情也？唐虞之世，五臣四岳九官十二牧，師師濟濟一堂之上，同寅協恭，用能明良喜起，成中天之盛治。然雖有都俞，不廢吁咈，一時動色相戒者，猶以叢脞爲虞。觀『賡拜』、『颺言』、『慎乃憲』、『屢省乃成』，其交相責者何至也！朕日以修和之盛，望之内外大小臣工，顧因循瞻顧之私，或猶有未盡化者，官方之砥礪其道奚從？農者，天下之大本也。德惟善政，政在養民，開其資財之道，斯以蓄積多而備先具。周家穡事啓國，爰興八百之基，逮至西漢文帝，蠲租勸農之詔屢下，而皆以務本爲兢兢，豈非治要之所在與！今幅員日廣，民生日繁，游惰雜處其閒，雕文刻鏤傷農之事愈興，俗尚奢靡，罔知節儉。

朕勤求民瘼，閭閻之疾苦纖悉周知。偶有偏災，賑恤立沛。然裕民足食之道有不得不深爲計者，今欲重農事而務本計，其道安在？制科取士，所以振淹滯、儲任使也。登明選公，責在有司，鑑空衡平，言乎公則生明也。比年以來，加意釐剔，宜人知畏法，罔敢觸禁矣，而不謂舞弊者之即生於察弊。此雖千百人中僅亦一見，抑或者處士虛聲，恩門年誼，習俗相沿，流風未殄與？司衡者秉校士之任，當使寒畯無淪落之虞，非材絶覬覦之念，斯無負闢門籲俊之盛典。宜何如立法，俾宿弊永蠲以光文治與？國家文德既修，武事必備，防邊固圉，綢繆未然，非以誇遠略也。漢、唐、宋以來，兵制迭更，其閒善否或亦有可採求者與？有必勝之將，無必勝之兵，選將固在所重矣。然將非兵莫與爲用，兵非將莫與爲統，聯屬之方嫺習於平時，誠不可緩。我國家全付所受士宇昄章，亙古罕匹，而將士之勇，韜略之嫻，訓練之精，制勝之神，皆遠過前代。惟是承平日久，或狃於逸樂，易致廢弛，則修明武備以慎固邊圉，所宜豫爲籌論者也。凡此者，上自廟堂，下周鄉國，本保泰持盈之心，籌制治保邦之要。思皇多士，久霑雅化，其以素所蘊蓄者詳著於篇，朕將親覽焉。」

臣對：「臣聞帝王之治天下也，如治巨室然。公卿者，棟梁也。百執事者，茨蓋也。民也者，基址也。士也者，儲蓄也。將帥者，垣墉也。甲兵者，關鍵也。是皆不可不朝念而夕思也。天下至大，百官兆民至衆，與夫庠序之修明，邊圉之鞏固，其事皆萃於人主之一身。而要其所以致治之具無他焉，在慎守其紀綱而已矣。蓋信賞必罰者，治天下之大柄也。以正官方，則忠藎自矢之臣必重其任而善遇之，其背公營私者在所必斥也。以裕民生，則課農務本之吏必著其勞而優奬之，其治理無狀者在所必罷也。以端士習，則上賢以崇德，黜不肖以紺惡，而因言亦當覈其邪正之分。以嚴武備，則選將必取其有謀，練士必取其用命，而有事更必明其功罪之實。此所謂慎守其紀綱者也。蓋雖聖王在上，不能使朝盡無僉壬，野盡無游惰，學校必無辱行之士，四境必無竊發之虞，而其所以卒成至治者，道不越乎此。欽惟皇帝陛下具清明剛健之德，又深以格致誠正之學敬存於宥密，而事協於大中，固已知人善任而作其寅恭，重農薄賦而足其生計，尚經義、崇實學以求有用之才，勤訓練、慎封疆以獲敉寧之效。乃猶聖不自聖，進臣等於廷，而策以整飭官方之道，備裕民食之圖，與夫作士防邊之善術。臣之愚陋，何足以知之。然淸問所及，不棄芻蕘，臣敢不罄其愚衷，以爲拜獻之資乎！

伏讀制策，有曰設官分職所藉以熙績亮工，宜上德而達下情，而因及乎砥礪之有其道。臣惟王者所與共治天下，內有輔弼之臣，外有司牧之職，皆所以承流而宣化也。唐虞之世，五臣九官所以治其內，四岳十二牧所以治其外，師師濟濟，稱極盛矣。而君臣之間，動色相戒，其臣之所以進勉者，必曰無怠無荒，其君之所以倚畀者，必曰予違汝弼，蓋皆以克艱爲心而不敢一刻自暇逸也。夫同寅協恭之義，言君與臣同此敬畏之心也。天命之難諶，民情之難保，雖當太平無事之日，而持盈保泰，彌凜日中之戒。推其心，豈不願有都俞而無吁咈哉！然而不能已者，安危治亂之幾，相爲倚伏，而惟恐失於不及覺，故兢兢乎慎之又慎，然後可以免叢脞之咎，而常保此明良喜起之休風也。惟其同此寅恭之心，故和衷之美亦於斯而見焉，非若以水濟水之謂。苟君所謂可，雖有否焉而亦曰可，君所謂否，雖有可焉而亦曰否，此則因循瞻顧之私，非純臣之所宜居心也。夫臣之所以事君，但當衡之於道，不當承望意旨以爲迎合之計。君之所以察臣，亦惟斷之以道，不當樂其將順以開諛悅之風，則職事得以修舉，而大小臣工自無不精白一心以期報稱矣。

制策又以養民必開其資財之道，斯蓄積多而備先具，而因籌其何以重農事而敦本計。臣惟古者計口受田，故其時無不耕之民，而可以嚴游惰之罰。後世田既不可井授，故閒民之遨於城市者，官不得而稽之，此固勢之所無如何也。然民不可稽而田則可稽。其歲墾成熟者，固無以議爲矣；至若汙萊無主之地，皆當召民認佃，給爲永業，而毋急於陞科，則庶幾無不耕之土矣。臣觀七月之詩，于耜舉趾而婦子往饁，則田畯見其勤而喜之。其著於雅者曰「攸介攸止，烝我髦士」，又曰「禾易長畝，終善且有，曾孫不怒，農夫克敏」。此可見耕雖民事，而亦貴在上者有以勸之也。漢世力田與孝弟竝重，凡朝廷有行慶施惠之典，必首及焉，其重農也如此。今牧民之有司，其亦有知此意者乎？毋亦簿書訟獄之務繁而有所不暇及也？且漢時賈人不得宦爲吏，而七科讁中，則雖大父母有市籍者亦不得免焉，其賤賈人也至矣。而言者猶病其奢侈，令民有不勸耕之心。後世更無此禁，而奇技淫巧相競爲侈靡之習者，大率自賈人開之。愚民慕效，浸成風俗。此其傷農事也實甚。農事傷則饑之本，故一值水旱之不時，而匱絀立見。然則爲今計者，當以課農勸儉之效責之有司，而毋專以聽斷幹辦爲殿最，則耕九餘三之盛，其復見乎！

制策又以制科取士所以振淹滯、儲任使，將令寒畯無淪落之虞，菲材絕覬覦之念，當如何立法以蠲其宿弊。臣惟古者鄉舉里選之制，既已不可復行，而九品中正亦行之不能以無弊。惟試之文詞而定爲糊名易書之制，主司但擇其文理之優者取之，無所牽制於毁譽之口，無所熒惑於愛憎之情，法至善也。然考之唐時，士品之卑汙甚矣。呈身識面自衒自鬻之習，恬然爲之而不怪。司文衡者，初以專官主之，故關防不密，而要挾請託至於再三而不已。此則久於其任之弊也。今主文之人，初無一定，其於防閑之法可謂更精。乃猶有弊習之未革者，利禄之途，人競豔之，下以求知己，上以植私門，且見援引推薦之習古亦有之也，乃遂不顧法禁而冒焉爲之。不知公則生明，理實相因。司文衡者果有爲國得賢之心，而鑑空衡平，憑文取録，雖不能盡無遺才之憾，然才之爲所得者亦應十收八九。苟私其所愛而飾爲憐才之論，無論其所謂才者未必才，而品之不可問已較然矣。此則斷無可寬假者也。雖然，貢舉者取士之法也，而教之則在於平日。誠使師儒之選得其人以充之，使士皆知立品植學而不爲利禄之誘，則其未達也不急於求知，其既達也亦自無徇私舞弊之失矣。

制策又以防邊固圉，綢繆未然，而因豫籌乎兵將之嫻習。臣惟廟堂制勝之略，莫重乎擇將。將苟得人，則訓練有方，行陣整飭，士卒皆服，從其教，懷其惠而畏其威，如是，雖使之蹈水火可也。爲將之道，非唯覈名數，勤操演，遂可以盡其責也。凡山川之險易，道途之紆直，與夫器械之異宜，人材之異適，皆當熟悉於平時。夫然，故舉而用之，真如臂指之相使矣。至考古昔兵制，漢時京師有南北軍，皆郡國之士更番直上。而郡國亦有材官騎士，常以八月爲都試之期。至東漢罷之，論者咸議其失。唐初府兵，本西魏、北周之遺制也。其後屢變，而遂有養兵之費，如宋之所謂長征兵者亦然。平時虛糜物力，而臨事訖不可用，有急復主召募，然亦何可恃耶？今時無屯聚之兵，無專輒之將，內外相維，文武協力，此其所以遠軼前代也。我皇上安不忘危，静而待動，故將驕卒惰之失無有也，黷武窮兵之失亦無有也。然則禦邊之善術，誠莫外乎此矣。不輕遽以徼功，不姑息以養禍，將亦豈能舍是而爲良哉。凡此者，臣以爲風示磨厲之道，皆在上也。要皆由我皇上運健行不息之神，而盡凝命勅幾之實。故惟臣欽若而以成大法小廉之治，惟民丕應而以還力本節用之風，取士必得而砥砆不至濫收，馭將有方而潢池不憂小警，則我國家之治化，自比隆於唐虞矣。臣草茅新進，罔識忌諱，干冒宸嚴，不勝戰慄隕越之至。臣謹對。

朝考：誠無爲幾善惡論 壬申

誠者，天道也。天道無爲，聖人亦無爲。其未至乎聖者，不能純任自然也。其要必在從其發念之始而嚴辨之。故言誠莫詳於中庸，而其首章必先之以慎獨。周子蓋有會於夫子之所言，而因爲之闡其旨曰「誠無爲幾善惡」，斯豈周子之創見哉！嘗試論之：天道一誠而已，而其功用則有陰陽。其在人也，寂然不動之中，衆理悉具，渾然在中者，誠也；而其幾之動也，則有善有惡。善之念當引而伸之，惡之念當銷而去之，夫人莫不謂然。然善固善矣，而善之中有未盡善者焉，亦猶之惡矣，惡固惡矣，而惡之中有實非惡者焉，亦不失爲善矣，是尤在所當察也。何以明之？如欲爲一善事，而或有所爲而爲之，此不已害於誠乎？又如欲殺一人，而實救衆人之命，則剛斷者善而姑息者非善也。故人之善惡，亦如天道之有陰陽，相對待而爲用，人能察幾，則善惡皆可爲吾用矣。且誠之無爲也，亦有其致力者在，戒慎乎其所不睹，恐懼乎其所不聞，此靜養之功也。至發念之始，在乎動靜之交，唯己知之，故謂之獨，喫緊檢點，全在此時。過此以往，則精神方馳鶩於事爲之末，計校於成敗之間，國人舉得議論其得失，而在己反莫識其由來矣。獨之不慎，雖悔焉追？顧欲察幾，必先明理。理不明則以善爲惡，以惡爲善。素未精審，而當幾惡能辨之不爽也！故中庸又言「誠身必先明善」。苟不知此，必有誠非其誠者。大學之言「知至而后意誠」，其亦此意也夫！

朝考：擬察茂材異等詔 壬申

非常之人不世出，朕殊不謂然。愛珠玉者珠玉至，愛千里馬者馬亦至，世未聞乏珠玉與千里馬也。患公卿大夫無與佐朕旁求之念耳。天下至大，人民至衆，朕一人豈能周知。士豈無瑰瑋殊特而無由上聞者乎？其令郡國察茂材異等可爲將相及使絶國者，朕且以觀在位者知人之明焉。

朝考：時政疏 壬申

臣謹奏：臣惟卹吏所以安民，而重內所以寧外，夫張官置吏皆所以爲民也。以畿輔重地，化導撫卹之政，尤當加意，庶編氓不致失所，以慰聖懷。乃臣竊見直隸一省，差務殷繁，自督臣以下，惟知辦差爲考成之要務，而他皆有所未遑及，今且州縣不足而及於教職矣。夫厚其資給，優其陞擢，以効力於公家，亦誰不樂就者，而臣竊聞道路之言，頗以爲畏途者何也？毋乃出納之際、奏銷之例有未盡當其理者歟？蓋銀之給於上者，經易數四而後至於州縣，則恐侵剋之弊未盡絕也。小民之應上差役者，必徵召於月餘之前，聚集守候而後効用於一旦，官但案其聽用之日，給其廩直，則恐賠墊之苦未盡免也。當其任者希苟免於目前，而彌縫於日後，竊恐州縣帑藏所儲未能皆無借動也。幸而太平無事，故不見其利害耳。然臣之愚，竊不勝鰓鰓然抱無窮之慮也。今我皇上深悉貪利侵漁之弊，特嚴虧空之罰，法出而必行，人人曉然知上意矣。如謂皆悍然不顧而甘蹈於法，是豈人情？殆亦勢有不能已者也。夫法行當濟之以恩，伏願我皇上軫念近畿之疾苦，曲體官吏之隱情，舊例之虛糜者可革也。其實不足者，似當酌增之。庶官吏優裕，而小民亦不致重困，國帑亦不至空懸，是在我皇上之特恩矣。臣又案周官司徒均民之力征，辨其車牛可任者，是將齊其勞逸也。今各州縣所辦其上下於吏胥之手者，亦恐不免。伏乞敕下督臣酌議盡善之法，庶官與民皆仰戴仁恩於無既矣。臣狂瞽之見，不識忌諱，干瀆宸嚴，無所逃罪。臣謹奏。

十月滁場詩一首，另編。

散館：責難賦 以繩愆糾繆格其非心爲韻　甲戌

古大臣之致主，曰勳華其可登。維兢兢而業業，若繼繼以承承。苟一心之脗合，將千古而代興。即事陳詞，初何憚於逆耳；因機善導，端有似乎引繩。臣慷慨以効忠，詎曰怒己量主；君殷勤以納諫，寧謂吾力未能。昔孟氏之垂訓，明臣節之宜虔。以難事而相責，欲吾君之仔肩。將以爲主德之準，必求夫君道之全。如天地之幬載，羣生高厚，期於相配；如日月之照臨，萬物軌度，寧可微愆。不擇不辭，思裨益於泰山河海；曰吁曰咈，勤啓迪於廣廈細旃。蓋以臣乃股肱，君實元首。惟一人之天位獨尊，豈百爾之立心可苟。取法乎上，詎降格以相從；卑論無高，即撫躬而多負。是以當鉅大而必争，探隱幽而致糾。將順其美，亦匡救之相參；允執厥中，知危微之待剖。夫然，故君心日以明，主德日以茂。身修言道，範百世而無慙；樂備禮明，考三王而不謬。以人爲鑒，豈徒見其形容；用汝作霖，洵可置諸左右。蓋不惟不苦其難，而且欲亟資其成就也。我皇上鑒成憲以無愆，學古訓而有獲。猶勤汝弼之思，以勵交修之益。置鞀設鐸，覩五聲之在懸；明目達聰，喜四門之咸闢。所其無逸，時致惕於君難；罔或不勤，屢殷懷以自責。此皆聖性之自然，豈藉臣工之感格。若乃有馮有翼，汝明汝爲。進冰淵之危詞，恍如臨而如履；陳帝王之盛軌，爰若驟以若馳。已治而憂其未治，無師而善以爲師。思文武之規，念孫謀之貽厥；述堯舜之道，儼祖武以繩其。於斯時也，何攖鱗之足戒，何苦口之見揮。何脂韋之可尚，何骨骾之羣非。何仗馬寒蟬之可效，何折檻補牘之難希。以爲易而難者旋至，以爲難而易者已幾。蓋觀夫在庭之謇謇諤諤，彌足彰聖治之蕩蕩巍巍。是用作千秋之金鏡，成大寶之鴻箴。勤補袞以勿替，愧撻市之難任。慕汲黯之忠，唯願拾遺補過；守朱子之學，敢忘誠意正心。圖易在思艱，寰宇煥珠囊之彩；主聖則臣直，朝陽聆威鳳之音。

樵夫笑士詩一首，另編。

抱經堂文集卷第二

序一

聖廟樂釋律序丙午

大樂與天地相應，故審音與明時無異理也。康熙年閒司天者，中西各是其說而不相下，廷臣莫能決。聖祖仁皇帝謂不明其理則何以判其爭，於是專精研求於句股乘除之術，而數學於以大明，於是乎有儀象考成之書，而晦朔弦望無不正，合朔中氣無不驗。又推之以定樂，而有律呂正義一書，不泥古法，而獨探天地閒之元聲，爲發千古未發之祕。今上纘緒，悉遵循之以爲準。聖明作述，此誠極千載一時之盛也已。儒者躬被陶淑之化，而不明其理，不究其數，陽景中天而瞽者不見，震雷動物而聾者不聞，不當引以爲深恥乎？嘉定錢君學源塘以名進士爲江寧郡學官，春秋二丁釋奠於文廟，其所職也。因恭閱祭之樂章與其改宮起調之法，而識其所以變通之由，默識神會，著爲一書，名曰聖廟樂釋律，凡四卷。詳列昭代所定律呂之度數於首，以絲竹爲八音之綱領，爲具著其同異焉；以字譜與十二律相配，爲明其晝一焉。以及七調之旋宮，加減之比例，絲竹之遷位，無不條析分明，使人易曉。更以器有長短厚薄，弦有肥瘠，當隨其形質以定譜，不當執一定之譜以槩夫器同而形異者，此尤爲達變之論也。錢君以所居之官盡所居之職，故其言樂律也不泛及焉。然其闡發精微之奥，疏證同異之原，齊而通之，殆亦不外是矣。夫天地之氣正而後樂正，今者七政齊而八風平，協氣旁流，休嘉四塞，樂之和也，即以理推之而可知也。昔孔子歎周文之郁郁，而曰「吾從周」，又非徒斤斤守不倍之義而已。曩曾見蕭山毛氏所著皇言定聲録，亦欽承聖祖論樂之旨。今復覩此書，是其信從也，誠悦服也。其所以導一世之趨而解將來之惑者，不皆重有賴也夫。

丁小疋杰校本鄭注周易序 庚子

鄭康成注周易九卷，唐書藝文志作十卷，至宋崇文總目則僅有一卷而已。鼂、陳兩家皆不著録。南宋説易家所引用，已非全文。至於末年，四明王厚齋迺復爲之裒輯，以成此書。明胡孝轅附梓於李氏集解之後，故凡已見集解者不録。姚叔祥更增補二十五則。皇朝東吴惠定宇棟復加審正，蒐其闕遺，理其次第，益加詳焉。蓋説經之道，貴於擇善而從，不可以專家自囿。況易含萬象，隨所取資，莫不具足。鄭易多論互體。繫辭傳曰：「雜物算德，辨是與非，則非其中爻不備。」又曰：「物相雜故曰文。」此即互體之説所自出。王弼學孤行，遂置不講，而此書亦遂失傳。王氏蒐羣籍而緝綜之功蓋不細，其不能無誤，則以創始者難爲功也。近者歸安丁小疋孝廉復因胡氏、惠氏兩本，重加攷定，舉向來以鄭注易乾鑿度之文羼入者，爲栞去之。以漢書注所云鄭氏，乃即注漢書者，非指康成。又於字之傳譌者，如小畜之「輿説輹」，當作「輹」，夬之「壯于頄」，當作「頯」之，一一正之。又王氏次序本多顛錯，胡氏、惠氏雖迭加更定，而仍有未盡，今皆案鄭易本文爲之整比，復撫補其未備者若干則。扶微振墜，使北海之學大顯於世，此厚齋諸君子之所重有望於後賢者；而丁君實克纘之，非相違也，而相成也，豈與夫矜所獨得以呰謷前人之所短者之可比哉！余於厚齋所輯，若詩攷，若鄭注古文尚書及論語，若左氏賈、服等義，皆嘗訂正。惟詩攷稍加詳。此書雖加瞻涉，然精力不及丁君遠甚。今覩此本，老眼爲之豁然增明。歸時攜以諗吾黨之有力者，合梓之爲王氏經學五書，知必有應者乎！至於字音，鄭氏時未有反語，及直音某字爲某者，後人因其義而知其讀，或去其比況之難曉者，而易以翻切之法，以便學者。雖非元文，要爲根本於鄭，不可廢也。夫此書收拾於亡佚之餘，復經二三君子之博稽精覈，而後得以完然無憾。百世下讀是書者，其寶之哉！

王厚齋輯鄭氏注尚書序丁酉

鄭康成注尚書九卷，舊唐書猶著録，然自隋以來，其學寖微，故祕府一失其本，而世遂無有傳之者。鄭氏之於書，自不及三禮之精。書前有孔安國之傳，後有蔡九峯之注，故人視鄭氏之亡，益不足惜。雖然，一人之見豈能盡得事理之精詳，而無遺憾衆家之言，猶必兼採擇焉。況鄭氏漢之大儒，今所傳，自詩、禮之外，若易、孝經、論語及此書之注，皆寂蔑無聞，使後生不見古義，豈非一恨事哉！宋厚齋王氏辛勤掇拾於墜失之餘，於易輯爲三卷，於論語輯爲二卷，於尚書更輯成十一卷，尤班班可考。其釋五禮之異，於舜典則曰「公侯伯子男朝聘之禮」，於皋陶謨則曰「天子諸侯卿大夫士庶民」，蓋周監二代，儀文始備，於是乎有吉凶軍賓嘉之五禮。其源雖皆昉於唐虞，而當其時未必能詳也。在巡守則言五等諸侯朝聘之禮爲切，而論其大常，則自當以上下各有等衰者言之。其釋金三品爲銅三色。古者唯銅之用最廣，而以之作貢，必不責以難得之貨。孔傳言金銀銅。金銀非民閒所常用也。他如作服十二章、州十二師，鄭注皆勝孔氏。他或不皆然，則在讀者自擇之耳。昔虞仲翔條鄭解尚書違失事目以奏吳主云：「顧命康王執瑁，古『冃』似『同』，從誤作『同』，訓爲酒杯。洮頮爲濯，以爲澣衣成事。又古大篆『丣』字，讀當爲『桺』，古桺丣同字，而以爲昧。『分北三苗』，『北』古『別』字，又訓北，言北猶別也。於此數事，誤莫大焉，宜命學官定此三事。」今考王氏於虞所舉者，皆不載入。余讀書正義，見所引鄭注，此書亦閒有漏略者，此則余爲補之，而他書力未能徧及也。鄭氏易近世已梓行矣。此書與論語注，江寧嚴侍讀用晦長明得自秦中故家，欲與王氏所輯左傳賈服義竝爲雕版以傳，與吾夫子信好之旨知皆必有當也。鄭氏又注尚書大傳，朱錫鬯作經義考時謂其已佚，而今尚有四卷之書，見在德水盧氏，所鐫本雖亦未全，然必非後人所能僞撰也。然則天下之大，安知鄭氏所注諸書若尚書，若論語，若孝經，世閒無尚有留遺者在乎？余不禁慨然有餘望焉。

尚書大傳考異補遺序 戊寅

尚書大傳三卷，宋志猶載之，近代學士大夫多不聞有是書。吾鄉孫晴川氏之騄嘗於羣書中鈔撮薈萃，釐爲三卷，以求合於前志之數，其用力可謂勤矣。文弨嘗得其書而讀之。如洪範五行傳不及文獻通考所載之詳，而其閒又有以向、歆之文闌入之者，與伏生書大不類。至若「戕耆」「甫刑」，仍作「戡黎」「吕刑」，而又無臩命。思欲因其規模，少加增損，然載籍浩繁，非一目所能盡，偶有綴緝，未必有益於本書也。吾宗德水雅雨先生，尊經嗜古，訪求此書，得之吳中藏書家，刊而行之。文弨得之，以校孫氏之書，其詳備實勝之。至篇目有互異，編簡有先後，則皆出於掇拾之餘，而非隋唐以來之完書。然求其所闕佚者，殆亦僅矣。其閒傳寫異同，蓋所不免，因爲作考異若干條。且念孫氏苦心蒐討，不爲無功，凡有可以裨益是書者，亦慎取而集録之以繫於後，使有所附以傳焉。孫書召誥傳有「大社唯松，東社唯柏，南社唯梓，西社唯栗，北社唯槐」之文，蓋本諸白虎通。然北史劉芳傳引以爲尚書逸篇，未必即是大傳，故余作補遺亦不載。然書中如「王曰若圭璧」及「丕天之大律」，亦逸篇也，則此亦不可遺也，故復取以綴於此云。

增校王伯厚詩攷序 庚子

曩余於此書增其所未備，并以元本補遺各歸本篇，録成清本，爲之跋其後矣。自爾以來，時復繙閲，見王氏於釋文所載之異同，多不引入。夫古來傳書，不皆畫一，卽釋文本，亦與正義本多不相同。宋人刻經注疏，附以釋文，至其差齵處，便改釋文以就注疏之本，使非通志堂所梓宋本經典釋文三十卷具在，後之人又安從識別乎？繼又得日本國人山井氏鼎所爲七經考文觀之，其所傳古本，往往與釋文所云一作某或作某及正義中所云定本作某者符同。而王氏於異字異義獨不取諸釋文，說者謂王氏意主別三家之異同，於毛詩之異文可從略。余向者亦未之採，今補採之以廣異聞。有陸氏所據之本，有陸氏所云異同之本，具別白焉。若其明指以爲非者，則不録也。至今書之譌異者，不但陸氏時未有，即王氏亦當未之知也。余曩已舉「朔月辛卯」之譌「月」爲「日」，「家伯維宰」之譌「維」爲「家」兩條矣。今更悉數之：如「何彼襛矣」，「襛」譌爲「穠」；「終然允臧」，「然」譌爲「焉」；「不能辰夜」，「辰」譌爲「晨」；「碩大且篤」，「碩」譌爲「實」；「不可畏也」，「不」譌爲「亦」；「胡然厲矣」，「然」譌爲「爲」；「天降滔德」，「滔」譌爲「慆」；「降予卿士」，「予」譌爲「于」。又若「羊牛下括」，誤倒爲「牛羊」；「家室君王」，誤倒爲「室家」；小旻與抑之「如彼流泉」，皆誤倒爲「泉流」。而竹竿之「遠父母兄弟」，不與「淇水在右」相協，據石經當作「遠兄弟父母」。至四月之「奚其適歸」，乃朱子從家語訓奚爲何，若毛氏則作「爰」字，其訓爲於，與左氏所引正相合。凡若此類，世人習其讀而昧所從來者比比矣。古書所引在未誤以前，其又可執以爲異文乎？本朝嚴思菴虞惇著讀詩質疑，會稽范蘅洲家相著三家詩拾遺，於此書亦各有增損，然於王氏採用之誤，則皆未能盡正，而一經移易，轉又滋譌。近又得歸安丁小雅校本，凡王氏之沿譌互異者，一一釐革。余見而善之，亟爲傳録，亦採用嚴、范二家之長，各著其姓以別之。至所引各書，本無當篇之名，則以余所知者增成之。又若日本國之本，其異同頗多於釋文所云，雖未必全是，然要爲中土舊傳之本居多，非僻遠之人所能僞撰也。亦取以入焉，而是書乃可謂完然大備矣。噫！諸君子之勤勤掇拾者，非欲申三家以抑毛而奪朱也。義可斷章，辭無達詁，是在善讀者意逆而微會之耳。苟其不然，即

「陳古以諷」一語亦爲禍階，致令末世子孫不欲人頌颺其先世之美，而以爲魚藻之義，則詩之爲教幾可廢矣，豈古説詩者所能逆料也哉！是書本不分卷，今以所增益者多，因分之爲四卷云。

王伯厚輯古文春秋左傳序 丁酉

文、武、周公之典章制度，於左氏傳尚有可考者。其言多古文，其訓釋亦當用古義。自晉杜元凱作集解，雖曰取前人之説而會通之，然其閒輒以其私臆妄易故訓者多矣。其最悖謬者，謂天子三年之喪，卒哭遂除衰麻，更制諒闇之服以終喪，以衞文公大布之衣、大帛之冠爲證，遂以其議定當代之制。此其誣經蔑禮、不可爲訓明甚。而唐時作正義，顧乃棄賈、服之舊注，獨以杜氏爲甲，其不可通處，必曲爲之説，而以賈、服爲非。今賈、服本書既已不可復見，就正義所引謂杜所不取者，往往遠出杜解之上。宋厚齋王氏乃於諸書中搜輯補綴，賈、服外，若鄭康成、馬季長、王子雍之説咸録焉。匪徒掇拾闕遺，蓋將以正杜氏之失也。因十二公分十二卷。江寧嚴用晦從秦中舊家録此以歸，余見而愛之。向見吳中惠定宇氏左傳補注一書，亦以古義糾杜之違，服其精確，録而置之篋中有年矣。今乃知王氏此書，定宇祖父以來即相傳有鈔本，而外人罕得見。余雖往來吳中，實不知惠氏之有此書也。頃閲近人余仲林所爲鉤沈，而後知之。惟王氏開之於前，故惠氏祖孫得益精之於後。如丘賦卒兩之説，皆不從杜。「遂扶以下」，依服虔作「遂跣以下」，以爲燕飲解襪之明證，一字之異，其有關於典制如此。余讀昭元年傳云：「秦后子享晉侯，十里舍車，自雍及絳，歸取酬幣，終事八反。」服氏謂十里置車一乘，千里百乘，以次相授，車率皆日行一百六十里。杜氏則謂每十里以八乘車，各以次載幣相授而還，不徑至，故言八反，千里用車八百乘。正義從杜難服，謂千里之路往還八反，車率日行一百六十里計，則一萬八千里，雖追風逐日之足，猶將不逮，遂謂杜義爲長。案：正義此駁，何其輕脱不思之甚也！十里一乘，一反行二十里，八反行百六十里，故服以是爲率，安得忽生一萬八千里之説輕相嘲笑乎？且其法，至元董摶霄實祖之以運糧矣。十步一人，負米四斗，三十六人行一里，人日五百反，爲二十八里。輕行者半，重行者半。百里用三千六百人，致米二百石。是卽服氏之説可實見諸行事者。正義必抑之，使不得與杜氏竝，多見其無識也。此書雖非全文，然學者當愈知寶愛，如惠氏遂能以是成其家學矣。必若此，庶無負厚齋扶微繼絶、迪後人擇善而從之指意也乎！是書本無序，余不自揆，既稍加整比，遂僭爲題其端云。

春秋五測序 丙申

揆日之度，察星辰之行，以正時而成歲，必稽其玄焉，必立之法焉，而猶有參錯而難合者，則其立法疎也。故善觀天者不能廢法，而要當使法一稟於自然。此豈幸其一二偶驗而遂謂吾法之盡善，至其不驗，則將强天以求合，是其爲不可也不甚明哉！説春秋者之有例也，猶夫觀天者之有法也。屬辭比事之爲教也遠矣。顧左氏所稱，猶爲史官之常例。雖其閒亦有聖人所不易者，然不可卽以爲聖人之所筆削者盡如此。厥後諸儒之説，莫不知有例，而用之不精，或偏而不全，或常而不變，其蔽往往陷於繚繞破碎，而使經之義轉晦。故夫法不密，則懸象遲速之度不能必其無差也；例不精，則垂文示教之旨不能必其無失也。今戴君敬咸之説春秋也，其所以測者五焉：蓋謂春秋之文有常，有變，有互，有便，有闕。斯五者比類求之，而各有得例具於文，故卽文可以見例。且約指古今之説春秋者有四失：一曰不赴不書，赴則從赴書；二曰諱則没而不書；三曰得禮不書，凡書皆譏；四曰史策舊文，仲尼新意。此四者，其言皆近是。昔之人所據以爲説春秋之例，然者君謂其不盡然，立五測以祛四蔽，不必定出己見，而亦不必固守成説，期於適當而止，君之所以爲例者不綦善乎！夫觀天者，至近世而儀器更精，分數更明，故其密合亦遠勝於前代。蓋鑒前人之失，而順天以求合，不偏守一法以測天。君也因文以見例，不偏執一例以測聖人。其道實有相類者，余是以擬議而爲之説如此。君名祖啓，上元人，乾隆二十七年鄉貢士，今爲關中書院山長。

讀大學衍義補膚見序 己卯

前明胡端敏公前發寧王宸濠不軌事，以罪去，後事驗得雪，復用於時，人以是稱之至今，而不知其侃侃正論有關於天下國家之大計者正多也。公爲吾邑臨江鄉人。其裔孫以公所著膚見二卷示余，屬爲之序。蓋公讀丘文莊大學衍義補而著其所欲設施者如此。其中有云「吾嘗於某疏中備陳之」，則此爲公登朝以後之書也。嘗慨夫世之學者，自爲秀才時，卽專以決策發科爲念，一旦得志，推之無本而措之無術，鮮不爲國家病。夫士當其困窮里巷，其於朝廷政事之得失，容或不能盡知；若既已在其位矣，於事有所不便，今有所難行，疾苦之所致，禍患之所伏，豈可以不知？既知之，則當思所以處之，思處之，則必取古人之良法美意而推擇用之。然彼溺於富貴者，既不足以語此，其少欲有爲者，又或囿於一偏之識，不知通變之宜，違古而失，泥古亦失，國家何賴焉。若公此書，或增成文莊之義以爲必可行，或摘抉其弊以爲必不可行，文莊之以微文見意與其所遷就而不敢言者，公則一一引伸而別白之。余讀公之書，而歎公之識微知著，其議論平正通達，實過文莊遠甚。何以明之？史稱文莊性褊狹，與劉健、王恕不相能，御史言事不合意，輒面斥之。公有是乎？方大禮議起之時，公家居，持論頗與張璁、桂萼合，然終身未嘗與之比。迨諸君子廷杖，而公復上書諫，其虛衷觀理，庶幾可與其中立而不倚矣。且即其書求之，丘氏言敬大臣，而公則以爲體羣臣亦當詳也；丘氏極論周官安富之道，而公則以爲今有司之爲富家役者亦多也；丘氏欲以餘田凖丁，謂如是則丁不匿，而公則以爲是教之使匿也；丘氏既知鈔法之不便，而又欲强立一法以必其行，公則以爲斷然不可行也；丘氏有取於董摶霄運糧之法，而公則以爲如其言百里當用三千六百人，日遞米二百石，實計人日運米五升五合餘耳，柰何以爲便而取之，殆未之思也。至若宦官近習之弊，在當時所宜救正者，事孰大於此，而丘氏無一言及之，公獨危言正論，一無所撓，此尤爲人所不易及者。余故以公爲過於文莊，非私言也。夫以公之通曉治體如此，而於論治河也，猶曰身未親歷，未敢以爲必然。其論西番也亦如是。不諱其所不知，然則是惟無言，言則必明見其可行，而後從而言之。此豈與世之以冥冥決事者可同日而道哉！學者讀是書，當知古人仕學之不苟，而求其所以用心，雖處極盛之朝，瞿然思所以爲持盈保泰計者，亦致不可忽也。文莊之書世多有，得是書輔而行之，不益盡善而無弊乎？書之以諗天下之留意於治道者。

中庸圖說序 丁亥

文弨弱冠執經於桑弢甫先生之門，聞先生說中庸大義，支分節解，綱舉目張，而中閒脈絡無不通貫融洽，先生固以爲所得於朱子者如是。蓋先生少師事姚江勞麟書史先生，勞先生之學一以朱子爲歸，躬行實踐，所言皆見道之言，雖生陽明之里，餘燄猶熾，而獨卓然不爲異說所惑。先生信從既久，因宜其言之與朱子悉相脗合，而文弨亦幸得竊聞緒餘。於按試寶慶日，諸生循例講書。有以「君子中庸」一章進講者，與吾素所聞於吾師者未有合也，因舉吾師之說以爲諸生正告焉。既有以所著中庸圖說來質者，則新化生員劉光南也。其所解平易切實，多與吾舊所聞合，而又本朱子「相當相對」之語以爲之圖。不知者或以爲穿鑿破碎，而吾獨喜其一本於自然，初非私意小智之所能爲也。及入試，劉生又冠其曹，其文能以理勝，迥異乎矜才使氣以求見長者，益信其有得於儒先之旨深也。吾房師漢陽孫楚池漢先生，嘗寓書教文弨宜昌明理學，毋務華而棄實。顧所至殊不易得，既得劉生，亟舉以告。先生索其書，於今月始齎以往，使者尚未返，不知於先生意何如？適劉生遠來索序，歲云暮矣，姑且以文弨所見者塞其請。弢甫先生遠在浙江，異日將幷寄是書以求正。必待兩先生許可，而後乃可爲是書增重也。

新刻古文孝經孔氏傳序 丙申

表章遺書，莫先於經。近代之僞撰者，若張商英古三墳書，吾衍晉文春秋、楚檮杌，豐坊子貢詩傳、申公詩說之類，其言舉無可采，而好事者爲傳之，此則過也。然如張霸之百兩篇，時君既知其僞撰矣，而愛其文辭，亦使之流傳於世。連山、歸藏，古無著録，而隋、唐志始有之。今見於諸書所引用者，其文類斑駁可喜。子夏易傳見於陸德明、孔穎達、李鼎祚所引者，於訓詁名物爲詳，相傳以爲張弧僞作。弧，唐人也，孔、陸諸人寧有不知而肯輕相承用乎？此必有所由來。然如今通志堂之所收者，則又幷非張弧之舊矣。使此數書而在，亦焉得不爲傳之。孝經有古今文，鄭康成注者，今文也；孔安國傳者，古文也。五代之際，二家竝亡。宋雍熙中，嘗得今文鄭氏注於日本矣，今又不傳。新安鮑君以文，篤學好古，意彼國之尚有是書也，屬以市易往者訪求之，顧鄭氏不可得，而所得者乃古文孔氏傳，遂攜以入中國。此書亡逸殆及千年，而一旦復得之，此豈非天下學士所同聲稱快者哉！鮑君不以自私，亟付剞劂，而以其本示余。余按傳文以求之。如云「閒居靜而思道也」，則陸德明引之矣；「脫衣就功，暴其肌體」云云，則司馬貞引之矣；「上帝亦天也」，則王仲丘引之矣。其文義典核，又與釋文、會要、舊唐書所載一一符會，必非近人所能撰造。然安國之本亡於梁而復顯於隋，當時有疑爲劉光伯所作者。即鄭注，人亦疑其不出於康成。雖然，古書之留於今日者有幾，即以爲光伯所補綴，是亦何可廢也。蓋其文辭微與西京不類，與安國尚書傳體裁亦別，又不爲漢惠帝諱「盈」字，唯此爲可疑耳。漢桓譚、唐李士訓皆稱古孝經千八百七十二言，今止一千八百六十一言，此則日本所傳授，前有太宰純序，所謂不以宋本改其國之本是也。唯是章首傳云「孔子者男子之通稱也仲尼之兄伯尼」，十五字斷屬譌誤。因下有「曾子者男子之通稱」一語而誤「曾」爲「孔」，當爲衍文。仲尼之兄，自字孟皮，安得與仲尼同字？且於本文亦無所當，此當爲後人羼入無疑。余所以致辨者，恐人因開卷一二齟齬，遂幷可信者而亦疑之，則大非鮑君兢兢扶微振墜之本意矣。故備舉其左證於前，以明可信。且尚書傳朱子亦以爲不出於安國，安在此書之必與規規相似也！然其誤入者，則自在讀者之善擇矣。德水盧氏嘗刻尚書大傳、周易乾鑿度等書，流布未廣。其家被籍之後，板之在否，不可知。此皆漢氏遺文，好古者所當愛惜。若能與此書竝壽諸梓，以爲衆書冠冕，譬之夏彝商鼎，必非柴、哥、官、汝之所得而齊量矣。前朝所刻書，多取僞者，今皆取其真者，不益以見國家文教之美，朝野相成，爲足以度越千古也哉！

鄭氏注論語序丁酉

康成注論語十卷，自周、齊至隋，盛行於人閒，唐書猶著録，至趙宋始不以入志，則書之亡也，其在五代之際乎？金陵嚴侍讀用晦自秦中歸，從三原王端毅後人處鈔得王深寧所輯古文尚書鄭氏注、古文左傳賈、服各家義，而此書亦其所編綴者也。鄭氏注在今日，誠如椎輪耳。使其書尚在，舉業家亦必不好，而志古之士要不忍使其墜遺。深寧叟勤勤搜採於亡佚之餘，釐爲兩卷，此書之不終泯，王氏之力也。其訓「不時不食」，謂一日之中三時食，不時謂非朝、夕、日中也。於「人而無恆不可以作巫醫」，則謂巫醫不能治無恆之人。以「子貢方人」謂謗人。皆與朱子義異，然亦未嘗不可以備一説也。王氏又嘗輯鄭氏易及詩攷，世多有其書；而此三書即吾鄉藏書家亦未備，故浙江通志中亦未以之入録。侍讀一見而傳其本以歸，可謂知所寶矣。余次第録之，適此書先竣，遂序其緣起如此。

孫詒穀曰：「此三書非深寧所輯，疑惠定宇託名也。」

孟子章指序丁酉

漢趙邠卿爲孟子章句，其題辭又有云「章別其指」者，蓋隨文訓釋之外，每章撮其大指而爲之辭，於是有章指之目。李善注文選出師表引之。又王伯厚云：「章指引論語曰『力行近仁』，誤以中庸爲論語。」鼂子止讀書志云：「孟子十四篇，趙岐注。」又云「爲章指」。是則唐宋人咸知有章指也。自僞作孫宣公孟子疏者掠取其文入於疏首，又不能全載而多所更易，乃於趙氏本所有者則徑削去之。至所引故實，間爲疏其所出。且於「恥之於人大矣」章，略著之云：「凡於趙注有所要者，雖於文段不録，然於事未嘗敢棄之而不明。」疏雖爲此言，亦不云是章指。自經削去之後，於是人罕知有趙氏之章指矣。且疏既删其全文，而但釋其一二字句，使後人讀之，茫然不知其何屬，甚矣作疏者之謬妄也。朱子集注孟子，於「王之臣」章、「小弁」章、「求則得之」章所引趙氏，皆出章指；而後人或以爲總注，此皆未之深考也。宋時嘗以四科優劣之差命題，今見於「有事君人者」章指中。是書之在前代昭灼如此，而今乃任其若滅若没可乎？乾隆辛巳之歲，借得毛斧季所臨吳匏菴鈔本孟子注，始見之而末二卷尚闕，越十有六年而後覩其全焉。恐友朋中未必皆見是書，故別鈔之以傳。又篇敘一篇，世亦不多見，故引以冠其首。其題辭與注，世自有本。而今之注亦頗與吳本有異同，雖亦當考正，然今不暇及者，以急於扶微繼絶故也。讀者當與我共寶之乎！

重雕經典釋文緣起

此書雕版行於海内者，止崑山徐氏通志堂經解中有之。宋雕本不可見，其影鈔者尚閒儲於藏書家。余借以校對，則宋本之譌脱反更甚焉。當徐氏梓入經解時，其撲塵掃葉，誠不爲無功。然有宋本是而或不得其意因而誤改者，亦所不免。且今之所貴於宋本者，謂經屢寫則必不逮前時也。然書之失真，亦每由於宋人。宋人每好逞臆見而改舊文。如陸氏雖吳産，而其所棄輯前人之音，則不盡吳産也。乃毛居正著六經正誤一書，譏陸氏偏於土音，因輒取他字以易之。後人信其説，遽以改本書矣。又凡切音，有音和，亦有類隔。陸氏在當時或用類隔，未嘗不可以得聲。而後人疑其不諧，亦復私爲改易，注疏本多有之。幸本書尚無恙，然其浸淫以疑惑後人者不少矣。古來所傳經典，類非一本。陸氏所見與賈、孔諸人所見本不盡同，今取陸氏書附於注疏本中，非强彼以就此，即强此以就彼，欲省兩讀，翻致兩傷。又本書中如孝經、論語、爾雅，多以校者之詞羼入之。今雖不遽删削，唯略爲之閒隔，使有辨焉。唐人經典多不全用説文，陸氏意在隨時，不取駭俗。此書中閒亦引許氏以正流俗之非，而不能畫一信從，且有以俗字作正文而以正體爲附注者。至其點畫之閒，亦每失正。觀唐人石經及五經文字所載，皆是習相沿用。今亦仍而不革，庶乎不損本真。然於六朝人所用甚鄙俗字，陸氏固未嘗闌入也。余念此書闢經訓之菑畬，導後人以涂徑，洗專己守殘之陋，匯博學詳説之資，先儒之精藴賴以留，俗本之譌文賴以正，實天地閒不可無之書也。而年來流傳漸少，學者不能盡見，因爲之手校重雕。第以遲暮之年，精力慮有不周，刻成猶再三校，目幾爲之昏弗恤也。其文舊皆連屬，今審其可離者離之，以便觀者。書中是非及今所因革，以嘗所聞於師友者別爲攷證，附於當卷之後，不以殽亂本書。時乾隆五十有六年，歲在重光大淵獻，九月既望，書於常州龍城書院之取斯堂。

九經古義序 癸巳

九經古義十六卷，吴徵士惠松厓棟先生之所著也。凡文之義，多生於形與聲。漢人去古未遠，其所見多古字，其習讀多古音，故其所訓詁要於本旨爲近，雖有失焉者，寡矣。唐之爲釋文、爲正義者，其於古訓亦即不能盡通，而猶閒引其説，不盡廢也。至有宋諸儒出，始以其所得乎天之理，微會冥契，獨闢窔奧，不循舊解。其精者固不可易，然名物、象數、聲音、文字之學多略焉。近世學者安於記誦辭章之習，但知發策決科爲務。與之言古訓，駭然以爲迂晦而難通，塞耳而不能聽也。嗟乎！此學問之所以日入於靡爛，而有終身讀書不識一字之誚也乎！今讀徵君此書，單詞片義，具有證據，正非曲徇古人，後之士猶可於此得古音焉，求古義焉，是古人之功臣而今人之碩師也。爲性理之學者，或視此爲糟粕。然虛則易岐，實則難假，承學之士要必於此問塗，庶乎可終身不惑也。余十數年前見是書，即爲之商略體例、校訂譌字，而還之徵君之子承緒。洎余自湖南歸，復從乞借鈔，攜之京師。嘉定錢學士莘楣大昕、歷城周進士書愚永年各録一本以去。而余轉鹿鹿未能卒業，至今春，賴友朋之力始得録全，計元本之在余篋中又五年所矣。書此以見歲月之空馳，而讀書能不閒斷誠難也，且以志余媿云。時乾隆三十八年仲春旬有一日。

抱經堂文集卷第三

序二

吳槎客子夏易傳義疏序乙卯

聖門之傳經，多出於子夏。經十有三，而不由子夏氏之門所傳授者，蓋僅二三而已。顧今自儀禮喪服傳之外，無他焉。劉向七略載有子夏易傳，漢志不著録。隋志載其書二卷，注云「已殘闕」，然隋唐之際作釋文及正義，尚多引其説，則其書雖闕而未盡亡也。於後乃有張弧者，作王道小疏，而亦假子夏傳之名，裒然成十一卷。案之唐初人所引，無一相合者。世雖疑而不信，而於二卷之殘闕者，片言斷句亦都不復留意，此世之所以知此書者鮮也。子夏爲人篤信謹守，其教門人小子，必以洒掃應對進退入。故其於易也，一切陰陽變化、性命道德之旨，每不輕言，其所訓釋止於名物字義之閒。蓋易非難知，其言明白顯著，故可以通天下之志，定天下之業，斷天下之疑，愚夫婦皆可領解，故不煩説也。後人之於易，往往窮高極深，怳忽不可爲象，而其流極，且墮於玄虛。彼其視子夏之言，淡乎其無味也，固宜不知此正其篤信聖人，而猶是教人不躐等之意也。其所訓釋，頗與爾雅相近。唐之一行，宋人張舜元、洪慶善，俱嘗爲之解，而今失傳。海昌吳君槎客乃復起而緝綜之，爲之疏通證明，以薛虞記遵暢傳意者也，亦取而繫焉，書成二卷，名曰義疏。其見於唐人釋文、正義、集解及初學記、太平御覽等書所引者，此皆灼然可信，采擇無或遺。至宋元而來諸家，亦或援引及之，若吳艸廬與明之二楊，時喬、慎。未必皆由臆造，當得之唐以前書中，然皆不著所本，學者究疑而未盡信也。槎客不以篇幅稍狹之故，而汎濫及之，其見卓矣。槎客謹飭人，與子夏之學極相近，宜其於此有深契焉。是將於易闢荆榛而堙鴻水，又不僅爲西河氏之功臣已。

李既方補李鼎祚周易集解序 乙卯

漢儒解易之書至多，今皆不可得見。唯唐資州李氏所著易傳集解中采取三十餘家，後之學者猶得以見其崖略。李氏之爲此書，未嘗執己之意以決擇諸家而去取之也，故凡異同之說，往往竝載不遺。如夬之九五引荀爽說，莧陸二菜也；又引虞翻說，謂「莧，說也」，「陸，和睦也」。既濟之禴，虞翻謂夏祭也，崔憬曰春祭。如此之類，不可以偏舉。又如小過象辭引虞翻說「離爲飛鳥，震爲音」，以或指卦象二陽在內，四陰在外，有似飛鳥之象爲俗說矣。乃至彖傳又引宋衷說，則固虞翻之所斥爲俗說者，而亦具載之。若必爲一家之言，則所取者轉狹，而己之所非，安知不爲人之所是？設使由我削之而遂泯焉不復傳於後世，豈不大可惜乎？近元和惠定宇，其講易實宗漢學，凡所援引，多取材於是書。甚矣李氏之大有造於天下後世之學者也。今秀水李君既方富孫好讀易，所經眼者不下百餘種，而深斥圖說之附會穿鑿，擯不欲觀，其所深嗜者漢儒之學。求漢儒之學，則唯資州李氏一編爲菁華之所聚。既已朝夕寢饋於斯，而復於其三十餘家之説之尚有未經採入者，更爲之搜羅薈萃，録成得六十餘番，蓋幾於一字不遺矣。然采取雖博，而於元明人之所稱引，概不及焉。是其命意高而用力勤，又加之以謹嚴述之之功遠倍於作今。學者多知寶資州之書，則安得不併寶是書，剞劂之事是所望於賢而有力者。吾安得亟見其成以與天下學士共讀之爲快乎？

校本韓詩外傳序庚戌

齊魯韓三家詩雖皆失傳，而唐人經義及類書所援引，唯韓獨多。其内傳亦僅見一二，若外傳固未亡也。漢志本六篇，隋志則析而爲十，非有所坿益也。其得流傳至今者，豈非以文辭贍逸爲人所愛玩故哉！顧傳本雖多，而譌脱亦往往相似。吾友武進趙舍人億孫懷玉既取數本校之，又取其與諸書相出入者參互考證，擇其是者從之，其義得兩通，則仍而不革，慮其損真也。又諸書所引，亦尚有出於此書之外者，復爲之博綜以繫於後。蓋自有雕本以來，至今日而譌者正，脱者補，閲者咸稱快焉。余亟慫恿付梓，公諸同好，因綴數言於簡端。夫詩有意中之情，亦有言外之旨。讀詩者有因詩人之情而忽觸夫己之情；亦有己之情本不同乎詩人之情，而遠者忽近焉，離者忽合焉。詩無定形，讀詩者亦無定解。試觀公卿所贈荅，經傳所援引，各有取義，而不必盡符乎本旨，則三百篇猶夫三千也。外傳所稱，亦曷有異哉！善讀者融會而貫通之，將孔子所謂告往知來，孟子所謂以意逆志，舉可於斯參觀焉爾。中閒或亦有里俗之言不盡歸典則者，鑒別之明，當自求之，要其格言古訓之犂然有當者正多也。然則此書蓋可以廢乎哉！乾隆五十五年端午日，序於常州之龍城書院。

春秋内傳古注輯序 丁未

春秋三傳，左氏最後出。劉歆欲立學官，諸儒多不肯置對。蓋因陋就簡，自古已然。唐時貢舉之法，習小經、中經兼一大經。於是人皆習禮記而不習左氏傳，以左氏文繁故也。至於先儒訓釋，亦代廢代興。漢東京以來，陳元、鄭衆、賈逵、馬融、延篤、彭汪、許淑、潁容之徒皆傳左氏，而鄭及賈、服爲最著。季長則謂賈精而不博，鄭博而不精，合之則無以加矣。魏則賈、服盛行，晉時唯傳服義，而杜預之注亦立國學。至隋，杜氏盛行，而服義逐微。蓋左氏謂之古文春秋，其中多古字古言，漢人尚能通之。及乎年祀緜邈，耳目益所不習，於賈、服所釋，格乎不相入，而唯喜杜説之平易近人，相與尚之。唐時作正義，遂專取杜氏一家，此外多所訾謷，以致精誼美言，棄之不復甚惜，後人無由得見全書，此可爲浩歎者也。東吴嚴子豹人蔚，其治經也，深懲專己守殘之陋，而於左氏用功尤深。始灼見杜氏之弊，有違禮傷教者，有肆臆妄説者。慨然思漢人之舊，於是凡唐人正義及史、漢、三國舊注與夫唐宋人類書所引，綜而緝之。賈、服兩家而外，若王肅之注，孫毓之異同略，京相璠之土地名，雖已竝佚，偶有一二言之見於他説者，亦不忍棄也。蓋當古學廢墜之後，而幸有不盡澌滅者，與其過而棄之也，毋寧過而取之，以扶絶學，以廣異誼，俟後之人擇善而從斯可矣，何庸先以一己之見律天下後世哉！斯則嚴子兼收竝録之微恉也。今天下好古之士多於前時，嚴子此一編出，吾知善學者必能因此以定所宗，而復推類以盡其餘，安知夫賈、服之不復生於今日也？是則嚴子之爲功大矣。其或以爲斷爛而不之貴，是所謂嘉肴弗食者也，又烏足與之論學問之事哉！乾隆五十有二年五月，序於鍾山書院之須友堂。

儀禮注疏詳校自序乙卯

乾隆庚申之歲，吾師桑弢甫先生講學於湖上之南屏，秀水盛庸三世佐實從之遊。余館於城中，不能與共學，而往還恆數焉。見其手儀禮一經，萃衆解而研辨之，於其節次亦時有更易，以其所爲説質於先生，定而後各條疏於經文之下。余見而好之，亦欲從事於斯，而家無此書，遂輟不爲。庸三以戊辰成進士，余時亦在京師，因索其向所著，則已裒然成書，因得縱觀焉，歎其精鑿實有出於昔人之上者。顧其文繁，力不能倩人鈔録。庸三既得滇南縣令缺，旋出京。蓋余之於此經，其萌芽實於是乎始，後更無有人相爲提唱者，則亦遂已。庚子入京，晤程蕺園太史晉芳言於此經已得十一家之本，將爲之甄綜而疏通之，則又躍躍然以喜。是時余年六十有四，距庚申已四十年。稍得見諸家之本，往往有因傳寫之譌誤而遂以訾鄭、賈之失者，於是發憤先爲注疏校一善本，已録成書矣。既而所見更廣，知鄭、賈之説實有違錯，凡後人所駁正，信有證據，知非憑臆以蘄勝於前人也。因復亟取而件繫之。向之訂譌正誤，在於字句之閒，其益猶淺。今之糾謬釋疑，尤爲天地閒不可少之議論，則余書亦庶幾不僅爲張淳、毛居正之流亞乎！夫前人有失，後人知而正之，宜也。若其辭氣之閒有不當過於亢厲者，此則微爲削之。今定書之摠名，惟曰儀禮注疏詳校，不加以辨駁之辭，若是庶無得罪於先賢乎！庸三之書名曰集解。滇之大吏委以解銅，至儀徵而卒，遂無從更見其書。此書中僅載一兩條，猶是昔年之簡録者也。蕺園相晤之明年，余至山西，旋聞其卒於秦中，所欲爲者，殆亦未就。獨余以不肖軀尚留世閒，今年已七十有九矣。回憶南屏初見是書時，去之五十餘年而始得成是編，不可謂非幸也已。

重校方言序 壬寅

方言至今日而始有善本，則吾友休寧戴太史東原氏之爲也。義難通而有可通者通之，有可證明者臚而列之，正譌字二百八十一，補脱二十七，删衍字十七，自宋以來諸刻，洵無出其右者。乾隆庚子，余至京師，得交歸安丁孝廉小雅氏，始受其本讀之。小雅於此書采獲裨益之功最多，戴氏猶有不能盡載者。因出其鈔集衆家校本凡三四，細書密札，戢孴行閒，或取名刺餘紙，反覆書之，其已聯綴者如百納衣，其散庋書內者紛紛如落葉，勤亦至矣。以余爲尚能讀此書也，悉舉以畀余。余因以考戴氏之書，覺其當增正者尚有也。劉歆求方言入録，子雲不與，故藝文志無之。乃班氏於雄本傳舉其所著書，亦闕方言，世不能無疑。考常璩華陽國志載雄書，凡太玄、法言、訓纂、州箴、反離騷皆與傳同，而不及四賦，乃云「典莫正於爾雅，作方言」，此最爲明證。應劭而下，稱引日益多，而是書遂大著。其卷數，則歆書中云十五卷，郭景純序亦云三五之篇，隋唐以下志皆云十三卷，并合與遺脱不可知，然定在郭注之後。宋志又云十四卷，當因劉歆書與雄答書向附在簡末者，亦別爲卷而并數之也。雄識古文奇字，嘗作訓纂篇，今不傳。趙宋時，書學生亦令習方言，則方言中字其傳授必有自。如家[illegible]莽齊僾翳之類，凡舊所傳本皆然，考之漢隸亦有證據，正不必執説文之體以盡易之。又其中有錯簡兩條，亦尚有字當在上條之末而誤置下條之首及不當連而連者，有過信他書輒改本文者，注及音義又有遺者、誤改者。余以管見，合之丁君校本，復改正百廿有餘條，具著其説，可覆案也。郭氏注爾雅三卷外，又有音一卷，則知此書之音亦必不與注相雜廁，後人取便讀者，遂併合之。以郭音古雅難曉，又附益以近人所音，如通志載有吳良輔方言釋音一卷，此書當有捃摭及之者。余欲使注自爲注，仿劉昭注補續漢志之例，進郭注爲大字，而音則仍爲小字，雖未必即還景純之舊觀，然要使有辨焉爾。至集各家説及文弨之説上，又加圓圍以隔之。戴書已行世，故唯録其切要者。舊本又有云字一作某者，疑出於鼂公武子止。案鼂讀書志云：「予傳方言本於蜀中，後用國子監刊行本校之，多所是正，其疑者兩著之。」據斯言，則知爲鼂氏所加無疑也。予嘉丁君之績，而惜其不登館閣，書成不得載名於簡末，世無知焉。又其所緝綜者，紛綸參錯，不易整比，久久將就散失，不愈可惜乎！故以餘閒，爲成就之如此。丁君名杰，今已成進士，待學博士闕於杭州，其學實不在戴太史下云。

段若膺説文解字讀序 丙午

文與字，古亦謂之名。春官外史「掌達書名于四方」，秋官大行人「九歲屬瞽史，諭書名」。名者，王者之所重也。聖人亦重之，是以曰「必也正名乎」。鄭康成注周官、論語，皆謂古者謂之名，今世謂之字。

字之大端，形與聲而已。聖人説字之形曰：一貫三爲王。推一合十爲士。儿，仁人也，在人下，故詰屈。黍可爲酒，禾入水也。牛羊之字，以形舉也。視犬之字，如畫狗也。此皆以形而言也。其説字之聲曰：烏，盱呼也，取其助氣，故以爲烏呼。狗，叩也，叩氣吠以守。粟之爲言續也。貉之爲言惡也。皆以聲而言也。春秋時人亦多能言其義，如止戈爲武，反正爲乏，皿蟲爲蠱，二首六身爲亥，皆見於左氏傳。故孔子曰「今天下書同文」，知當時尚無有亂名改作者。自隸書行而篆之意寖失，今所賴以見制字之本源者，惟漢許叔重説文而已。後世若邯鄲淳、江式、吕忱、顧野王輩，咸宗尚其書。唐宋以來，如李陽冰、郭忠恕、林罕、張有之流，雖未嘗不遵用，而或以私意增損其閒，則亦未可爲篤信而能發明之者。逮於勝國，益猖狂滅裂，許氏之學寖微。我朝文明大啓，前輩往往以是書提倡後學，於是二徐説文本，學者多知珍重。然其書多古言古義，往往有不易得解者，則又或以其難通而疑之。夫不通衆經則不能治一經，況此書爲義理事物之所統彙，而以寡聞尠見之胸，用其私智小慧，妄爲穿鑿，可乎？吾友金壇段若膺明府，於周、秦、兩漢之書無所不讀，於諸家小學之書靡不博覽而別擇其是非，於是積數十年之精力，專説説文。以鼎臣之本頗有更易，不若楚金之本爲不失許氏之舊。顧其中尚有爲後人竄改者，漏落者，失其次者，一一考而復之，悉有左證，不同肊説。詳稽博辯，則其文不得不繁，然如楚金之書以繁爲病，而若膺之書則不以繁爲病也。何也？一虚辭，一實證也。蓋自有説文以來，未有善於此書者。匪獨爲叔重氏之功臣，抑亦以得道德之指歸，政治之綱紀，明彰禮樂而幽通鬼神，可以砭諸家之失，可以解後學之疑，真能推廣聖人正名之旨，而其有益於經訓者功尤大也。文弨老矣，猶幸得見是書，以釋見聞之陋，故爲之序，以識吾受益之私云爾。

聲音發源圖解序 癸巳

此句曲潘氏一家之學也。成是書者，融如名，已萬字也。其大父孝成氏發其端，其父亞才氏引其緒，而今乃成於已萬之手。噫！其爲功也勤矣。古今之譜聲者有二，有三，有四，有五，有七，而是書則分三陰三陽爲六聲。夫陰與陽、平與仄之爲二聲也，發、送、收之爲三聲也，平、上、去、入之爲四聲也，啌平、嗤平、上、去、入之爲五聲也，宫、商、角、徵、羽、變宫、變徵之爲七聲也，前人之論詳矣。獨未有言六聲者，言之自潘氏始。其序則先上，次平，次舒，又上、去、入繼之，是爲六聲。謂初平之上聲爲濁音，自三代後寖失其傳，遂與初仄之上聲一列而無以别，獨今樂人之歌曲其發端必用初平之上聲，則自然之理於斯尚可驗也。於是演之爲二十五韻，一百二十五分音，八百五十位，五千一百聲，各爲圖而系之以解。甚矣已萬之能守其家學也。吾嘗聞西域貴耳，中國貴目。貴耳故以能審音者爲賢，貴目故以能識字者爲賢。字母所以辨聲，雖多寡不同，而大較多出於西土，然中國之達於音者，或分之，或合之，則未嘗不即其説而益求精焉，安在其獨貴目乎！且彼西域之所以詑於中國者，則以其致力也專，故其精之也易。潘氏父子祖孫皆研習於是，彼西土之人豈復能遠過乎，吾知其必不苟異於前人也審矣。自吾來鍾山，悼世人字體之不正，欲以説文救其失，而俗學迷昧，安於所習，其能從吾言者蓋寡。夫點畫有定質者也，豈若聲音之微渺而難係者乎！而沿譌襲謬，謂辭苟足以達意而已，奚取於是拘拘者？今已萬乃欲以一家之學，律萬有不齊之音，是猶資章甫以適越也，吾恐閱者未一二紙而已欠伸思睡矣。然苟執此以詫西域之人，以雪中國有目無耳之說，不得於此，必得於彼，惡在其可廢也！因其求序，遂書此以歸之。

雕洪景伯不全隸韻序甲寅

汪君太完得宋槧洪景伯隸韻，已不全，止第三卷下平聲上，第八卷去聲下，計此書當有十卷，今僅得五之一耳。景伯氏之序隸釋也曰：「既法其字爲之韻，復辨其字爲之釋。」則隸韻當成在隸釋之前。今隸釋之書尚不絕於世，太完之兄又重雕以行，傳益廣矣。唯隸韻見之者尠，或已疑其失傳。今太完得其不全之本，而追溯其所由，則世祖嘗以賜商邱相宋文康，宋之後人爲豪所奪，繼遭斥賣市司，不能各歸其部，零星散售，故太完所得僅此，而其餘不知歸誰氏矣。汪君之意必欲得其全而後快。若徒秘藏之，則人無從而蹤跡之，將離者遂不可復合。此書爲前哲精神所繫，必尚在天地閒，故立意即刻此二卷以傳示海內。苟得其餘本者，或力能則取汪君之書賡刻於其所藏本而書全；或即以其所藏畀汪君，使賡刻之而書亦全。余亦日夜望之，夫是以表白其意而亟爲海內告也。夫隸生於篆，篆有說文，蓋集倉雅之學而成。自程邈始爲隸書，而賈魴以三倉之書亦皆爲隸字。漢人碑版大率用隸爲多，篆書難成，隸書易就，以故其傳浸廣。後人於繁者删之，疎者補之，字益多於前矣。徐楚金嘗以說文纂爲韻譜，以便檢尋。顧說文自小篆之外，不過兼載古文籀文，其他異同亦僅一二而已。繼之者，夏英公之古文四聲韻，於是篆書亦汎濫矣。隸書至猥多，尤不可不有所薈稡，景伯氏始奮然採輯而爲此書。當時所見搨本，自比今之闕壞尚少，故其所見也博，其摹之也真。即其中有彼人自出新意、變亂古法者，寧過而留之，以待夫學者之自擇。或乃槩譏隸爲俗書之所自始。考酈元水經注，人有發古冢，其棺前和題「齊太公六代孫胡公之棺」，唯三字是古，餘皆隸字，則自周以來隸已與篆竝行，安可專歸咎程邈哉！近世有顧藹吉者，爲隸辨一書，亦以四聲分之，未知本於洪氏邪？抑闇與之合也？吾嘗閒取以校隸釋，頗有點畫不同者。然以吾意推之，隸釋傳録不一手，若洪氏所手摹，必無失真者。洵乎此書之不可令其當吾世而遂湮没也。人之欲善，誰不如我，吾於太完卜之已。乾隆五十有九年十月十七日，同里人盧文弨書。

校刻白虎通序甲辰

乾隆丁酉之秋，故人子陽湖莊葆琛見余於鍾山講舍，攜有所校白虎通本。此書譌謬相沿久矣，葆琛始爲之條理而是正之，厥功甚偉，因亟就案頭所有之本傳録其上。舟車南北，時用自隨，并思與海内學者共之。在杭州楷寫一本，留於友人所。在太原又寫一本，所校時有增益。後又寫一本，寄曲阜桂未谷。今年家居，長夏無事，決意爲此書發雕。復與二三友人嚴加攷覈，信合古人所云校書如讎之恉。凡所改正，咸有據依，於是元明以來譌謬之相沿者，幾十去八九焉。梓將畢工，海寧吴槎客又示余小字舊刻本，其情性篇足以正後人竄改之失，蓋南宋以前本也與？其餘異同皆於補遺中具之。此書流傳年久，闕有不可知者闕之，然要亦無幾矣。因撮其略爲之説曰：事必師古，而古人又誰師哉？道之大原出於天，古人凡事必求其端於天。釋尚書者於「稽古」有異説。余以爲稽攷古道，古道即天也。天何言哉！稽攷古道，是乃堯之所以同於天也。古之聖人，凡命一名，制一事，曷嘗不本之於陰陽，參之於五行，原其始以要其終，窮則變而通則久，其有不知而作者乎？必無是也。讀是書可以見天人之不相離，而凡萬變之相嬗乎前，無一非出於自然者，曾私智小慧之可得與其閒哉！顧説之不免有歧者何也？天體至大，仁者見仁，知者見知，昭昭之天，何莫非天。當時天子雖稱制臨決，而亦不偏主一解以盡繩衆家之説，此猶吾夫子多聞見而擇之識之之意云爾。世有善讀者，則此書之爲益也大矣。倘泥其偏端，掩其全美而輒加以輕詆，夫豈可哉！若夫是書之緣起與歷代相傳卷帙異同之數，則具見於葆琛之所爲攷，余又奚贅？乾隆四十有九年九月既望，東里盧文弨書於太倉州之婁東書院。

抱經堂文集卷第四

序三

皇朝武功紀盛序壬子

本朝用師之盛，如疾雷之破山，驚風之卷籜，當之者無不糜碎殲滅，曠古以來，罕有倫比。世祖定鼎之初，蕩流寇而除小腆，出斯民水火之中，登之衽席之上，雖草野傳述不詳，猶可於明史中得窺見一二崖略焉。聖祖、世宗咸以英明神武之姿，端拱指揮，凡叛逆者罔有不誅，侵犯者罔有不創。傳至我皇，綏靖海內，益務休養本，未嘗有開邊拓境、觀兵耀武之意。而乃有蠢然自外於王化者，誠不得已而應之。紀律明，賞罰必，發蹤指使，人百其勇，所至率冰解的破，覲揚之烈，實竝美於列聖焉。自來武功告成，咸有方略紀載，而郡國人士多願見而不可得。今皇上頒發四庫全書於江浙，許學者得以縱覽，而方略亦在其中。欲知昭代武功之盛，幸於此得見其全，而不致惑於傳聞之誤。顧卷袠浩繁，逾旬朔閱之，猶未能徧也。陽湖趙觀察雲崧，夙具史才，起家中書舍人，入直軍機房，旋以高第登館閣。緬甸之役，奉命赴滇參軍中幕畫，既又歷封疆。解官後，大臣之勦臺灣者，猶强挽之與俱。其素來既博徵典故，隨事紀載，而近事尤親得之見聞。頃來掌教揚州，其郡當謹藏於行宮內之文匯閣，一切整齊次比，實與其事。故自聖祖之平定三逆，以暨今上臺灣之役，凡夫歲年月日以及山川道里，與夫在事諸臣之功過，得所徵信，一一皆有據依。於是以四卷之書括之，其事則詳，其文則約，其顛末曲折，無不朗若列眉，使人一見之，而驚歎神謨廟算爲黃帝以來所未有。向者見羣臣所上賦頌，雖皆揚厲偉烈豐功之盛，究未若斯編爲能洞悉事之原委，因得仰窺列聖之明睿果斷、智炳幾先而神周萬里者，一一彪炳於楮墨閒，若揭日月而行，誠足以昭示無極也。夫善敍事者，莫過於馬、班，要在舉其綱領，而於糾紛蟠錯之處，自無不條理秩如。今是編也，馭繁以簡，舉重若輕，深得史漢之義法。而尤有不可及者，其於兵勢地形之利害，言之悉中竅要。是不獨史才，且將才也。徒弄三寸毛錐子者，能如是乎？至若緬逆之難，明將軍瑞盡節而死，人知之而其功則未有言之者，得是編爲表章，明將軍不死矣。異日修國史者，其必考信於是。

史記索隱校本序戊申

始余初讀三家注史記本，見索隱之説往往互歧。首卷後既載索隱述贊矣，又云右述贊之體，深所未安。余初疑後語不出於小司馬，後得毛氏單行索隱本，始知小司馬初意欲改史公體例，自成一書；後以此書傳世已久，忽加穿鑿，難允物情，遂輟不爲，而但爲之注。其欲改刱之規模，別見於後本，不與注混。趙宋時始合集解、正義，俱繫之史記正文下，遂致有割截牽併之失。今幸有單行本爲正之。然毛氏所梓，亦有次第顛倒，脱文譌字，難可盡據，則仍當以三家本正之。余向以單行本記於三家本上，猶未知擇善而從也。今雖可爲是正，而年已老矣。且毛氏本行密字小，不便增改其上，於觀覽亦不適。因令人略加展拓重鈔之，稍序其先後，辨其離合；而於文字之閒，尚未能以盡正，不無望於後之人。後之人因余書而復加以考訂之功，亦庶乎其易爲力矣。乾隆五十三年十月既望序。

校定熊方後漢書年表序 壬寅

表者明也，標明其事使著見也。表而不明，則有之庸愈於無乎？史之有表也，創於子長而沿於孟堅，其體例亦不盡同。史記功臣、王子侯等表，以帝之世統侯，以侯之年繫帝，或一帝之世而子孫繼承，或一侯之身而年數離析。此則典籍具在，故紀載可詳。漢書則以侯之子孫世次爲序，而承襲薨卒之年多略焉。得毋遭漢中絶，文書散亡，雖欲如史公之例不可得乎？建武中興，而後東觀史臣猶相祖述。傳於今者，乃獨有范氏之紀傳耳，志猶賴司馬紹統之書可補其闕，至於表則亡也久矣。唐劉知幾著論，以史之有表煩費無用，讀者緘而不視。嗚呼！此其所以湮没之易易與？去之千載，當宋南渡時，有澧州參軍豐城熊方者，以所爲後漢書年表十卷進於朝，未聞所以可否之者。史家亦不著録，鄭氏通志、馬氏文獻通考皆不載。吾友鮑君以文得宋梓本，欲復開雕以裨補東漢史之遺闕，既手自讎校，又益以嘉定錢宫詹辛楣弟兄之覆審，而復以示余。余偕老友江陰趙君敬夫重加考覈，粗訖功，攜之入燕，又攜之入晉，奪於他事，此書置几案閒四閱歲矣。今年正月，兀坐精舍，無應酬之煩，自念此書若不及今整頓，恐後精力益不支。於是發憤爲之，位置高下，排比疎密，一一皆經手定。宫詹之意，重戒更張，即余亦豈好爲改作者？然熊氏草創之勞固不可泯，而其牴牾之失亦不能爲之諱，若復因循，或轉致貽誤後人，於是更定其尤甚者數條，與夫未是而猶仍其舊者，皆著説於下，以俟後之人取衷焉。且令其體例略仿孟堅，分封徙封皆大書之，庶有子孫承襲者不致混然無別。舊異姓侯中有同姓四人，今俱已改正。至建安中，政由曹氏，本不以漢宗之故疏恩，凡舊置異姓者，固可無庸別出。熊氏本書惟據范史，然亦尚有漏者。至章懷注中所引若東觀記、續漢書，皆正史也。又水經注一書，酈氏就所沿歷詢訪遺封，於年代亦不甚遼。斯爲可信，故亦閒增一二。其出於子孫譜諜，若新唐書宰相世系表之類，咸不濫收。斯則余損益之大指也。其或前後尚有未能畫一者，則因不欲過損本書之故，閲者當可以共諒焉。夫馬班之表可以補紀傳之所未及，故其所繫爲尤重。史通漫不加察，從而致譏，他人之緘而不視，更復何責。今此所補之表，則但因范史之成文，本不可與史漢竝，然夫功狀事實、予奪拜罷之班班具列者，一覽可知。既觀紀傳，又及此書，提綱挈要，於是乎在，論世知人，不勞而得，不誣古人，不誤後人，此余之所以兢兢致慎遲之久而始得以報鮑君也。熊氏字廣居，靖康中舉於鄉，嘗名所居堂曰補史。進此書不得命，又進狀於朝，乞命儒臣續古今人表。噫！此則過矣。夫班氏之區別九品，呰謷者不獨一知幾，尚可以效尤乎？想爾時雖不深責，定一笑置之耳已。乾隆四十七年，歲在壬寅，孟陬月下旬六日，杭東里人盧某書於三立書院之須友堂。

錢晦之大昭後漢書補表序辛亥

宋儒嘗言讀史易令人心粗。夫史非能令人粗，人自粗耳。則雖以之讀經，亦何能免於粗也。宋儒又每以博聞多識比之玩物喪志。故其於史也，略識興亡之大綱、用人行政之得失而已。自謂括其要矣。其他典章制度因革損益之樊然具列者，率無暇留意。即有所撰述，亦不能通貫曉析、事事合符。其病皆由於讕讕拘拘，不能廣搜博考以求其左證，而且專己自用，不師古人，其或時異勢殊有必不可以沿襲者，而又不能得變通之宜。此而謂之爲粗，其又奚辭？向鮑子以文欲重雕宋熊方所補後漢書年表，余爲之佐校訂，而其書之舛漏，殆不可枚舉。首載同姓王侯表，冠以因子追封之齊武王縯、魯哀王仲，於史例即不合。念校書與自著書不同，如欲盡加更正，既於熊氏之勤勤掇拾者大没其刱造之勞，且改之亦必不能盡善。何也？其規模之已定者不能易也，勢不得不出於委曲遷就，欲遂以爲完書也，其可得乎？故當時但即因其書而略正之，惟綴一二校語於下，不相雜廁，使人知爲熊氏之書而已。私欲別爲一書，自愧力有未能也。嘉定錢君晦之，其學浩博無涯涘，其思緒細密，精識洞達，治經而經通，於周秦漢魏之書無不爬羅剔抉。曩於都門欲請其所校書繕録之，會君南歸，已僦潞河之舟，不果，未嘗不時往來於懷而思一覩之爲快也。頃獲其所撰後漢書補表讀之，非若熊氏之僅取材於范書、陳志也。凡山經、地志、金石、子集之有會於是書者，罔不網羅綴緝，而其體例一依班氏之舊。諸侯王、王子侯分爲二表，功臣侯與外戚恩澤侯亦分二表，視熊氏之但以同異姓爲別者較然明矣。其不能不與班氏微異者，班書百官公卿表前敍百官沿革，若後漢則有司馬彪之續志，百官已詳，無庸複出，故但云公卿表，此又變通之得其宜者也。凡熊氏所漏脱者，悉考而補之，於是此書乃始完善而無少遺憾矣。夫史莫重於表志，而自漢東京以至於隋，志尚閒見之，表則全闕。表也者，標也，標明其義類，使綱舉而目張，馬班之爲是也，亦兼以補記傳之所未及。今則年代懸隔，古籍散亡，如東觀記、謝承、華嶠之書皆不可復見，唯即舊文之留傳者而薈萃之，然亦未嘗不增益於范書之外。俾夫善讀史者更得參互考證，以資其聞見，於凡政治之汚隆，職官之賢否，一開卷而瞭如指掌，以之爲津筏也可，以之爲龜鏡也可。余之所謝不能者，而錢君優爲之。見今版行諸史，既以續漢書志繫范書之後，亦當以此補表并繫之，於以配馬班，而始無不完不美之憾，此豈讀書略觀大意者之所能乎哉！錢君之於史事，其精確也如是，況於治經乎？特是予今雖欲盡發其所藏，而已自傷耄及，非復前日之尚可讀矣。摩挲此編，有餘慕焉。

續漢書律歷志補注序 乙巳

律歷之源，皆本於易。自圖書出，而天地自然之數以彰。聖人既則之而爲易，其用至於不可勝窮，於是審音制樂，治歷明時，相因俱起，莫非聖人之所創造，以爲治天下之道用若此其重也。迨其末流，易且專以爲卜筮之用，而律則委之泠人，歷則屬之天官家，皆以爲非儒者之要務。嗚呼！彼泠人、天官家能習其數而已，能知其理乎？能通今術而已，能兼曉古法乎？古來大儒，若鄭康成，若朱子，若許文正，皆宗聖人者也。求聖於內，亦不遺乎外，其於道與藝，殆一以貫之矣。故以爲非儒者之要務者，皆怠與棄而又自文其不能者也。始吾讀兩漢律歷志，有意欲通之，而苦於不能布算，則就同館嘉定錢君莘楣而問焉。錢君示我以乘除增減之術，并以所校兩志畀余，余得以正家本之誤焉。然其推算之術，終苦於思不屬而止。今忽忽三十年矣，華髮盈顛，益難重理前緒。頃復來主鍾山書院，而莘楣之從子溉亭亦爲郡博士，於斯一見如故交，裒然出其所著，有補注續漢書律歷志在焉。則校之余前所得於其從父者，布算益加密，辨證益加詳。於前人説之未是者，雖通人若蔡中郎，其論開闢至獲麟之歲與馮光、陳晃所言俱誤，亦駁正之。向所苦於難讀者，以譌脱之字多耳。今以晉、宋志參校，皆得補正，朗若列眉，瞭如指掌，使後來學者皆得所從入之徑。是書得此，遂無復遺憾。於此見儒者之功，非藝人之業之所可幾也。彼唐之一行，其於歷學，古今推以爲精，然不解太初甲寅之元而謬爲之説，又不明杜預所以爲長歷之恉，而輕相訾警，此徒知今者之不可與道古也。必也合今古而會通之，微儒者，誰與歸。溉亭父子，真其人乎！吾何幸而皆得交其人、讀其書也。

翰苑羣書序甲午

官有所由重。朝廷之重是官，必先思其可重者何在，斯其遴選也不得不慎，而其禮遇也不得不崇；居是官者，亦必有以自異於曲藝雜流之幸承恩澤者，而官乃重也。詞林之職，古今以爲榮選。其於主眷之隆渥，一言一事，津津傳爲美談。然使在上者以爲此吾之私人而故厚焉，在下者亦惟是，以得數望清光、效賡颺歌頌之美爲幸，則其事皆不足道也。君以朝夕啓沃望其臣，臣以隨事納忠効於君，君臣一德，驩然無閒。其任不在職事之末，而其所長亦倂不在文字之閒。是則上之所以重是官不爲過，而其臣之得此於上非倖也。是編爲宋洪景嚴氏所彙緝，自唐以來事例，略可考見，誠有足動人歆羨者。然不探其本而言之，徒以遭遇好文章、稽典故之主，侍從雍容之外，別無禆補，其與夫曲藝雜流之幸承恩澤者何以異？是官本重，而其所以可重者曾未之思也，將何以取重於其君而使庶司百職事羣羨以爲清華之選乎？先余未有是書，因借本録竟，手自校對，漫識數語於其端。

關帝事蹟徵信編序 丙申

古今來英魂毅魄不死而爲神，其祠廟或領於官，或祀於其鄉而止，未有靈威肹蠁、千載如生，自天子以至士庶婦女童孺罔敢不虔，自京邑以達於邊徼外裔無不爲之廟貌，以崇奉之如帝之盛者也。帝爲漢之漢壽亭侯。其封帝也，始於明神廟時。我朝順治九年，世祖章皇帝敕封忠義神武關聖大帝。今上又加「靈佑」二字，且因臣工所請，而諱神之名，易神之謚，尊崇之典視前代更有加焉。帝之事蹟見於陳壽所作本傳，而亦有散見於同時諸人傳中者，皆可取以參考。其出於後世所述，則容有增飾而未可以爲依據者矣。海昌周子耕厓、武原崔子秋谷素嚴事神，而懼流傳者之多譌也，於是廣搜博采而務別白之。自承祚、道將而下，以逮近人之著述，凡有涉於神之生前身後軼事遺蹟顯靈助化之端者，靡不薈稡緝綜焉。其勤至矣。乃其考辨之精，議論之正，則雖前人屢有綴輯者未能或之先也。是書也出，上以發揚國家尊崇之至意，且可以作人忠義之氣，而其福善禍淫之不爽者，亦足以使一世之人皆聞而知警，不至於貌承而中違，則是書之有功於名教者大也。余故樂爲之敍其端云。

漢董孝子廟志序 辛卯

孝，德之大也。有是德而著聞於外，海内歸之，後世慕之，名莫榮焉，不藉有爵位而始爲重也。舜以克諧而爲天子，極尊富饗保之盛，然亦無加於孝。漢諸帝廟號，必取孝以冠謚，然則以帝王之尊，尚非孝不足以章顯其名。若實有是孝德而名隨之，更奚必他有所藉以爲重哉！董君抑儒秉純新修其先世純德徵君廟志，成八卷，出以示予。純德徵君者，即虞仲翔所稱孝子句章董黯者是也。前明有爲純德録者矣，表章前哲，風厲人倫，誠甚盛舉，特惜其捃摭略備而考核未精。今抑儒，鄞人，實孝子之後裔。其尊人鈍軒先生，嘗有意補輯緒正，未克就而歿。抑儒踵而成之，綜覈聞見，究析同異，非唯家乘之或傅會者不肯輕徇，即郡邑舊志與夫前輩名人之宏篇鉅製有未確者，必參互辨證，去岐歸一。謂句章實今之慈谿，孝子故居與墓皆在焉。其言鑿鑿，皆有據依。以昭祖烈，以成父志，世常言孝子之後必生孝子，豈不信矣乎！考徵君之稱，以漢和帝曾以郎中召而不起也。徵君之上又加以「純德」者，則本諸宋開寶詔書之加封。予謂孝子之德，實不藉區區一官以爲重孝名之美，更不藉駢號增謚以爲榮。在當時稱之曰董孝子，後世亦稱之曰董孝子，愚夫愚婦耳而熟之，皆所共曉，此於士大夫暨賢子孫之意亦復何嗛，而必轉取諸後代之褒封始稱崇尚哉！舊志所載漢東京二詔書，全謝山先生固疑其未可信矣。予謂即實有之，而徵君之稱，諒不若孝子之稱之美也。抑儒見識明達，深服謝山之言，載之於書，其不膠守所見如是。其於吾言儻亦有取爾乎，則題此書當曰「漢董孝子廟志」可也。

此序據抑儒所爲志爲之。後歲在壬寅，見樓攻媿集，有慈谿縣董孝子廟記云：「句章，今之鄞縣也。孝子之母嘗寢疾，喜飲大隱溪水，不以時得，於是築室溪傍，以便日汲，厥疾用瘳。溪在今縣南一舍，故以慈名溪，而又以溪名縣。母反葬於鄞。鄞爲郡太守治所，故州邑與其墓側皆世祠之。城之祠宇即其故居。先其母塑像在南郭草堂中，康憲錢公億迎歸於廟。鑰親訪其墓，辛木猶在，近在城南，豈所謂草堂者邪？至今鄉人猶稱董孝郎中廟。唐大曆中，刺史崔殷作碣，徐浩書之，云『其徙居也，庭出寒泉，其執喪也，林集祥烏，無貽一日之憂，終報共天之怨』云云。祥符元年冬，真宗皇帝封岱禮畢，詔賜純德徵君。或云起於錢康憲之請。」據攻媿此記，則孝子實鄞人，而遷於今之慈谿；其封純德徵君在宋真宗大中祥符元年，非宋太祖開寶年也。抑儒今見任廣西那地州判，相去絶遠，不能以此告之，聊附識於此。

續高士傳序 丁未

續高士傳一册，補皇甫士安之書之所遺也。凡一百八條，墨胎二子亦録入焉，以未嘗一日膺簪紱也，其所取捨亦甚嚴矣。是書乃明新安畢黼臣翁叔之所纂。序中稱其父約所先生之廉孝，隱居著述，長吏皆式閭致敬，而自恨不能樹立，表揚先德，因興感而作此書。然不敢僭妄附諸録後，冀後之高人爲載筆焉。今考江南通志，徽州隱逸中無姓畢者，而孝義傳中則有畢文爜、畢陽二人事，亦甚略，無郡邑志可參考，故無得而述焉。仁和倪嘉樹一擎得其草本以示余。中閒塗改甚多，似出於其人之手定，而譌字亦復不少。每傳之後，繫之以頌，閒亦有與古今韻皆不叶者。末四條頌全闕，余不揣爲補之，而其他則不暇爲之審定。余嘉其言之婉且摯也，恐世無别本，故遂録而傳之。

新安汪氏增輯列女傳序己亥

女教之重，不後於男也。家之興廢，國之盛衰，率由乎是。故關雎、葛覃著爲風始，家人之利則以女貞，古聖賢之垂訓，未嘗不惓惓三致意焉。漢劉中壘之著列女傳也，鑒於趙衞之屬，起自微賤，踰越禮制，故採取古來宮闈閨閤之事可法則、可鑒戒者，爲書八篇，奏之天子，而成帝終弗寤也。其書代相沿襲，祖述實多。今之流布人閒者，唯劉書爲最廣，有圖有頌，勸懲瞭如，人未有不望其女若婦之貞孝節義者，固宜其家置一編，幾同於菽粟布帛之不可離矣。然更生之爲學，駁而不純，輕於信古而不加持擇。阿谷處女，何以試之？息嬀之死，不合左傳。以及辰嬴、南子濫廁簡編，此何異於范史之登蔡琰？所以明高皇后謂此書宜加討論，儒臣承詔，輯爲三卷，其書世罕得見。今此十六卷者，乃明新安汪某之所增輯，其紀年至明之神廟而止。其紀述近事，則歙郡居多，而一郡之中，又汪氏、程氏爲獨多，其稱引太函，則汪氏之翹楚名道昆者是也。於向之本書，去其子之所爲頌，而繫以己所爲説。於劉氏之輕信者正焉，其事則善矣。而猶有未盡善者，又復爲之推論焉。删其所爲孽嬖亂亡者，而後傳授之閒不至赧赧然難以形於口。其析義也精，其敍事也確，其繪畫也又極其工，其爲文辭亦幾幾乎與向爲甚似焉。

剞劂既備，未及印行，距今幾二百年無知之者。有書賈得其版，以示吾友鮑君以文，鮑君固歙人，重是鄉前輩之書，爲重價購焉。其名則不知誰何所刊去，亦嘗徧考之而卒未得也。夫婦節之貞，趙宋以後爲尤盛於往代。説者謂程朱之教明，故中材皆知自勉而以再醮爲恥。況新安固朱子之闕里也，其賢節之多，固然無足怪。著書者猶自謂特章一二而已。夫事近則見聞尤熟，其於興起鼓舞也易爲力。設吾杭人而有斯志也，則如戴烈婦之吞金，孫秀姑之服滷，亦當大書特書矣，誰得謂其私於鄉人也哉！抑吾更有愀然者，先曾祖母朱氏，當明季歸先曾祖建平丞譽長府君爲簉室，生吾祖書蒼府君而寡，時年未三十也。祖業蕩然，母備嘗荼苦，刺繡紋，摘馬齒莧以易米，教育吾祖至成立，而祖業始稍稍復。嫡子無後，吾祖以庶承祧，暨吾父皆以文學有聞於時，不才如文弨亦得蒙其餘蔭。知其事者，咸以爲苦節之報。乃以久遠，未獲上聞，故因敍是書而不能不有望於里中之君子一爲闡幽而發潛也。乾隆四十四年孟夏之吉，東里盧某書於西湖書院。

越女表微録序 庚子

蕭山汪進士煥曾甫既以其母與其生母之節孝上聞於朝，得旌表矣，又推母之遺意以及同族中之節婦應旌格者如干人，代爲之請於所司。既又念單門貧户，所居窮僻，更或子嗣弱喪，叔伯靡依，銜荼茹蘗，卒葆其貞，其艱難辛苦視尋恆殆百倍，鄰翁里媪未嘗不爲之咨歎。不幸或不得聞於士君子之耳，無爲之稱説傳播者，數十年之後，故老且盡，遺蹟亦復就湮。嗟乎！地非秦粤之異，分無霄壤之閒，而猶或不能周知，又安望其以狀言縣，縣達之府，府以申之大府，大府以聞於朝廷也哉！汪子愍然傷之，於是加意訪求，由己邑以及於同郡之七邑，邑各有同斯志者以爲之助。意主於發潛闡幽，故凡力足以自表見者不與。更四年之久，先就山陰、會稽、蕭山、餘姚、諸暨、嵊六邑所得，具録事狀，呈方伯國公，乞檄縣旌門，以爲風化之勸。其無人爲主者，縣爲備案，俟異日修志時亦可以資采擇。而上虞、新昌二縣，猶有需焉以踵爲之。請事既允行，汪子又輯爲越女表微録四卷，曰録事，曰類敍，曰述譜，曰外姻，其體例各見於小序中。列上之後，復有聞見，甹增一卷於後，曰識軼。上一字本不作「識」，因家諱改之。仁乎哉汪子！其用意何若是之摯而達、曲而盡也！蓋嘗謂人者，天地正氣之所生也。人能完天地之正氣，始成其爲人。忠孝節義，其歸一也。然聖賢豪傑之所爲事，皆炳炳著見於外，美斯愛，愛斯傳，宜若無難焉。唯婦人女子，身處奧渫之地，所執煩辱之事，而早失所天，誓不再偶，内有寒餓之迫，外有侵陵之患，智竭於補苴，力瘁於扞禦，節之苦者在孤貧爲尤甚。要其人，本不爲名，而名亦不之及，譬猶空谷之蘭，自榮自落於荒煙蔓草閒，豈不深可慜悼也哉！此一編出，而後爲造物弭不平之憾，爲風教助激勸之權。昔日之淒風苦雨，由後視之，皆成景星慶雲，山川若爲之鮮潤，閭里若爲之輝光。邑乘家志，咸得有所徵以侈爲美談。是則汪子之有功於名教大也。至節婦之後，有寖昌寖大者，有不克自振以至澌滅無聞者，此不特非人所能主，雖天亦無如何也。人祇求自完其爲人足矣，佗何知焉。汪子示余此編，適余將北上，匆遽不能助爲訪求，而先爲引其端如此。庚子季夏六日，書於吴江舟次。

桐鄉沈氏家乘序 丙子

桐鄉沈子陛颺嘗從家大人受業，與余敦世好。久不相見，一旦聚糧走三千里，訪余於京師，植余方南還，盡用其資，孑然居旅店中，忍困以待余來，蓋近世朋友之所未有者也。陛颺之來也，他無所求於余，閒出其所爲家乘，索爲之序。案譜：始祖諱某，在明嘉靖時從江南來，始居於嘉興之桐鄉。浙西之人謂浙東爲江南，蓋其先世乃會稽人。云再傳而有三子，咸讀書，列學校，今至於陛颺，十二世矣。其族日益蕃衍，不可不爲譜以繫之。蓋嘗夷考沈之受氏，爰有二宗：其一本姒姓，其二本姬姓。昔金天氏有裔孫曰臺駘，其封在汾川，沈姒蓐黄，實守其祀，晉主汾而滅之，此姒姓之沈也。其姬姓者，封國在汝南之平輿。魯文公三年，經書魯與五國伐沈。杜預注云：「今平輿縣北有沈亭。」司馬彪郡國志平輿下云：「有沈亭，故國姬姓。」其文甚明。至定公四年，而後爲蔡所滅。或者不察，顧混而一之。沈休文爲宋書，自序其先世，已不能辨其爲姬爲姒，而況歐陽氏之世系表、馬氏之封建考，遞相沿襲，其不能有所釐正也固宜。今陛颺之爲是譜也，詳於桐鄉一支，而凡一切依附之説，咸削而不録，其識不亦大過人乎！夫沈氏族望，盛推吴興，而此譜不載。此在近世者尚闕所疑，設使秉筆而爲國史，其肯遠託華胄，兼承二宗，以自蹈誣祖之罪而取譏議於後世哉！異時陛颺之子孫有踵而成之者，慎毋以是譜爲太簡而求多於其外可也。

三峯盧氏家志序丁酉

吾族之在浙中者，以東陽爲最著。前明弘治朝有名御史正夫先生格者，以理學名，嘗與其叔父本源甫輯家乘爲六卷。正夫之言曰：「忘祖，非孝也；冒祖，亦非孝也。世人往往棄厥真源，妄冒他族以飾世德之美，其何以免君子之嗤詆乎！故凡舊所無者，不敢妄有增加，蓋其慎也。」今追而溯之，歷二百七八十年矣。解元信波潮生能繼斯志，考定昭穆，稽核事行，搜羅藝文，裒然成若干卷，洵足以振正夫先生之垂緒，而使人稱東陽盧氏之代有人矣。余嘗慨夫氏族之學之多舛也。其在單門寒族，素無達人，不能究其源流之所自，固無足怪。若夫歷官而至宰相，位不爲不崇，族不爲不大矣，乃觀唐書宰相世系表所載，往往皆鑿空傅會，兩姓也而合爲一姓，一人也而分爲二人，子父顛錯，燕粤混同，蓋不可勝詰也。彼皆高門右族，豈無一二學人曾讀左氏、世本、三史者？顧忽略不以爲意，一任其誤而莫之改革。以此而爲譜，其愈於無譜幾何也？夫譜之爲法，不在乎合異以爲同，而在乎審同以辨異。浙中諸盧，東陽而外，有天台，有剡，有上虞，有餘姚。信波先人自東陽遷杭州，吾家亦居杭州，則自餘姚遷者也。譜各本其所自，如前人東眷西眷、南祖北祖、某枝某房之比，詳於近而略於遠，譜之善法也。信波能知本源之爲重，搜訪而緝比之，精力幾敝而不自惜也。吾餘姚之爲譜，自明初以來，始可徵信。若唐宋以前，其年代里居，考之正史多不合。吾向亦欲刊其可疑者，而以明初爲斷，然無專功，深愧不若信波此志之詳盡。三峯者，又東陽盧氏聚族而居之所也，故因以題其篇。

江寧王墅孫氏族譜序 甲辰

孫氏傳以爲衛康叔之後，其在有周，武顯於吳，臏顯於齊。炎漢之末，有起自富春者，據吳而有之，與蜀魏鼎峙。厥後吳中之孫爲特盛。在趙宋時編姓氏者，首國姓，次以吳越王姓，而孫氏即繼之，凡望族莫之先焉，則其貴重於天下可知已。然源遠而流分，數遭遷革，不恆厥居，其譜諜之不墜失者亦罕矣。顧其遠者不可追，而近者尚可溯，失今不爲，何以示後？是以昔之君子敬宗而收族，必爲譜以明之。爲譜之道，在乎詳近而略遠，此不易之至論也。江寧王墅孫氏之二子祖瑞、祖全，嘗學於余，承其先人之志，修輯族譜，咨於儒學之彥，發凡起例，井然有條。凡四載，乃克成編，誠慎之也。使來告我曰，求先生一言以弁諸首。余觀其譜而善之，誠與昔人之持論相合。遥遥華冑，不肯妄爲傅會，而一主於傳信。其推本王墅族姓之所自，則以明初富十公爲始遷之祖。至其所由遷，則故老皆無能言之者。追勝國之末年，枝葉蕃衍，春秋祀祖，家廟至不能容。於是舊祠之外，又分二祠，一曰西祠，一曰塘沿祠。今二子則始分塘沿珊公之後人也，上距八世矣。又推而上至始遷之祖，爲十有八世。其譜亦隨祠而分，故自八世以下，此獨詳焉。夫親親以三爲五，以五爲九。始也一體，其終至於途人，此勢之所不得不然者也。然詩有之，「豈無他人，不如我同姓」。如春秋時，魯與衛世數亦遼遠矣，然而論者尚推周公與康叔爲相睦。魯襄之冠也，即在衛成公之廟。於此見祠雖分而情誼之相浹，要必有異於外人者。二子之修譜也，承先志也。兄愛弟敬，二子之所能也。八世以下之子孫，宜思篤於近也。八世以上之子孫，凡夫慶弔周恤之禮，亦不可以廢也。余於二子有一日之長，故既嘉其所能，而不欲其以此自囿也，故又進斯言以爲勖。

蘇州袁氏家譜序 庚戌

古者有姓有氏，姓一而氏分，其後即以氏爲姓。故龍門著史，合而言之，以爲人所百世不變者也。考袁氏之先，出自有虞。至周得封於陳，子孫有以國爲氏者，又其後或爲爰，或爲轅，最後乃爲袁。袁既爲陳別，而爰與轅，漢以後不甚著，獨袁爲盛。陳又爲田，而袁則無二。厥派有三，汝南一望尤其盛，代有聞人著於簡策。宋之南也，汝南之裔自汳來南，因居平江。至元，海道萬户名寧一，而下世系乃可考次，吴門袁氏之譜實始於此。嗣是人材輩出，復不減於洛京以前。當勝國末年，文文肅序其譜，歷數某忠節，某事功，某孝友，某文學，不徒以科第仕宦爲高門。蓋文公居同里閈，聞見真而品評自確，人共信其無溢美矣。然設非賢子孫排纂而弆輯之，將所謂莫爲之後，雖盛寧渠傳乎？抑非獨此也，昭穆混殽，遠近移易，將敬宗收族之念亦於何寄？此雖在寒門陋族且猶不可，而況閥閱之焜燿一世者乎！今自明季以來，業已三四屬稿，然非授之剞劂氏，則不能使子姓皆有其書，共識夫淵源之所自，以爲觀感起發之助。上舍又愷君於是躍然興曰：「是固余先人之志也，曷敢不承！」乃復詳審鉤討，釐辨經緯，首修國恩，末垂家範，其他凡譜之所宜有者，無不有也。裒然十册，刻成示余，請爲引其端。又愷之意美矣，其勤著矣，宜不待余言。抑余所不能無言者，則且爲袁氏後起者正告曰：先型在兹，維是其式哉！

前光有述，維是其迪哉！繩繩繹繹以克紹乃祖烈，而毋忘作是譜者之績哉！夫望可三也，亦可益也，使宇内之稱袁氏者，何必不曰平江之望亦其一哉！

甬東盧氏族譜序 辛亥

記曰：「尊祖故敬宗，敬宗故收族。」夫親止於五世，自袒免而外，即爲途人，疎已。然繫之以姓而弗別，雖子孫繁衍，或散處於四方，苟知其爲同祖，久離而乍合，必藹然動水源木本之思焉。昔范文正之於吴中之范族亦疎矣，當文正之尚孩也，族人不之恤，而一聽其流離轉徙於外；及其歸宗也，又恐其欲分受祖産而相與拒之。文正既貴，乃爲義田以贍其族，明乎所自出之祖同也。所祖同，故雖有小忿，不廢懿親，服制有盡，而親親之誼則無盡，知本者必期久無替焉。甚矣哉族譜之爲重也！有譜，然後子孫皆能識其祖，辨其宗，而支分派衍凡爲我之同族，亦不至混殽而難辨。於富且貴者，無依附之恥；於貧賤而顛連困苦者，則當有賙恤之恩。古宗子之法，雖不行於今，而收族之道人人皆所當勉，則有譜以爲之依據也。家之有譜，至達於朝廷，登於國史，唐書載宰相世系表，吾盧氏亦與焉，譜顧不重矣哉！甬東盧氏自餘姚遷於鄞，久遠不可知，從宋南渡以來，皆班班可徵，至國朝而益盛。族人多讀書明義理，悼舊譜之將湮，而近今數十年之生齒歷履亦不可以不續。然仕宦者以職事爲急，行役四方者不能與族之父老子姓相參稽，無力者又不足以舉其事。於時有名登秩字武成者，慨然亟起而圖之：闕其渺茫不可知者不以增於舊譜之外，而於近代則鄭重訪求，覈實而詳紀之，絲連繩貫，由合而分，世次秩然，尊卑有辨。有家廟以妥先靈，有祭田以奉蒸嘗，有條約以訓子弟。賢者書其懿行，使後來有所勸；亡者志其塋域，使久遠猶可識。凡有關於譜事者，無或遺也。譜成，而族人無不欣然悦是舉也，曰「微武成之力，不及此」。然武成於此心力亦交瘁矣，未幾遂辭世。其子雲路請余爲之序，不可以辭。余族居杭州者，亦從餘姚遷也。餘姚故有譜，向余在詞林日，職清無事，亦思續纂成編，功未及半，而以提學至楚南，其事不卒。厥後失官，南北奔馳，遂不及重理前緒。今覩是譜，深嘉武成之績，而因以訟余之愧，真不能自解免矣。

補元和郡縣志序 乙巳

唐李吉甫撰元和郡縣圖志四十卷，詳略得中，記敍有法，故隋、唐志所載地理書多逸，而此獨傳。然圖在宋時已亡，其書在者又闕六卷，而第十八卷亦不全。好古者彌加珍惜，不因其不完而遂棄之也。余曩見吴中汪退谷先生士鋐集中，自言曾補其闕，每思借鈔以成完書，往來吴中，訪求數十年而卒未一遇也。今金陵嚴子子進承其家先生之學，以其餘力，因弘憲元書之體例，採掇於通典、新舊唐書以及通鑑、通志、通考，復旁涉於寰宇記、太平御覽諸書，整齊薈萃，爲補河北道下景、幽、涿、瀛、莫、平、嬀、檀、薊、營十州，三十有九縣；山南道下荆、峽、歸、夔、澧、朗、忠、萬、金、集、壁、巴、蓬、通、開、閬、果、渠十八州，九十有二縣；淮南道下揚、楚、滁、和、舒、壽、廬七州，三十有二縣；劍南道下霸、乾二州，六縣；嶺南道下春、新、雷、羅、高、恩、潘、辯、瀧、勤、崖、瓊、振、儋、萬安、藤、巖、宜、瀼、籠、田、環、古、容、牢、白、順、繡、鬱林、黨、竇、禺、廉、義、湯、芝三十有六州，百四十有六縣。於是向之所闕，皆完然具備，讀者乃快然而無餘憾。夫充廣聞見，牖迪智識，後人實有賴於前人；而振舉廢墜，補綴闕遺，前人亦重有賴於後人。使人人皆如汪、嚴二君之珍惜愛護，則前人之書亦必不至於闕。顧退谷既補之矣，去今未久而仍失其傳，以余求之之專且久，願一見而不可得。而今乃得此書，以大慰我數十年之積想，其爲愉快何如也。使不出而與世共之，則又懼爲汪書之續，因亟慫恿其開雕焉。他如九域志、太平寰宇記，亦復殘闕不完，吾知世亦必有如嚴子者起而任其責矣夫！

新定元豐九域志序 丁未

宋王正仲元豐九域志十卷，余於乾隆乙巳鈔得之。逾年，復得桐鄉馮太史集梧新雕本，用相參校，庶幾完善。今年又從海寧吴槎客騫所借得新定元豐九域志，卷帙無異，唯其中兼載古跡爲不同耳，然亦無方輿紀要之詳。至各縣下，前書兼載山水，而此不録。前輩秀水朱錫鬯謂此乃民間流行之本，理或然也。其去正仲時，當不甚遠，因并鈔之，頗亦得以正前書之誤字，且及於宋史地理志焉。乾隆五十有二年孟夏既望，東里盧弓父書於鍾山書院之須友堂。爲余傳録者，小門生江寧王友仁也。

襄垣縣志序 壬寅

李鶴亭明府視事襄垣，既先其所急者，餘漸以次興舉。歲三周而邑之舊志曠七十餘年不修者，復庚續之，裒然成完書，請序於余。余惟襄垣之名舊矣。縣於秦，一改於新莽。未幾，光武興，仍易亭而縣，以至於今，未之有改也。中閒或爲郡治，或爲州治。唐武德三年，分置甲水縣。六年，割沁州之銅鞮來屬。九年，又省甲水入焉。是則今之封域較兩漢爲尤廣。我朝列聖相承，德洋恩溥，羣生澍濡，以蕃以育，故生齒日益衆，物産日益豐，此亦官斯土者之厚幸也。挽之以淳樸，示之以德教，使盛者得常保其盛，夫非賢有司之責乎？矧今三晉大吏，竝皆體上德意，廉公仁明，一以拊循愛養爲本，則爲令長者無掣肘之患，東溼之虞，於此而勉爲循良，當易易也。歷代如龔、黄、卓、魯之流，垂名史册，可爲後法者，吾無暇疏舉，即以襄邑言之，是趙襄子之所築也。襄子知罷民力者之不可以守也，浚民膏者其民必不吾與也，以尹鐸之爲保障，不爲繭絲，其民必和，有急而往依之。其知所取舍也若是，則其政從可知矣。若夫春秋時邑於銅鞮者，是羊舌職之子而叔向之兄羊舌赤也。孔子但稱其語默得宜，其於政也，雖不若叔向之卓然著見，然而孔子又嘗惜之云：「伯華無死，天下其有定矣。」使非實有善政及於民，聖人其肯輕許乎？且觀當時之稱之者，即其字而繫之以邑，曰銅鞮伯華。夫大夫之有邑者多矣，不能盡若是。伯華之以銅鞮著也，是即朱邑之桐鄉、黄霸之潁川也。然則興化致治，端不外求，即以此二人者爲師法有餘矣。余嘗與禮闈分校之役，得鶴亭之文而善之。久習其人，知其爲悃愊無華者也。由此而爲循良吏，殆庶幾乎！斯志也，亦盡職之一端也。既嘉其成，且因以致吾期望之意。鶴亭勉乎哉！

抱經堂文集卷第五

序四

新校説苑序庚子

漢禁中先有説苑一書，而子政爲之校讐奏上，號曰新苑。余向閲文獻通考，疑「新苑」爲「説苑」之譌。及後得宋本，此書前有子政所上奏云：「臣向所校中書説苑雜事，及向書、民閒書互校讐，分別次序，除去與新序復重者，更造新事十萬言以上，凡二十篇，七百八十四章，號曰新苑，皆可觀。」然後知余向之所疑爲妄也。宋本自勝近世所行本，然亦多錯誤。今取他書互證之，其灼然斷在不疑者，則就改本文，而注其先所譌者於下，使後來者有所考。若疑者、兩通者，則但注其下而已。此書之言治術略備矣，人主得此亦足以爲治矣。其中傅會淺陋者誠不能盡無，然非有害於治道也。宋曾南豐譏其不能擇其所學，以盡乎道之精微。夫向之所事何主，而可以精微語之哉！昔郢人有遺燕相書者，誤書「舉燭」，燕相得之，以爲欲其舉賢，賢者所以爲光明也，於是任用賢者而燕國大治。以此觀之，雖其傅會淺陋者，誠善用之，安在不可以爲治，而況其大經大法、格言正論之比比而是哉！蓋公曰：「爲治不在多言，顧力行何如耳！」諒夫！若南豐氏者，可謂好爲高論而不切於事情。吾不知此書之外，曾之所謂精微者何等也？牛溲馬勃，良醫兼收而待用焉。今必曰空青、鍾乳也，不當其疾，轉以速死。故夫南豐之言，不足以病子政也。顧西漢之末，外戚方盛而宗室疎遠，至不合得給事朝省。子政忼慨奏陳，載在史册。今其書乃云：「秦信同姓以王，其衰也非易同姓也，而身死國亡。故王者之治天下，在于行法，不在于信同姓。」斯言也，不幾於以水濟水乎？蓋亦先所有者，已以同姓之嫌，轉不得而私削之，削之恐小人益得以行其讒慝也。且以秦爲信同姓，亦未然。此書第六卷中有蘧伯玉得罪於衞君一條，他本皆脱去，唯宋本有之。又按禮運正義云：「説苑凡『能』字皆爲『而』字。」余求之，殊不多見，蓋爲後人輒改者多矣。校讐既訖，略書其所見如此。乾隆四十有五年正月十六日書。

惜陰録序 丙申

江陰徐青牧先生，篤學力行之君子也。生平於易，於書，於詩，於春秋，於三禮，於四子書，皆有注解，而皆以「惜陰録」名之。今此惜陰録八卷者，乃先生鞭辟進道之語，閒亦釋經而不主於一經，蓋倣明儒薛敬軒讀書録而爲之，起於康熙十五年，至十八年四年中之日記也。觀其提撕警惕，一念不敢自恕，一刻不敢少墮，實有見夫理之不易純而欲之不易浄也。故其詞多危，余讀之憱然。蓋常人鮮有能自見其過者，日復一日，如痿痺之人不復知痛，其生也不知其所爲生，其死也又安知其所爲死，大數將至，奄然盡耳。孔子曰：「朝聞道，夕死可矣。」又曰：「假我數年以學易，可以無大過矣。」聖人無過，惟聖人能自知其過。一毫與天地不相似，是亦聖人之過也。於無過中見有過，有過而能復之於無過。斯然後可謂之聞道，聞道豈易易哉！道之難聞也，過之不易無也，聖人猶憂之，況學者乎！聖人之假年，亦聖人之惜陰也。學者苟不求寡過則已，欲求寡過，則惡容不惜陰？先生常以理欲之消長自體驗，功力之進退自程督，恐懼懲艾之意，畢見於辭。而世之泄泄然任歲月之如流而莫之省悟者，不亦大可哀乎！先生之言，視之若無甚深邃，而要其克治之嚴，良有可警發後人者。余是以録之，將奉爲鍼石焉。先生名世沐，字爾瀚。鼎革時，其父以布衣偕弟兄咸死難。先生時年十二，作此録時年四十三矣，後享年八十餘乃終。録當未竟，而余之所見則止此，豈其後專於釋經而於此遂不復有所庚續歟？是書有其友張德生點勘，亦能貢直言，今采擇一二注其下。卷數亦余所分也。乾隆三十八年，朝廷求訪書籍，江寧方伯吴興閔公爲鈔其諸經解共四十九大册進呈，始知中有缺卷，周易惜陰録缺三十二、三十三兩卷。又周易家諱義録缺第六一卷，詩經惜陰録缺第五、六、七共三卷。問其家，不知也。是書以未經整比，故未及鈔録同進。

遠異録序 己亥

道一而已，如射者之有的焉，如工師之有規矩凖繩焉。故人之爲學，必先志於道。志道則不爲他岐之所惑，望以爲趨偭焉。日有孳孳，死而後已。其至焉者，聖人也。未達一閒者，大賢也。或資力之所不逮，舉之莫能勝，行之莫能至，而軌徑勿失，或遠或近，而皆有可造之理，高明中正，與聖賢共此一途，而決不爲下流之歸。聖人自言十有五而志於學。志學，正所以志道也。志乎此，則凡動静語默，酬酢往來，縱極境遇之不齊，經權常變，千形萬狀，而皆不離其宗。否則學非所學，即志非其志，而顯然與吾道背馳而不悟。或有推援比附，似是而非，而卒不可與入聖賢之路，則終其身與道異趨矣。異，非獨楊墨也，釋老也，差之豪氂，謬以千里。故聖人於古今之判，君子小人之殊，似是而非之辨，往往相衡互校，昭昭然如別白黑。此其愛人之深，指示真切，唯恐其或蹈於邪，致終身沈溺而不能自反。故明乎其異，乃益見道之正之所以可貴也。顧道者與天無極，終古而不變，而異者之情狀，又往往與時遷轉，幾於不可勝窮。故三代而上，異端惟楊墨；三代而下，釋老之熾更甚焉。至程子則曰：「古之學者一。今之學者三，有詞章之學，有訓詁之學，有儒者之學。」詞章、訓詁則異於儒者矣。朱子有雜學辨，謂二蘇、張、呂也。其時象山陸氏亦自以其學爲學，相抗而不下。明以來則又有姚江之學、江門之學。此皆顯託於吾道，而實則爲聖學之蔀，其不惑焉者蓋寡。若以近今士習而論，又似與古之異者殊焉。不詞章，不訓詁，亦無所專主，以求必勝，并亦不志於管晏之功利，而或泄泄以嬉，或僕僕爲役：此亦主持世教者之所當隱憂也。朱子理齋，守正之士也。示我以所輯遠異録一編，條分縷析，證之以儒先之言，灼然知異之不可爲已。夫異者不能禁其無異，唯有志聖道者必亟思自遠焉，而異者亦將以漸化焉。故孟子則曰息，曰拒，曰放。理齋自度其力未可遽及此，但曰遠之而已。異者遠，則可以踐聖賢之途而莫吾梗者，寧患其行而不至邪？若夫世之自異者，未嘗不欲挽之，而不可與之争勝於口舌之閒。正身其本已，由是以爲教，則惟使人知恥，乃可以救之。蓋恥可以鼓怠者而使之鋭以進，可以消競者而使之縮然卻也。禮義廉恥，國之四維，恥亡則國之一維失矣。理齋之遠異，豈將獨善其身而已乎？吾故以此質之治人者，即其所以自治者也，而又何讓之與有？

李東昇勸善書序 庚子

國老、庶老，皆有教人之責者也。教人則必以善，以善欲其從化。夫欲使人從化，則必取其易知而易由者。人之情莫不欲趨利而避害。聖人知之，故有易以告其吉凶，亦因其情而導之，而未嘗謂趨避之必不可也。善者，人所同好而天之所必祐也。不善者，人所同惡而天之所必殃也。以未定之天觀之，似亦有不可信者。迨其或遲或速，而無定者卒歸於有定，故何以謂之吉善是也，何以謂之凶不善是也。較利害而審其趨避，時或至于相反；就善惡而定其趨避，則萬無一之或爽也。爲士者誦詩讀書，必將取堯、舜、禹、湯、文、武、周公、孔子、孟子之言而精思之，以蘄至於無所爲而爲，然非可以此槩之四民也。故中古以來，勸善之書不一，而就其約而易曉者，往往能令民鼓舞踴躍、震動恪恭而不自知，其旨不悖於大道，而化民之效或更捷於詩書禮樂之爲功，是即堯、舜、禹、湯、文、武、周公、孔子、孟子之擯人、象胥也，何可廢也。吾里有李翁東昇者，善人也，今其年躋大耋矣。是古之所謂庶老坐於左塾而以教里中之子弟者，以翁當之，無愧色矣。翁平日既樂於勸人爲善，茲更擇勸善之言最切者板而行之，蓋欲使人人易知而易由也，吾知從化者必多矣。夫不求一身之適，而勤勤懇懇欲率人而同出於善，是即聖賢之所予而亦官師之所宜旌者也。使讀是書者而皆若翁也，則善之量於是益推衍於無窮也已。因敬書其端如此。

硯北雜録序辛未

晉傅休奕有言，年八十而不倦於書籍者，吾於胡孔明見之。蜀志亦稱向巨達年踰八十，手自校書，刊定謬誤，積聚篇卷，於時最多，開門接賓，誘納後進，但講論古義，不干時事。載籍中如此二人者不恆有，吾乃今得見之於崑圃先生。先生今年亦當胡孔明、向巨達之年矣，而其學亦無不相似。吾竊於先生之行事，而知先生之學非近今之所能及也。先生任山東提學時，於潛德績學之士亟亟表章之，唯恐不至。若安丘劉直齋源渌之讀書日記，濟南張稷若爾岐之儀禮句讀，鄒平馬宛斯驌之繹史，皆宇宙不可少之書，今皆盛行於世，而其源則自先生發之。又嘗主江南試，副者適以憂歸，先生一人入闈，合通場萬餘卷而徧閲之。初得任翊聖啓運卷，若不可於意，已從分校者請，取而覆閲，乃亟稱善，卒拔之，至今人士以爲美談。噫！此非識之精而中之虚者能然乎？夫識不精，中不虚，則是非鮮當，而有固執之患，學雖博，君子亦奚取焉。先生師友皆當世名流，然或各持一意，格不相入，而先生獨能不執一見，唯善是從。是先生之學之博，皆先生之識之精、中之虚爲之，而非夫人之偶有一得沾沾自喜者所得而竝其美也。今諸老先後徂謝，而先生獨巋然健在，優游歲月，恆手一編。是諸君子之菁英不盡泯滅於斯世者，皆於先生是賴。然則天之獨昌其年於先生者，豈無意哉！適先生屬文弨編校硯北雜録，竟，遂漫綴數語於餘簡云。

新刻金薤琳琅序 戊戌

宋考據金石文字者，其傳有歐陽氏、趙氏、洪氏、董氏。凡數家之所證引，其疎密短長，今姑無暇衡榷，而論其大體，要必以番昜爲最善。蓋三家或偶舉一義，或偏撮數言，而唯隸釋之作，則全寫其文，亦悉摹其形，闕者具著其所闕多寡之數，雖灼然可知其爲某字者，亦勿之益。後之人撫其遺文而讀之，則時代之升降，文章之淳漓，字畫之正變，事迹之詳略，體式之異同，雖去其人千載之遠，而其面貌若可彷彿而得。但謂可資以質正史傳，此猶屬一隅之論也。明人南濠都玄敬氏亦著一書，名曰金薤琳琅。所録一以洪氏爲法，而以所及見者爲斷。蓋都氏生後於洪又數百年，愈遠則剥泐愈多，固其理也。嘗見薛尚功、鄭漁仲所載石鼓文，班班可讀，豈當時果能完備若斯哉？又如瘞鶴銘，邵興宗、張子厚之流，亦各以意屬讀，故彼此差齵而莫能相一，競逞私智，妄爲附益，則何以取信於後，識者病焉。都氏固無此失，所微不足者，其點畫不悉依本文，而每易以近體，且閒有不審致譌者，故諸家徵引其書而亦不恕其誤。吾鄉汪子荻江家有此書，惜其致力之勤而以微眚爲累，於是取所藏石刻，自獵碣而下，字字比校，一還其本真。亦有洪氏闕而今本有者，吾始亦疑之，復取其榻本參對，果不誣。蓋榻本容有精觕之不同，而且一經翦裁并先後亦有不能盡合者。今則取而悉正之，且明著其説。甚矣汪子之爲功於都氏者，非淺淺也。世所傳鐵網珊瑚，亦云出自玄敬，近年以來有爲之板行者。顧謬加改易，舛譌顛錯，至不可讀。於所集趙希鵠、何良俊、盛世泰諸人之書，復一概抹摋，而以爲都所自著，蓋余所見雕本之書，無有若此之荒唐者。夫同一都氏所著，而其謬若彼，其精若此，殆有幸有不幸焉。古云「傳之其人」，信乎，傳之不得其人，猶弗傳也。若汪子者，信其人也。夫刻既成，弁數語於首，實爲是書慶所遭云。

庚子銷夏記序 辛巳

庚子銷夏記者，北平孫退谷先生評騭其所見晉唐以來名人書畫之所作也。鉤玄抉奥，題甲署乙，足以廣見聞而益神智，其鑒裁精審，古人當必引爲知己。余尤愛其有恬曠之懷，蕭閒之致，雖今昔聚散之慨所不能無，而亦不至吝情太甚，以視趙德父之欲求適意而反取憀慄者，固不同哉！曩余於黄崑圃先生家見退谷手書畿輔人物志稾數十幀，秀勁可喜。此書自云：「晚得米襄陽墨蹟，始悟晉法。」其書之工宜也。退谷萬卷樓藏書，今大半在黄氏昆季家，而記中所載之縑素卷軸，又不知散歸誰氏。其所著書如格致録、學典、崇禎山書、天府廣記，皆在刊本之外。此書余當時未之見，或偶遺之，未可知也。庚子歲爲順治十七年，退谷是時年幾七十矣。既耄，猶能以好古著書自娱。又歲一周而爲壬子，當康熙之十一年，更爲尚書作集解，隱然以伏生自喻。論者雖不之許，然與退谷同時人有初亦矯矯，自附正人，而垂老頹放，惑以喪志，猶復吁嗟憤懟，進退無據，徒貽後人之嘲嗤者，其賢不肖相去何如也！鮑子以文媚學好古，汲汲如恐不及，其搜集先哲遺文甚富，得是記，校讐完好。鄭子弗人雅有同志，讀而愛之，相與謀壽諸梓。既成，請予弁其端。余惟退谷負當世盛名，居輦轂之下，四方士大夫多樂從之遊，故能致天下之奇珍秘寶以供其題品。其後吾鄉有高澹人詹事，供奉内廷日久，得見秘閣之所儲而未及記，迨家居，以其所寓目者輯爲江村消夏録，亦此書之類也。士之欲網羅舊跡、摩娑玩賞以振發其耳目者何限，而力不能如二公，但據所云云者觀之，猶當有所會焉。且以金石之堅也，有時而刓而泐，況於楮墨絹素之戔戔者。然則古人之名筆或不盡傳，而是書得傳，其亦古人之精神所寄矣。是二君刻是書之意也夫！

鮑氏知不足齋叢書序 乙未

宇内事不勝知也，山川都邑不能以盡歷也，必身親之而後知，則其遺知也多矣。是故與委巷之褐夫語，所得幾何；不若之乎通國大都，接搢紳先生之餘論，始足資其聞見也。與牖下之鯫生語，其所知不過閭井之閒；一旦見宦遊而至者，與夫行賈於四方者，奉使於絶域者，道其所經風土習俗，人民物産，纖悉備具，則了了焉與身至其地無異。況乎聚千百年之名公卿學士，各舉其生平所得力，耳目所觸發，以相爲賜而曾不少靳，朝擩暮染，左采右獲，人之神智有不益濬，見識有不益擴，學問有不益充實而貫通者乎？則昔人叢書之刻，爲嘉惠於學者至也。雖然，亦有反以爲病者，真僞不分，雅俗不辨，或删削而非完善，或脱誤而鮮校讐。就數者之中，不完與不校之爲弊更甚。以余所見論之，如風俗通本十卷，僅刻四卷；華陽國志之第十卷，本分上中下，今僅刻其下卷而遺其上中；方言之前不載子雲與劉子駿之書；趙后外傳之末不載伶子于之語；拾遺記不載蕭綺之録；甚哉虚張名目，而所載不及本書十之二三；或本一書，而鉱離之爲四五，爲六七。此皆足以疑誤後人，後人將何由得覩其全乎？至若校讐不精之弊，更不可以枚數。吾常以謂必得深于書旨而有餘力者，始足以任此事。擇之必其精，如三墳、端木詩傳、魯詩説、素書、忠經、天禄外史之類，勿録也。取之必其雅，如百川學海、百家名書所輯之繁蕪猥雜者，勿録也。而且勿惜工費，一書必使其首尾完善，勿加删節。至于校讐之功，如去疾焉，期于盡而後止。如此，古人之精神始有所寄，而後人之聰明亦有所入，則叢書之刻始爲有益而無弊。或問余曰：「子所屬望者，今豈有其人乎？」余曰：「必吾友鮑君。」既荅或人，然未以語鮑也。今鮑君果有斯舉，先以其目示余，凡百有二十種，皆善本，無僞書、俗書得閒廁焉。其校讐之精，則其曩時嘗刊銷夏記，名醫類案等書已有明徵，不待言已。昔宋吴明可嘗言：「傳書爲極難。當官，事易集而無暇自校；子弟方爲程文，不便以此散其功；委之他人，孰肯盡力，轉以誤人，不如其已。」觀于斯言，益知吾之有取於鮑君者，正以其深于書旨，年力方富而無他事之累，又不因之以爲利。其書之成，必優于陶九成、商濬、屠隆、吴琯、胡文焕諸人所集可知已。噫！自唐以來，説部之流傳于今者葢寡矣，安得天下多生鮑君其人，而使前人之著作有所藉而不至澌滅也與？

抱經堂文集卷第六

序五

先祖春柳堂詩鈔小序丙申

此先大父書蒼府君之遺詩也。府君生七歲而孤，家貧不能從師問業，母朱太君自教之。年十四，豆創新愈，即襆被出門爲負米計。稍暇則讀書，書皆借之人，遇所愜意，作蠅頭字，録置行篋中。既常客遊，遂廢舉子業，壹意爲詩，不假繩削而自工。所交皆一時名士，晚年與同好結爲詩社，其往來尤密者，同里馮公山公、景公亭北、王公文白、郭公庶蕃、王公玉樞也。詩稿多散失。文弨自弱冠之年，多方搜録，綜爲一編，於後復請桑弢甫先生爲料檢，鈔之成四卷，即今本也。府君詩未嘗規摹一家，期於達意而止。然古風雅淡，近律安和，絶遠纖縟佻巧之習，讀者當自得之。文弨幼年，大父親自督課，授書之隙，時時爲説先代立身持家之道及生平所經艱險困苦之狀，以相勗厲。猶憶府君言，少年買絲餘杭山中，與館人同行，歸晚，山路犖确，足繭不能亟前，抵一空廟，館人請府君憩其中，己先歸，爇松明爲鄉導，距其家可數里。久之不至，府君疑之，屏隱處自匿。既而館人來，倉皇號呼，府君察其意至誠，乃出就之。每自恨以孤露不能肆力於學，常誦所作「願違思道晚，泣向邴原初」一章，聲淚俱下。府君言行之詳，有先考所述在。今因檢點遺編，覺音旨宛然在耳，故輒以所聞者附贅之。昔詩書乃夫子手定，而其後人安國、穎達爲序之。文弨是以不避狂簡，撰爲小序，猶前志也。獨不能爲浣花之宗必簡，斜川之繼老泉，以是爲無窮之愧耳。

汪津夫先生詩鈔序甲午

先生名鑒，字惟一，一字津夫，姓汪氏，唐越國公之後也。先世自新安徙餘姚。當明神廟時，有諱秉懿者，爲宜興之下邾巡檢，與二子樹敏、樹政領土兵殺賊，衆寡不敵，死焉。二子奮擊殺數賊，奪得父尸。上官匿其事，故不著。幾傳而至先生父，任雲南晉寧州吏目，先生隨之官。父卒，歸費無從出。曩時遠宦不幸而死者，率火化之，負骸骨以歸。先生不忍，晝夜悲慟，聞者爭相佽助，始得奉母挈弟扶柩歸里。舟入漢江，遇風將覆，先生號泣呼天，幾同袁昂之誓，而竟免廉范之危，人咸謂誠孝所感。余師桑弢甫先生極重之，與同事邑大儒勞餘山先生。又因桑以交先君子，道誼相孚，先君子兄事先生，如同氣焉。先生閒買舟上錢唐，就先君子宿。余方總角，即樂親先生，效越語，先生不之責，每爲解顏，以英異見賞。弱冠後，數以事至姚江，輒朝夕先生所。先生賣藥於城北之周巷，門臨小溪，屋後小圃植梅花，此所謂梅津草堂者也。好畫梅，乘興揮洒，別具生趣。善琴，作中州雅聲，恬澹沖融，一洗俗響之陋。不樂治舉子業，干仕進，而獨喜爲詩，觸事抒情，磊落傾寫，不屑與文人墨士較工拙於字句之閒，然真氣旁薄，陵轢一切，豪邁之性躍然時露於楮墨之表，自非曹蜍、李志一輩人所得望其項背也。自余成進士歸，而先生墓草已宿。子孟傳以貧客遊。周巷經火後，并草堂遺址亦不復可辨，爲唏噓久之。此詩二卷，桑先生所定，謂足以見其人。桑先生於生平交舊，或爲之誌，或爲之傳，皆見本集中。晚而序先生詩，不及八集，余故摭其大畧以補之。先生嘗修家譜，辨汪姓非出於汪芒氏，援據甚確。其先世諸節義事，亦賴以表見云。

戴剡屏定邊雜詩序 名元夔，乾隆辛巳進士。乙未

昔唐姚合以武功簿攝縣事，詠其風土，至三十餘首。後歷官雖顯，而人猶以姚武功稱之。顧武功在唐爲近畿地，其風俗物産與他郡縣無絶殊，而合之詩，上之無所歸美於其君，下之又不能表彰勳德，傳述其邑之舊聞，詩雖多，奚裨焉。今剡屏戴君之宰定邊也，甫下車而得絶句百首。定邊爲延綏門户，自勝國以前，皆屬巖疆，其外即套夷也。明制，文有監司，武有副戎，以共相彈壓，其重可知矣。我朝大一統之盛，奔走臣僕，罔有内外，鄂爾多斯在套中最爲恭順，疆圉晏然。康熙三十六年，聖祖親征厄魯特，曾駐蹕斯地。眷戀舊勞臣邑人趙良棟，遣皇長子弔祭，經理其妻子備至。邑故爲定邊營，世宗時始改爲縣，兵額視前明減十八九。及我皇上，深仁厚澤，漸濡含育，户口滋息，嗚呼盛矣。君也瞻行殿而歎儉德之隆，覩和耕而識昇平之福。於篤舊旌忠，則備著君臣一體之深恩，始終優卹之盛典。更鑒於前明之寇患，而益慶幸於百年休養之深。其頌颺有體如此。訪邑中節義之事，奮筆爲闡幽，以及隱者

藝之工者，方外之勤於其教者，咸甄録不遺焉。至鳥獸草木之異，可以廣見聞者，亦以餘力及之。邑故無誌，是詩也非即是邑之誌乎？此固非武功之所得而媲美者也。君在縣僅四閱月，以憂去官，踰年卒於長安。君室姚夫人理遺篋，得完篇僅九十四首，鈔之以傳，餘尚改竄未定。噫！明之大盜張獻忠，實生斯地，流毒天下，宜有歎恨而懲戒者。君詩中顧不之及，此豈即在所逸篇中邪？雖然，彼獻忠何足道，而邑之大事，實賴是詩以傳。使後人稱君爲戴定邊以配姚武功，有過之無不及也。

静志居詩話序丙申

秀水朱竹垞氏輯明詩綜百卷，薙前人之叢猥而正其譌者也。其載諸家論説詳矣。至其所自爲説，則目曰静志居詩話。意其必有成書，然未之見也。余謂古今詩人小傳，嘗有鈔出別行者，朱氏詩話似亦當爾。但載在詩綜内，則其所稱引舉目可尋，其所增成辨析亦參互易見。今鈔出自爲一書，則於辭義閒有不得不少加增損者。乃以餘閒，就爲整理，録成二十二卷。導高、楊、張、徐之源，疏李、何、王、李之派，杜公安、竟陵之濫，其持論視前之人爲近正焉。余是以樂爲著之。乾隆四十一年嘉平月四日，東里後生盧文弨序。

江慎修河洛精蘊序乙巳

道在天地開始也，惟聖人能通之。故圖書啓而卦象生，於以開物成務，冒天下之道，以爲創也，其實因也。孔子贊易，知卦象之本於圖書，故於大傳具明之。劉歆始以爲河圖授羲，羲因之而畫卦；洛書錫禹，禹因之而演範。歧而二之，其説顯背於聖人。孟堅則知其相爲經緯表裏矣，然亦不能言其詳。中閒失傳。至趙宋諸儒出，而後大著。後來儒者，漸推漸擴，或縱或横，因其體以究其用，而圖書之妙，作易之旨，乃更發前人之所未發。是非前人之智有所不逮，識有所不到也；而論説或有所未及者，蓋當其時理適如是而已。風會日開，智慧日出，更加以引伸焉，參伍而錯綜焉，舉天下之事事物物，無不有以要其歸。於是左之右之，皆逢其原，一散而爲萬，萬合而爲一，其理可不外索而得，使天之所以開聖人，聖人之所以垂示後人者，其道益大彰顯於時。是乃聖賢格物致知之學，不得視爲懸遠者也。向者吾友戴東原在京師嘗爲余道其師江慎修先生之學，而歎其深博無涯涘也。無使輶之便，竟不及其在日一親炙之。其著書甚多，流傳於世者尚少。近歸安丁子小雅館於新安，始攜所著河洛精藴内篇三卷、外篇六卷見示，受而卒讀。凡夫天地鬼神之奥，萬事萬物之賾，罔不摘抉而呈露之；於宋儒邵子、朱子之説，益加推闡；更薈萃明代以及近時諸人之議論而斷其是非，如數白黑然：洵可謂大而能該、襍而不越者也。通天地人之謂儒，非先生之謂乎！余於前人若劉長民、胡庭芳、黄石齋之書，亦嘗咀嚼焉，愧未能以竟學。吾師桑弢甫先生學於姚江勞麟書先生，勞先生之學一本程、朱，以致知格物爲首務。故其説河圖、洛書也，理與數俱昭晰無遺，即[illegible]而至羽毛鱗角，無不究其形象，較其同異，推論其所以然之故。其以布衣終老於鄉里，亦與江先生同，異哉！天不愛道，乃使夫二人者皆有以得聖人之精之藴，而道庶幾乎萬古不終晦矣。勞先生之書，吾師既壽之棃棗矣。今江先生之書，旌德黄君雲甫復版行之，使有志於聖學者，得循是而有悟焉。是其爲賜也大矣，豈獨有功於江氏已乎！

戴東原注屈原賦序丁丑

吾友戴君東原，自其少時通聲音文字之學，以是而求之遺經，遂能探古人之心於千載之上。既著詩補傳、考工記圖、句股割圜記、七經小記諸書，又以餘力爲屈原賦二十五篇作注，微言奥指，具見疏抉，其本顯者，不復贅焉。指博而辭約，義掰而理確。其釋「三后純粹」，謂指楚之先君。「夏康娛以自縱」，謂康娛連文，篇中凡三見，不應以爲夏太康。宓妃之所在，及有娀、有虞，皆因其人，思其地，冀往遇今之淑女，用輸寫其哀，無賢士與己爲侶之意。九歌東皇等篇，皆就當時祀典賦之，非祠神所歌。九章無次第，不盡作於頃襄王時。懷沙一篇，則以史記之文相參定。「薜荔拍兮蕙綢」，王逸釋拍爲搏壁，近代多不知此爲何物，乃引釋名「搏壁以席搏著壁」，增成其義。其典確舉類此。夫屈子之志，昭乎日月，而後世讀其辭，疑若放恣怪譎，不盡軌於正，良由炫其文辭而昧其指趣，以説之者之過，遂謂其辭之未盡善。戴君則曰：「屈子辭無有不醇者。」此其識不亦遠過於班孟堅、顔介、劉季和諸人之所云乎！余得觀是書，欲借鈔，既聞將有爲之梓者，乃歸其書而爲序以詒之，且慫慂其成云。

戴氏遺書序戊戌

千古之業不爲一時之榮，而其道有兼得者，則以遭際盛時，蒐羅拔擇，不使魁磊宏碩之彥，終沈霾於草澤。於是出其所學，上可以契於君，而下亦可以孚於友，以視槁項黄馘而一命未沾，平生辛苦著述，難必後世之有子雲者，其幸不幸何如也。吾友新安戴東原先生，生於顧亭林、閻百詩、萬季野諸老之後，而其學足與之匹。精詣深造以求至是之歸，曾有真得，故能折衷羣言，而無徇矯之失。其著爲説也，未嘗使客氣得參其閒，冷然而入，豁然而解。理苟明矣，未嘗過騁其辯以排擊昔人，而求伸其説。其爲道若未足以變易當世之視聽，而實至名歸，一二名公卿賢士夫洒然異之，聲譽遂隆隆起。天子開四庫館，以網羅放失，讎校之司必得如劉向、揚雄者，方足以稱上指。東原用薦者以鄉貢士起家，入館充校理。命與會試中式者同赴廷對，洊升翰林。天下士聞之咸喜，以爲得發抒所學矣。閲四三年，而東原以勤於其職致病，竟不起，此又天下士所爲同聲惋痛者也。東原在館校定大戴禮記、水經注、五經算術、孫子算經等書，既已官爲版行，而其遺書尚夥，或不免有零墜之患，意獨竊竊然慮之。今年春，得曲阜孔君葒谷書，則已爲之開雕，以其先成若干種寄余，余於是大慰，東原於是乎爲不亡矣。蓋人能爲可傳而不能使後世之必傳，況乎學樸知希。不知則不愛，不愛則一聽其紙刓墨敝、鼠嚙蠹蝕而無肯爲之收拾，古今若此者多矣。葒谷嗜學若飢渴之於飲食，尤好表章古人之遺文墜簡。嘗校梓唐人所爲五經文字、九經字樣，訛者正之，疑者闕之。東原見而喜其精審，爲之作序，固宜其臭味之無差池也。今不以死生易慮而亟爲版行其遺書，以公諸天下之同爲是學者，使諸老師碩儒一線相延之緒不墜於地，而常有人焉踵起代興，以益光我朝右文之盛治，其功良偉，匪特不負良友而已。東原之書出，天下後世必有能闡揚之者。余是以不爲東原惜，而且爲東原幸。轉以惜夫古人有是學而或不遇其時，當世又無知己，以致灰飛煙滅，徒有其目而卒不得見其書者之尤可歎也。

孔百城補杜氏釋例世族譜序甲辰

杜當陽既爲春秋左氏經傳集解三十卷，又著釋例四十卷。其長曆本之劉洪乾象曆，地名本之泰始郡國圖，世族譜本之古史官世本。今惟集解盛行，而釋例幾隱，隋志僅十五卷，疑亦未全之書。曲阜孔農部溁谷訪得長曆、地名兩種善本，先梓以公諸世。而世族譜則殘缺特甚，長公孝廉百城廣栻有意補之，凡二十九國，又小國四十四國，其末以古人名譜終焉。所採輯多據孔氏正義，他若馮氏之名號歸一圖，并近代馬氏之世系圖、名氏譜，程氏之春秋分記，雖皆不能無所失，然亦擇其是者而從之，於是此書乃粲然復明於世。余惟譜諜之學，古人所難。三王以前固難考已，若當春秋之時，交際往來，紛紜錯雜，經與傳殊。即傳之中，或名或字，或爵或謚，亦無一定。使不爲之甄綜而薈萃之，其能三桓七穆條疏無滯者幾人哉！考崇文摠目有唐人演左氏謚族圖五卷，明焦氏經籍志尚有春秋宗族名氏譜五卷，春秋謚族譜一卷，春秋名字異同録一卷，近亦多未見。雖然，由唐而來其可訂補者，今皆備於斯矣，固亦無藉於諸書之參證也。百城索余序，諾之有日，不果作。今忽聞農部君新棄養，其志業之未竟者，深賴於後之人，此書亦其一也，因亟序而歸之。余之所望於百城者，大蓋不僅以近時虞山毛斧季、晉江黄俞邰輩相比擬，而即爲子道之無忝也。

重刻何註孔子家語序 丁亥

孔子家語惟明末虞山毛氏汲古閣本爲猶見王肅之舊。考之唐人註書所引，合者爲多，然譌舛亦復不少。此外刻本，皆删削不完，失其本真。余試郴州日，有明何文簡公後人泰吉，以公所註孔子家語來上。註簡覈明切，其徵引諸書同異，復極詳備。其家欲刻是書，然鈔本譌脱至不可句。余惜其功力之徒勤也，許爲校訂，至年餘乃粗就緒，而官齋所有之書不多，其所不知，猶闕如也。何公此本當亦綴緝而成，由其未及見毛氏本故耳。然顔師古註漢書藝文志家語二十七卷云：「非今所有家語也。」則唐以前其本業已不同，吾又惡知何公所據之本之非古邪？公又嘗註大戴禮，問其家，已失之，故不能竝梓以行世。今泰吉唯恐此書之復失墜也，兢兢寶護唯謹，又力爲之表章於世，使爲人子孫皆如此，則其先世手澤，咸可無散佚之患已。何公序此書年月不同，今從集作弘治。但註中載有正德年所上疏，故别本有題正德者，然固無妨序先出也。註所未備，閒爲補之，并偶附管測於後，與本書不相淆亂。惜乎何公不作，不獲一就正之，其能無遺憾也哉！

新雕柳仲塗河東集序 乙卯

聖賢之所以垂世而立教者，莫著於六經。後人誦法六經，闡發聖賢之微言大義，以啓迪夫後知後覺者，於是著而爲文，此文之所以爲古而始足重於天下。然則所謂古文者，非古於辭之謂也，言古人之言，此文之所以古矣。宋興，承五季經學廢絶、文章骫骳弊極之後，有能卓然特立，不爲風氣所囿，奮力直追古之作者，以求其所以立言之旨，而一本之於經術，示天下以正路之當遵，而使後來之聞風而興起者，益張皇而揚厲之天下。事作始也難，承藉也易。人但見後來之閎肆彪炳、浩博無涯涘，而因有狹小前人之見，以爲氣鬱轖不宣通，辭艱澀不流暢，幾使不得與於立言之數。噫！此豈可謂善於知人論世者哉！吾於宋初柳仲塗先生之文，而歎其能近於道也。其言曰：「古文者，非在辭澀言苦，使人難讀誦之也；在於古其理，高其意，隨言短長，應變作制，同古人之行事，是謂古文。吾若從世之文也，安可垂教於民哉！」又曰：「吾力學十餘年，非古聖賢之所爲用心者不敢安。於是棄俗尚而專古者，非樂於人而取其貴者也，獨宜其自知而自樂矣。」又曰：「吾初名肩愈，字紹元。既肩且紹矣，懼其畫也，又欲進其力於道，故易名曰開，字曰仲塗，謂將開古聖賢之道於時也，將開今人之耳目使聰且明也。必欲開之爲其塗矣，使古今由於吾也，吾欲達於孔子者也。」其言如是，可以觀其志之所蓄，而文之有本矣。孔子曰「狂者進取」，周子曰「賢希聖」。有志之士自當以聖人爲師，安得怖其言爲河漢也？其文集好事者雖相鈔傳，而無有任剞劂者。今蘭谿柳生書旂，承其尊人之命，得善本而付之梓，此非但一家之書也，學者觀此可以廣己而造大。必先足乎己，然後可以及於人，而古今聖賢垂世立教之心，得以緜緜繩繩相繼於不墜，是斯道所重賴者也，豈獨以其文哉！考宋史本傳，其居官也，有剛斷之才，先幾之識，治績舉皆有過人者，更非徒託空言以自見者矣。後有志士讀其文，思其人，得不激昂而思自奮與？

吴國山碑考序 乙巳

吴封禪國山碑，孫晧所立，在今常州荆溪縣西南五十里。其文始著録於雲麓漫抄。厥後，吴人盧公武考之，加詳焉。沈敕荆溪外紀及唐鶴徵常州府志亦備載之。然俱不能無譌誤，且其文字可讀者尚多，而率皆遺脱。蓋由其地處僻，人罕得至，但得椎拓本摹之，故不能以細辨也。海寧吴槎客客遊宜興，好古搜奇，不憚危阻，嘗再三過焉。於其文之摩滅者，咸得審其界埒，一一而指數之，合其有文者共得四十一行，凡千有餘言，與趙氏金石録所紀數畧相等，他皆不及也。於是爲之圖説，爲之釋文，爲之考核辨正，并薈萃古今人題詠及古蹟之與是山鄰近者，咸裒爲一編，名曰國山碑考。余觀其首辨陳壽吴志之誤曰：「是碑天册元年所立，吴志書於天璽元年，此不辨碑文之過也。碑云『旃蒙協洽之歲，受上天玉璽，乃以柔兆涒灘之歲紀號天璽，丞相沇等咸以爲宜先行禪禮』云云，則是天璽之前一年也。又碑有國史瑩、覈等名，覈乃華覈，考本傳以天册元年免官，益知不在天璽明矣。」其言鑿鑿有證據類如是。晧所立碑，又有所謂天發神讖者，今庋江寧學宫，康熙閒祥符周雪客嘗爲之考矣。此在通都大邑，得見者多。而是碑久隱翳於榛莽虎豹之區，微槎客之天機清妙、與寄高遠者爲之一抉其秘，即今何由得見以證昔人所紀之誤哉？雪客所爲考，秀水朱錫鬯爲之序。今槎客之書實遠勝於雪客，本不待余言；而余之視前輩復不逮遠甚，聊因相厚之意，遂爲之引其端，寧足爲是書增重哉！乾隆五十年正月十日，盧文弨序。

居官必閲録序 丙子

天下有生而嗜殺人者歟？無有也。至當官，每敢爲殺人之事。刑罰不中，此特其一耳。水旱之不恤，賦役之不均，庶事之不理，舉皆可以殺人。苟非殘酷不仁之極，推其本心，豈樂於爲是者？及其爲之，則又若迫之以不得不然，是何也？毋亦利害之見殽於中，而有重於去官之心也歟？古人有言：「自安之道，在人之死。」斯豈獨治獄爲然哉！夫爲身計，即不暇爲小民計，以爲利可苟得而害可苟免也。然其實，正大不然。以予所見近世行事多矣，閒歷觀史家所載，天人感應之理益彰彰焉。每欲輯古今吏事係勸懲者爲一書，及見葉氏此編，乃先我而爲之，真爲治者之龜鑑也。因即元本，畧加校讎，重梓之以廣其傳。然此豈徒以冥冥決事哉！今天子惠鮮懷保，唯恐一夫之不得其所，仁心仁政駕漢文、景而上之。凡封疆大吏以及郡縣之長，循良者膺顯擢，貪酷者被重譴。然則擇術者將何從乎？夫爲循吏者有賢名，又法之所賞也，而其子孫俱被其澤；爲酷吏者有惡名，又法之所惡也，而其甚者，身死妻子爲戮。此雖至愚，亦曉然於利害之數不同若是，縱不爲民計，亦當自爲計。夫利害之説，儒者所不道。乃臨事而是非熒惑，好惡瞀亂，此其智居何等也。夫眩於利害者，還以其事明之，予故喜斯編之有功於世甚大也。若乃徒慕輕刑之美名，而適以縱姦養亂。此正朱子所謂鄙儒姑息之論，異端報應之説，俗吏便文自營之計耳，豈非殺人之尤者哉！予既推廣斯編之意，而又爲明其指如此，庶讀者可無誤焉。

杜詩雙聲疊韻譜序 壬子

雙聲，天籟也。童兒婦女生無石師，而矢口成音，無不暗合者。古人制物之名，制事之名，與夫形容彷佛之辭，罔或不由於是，蓋一本於自然而非强也。若其聲之同部連用者，謂之疊韻，則又顯而易明者矣。虞書曰：「詩言志，歌永言，聲依永，律和聲。」詩序云：「情發乎聲，聲成文謂之音。」聲者，宮商角徵羽也。鄭氏謂宮商上下相應，單出爲聲，雜比爲音。今取唐虞之詩考之，舉未有不然者，本自抒其情志而律自隨之耳。三百首篇，窈窕爲疊韻，參差爲雙聲。其他不勝枚舉。後人始以字母求之，而作詩者初未嘗勞勞於是也。唐杜少陵，固所稱細於律者，故能不失乎和聲成文之遺意。後人習其讀而置其律之嚴於不問，烏在其深於杜也！海昌周君芑兮於是有杜詩雙聲疊韻譜之作，舉非余肄業之所嘗留意也。蓋自童年就塾以來，音沿鄉俗，迨長即不能變其所習。嘗見何屺瞻先生之評李義山詩，凡句中雙聲，皆一一標舉之，并有隔一字兩字而遥應者。友人中如戴東原震，段懋堂玉裁，吴槎客騫，錢學源塘、獻之坫兄弟，錢廣伯馥，咸所通曉。余雖浸淫涵濡，而卒無暇取古人之詩一一辨其離合也。今周君之爲是譜也，浣花之外，又傍及諸家，其勤勤如是。蓋欲明乎詩之本旨，由少陵而溯三百，以示後人之所當宗，庶乎志和音雅而舉合於律，將見詩教之益盛也。或曰：「詩以言志達情爾，如必拘拘於是，得毋舍本而專治其末乎？」余曰：「不然。彼不能詩而强爲詩者，即逐字以求其孰平孰側也尚難，而能詩者初未聞其如是也。彼詩人之以雙聲與雙聲若疊韻之相爲配偶也，亦如諧平側之一出於自然而已，非强探力索而始得之也，又何害乎性情哉！」蓋上古人人皆明之，故不必言。至六朝乃始有明言雙聲者，南人若劉勰，北人若楊衒之，其書可考也。今人苟不知此，亦爲闕事矣。周君此書已有王光禄、錢詹事爲之序矣。余又徇其請而爲之，將使人謂余强不知以爲知也，其又奚辭？

輯盧子榦禮記解詁序 庚戌

余壯歲見朱子之言曰：「後漢諸儒，説禮甚有功。」而於吾家子榦，且獨舉其名，意竊慕之。考後漢書本傳，載其作禮記解詁，而隋、唐志皆云禮記注，當由後人改易本名。其卷則二十，諸書略同。後人無傳者。余思就所見纂輯，而服官少暇，繼又奔馳道塗，終於不果，歲月空擲，念之未嘗不内熱也。武進臧生在東，研求遺經，志甚鋭，力甚勤，慨然補余之闕，日度不盈六十，而所輯已裒然成卷，録以遺余，余得之喜甚。凡諸經之義疏，史籍之所載，無不捃拾，即衆家相傳文字音讀之異同，一字一句，罔有遺棄。而所可見者乃不及十之一，豈不甚可惜哉！當日子榦與鄭康成同事馬融。今鄭氏三禮注、毛詩箋得唐孔、賈諸儒爲之條疏，而書大顯；餘若周易、尚書及尚書大傳，雖已散失，而後人爲之掇拾，其卷軸猶不甚約。乃於子榦，後世至不能舉其書之名。莫爲之後，雖美不傳。猶幸今有在東其人，以英敏之資，乘精鋭之力，不爲則已，爲則必成。余爲盧氏後人，乃悠悠忽忽以迄於今，而得安享其成，幸之甚，愧亦甚焉。夫子榦有功聖經，一生言行無玷，大節炳炳著史策。乃明人張璁輩，輒妄爲軒輊，黜其聖廟從祀，而改祀於鄉。吾里杭堇浦前輩，有請仍從祀議，在集中，其事不果行。然公論自在，天壤必有能繼請者，豈余小子私以爲氏族光哉！因讀此書而併附及之。

爾雅漢注序己酉

不識古訓，則不能通六藝之文而求其意。欲識古訓，當於年代相近者求之。爾雅一書，舊說謂始於周公，孔子，而子夏暨叔孫通輩續成。今臧生在東，從揚子雲、鄭康成之言，斷以爲孔子門人所作。其爲注者，漢有犍爲文學樊光、李巡，魏有孫炎，爲反切之學所自始，是皆說爾雅者所必宗也。今唯晉郭璞注盛行，而他皆失傳。郭於古文古義，不能盡通，往往以己意更定，考古之士病焉。幸李、孫諸人說，時散見於唐人諸書中。其爲郭氏所棄而不取者說，顧往往勝郭。在東篤好古義，徧加搜輯，裒成三卷，庶乎遺言之不盡隊也。夫時之近遠，猶夫州土之各異。以吳人解越人之言，縱不盡通，猶得其六七，燕、秦之士必不逮焉。故吾亦不謂李、孫諸人之解之盡得也，然其是者，必賢於後人所見。在東勤掇拾，能引伸其所長而不曲護其所短，由詁訓以通經學，斯不難循塗而至矣。吾因以知宋人若陸佃、鄭樵之更不足尚也。與其陸、鄭之是從，又無寧郭。乾隆五十四年陽月既望，杭東里人盧某序。

抱經堂文集卷第七

題辭

重校經史題辭 庚午

余家無藏書，經史皆不具。少時貿貿不知學有本末，費日力鈔諸子、國策、楚辭及唐宋近人詩文，皆細字小本，滿一篋。經則周禮、爾雅，亦嘗節録注疏一過。餘經及諸史，未之及也。洎官中書，始一意經史，去冬卒業。周易、史記以未見内府新校本爲缺然。今割俸之所入，先購得數種，冀以次觀其全焉。官事隙即展卷讀之。此書經通人學士校讐，比他本爲善。然卷帙既多，校者不一手，其中亦不免一二譌脱。余非敢索瘢指瑕，陵掩前人，顯自標異。然竊惟書之傳於世相嬗也，遠者不可得而見，見其近者。今世見宋本者曾幾人，惟明世本通行耳。後之君子亦當有并不及見明世所刻者。余故復取諸本與新本，校其異同。其譌謬顯然，則倣六經正誤之例爲一書。其參錯難明，則倣韓文考異之例，爲一書。毛氏汲古閣本，大段可觀，至於小小疵纇，亦易尋求，諸本中要以此爲勝，今所據依，多在於斯。小學浸廢，六書失真，點畫形誤，不可偏舉，聊從略焉。誠知千慮一得，無足重輕，庶幾來者得有所考云。

周易注疏輯正題辭 辛丑

余有志欲校經書之誤，蓋三十年於兹矣。乾隆己亥，友人示余日本國人山井鼎所爲七經孟子考文一書。歎彼海外小邦，猶有能讀書者，頗得吾中國舊本及宋代梓本，前明公私所梓復三四本，合以參校，其議論亦有可採。然猶憾其於古本、宋本之譌誤者，不能盡加别擇，因始發憤爲之删訂，先自周易始，亦既有成編矣。庚子之秋，在京師又見嘉善浦氏鏜所纂十三經注疏正字八十一卷，於同年大興翁秘校覃溪所假歸讀之，喜不自禁。誠不意垂老之年，忽得見此大觀，更喜吾中國之有人，其見聞更廣，其智慮更周，自不患不遠出乎其上。雖然，彼亦何可廢也。余欲兼取所長，略其所短，乃復取吾所校周易，重爲整頓，以成此書，名之曰周易注疏輯正。正字於郭京、范諤昌之説，亦有取焉。余謂其皆出於私智穿鑿而無所用，故一切刊去。若漢以來諸儒傳授之本字句各異已見於釋文者，今亦不録。惟釋文本有與此書異者著焉。唐宋人語之近理者，雖於注疏未盡合，亦閒見一二焉。如欲考經文之異同，則自有前明何氏楷所著古周易訂詁在，學者自求之可耳。毛氏汲古閣所梓，大抵多善本，而周易一書，獨於正義破碎割裂條繫於有注之下，致有大謬戾者。蓋正義本自爲一書，後人始附於經注之下，故毛氏標書名曰「周易兼義」，明乎向者之未嘗兼也。此亦當出自宋人，而未免失之鹵莽。正字亦未見宋時佳本，故語亦不能全是，此則今之官本爲近古也。周易舊本獨不載釋文於經注閒，可無竄易遷就之弊。今就通志堂梓本併爲校之。輔嗣略例，余案頭祇有官本，亦就校之。噫！余非敢自詡所見出正字、考文上也。既覩兩家之美，合之而美始完，其有未及，更以愚管參之。夫校書以正誤也，而粗略者或反以不誤爲誤。考文於古本、宋本之異同，不擇是非而盡載之。此在少知文義者，或不肯如此。然今讀之，往往有義似難通，而前後參證，不覺涣然者。則正以其不持擇之故，乃得留其本真於後世也。既再脱稿，遂書其端云。

七經孟子考文補遺題辭 辛丑

此日本國西條掌書記山井鼎之所輯，謂之七經孟子考文。七經者，易、書、詩、左傳、禮記、論語、孝經也。又益以孟子。皆據其國唐以來相傳之古本及宋刻本以校明毛氏之汲古閣本。書成，當皇朝康熙五年，其國之享保十一年也。古本祇有經與注，其文增損異同，往往與釋文、正義語多相合；但屢經傳寫，亦有舛譌，其助語致多有灼然知其謬者，亦竝載入，然斷非後人所能僞作也。其次第，先經，次注，次釋文，而疏居後。其條目，有考異，有補闕，有補脱，有正誤，有謹按，有留家諱改舊。凡明代所刻之本，彼國具有，閒亦引之，而頗譏篇第行款之不與古合。其言良是，不可以其小邦遠人而概棄之也。其尚書經文，更多古字，别匵置一册。此皆中國舊有之本，遺亡已久，而彼國尚相傳寶守弗替，今又流入中國，讀者當倍加珍惜也。其曰補遺者，後來彼國東都講官物觀承其國政府之命而復補其所未備者也。其同校者，石之清、平義質、木晟三人也。余見唐陸龜蒙詩中有聞日本圓載上人挾儒家書洎釋典以行作一絶送之云：「九流三藏一時傾，萬軸光凌渤澥聲，從此遺編東去後，卻應荒外有諸生。」觀此足知其相傳唐以來本之果可信也。此書余從友人鮑以文借得之，猶以其古本、宋本之誤不能盡加別裁，而各本竝誤者雖有正誤、謹案諸條，亦復不能詳備，又其先後位置之間頗費尋檢，因欲取其是者別爲一書。庚子入京師，又見吾鄉沈萩園先生所進十三經正字，則凡譌誤之處多所改正，其不可知者亦著其疑，又凡所引經傳脱誤處皆據本文正之，此出自中國儒者之手，又過其書遠甚；然所見舊本，反不逮彼國之多，故此書卒不可棄置也。余欲兩取其長，凡其未是處則刪去之，不使徒穢簡編。然今年余已六十有五矣，未知此志能竟成否。聊書於此，以見余之亦有志乎此也。乾隆辛丑正月二日呵凍書。

題三立書院所藏通志堂經解卷首癸卯

三立書院中舊藏有通志堂經解六十函，而獨闕其首帙，余蓄意欲補之。乾隆辛丑，庶吉士介休劉君錫五，余小門生也，舊嘗監院事，其請假歸也來謁余。余屬其還朝之日，就京師士大夫家借本鈔足，并與下一帙，令如式裝潢之，乃歲餘而書不至。余同年友洗馬大興翁覃溪，知余將離山西，惟此爲懸懸，因即代劉君成之以寄余。微翁君之力，將并其次帙而亦亡之，不轉重余之過歟？但書首有諸名人所作序并其目録，尚皆闕如，今不及補矣。後有同志更爲鈔足，庶幾大快也。中閒林拙齋尚書全解本闕卷第三十四未梓，曩友人從永樂大典中鈔得以示余，亦未得補入，此皆有待於後之人。噫！此書之能全讀者罕矣，唯桐城方望溪先生曾徧爲點勘，其專治一二經從而嚅嚌者尚多有。今余雖不及見若人乎，然不可不留以相待也。乾隆四十有八年歲在昭陽單閼壯月望後五日。

題鍼膏肓起廢疾發墨守 庚子

考隋書經籍志，春秋左氏膏肓十卷，穀梁廢疾三卷，公羊墨守十四卷，皆何邵公撰。鄭康成爲鍼膏肓、起廢疾、發墨守，何見之，慙，乃曰：「康成入吾室，操吾戈，以伐我乎？」公羊卷帙最多，而亡最早。膏肓後亡，崇文總目尚有九卷。今三書皆不傳。毘陵莊進士葆琛述祖於各經疏所引，廣爲搜輯，鍼膏肓得廿八條，起廢疾得卅八條，發墨守得五條。邵公當日專欲伸公羊。然公羊理本短，囿於鄉曲之見，而朝廷典故不能周知，所以一經輸攻，而壁壘已摧，後人亦不能復爲樹立，以與兩家相抗拒，此其亡之所以獨先也。歸安丁孝廉小雅鈔得莊書。并得朱石君學士前任晉藩時所進本，互相校讐。晉本不及莊本採輯之多，而鍼膏肓中有一條尚爲莊本所闕。余於是彙而鈔之。其中小小異同，從其長者，不復加以識別。兩君任其勞，余獲其逸。設不遠涉，烏從見此乎？以此置歸裝中，大可壯我行色。乾隆庚子小春月。

重校關中新刻淮南子題辭 壬子

此刻從藏本出，載高誘注爲詳，不似俗本之删削，然亦尚有一二遺漏者。余往年在太原，復取藏本細校，乃知書中古字，多出錢君獻之所改，非藏本之舊也。如贍作澹、能作耐、兗作沇、讓作攘、霸作伯、憾作感、施作岐之類，殊可不必。其中閒引文弨所說，今都不復省記。且傳寫不無錯誤，定不免爲通人所嗤，安能一一正之？廣陵世講秦太史敦夫，好學士也，知余別有校本，託爲傳之。此書經江陰趙文學敬夫曦明、杭州孫侍御詒穀志祖、梁孝廉處素履繩博引詳證，足稱善本，非余一人之力所能至是，因并題數語歸之，庶不没其所自。

題張之象注鹽鐵論 庚子

此陽湖莊太史本，以永樂大典校勘，增多九十餘字，其異同處亦據以改正，可謂善本矣。力耕篇「故乃賈之富」，大典作「故乃萬賈之富」，余疑「萬」當作「萬」。此即漢書王尊傳中所云：「長安宿豪大猾東市賈萬、西市萬章」者也。又刺復篇云：「今當世在位者，既無燕昭之下士，鹿鳴之樂賢，而行臧文、子椒之意。」大典「子椒」作「子叔」，豈即孟子中「子叔疑」其人歟？朱子之解，自當有本。至散不足篇有云「垔憂壁飾」，大典亦同。垔字無所考，余疑「垔憂」當作「堊夒」。堊，白土也。夒，古之善塗塈者，亦作獿字。大戴禮武王踐阼篇有云「獿以泥之」，俗閒本譌作「擾阻」二字。知此作「憂」，亦以形近致譌耳。至於人之名字，或有異同，古書皆然，政不必盡畫一。明人張之象注此書，頗稱詳悉。而所引淮南、吕覽諸書，惟出當篇小號，亦有并不著所出者，於本書之誤無所舉正，音亦多譌，此微爲短也。刻成後當是未經校正，故譌字觸目皆是。有沈君名上一字同家諱。醇者，考其所引諸書，一一正之，甚有益於學者。然此書難解者尚多，其中容亦有可疏通者，安得通人更爲之補注乎？

新雕西京雜記緣起 丁未

乾隆丙午之歲，爲同年謝少宰東墅校梓荀子既竣，計剞劂之直尚賸給數金，思小書可以易訖工者。有向來所校西京雜記，因以授之，費尚不足，鍾山諸子從余遊者，率資爲助，而工始完。始余所欲校梓者，以漢魏爲限斷，今此書或以爲晉葛洪著，或以爲梁吴均僞撰，而何梓爲？余則以此漢人所記無疑也。說苑、新序其書皆在劉向前，向校而傳之，後人因名二書爲劉向著。今此書之果出於劉歆，別無可考，即當以葛洪之言爲據。洪非不能自著書者，何必假名於歆？書中稱「成帝好蹴踘，羣臣以爲非至尊所宜，家君作彈棊以獻」。此歆謂向家君也。洪柰何以一小書之故，至不憚父人之父，求以取信於世也邪？若吴均者，亦通人，其著書甚多，皆見於梁書本傳，知其亦必不屑託名於劉歆。且均之文，即俊拔有古氣，要未可與漢西京埒，則其不出於均又明甚。隋書經籍志載此書於舊事篇，不著姓名。新、舊唐書始題葛洪，且入之地理類，似全未寓目也。夫冠以葛洪，以洪鈔而傳之，猶說苑、新序之稱劉向，固亦無害其文則非洪所自撰。凡虛文可以僞爲，實事難以空造。如梁王之集遊士爲賦，廣川王之發冢藏所得，豈皆虛邪？至陳振孫疑向、歆父子不聞作史，此又不然。歷朝撰造，裒然成編，所云百卷，特前史官之舊，向傳之歆，歆欲編録而未成，其見於洪之序者如此，本不謂其父子皆嘗作史也。洪以爲本之劉歆，則吾亦從而劉歆之耳，又何疑焉？

題春渚紀聞丁未

陳振孫書録解題云：「何薳，浦城人，自號寒青老農。東坡所薦爲武學博士曰去非者，其父也。」今案：其書題「韓青老農」，二字不同，未詳孰是。此書名春渚紀聞，春渚與韓青，皆其所居之地名歟？其書十卷，中一卷皆東坡事實，蓋其淵源所自，見聞爲最確也。末一卷記丹藥，頗亦似惑於此者，然所言實足以爲貪夫之戒。毛氏汲古閣曾以之付梓，第九卷中缺一葉，毛黼季後得宋刻，始補全，而不及入梓。其鈔本尚有流傳者。余過蘇州，從吳秀才枚士翊鳳案頭假歸而傳録之，不見有舊人序。乾隆丁未歲四月二十三日，鍾山書院長東里盧文弨遂題其端。

三水小牘題辭壬子

此書同里湯秀才典三於故書叢殘中得之以示余，乃舊梓本。作此書者，安定皇甫枚也。枚在唐懿宗咸通末爲汝州魯山縣令，僖宗之在梁州，赴調行在，此皆見書中可考者也。明嘉靖閒吳中姚櫄老鈔是書，謂枚於天佑庚午歲旅食汾晉，爲此書。此必見枚之自序中，不然姚何以知之？此序余未之見，世倘有見斯序者幸畀余，以弁諸首，庶尤完善也。此書雖多仙靈鬼異之事，然所載烈丈夫如董漢勛，烈婦人如李庭節妻崔氏，殷保晦妻封夫人，皆凜凜有生氣。郟城令遇賊偷生，而下即繫以崔氏之駡賊被殺，此與歐陽傳長樂老而以一婦人相形，意亦相似，可興可觀，有裨世教。又如紀夏侯禎事而知神靈不可褻黷，紀嚴郜事而知婦女不可入廟，其垂戒亦深切矣，善讀者當以是求之。又案：天佑庚午，唐亡已四年矣，時晉猶稱天佑，而杕亦稱之，其不臣二姓亦可見。此書烏可使之無傳乎？

揮麈録題辭 乙未

揮麈有三録，共十八卷，又餘話二卷，南宋時汝陰王明清仲言之所著也。宋人於本朝典故，前輩言行，率能留意。仲言爲雪溪先生銍之次子，家庭之緒論，賓客之叢談，得之見聞者爲多，於衆座中偶舉舊事，了了如在目前，甚爲李仁甫、尤遂初諸公所稱賞。其言無私軒輊，故可以爲國史之助。實録院牒泰州録其書，則在當時已爲世所貴重如此。仲言有兄名廉清，字仲信，年十八，著慈寧殿賦，而今賦彙收此篇，署其名爲王仲言，見此書乃知其誤。仲言所著尚有玉照新志、投轄録等書，外閒所傳多非足本。唯此書爲全，余是以先録而藏之篋笥。其餘尚俟續訪，冀或得之。

題癸辛雜志 乙未

此書江陰楊伯庸敦裕所校，留余篋三年矣。前年六月，余病臥金陵城南小樓中，以此書作消遣，時樓中人尚無恙也，未幾而分飛矣。又逾年，伯庸亦下世。始余無意鈔此書，爲其語駁雜，多刺人之短，非長者。今年復繙此書，見故人手迹班班，其勤亦不可没。且稗海中此書多脱誤，不及是本之完善。況益以校讐之功，不更善之善者歟？大凡君子立身，不能使人無毁，而不當自授人以可議之隙。舉動之失既以昭著，烏能望人之掩覆耶？讀此者亦可以自警，故余復爲之訂正數字而録之，慨伯庸之不及見也。而當時相與即即足足於小樓中者，亦惟腹知之而已。自今余第緘置之，亦不忍復讀矣。乾隆四十年六月。

對牀夜語題辭 乙未

對牀夜語五卷，其前題著書人姓名，則孤山人范晞文景文也。有馮深居去非序，首云景定三年，則知其人宋人也。孤山之在錢塘者，則以林和靖著。而此孤山則在今常州靖江縣東北二十里。山向在江中，明成化時沙合，始可陸行，立縣亦在此時，舊則江陰縣之地也。余杭人不以爲吾邑之孤山，而以爲江陰之孤山，何徵乎？徵於吾友江陰趙君敬夫之言也。且余所見本，實江陰人所爲梓也，是則可信也。浙江通志不載此書，宜也。乃江南通志亦不載，則漏也。其書，則詩話之類也。自三百以逮有宋，各有論説。或取其意之相師、辭之相類者而衡摧之，不入於腐，不涉於刻，斯其所以可取也。歲在癸巳六月，坐金陵城南之小樓，手鈔此書，余婦季楊見余之揮汗爲此不急之務也，曰「天時正炎，君子宜自愛」。乃鈔僅三卷，奪於他事，不果。再逾月，余婦亡。後二卷令他人續成之，漫置篋中。今將裝治之使成帙，復披覽一再過，情事宛然，而歲已再閲也。讀書中所引安仁、文通、樂天悼亡之句，彌難爲情。放翁有句云：「此身行作稽山土，猶弔遺蹤一惘然。」余亦豈能自禁也。鮑君以文考范景文實杭人。今不廢此篇以掩余陋者，一時情景不忍没也。自記

碧血題辭 丙申

碧血一編，紀明天啓時死奄禍諸忠也。前列其目，自新建萬郎中燝以下凡二十有一人。次載六先生遺書，則應山楊大洪、嘉善魏廓園、嘗熟顧塵客、江陰繆西谿、無錫高景逸、江陰李仲達也。六先生之集世多有，而此則皆被逮以後及獄中之筆也。其後附以天人合徵録，有「燕客」所自爲傳。隱其姓名，故曰燕客。天啓五年，聞六君子之獄興，乃走燕，變服雜北鎮撫司獄卒中，得其遺言遺札，且備見許顯純以非刑楚毒諸君子而致之死狀，以著爲是録也。東里子讀之而歎曰：「嗟乎！世事至此，欲國之無亡也，不可得矣。六君子者，楊、魏、顧三公外，一爲桐城左公浮丘，一爲武定袁公熙宇，一爲南城周公衡臺，是皆憂朝廷，嫉權奄，不顧其身而冀萬一之可以挽救者也。卒之勢不足以抗，而甘以身爲殉。彼奄黨者，唯恐其毒之不至，不足以快奄之意，不足以自媚於奄而取容，於是以古今未有之慘毒，不以加諸元惡大憝者，而乃以施於諸君子之身，呼號宛轉而君不聞，血肉狼藉而君不知。斯時之天下，一昏暗鬼鬽之天下也。彼自以爲典茲祕獄，外廷莫聞，而孰知其諂附惴葸之形與其恣睢殘酷之態，卒亦有旁觀者爲之繪畫。迨其身既膺顯戮，而其醜名仍流播於天下後世而不可掩。雖然，若此輩者，不能必後世之無有，惟在人君不使之與政事而竊國命，則奄何能爲，附奄者亦何所利而爲之。而顧乃驅除其不爲奄者而使之盡爲奄也，正氣摧殘，公論消沮，蟲據腹而身危，奄持權而國壞，易世而亡，豈爲不幸哉！」書後又附天變雜記，但云五月六日，不著何年。考明史熹宗本紀，天啟六年五月戊申，王恭廠災死者甚衆。五行志火災内所書加詳。又火異内則書六年五月壬寅朔，厚載門火神廟紅毬滾出。與此皆合。但紀作戊申，志一作戊申，一作壬寅朔，而此則丁未也。災異之發，猝然而至，不應中閒睽隔數日，似當以此記爲是。又有人變述略，則紀蘇、常二郡民憤擊殺緹騎之事。燕客自云通天文兵法，其人蓋亦奇傑之士。而是書首列諸忠，題云黄煜弇次。予以爲當即其人姓名，唯其邑里本末則有未能深知耳。是書足以備監戒、動感發，故録之。分上下二卷，予所定也。

史糾題辭 乙未

此明季太倉朱明鎬字昭芑之所著也。案千頃堂書目：史糾二卷，書史異同三卷，新舊唐書異同二卷。今此本併異同入史糾，祇分上下兩卷。其書駁史筆之違失，考事詞之紛岐，文采斐然，條理秩然，讀之頗快人意。此當是節本，始於三國志，無晉書，而有宋、齊、梁、陳、北魏、北齊、北周等書，南北二史、新唐書、宋史而止，遼金二史閒亦涉之，是謂史糾。其兩異同附載於後者寥寥，蓋無幾矣。吾浙採訪進呈書内所載亦同，其元本殆不可得而見。然就此本讀之，亦尚有全録裴松之之語者，有採自吴咸林之糾繆、王浚儀之困學紀聞者，則元本汎濫益可知。書史之異同下有注云：「文多不録，録其有議論者。」然則節而取之，亦不可謂舊人之過矣，余是以即據此本録焉。宋書謝晦傳有兩庾登之，而昭芑誤以爲是一人，此殆千慮之一失也。昭芑爲本州儒學生，當闖賊之陷京也，有悲憤詩云：「銅馬連羣壓帝畿，百官猶是殿廷非，東華父老吞聲哭，誰斲桐棺覆玉衣。」見於明詩綜。後遂絶意進取，年四十六卒。

鎮洋志載有史册、史幾、史略、史風、史游、史嘉、史芸、史異、史最、史俳、史鑒、史燦、史糾凡十三種，而史糾特精。

題明史藝文志稿 癸巳

此志稿傳是温陵黄虞稷俞邰氏所纂輯，今以須行明史校之，所分門類多有删併移易之處。史於書不甚著及無卷數者，俱削之。黄志中小注爲史所採入者亦無幾耳。志稿自南宋及遼、金、元之書，俱搜輯殆徧，此即晋隋史志兼補五代之遺則，而今以斷代爲限，亦俱削之已。安得有力者將此四代書目别梓之以傳，亦學者之幸也。外閒傳有千頃堂書目，與此志大致相同，而亦閒有移易，堂名千頃，固黄氏所以志也。然今之書，直是書賈所爲。郡縣志幾於無所不載，别集各就其科第之年以爲先後，取便於檢尋耳，宗藩與宗室離而爲二，俱失體裁。而小注又爲鈔胥任意删減，益失黄志之舊。但此志稿别集類於羽流外國亦俱缺如，篇第亦閒或顛倒，恐此尚有脱簡。余先鈔得書目，後從朱君文游借得此本，力不能重寫，但取以校書目，改正不少。既畢校，遂書其前以還之。此志稿乃康熙時史官倪燦闇公所撰，非黄氏也。

莊香勝古文彙鈔補題辭 辛亥

鐘鼓筦弦不同器而皆悦於耳，查梨橘柚不同味而皆可於口，此天下人之所同也。然而洪纖殊致，甘酸異宜，又往往各有其性情之所主，以之自怡悦則可，而終不足以饜衆人之所求，文之選亦猶是也。

自周秦以迄於今，文之流傳多矣，學者豈能敝敝焉徧觀而熟讀之？於是有爲質性魯者計，則其所擇而選者主乎約。有嫌其陋而擴充之者，若桐川俞寧世、荆谿儲同人之選，今皆盛行，而吳門又有蔣君新又之古文彙鈔，凡十卷，庶幾洋洋乎大觀矣。莊君香膡幼而聰穎，承其尊人鏡堂先生所授讀，蓋又有軼於彙鈔之外者。昔所熟誦，久未能忘，且將轉而爲後人勖也，官齋多暇，手自掇輯，又成五卷，合蔣選共十五卷。於是文之體裁，無一不備。有高古簡質者，有華腴充悦者，或幽深奇峭，或紆餘坦迆，春容乎大篇，寂寥兮短章，惟是是歸，有美必登，鏘鏘乎八音之繁會也，津津乎五味之芳嘉也，此可以通天下人之情而更無未醇未備之憾矣。是舉也，不忘先人之教，孝也；以教子姓，使不囿於聞見，義也；出以公之於人而無所祕惜，忠也。有此三善，是當表而出之，固不但服其搜羅之富、採掇之勤而已也。余故樂爲之弁其端。

羣書拾補小引 丁未

文弨於世閒技藝，一無所能，童時喜鈔書，少長漸喜校書。在中書日，主北平黄崑圃先生家，退直之暇，兹事不廢也。其長君雲門，時爲侍御史，謂余曰：「人之讀書求己有益耳。若子所爲，書并受益矣。」余洒然知其匪譽而實諷也。友人有講求性命之學者，復謂余此所爲玩物喪志者也，子何好焉？斯兩言也，一則微而婉，一則簡而嚴，余受之皆未嘗咈也，意亦怦怦有動於中。輟之，遂覺闕然有所失，斯實性之所近，終不可以復反。自壯至老，積累漸多，嘗舉數册付之剞劂氏矣。年家子梁曜北語余曰：

所校之書，勢不能皆流通于世，其藏之久，不免朽蠹之患，則一生之精神虛擲，既可惜，而謬本流傳，後來亦無從取正，雖自有餘，奚裨焉？意莫若先舉缺文斷簡、譌繆尤甚者，摘録以傳諸人，則以傳一書之力，分而傳數書，費省而功倍，宜若可爲也。」余感其言，就余力所能，友朋所助，次第出之，名曰羣書拾補。雖然，即一書之譌而欲悉爲標舉之，又復累幅難罄，約之又約，余懷終未快也。然余手校之書，將來必有散於人間者，則雖無益於己，寧不少有益於人乎？後有與余同好者而且能公諸世，庶余之勤爲不虛也已。乾隆五十二年八月丁巳，書於鍾山書院，時年七十有一。

劉隨州文集題辭丁酉

劉隨州文集十一卷，其前十卷皆詩也，後一卷文，而摠題曰文集。何義門氏以宋本校正如此，其卷之起訖，字之同異，皆備著焉。然後一卷，有目而無文。余案其目求之，僅於文苑英華得四篇録之，他尚無從考也。隨州詩固不及浣花翁之博大精深、牢籠衆美，然其含情悱惻，吐辭委宛，緒纏緜而不斷，味涵泳而愈旨，子美之後，定當推爲巨擘，衆體皆工，不獨五言爲長城也。近時吴郡席啓寓刻唐人詩百家，以隨州爲首。雖其詩差備，然頗有同異，究不及是本之精。夫一字之不安，通章之病也，學者可不唯善本之求，而但沿流俗之所傳乎？有志風雅者，其必樂考於斯矣。

題宋板施注蘇詩 庚子

宋刻不必皆佳，而此則楷法端謹，爲尤難得。向在商丘宋公牧仲所。公撫三吴時，先外祖馮山公先生與毘陵邵子湘、吴趨吴荆山諸老咸在幕府，宋公得此書，遂梓以行世，先外祖與校讐焉。又别爲補遺三卷附其後。今元本歸於同年友大興翁覃溪所。一披卷，不獨古香可愛，而緬惟舊澤，對之不覺生敬。乾隆庚子須來歲朔之日，杭東里人盧文弨書。

遺山樂府題辭 乙未

遺山詩渾雄沈鬱，有唐大家之嗣響也。老來更得其樂府讀之，妍雅而不淫，和易而不流，其抒情也婉以暢，其赴節也亮以清，使竹山、草窗諸公見之，亦當推爲作者。遺山生當易代，其詩不勝故國故君之思，今樂府中亦時時遇之。朱竹垞、黄俞邰所見本俱祇二卷。今此五卷者，出於義門何氏，卷帙過倍，而竹垞詞綜所選，顧尚有出於是本之外者，則亦未得爲全書也。繼從友人鮑氏所借得明初錢塘凌雲翰彦翀編選之本，則凡詞綜所選皆在焉，比是本增多十三首，又附見李治仁卿之辭四首及玉華谷古仙人詞一首，後又有雷淵題語，今皆補録以繫於後。至如雁丘詞、雙蕖怨之類，亦得凌本始著其事焉。凌本詞之屬遺山者，祇一百二十首，固不及是本之多。然是本第五卷「清曉千門開壽宴」以下八十二首，皆酬應之作，而其中「春垣秋草」一首，注見辛稼軒集，疑有他人之作，誤闌入焉者矣。第二卷中附閑閑公趙秉文促拍醜奴兒一首，余因疑第一卷滿庭芳前首亦閑閑公作也。以其詞推之，所賦是十月牡丹，次首題云「同座主閑閑公賦」，則前首爲趙作明甚。既不著其題，又不別其人，疑皆轉寫脱去。其他不及考者尚多，儻有好事者爲之剞劂，余當更整比以授之。

遺山樂府選題辭 乙未

元遺山詞五卷，余既以盡鈔之矣。此爲明初錢塘凌彥翀氏所編選，不分卷，雖甚簡約，然亦有出於五卷之外者，余又録於五卷之後爲補遺矣。而復鈔此何也？此遺山辭之精華也。有五卷以萃其全，有此選以標其雋。春之朝，秋之夕，聯佳客於一榻，懷故人於千里，意有甚適則引之而永焉，情有不怡則融之而釋焉，便觀覽，資吟諷，莫若此選也宜。且吾鄉前輩之所甄綜也，不可以莫之傳也。彥翀在元膺鄉薦，爲蘭亭書院山長。洪武初，以薦授成都府教授。此書題前鄉貢進士，不忘元也。所著有柘軒集五卷，余未之見。是書本出裘杼樓，蓋桐鄉汪氏之寫本也。汪氏多藏書，有詞綜之選，其所得宋、金、元以來諸詞人之作必大備，而今散失者已多矣。韓詩外傳云：「君子之居也，綏若安裘，晏若覆杼。」汪氏之名所居，義必出於此。然杼實杅之誤，杅即盂也，覆之乃安。若杼柚，不可以覆言。抑莊子山木篇有云：「孔子辭其交遊，逃於大澤，衣裘褐，食杼栗，入獸不亂羣，入鳥不亂行。」此則裘杼之可連文者，而義則遠矣，夫寧取於是乎？

米襄陽畫史題辭 丁未

藝非能重人也。人苟重矣，有藝而藝亦重，無藝而人亦不加輕。越哉米氏論唐五王之功業，不如薛少保之圖繪爲人所珍重，得以流傳至今也。古來盛德豐功，死而不朽，其英光固常在人耳目間，豈待披圖展軸而始見耶？後之人撫遺文而咏歌之，過墟而憑弔之，豈區區寶鈿瑞錦之什襲珍玩爲足較其勝負耶？如米氏者，風止詭越，徒顛不足以傳，而幸有書畫之足以名家，故傳，乃遂謂書畫之外皆可薄也，茲適成其爲偏宕之辭而已矣。古今成物，必無不毁。米老所見，多有今人所不及見者。此亦如數富家之遺齒，於我奚裨焉？然其所言，要可以爲評鑒家之標準。且五穀不熟，不如荑稗，亦足以媿夫一無所成者。偶得善本，遂傳録之。

爲桂明經未谷馥題説文統系圖 庚子

未谷通説文學，去許君千載，猶旦暮也。屬羅山人爲作圖，圖許君并圖江式而下七人，皆如漢經師之恪守家法者。此特意之所到而已，非謂昌明其道者止此數人也。未谷或將别爲一書，以明淵原所漸，則不惟在許君後者當補，而并當遠泝之羲頡矣。吾獨謂未谷胡不皃己於其中，以爲之主人乎！近代詩人之圖少陵、香山、東坡者已有例，而未谷不爲此，則誠缺事耳。

題桑東愚先生松林采藥圖端庚辰

先大父之友桑孝子文侯翁，古篤行君子也。孝子舉丈夫子二人。伯弢甫先生，文行著稱於時，兄事先君子，文弨娶先生女，又師事焉。仲東愚先生，嘗學於先大父，以孝子年老，棄學治生，令伯得極意學。學成，世人但知有伯，鮮知有仲也。夫東愚先生，特未嘗操三寸不律以馳騁於詞壇藝苑之閒耳，其學之勤固有過人者。熟於編年之史，上自黃帝，以訖勝國，校其得失成敗之故，目可得而覩，手可得而指也。世之習舉業者，往往愧之。先生少多病，壯歲目幾枯。然善自養，於世無爭也，於物無嗜也。左手三指甲長而不翦，積於今三十有餘年，甲之長，盈今尺尺有餘寸，世遂目爲長甲翁。孝子精於醫，先生得其傳，世人求其治病，多有驗，然未嘗取利名於時也。年向六十，屬善繪者爲松林采藥圖以寄意。天台齊次風少宗伯首爲之咏，國中屬而和者將百十數而未已也。於是向之知伯者，且知有仲云。先生之子公備經邦語文弨曰：「子先君敬甫先生嘗見是圖，許爲之文，而今不可作矣。子其述之。」不孝聞言嗚咽。先生與余家兩世交最深，先君子少壯之年，與弢甫先生相厲以學，其於先生固不若弢甫先生之親也。近年弢甫先生常出遊，先君子所朝夕遊處者惟先生，親人有以形迹之論閒先生者，壹不顧。先君子常謂孝子兩子皆賢子也。前十年爲文以壽先生，有昆侖兩脈之喻，得其清淑者弢甫先生也，得其敦龐者先生也。噫！不孝其惡能易此言乎？先生名鼎元，居城東隅，以東愚自號，亦所以志也。公備與文弨善，庶幾能篤兩世之交者，不知其不肖，而屬爲題其端。噫！使先君子而在，當何如發揚盛美者，豈若小子兹言之陋也。

題虞山趙氏增置祀田碑記

虞山趙謹凡先生，爲前朝文毅公之後人。公嘗置祀田三百畝矣，易代而亡之。謹凡與兄鹽山謹承先志，節縮所入，僅復其半。爲其成之難而失之恐易也，自爲記，并其經理之規，咸勒諸石，使後之人觀感而益恢廓之，蓋不僅望其能遵守勿替而已也。余師桑弢甫先生既爲文以發揚之矣，余無似，曷以加諸？無已，則以閱歷所得者而進一説焉。欲田之能世守且益增也，此以賢望後人也。望後人之賢，則在乎讀書識義理。其達而有禄者，則必能繼前人之志而不徒爲宫室妻妾之謀；其窮而伏處者，亦不待禁防而自恥爲侵削之計。趙氏望族也，士之子恒爲士，則與田相輔而行者，其亦知務乎！蓋吾嘗見夫有基而壞者多矣，皆由其族鮮讀書人之故，吾是以有云。

題嚴葆林香照圖後乙卯

余同年友烏程嚴君葆林，今之循吏也。文學實過人，而屈居百里。初任山東之蒲臺，兼攝商河，凡治水、卹災、平役諸善政，余欲爲詳述之，以上於太史氏，今適有河魚之疾，未能也。此圖凡十幅，自讀書靈山，以至調任曲阜，生平歷履，藉此可見。圖皆有小序，君所自紀也。文筆雅馴，絶無虚憍之氣。

余與君榜下一别，中閒了不聞問。乙酉之歲，余爲廣東主考官，已事而反，紆驛程五十里謁孔林，而君適爲其縣宰，相見驩甚，以于役有程，匆匆別去。後聞君擢任桃源同知，旋告歸，皆不在此圖中。君有遺腹子章傑，年已二十有二矣。能讀父書，此圖常不去左右。頃以示余，余深憾知君之不盡也。讀其自序，慨然增慕焉。圖名香照，取香山寫真詩序「觀今照昔」語也。君自幼愛白香山詩，即已工是體。其吟詠自必裒然成集，異日尚當從其子索見之。

四時尋樂圖題辭 甲午

圖十二幀，幀各當一月，月各撮其景物之勝，不必其相兼也。名之曰四時尋樂圖。尋之者誰？海虞席研農先生也。舅氏張端甫先生，頃自其里中歸，爲文弨道先生之爲人。性至孝，其宦於吾浙也，奉大夫人以來，春秋佳日，常奉板輿游湖山之閒，太夫人顧而樂之，而先生之樂可知也。既而乞歸，家有園池之勝，指撝僮奴澆花洗竹，以娛侍老人，不必祿養而樂亦無不具足也。然則奚尋之爲？噫！吾有以知先生之意矣。大凡外境之交於前者，無不隨人意爲轉移。故同一境也，意所樂，斯樂已，意所不樂，竝不見其可樂也。即或境能移情，風日之研和也，山水之清嘉也，魚鳥之親人也，花藥之紛敷而猗靡也，遇之未有不神怡者；然而樂繫乎物，境過則遷，斯猶非真樂耳。今之十二圖，先生之所謂樂也，人皆可得而同也。先生之所謂尋者，意實不繫乎物，而自有其真樂者在。上堂拜慶，繞膝承歡，所尋之樂，孰有過於是者？此較之孔顏之樂，不必相同，而亦何必不同。故先生之自謂圖斯境也幻，吾則以爲先生之有斯樂也真。

四蓮池題額 庚辰

吾杭許氏建宗祠於城東隅，其地近古荷花池，衆水匯焉。於是面水闢軒，顏曰四蓮池，取王子年記中語，以爲子姓繁衍之徵。抑吾更有説焉。夫蓮之爲物，其莖其葉，其本其花，其實其根，無不爲人取資焉者。爲人祖父既望其子孫之衆多，更望其皆賢且才，各有所成就，以自表見而不爲世所棄，亦如蓮然。然則他日許氏合族於斯覩斯題也，其必思無負斯語也夫！

抱經堂文集卷第八

跋一

十三經注疏正字跋 辛丑

是書八十一卷，嘉善浦君鏜所訂，仁和沈萩園先生廷芳覆加審定，録而藏之。其子南雷禮部世煒上之四庫館。大興翁覃溪太史方綱從館中鈔出一本，余獲見之。前有敍録，稱所見有監本，有監本脩板，有陸氏閩本，有毛氏汲古閣本。今惟監本脩板及毛氏本行世，故就此二本之誤正焉。其釋文則以徐氏通志堂本校，又取宋玉山毛氏六經正誤之説訂其得失。此其大指云爾。余初得日本國人山井氏鼎所撰易書詩春秋左傳禮記孝經論語孟子考文，深喜其遵用舊式，據古本、宋本以正今本之誤。然特就本對校而已，其誤處相同者，雖間亦獻疑，然而漏者正多矣；且今本亦有絶勝於舊者，不能辨也。是書所校正，視彼國爲倍多，且凡引用他經傳者，必據本文以正之。雖同一字而有古今之別，同一義而有繁省之殊，亦備載焉。此則令讀者得以參考而已，非謂所引必當盡依本文也。蓋引用他書，有不得不少加增損者。或彼處是古字，或先儒之義定從某字，若一依本文，轉使學者讀之不能驟曉，則莫若即用字義之顯然者爲得矣。至字音之用反語，起於魏晉閒，「反」與「翻」音義同，故胡身之注資治通鑑即用「翻」字。今則依説文、玉篇等書之例，普改爲「切」，殆以「反」作如字讀爲語忌也。其書微不足者，不盡知釋文之本與義疏之本元不相同，後人欲其畫一，多所竄改，兩失本真，此書亦未能盡正也。又未得見古本、宋本，故釋文及義疏有與今之傳注不合者往往致疑，此則外國本甚了然也。又於題篇分卷本來舊式多不措意，或反有以不誤爲誤者。余有志欲校諸經已數十年，晚乃得見此兩本。其善者兼取之以萃成一書，而後無遺憾矣。乾隆四十六年元日甲戌書。

郭氏傳家易説跋 辛丑

此宋郭雍子和之所著也。其爲説皆平易正大，有益於治。謂以氣運而言，盛必有衰，治必有亂。然在君子則自有保泰持豐之道，故云吉凶之道貞勝者也。正則勝而常吉，不正則勝而常凶。此蓋與君相能造命之説相合。其釋損彖云：「損天下以奉一人，則善日消而惡日長，迂儒方究多儀備物之享，不知損過復禮之義，則天下不勝其僞矣。」又釋豐六五云：「豐之世，盛大无以加，又求豐之，是无厭也。聖人貴夫持盈守成而不以豐大爲務，故書有滿招損之戒，而易著豐蔀豐沛之失。」皆篤論也。以六十四卦爲文王所重，謂以書言之，神農之時未有益與噬嗑也；以道言之，神農之時蓋有益與噬嗑也。又謂歸妹所歸者妹也，非從姊而嫁，孔子言天地之大義，娣媵豈能具此義哉！其善於持論多若是。此書從永樂大典中鈔出，分爲十一卷，釐然爲完書。但繫辭傳、説卦傳郭氏亦本分章段，故有前章此章之語，且有與朱子微異者，而今本缺之漏也。庚子臘月余在京師閱起，明年二月九日在山西訖功，因書其後。

融堂書解跋 辛丑

此宋淳安布衣錢時子是撰。嘉熙中，以喬行簡薦得官，下嚴州取其所著書以進，此其一也。向來疑書序者，以書本不待序而明，而此書獨推闡入微，信非夫子不能作。至於經文，一切無所更改，而節次不差，脈絡通貫。其説武成、康誥，足以洗憑臆紛更之謬。謂武成自「王若曰」而下，辭無閒隔，皆武王之言，序所謂識其政事是也。康誥之首正是區處商民，其頑民已定議遷矣，乃始以其餘民封康叔，故在康誥之首。至其説洪範也，謂建極功夫全在敬用五事，若次五之建用皇極專爲斂福錫民而設，庶徵凡六。自「五者來備」以下，明雨暘燠寒風之證。自「曰王省惟歲」以下，明時之證。語皆一正一反，昭然甚明。此等議論，皆能自抒己見，批郤導窾，後學得此，蓄疑可頓釋矣。唯顧命「伯相命士須材」，疑其不爲喪用；又疑側階將近内寢，豈執兵之大夫所可立？或當立於堂。此則猶未審耳。喪事所須，不可經營於無事之日，故舊君之終，即當預爲新君之地。記曰：「國君即位而爲椑。」天子寧獨不然？古者宮府一體，不爲私嫌，況奉宣顧命之日，内人無事，往來北堂，立於側階，胡爲不可。是書二十卷，從永樂大典鈔出，缺者僅三篇，梓材在其中，惜乎不知其解又云何也。乾隆四十六年閏月二十三日，東里盧某書。

吕氏讀詩記跋丁酉

釋經雜而不貫與隘而鮮通，兩者均失之。東萊之爲讀詩記也，一字一句，必本其所自，而不以自專。其意所不取而可備一説者，亦附注於正解之下，以俟夫人之自擇焉。蓋其織綜之妙，合衆説如一説，既不使異説得隔閡其閒，而其近是者又未嘗盡棄也。斯非釋經之善者乎？公劉次章以下，雖未及重加整比，然固出東萊手所纂輯也。東萊所自爲説比衆説下一字，條例固云然，乃書内有即繫衆説後稱東萊曰者，參差互異，余壹從條例正之，他不敢妄增損也。余初得明神廟時南都版本，第二十七卷中脱兩葉，陶孝廉衡川湘從嘉靖閒舊刻鈔補足之。余既喜是書之詳贍而無偏倚自用之失，又惜完本之不多見，屬一二三友人爲余寫之。功未半，有以小版本示余者，稱爲宋刻。余驚喜，亟取對校，則知神廟閒本頗多脱誤，小版本字多用分隸體，神廟閒本易用今字，且更有妄爲撰造者。然小版本實即嘉靖閒四明陸釴所校鐫也。書中唯一處尚未刊去其名，故知之。二十七卷中兩葉亦係鈔補，則知嘉靖初印本神廟時即已難得矣。使余但據神廟本傳鈔，則仍爲未完之本，冥冥中有若惜余之徒勤也者，而以其善本畀余，然則余之受賜誠多矣。以鈔者不一手，不能盡復其舊，余閒取小版本古字署注一二於旁，其沿宋刻之舊歟，是未可知也。助余校讐者，江陰趙茂才敬夫曦明也。小版本尚有譌，以余所鈔本視之爲更勝矣。

王厚齋詩考跋庚午

漢賈景伯受詔撰齊、魯、韓詩與毛詩異同，今其書不傳。厚齋王氏乃從三家既亡之後，區區於羣書所引零章斷句，掇拾而成之，其用心可謂勤矣。夫三家之學，誠不如毛公之精，然竝行於當時，立博士，諸儒傳授，各有源流，非鑿空妄説比。而今皆失墜，莫覩其全，幸此書所輯，得以考十一於千百。三家中唯韓詩差詳，齊魯則皆寥寥無幾矣，惜哉！明人有僞作魯申公詩説及端木詩傳者，故爲文蝕簡脱，以示可信，時亦有覺其僞者。得此書以相參驗，其僞乃益明，則此書誠學者所當寶貴也。余又觀近時人往往見古人所引詩書與今不類者，輒以意更之。使得見此書，亦當瞿然知其不可妄作。故余急校而録之，并增其所未備者若干條，又所注書名復釐而析之，視舊本稍詳正矣。然余又欲學者善觀之，無徒取一二字句之異，曲爲之説，反攻毛氏。蓋古人引用偶有異同，如同一左傳所載，而「匪交匪敖」與「彼交匪敖」皆兩有之，王氏但載其與今異者耳，豈可便據此謂必當作「匪交」乎？又毛詩今所傳亦有譌，如「朔月辛卯」，今皆譌爲「朔日辛卯」矣；「家伯維宰」，今皆譌爲「家伯冢宰」矣。此非三家之文，乃轉寫致誤，而舉世習讀，鮮有知其譌者。余恐後世反得議此書之漏，是以并附著焉。

何楷詩經世本古義書後癸巳

何氏以三百篇之詩分屬世次，不與通行本同，始於公劉，訖於下泉，其先後頗難盡信。然此亦自成一家之學。其書二十八卷，配以宿名，首角終軫，每卷之首，各有小引。又有原引爲卷首，則當在二十八卷之前；又有屬引爲卷後，則當在二十八卷之後。今此裝潢本，於卷首之下，將各卷首篇小引紬出，彙置一處，下又即將卷後一册繫焉。以下詩之次第，仍同今本，以關雎爲首，殷武爲末，茫然無復卷數，大失著書之本意矣。其屬引一篇，蓋倣序卦而爲之，屬以聯屬爲義，若知後世必有紛更之者，而殿以此篇，其序灼然可尋，庶幾淆亂之餘，不難復舊。今當於原引之下，仍以小引散之各卷之首，依角亢氏房等宿名目尋之，則二十八卷，乃成爲何氏之書，而以屬引終焉，則與本題卷後之名亦相脗合矣。

春秋尊王發微跋 丁酉

「夏五」之下其爲「月」也無疑矣，而聖人不益者，謂其文或不盡於此也。益之以「月」，將謂鄭伯使其弟語來盟爲五月之事，所書僅此，無復更疑其上之容有脱文者矣。孫氏謂孔子專筆削之任，舊史有闕，必從而刊正之。此殆後來傳者脱漏耳，豈其然哉？士匄不伐喪，春秋之所善也。孫氏本穀梁義，謂其貪美名以廢君命，惡也。夫不伐喪者，周之舊典如是，匄能行之，何至有廢命之責？且見可而進，知難而退，亦軍之善政也。受命以出，知敵之不可勝，亦將老師費財，不惜千萬人之命以求一逞而俱殲焉，然後爲不廢命哉？苟知其難，而全軍以還，君子猶善之，況於不伐喪乎！孫氏此書昔人謂其論多苛刻，而在當時則甚重之。歐陽氏謂其得春秋本義爲多，要之言亦以人重也。有得舊本見示者，因令學徒鈔之。向見通志堂有版本，未知視此何如，當從友人借以相校，始可定耳。乾隆四十二年三月癸未，盧某書。

張氏洽春秋集傳跋 癸丑

張氏爲朱子門人。宋史載道學傳所著有：春秋集傳二十六卷，春秋歷代郡縣地里沿革表二十七卷，春秋集註十一卷，并綱領一卷。今集註并綱領已刻入通志堂經解中，而集傳無聞焉。秀水朱氏經義考亦疑其已佚，蓋學者之不得見久矣。今湖州嚴文學久能復得其書，喜甚，乃元延祐元年所梓，雖所缺尚有七卷，十八至二十，又二十三至二十六，皆缺。而其採擇之精，立論之確，即於此可得其崖略。其辨胡氏夏時冠周月之説，見於集註，而傳亦著之。他若論天子諸侯昏禮不親迎，責隱公之不朝聘於王朝，責文公之昏惰，不親會伯主以取晉怒，而於齊商人弑君之賊不能告天子方伯以致討，及其見侵，反使命卿往而求平焉。此皆大義凛然，非若孫氏之多刻覈、胡氏之有牽合也。嚴氏其寶守之，神物會合，或自有時，安知所缺者之不復再見乎？余以塵事紛雜，未能卒讀爲憾。漫識數語於簡末，以告四方之學者，俾皆留意訪求，得完張氏之舊，并沿革之已佚者亦再出焉，豈不更大快矣乎？

書春秋繁露目録後 乙巳

案此書之大指，在乎仁義，仁義本乎陰陽，陽居大夏而陰居大冬，見天之任德不任刑也。又言除穢不待時，如天之殺物不待秋，則董子之論固非倚於一偏者。其重政篇云：「聖人所欲説，在於説仁義而理之。不然，傳於衆辭，觀於衆物，説不急之言而以惑後進者，君子之所甚惡也。」即此可知其立言之本意矣。我皇上新考試詞臣，取仲舒語「以仁安人以義正我」命題。臣竊仰窺聖德聖治，固已與天地同流，與陰陽協撰矣，而於是書猶有取爾，况在學者，其曷可以不讀？向者苦其脱爛，乃今而快覩全書，尤爲深幸。臣服習有年，見其以天證人，析理斷事，實切於養德養身之要；而凡出治之原，郊祀之典，用人之方，弭災之術，無所不備；即其正名辨制，委曲詳盡，亦始入學者所必當研究也。謹就二三學人，覆加考核，合資雕版，用廣其傳，冀無負朝廷昌明正學、嘉惠士林之至意。至書中如考功、爵國等篇，尚有不可强通者在，以詒夫好學深思之士，或能明其説焉。乾隆五十年十月，舊史官臣盧文弨謹書目録後。

惠定宇春秋補注跋 戊子

丙戌之春，借得此本，課兩兒分鈔，不解文義舛譌者半，兒子師江陰朱與持齾略爲正之。鈔未竟，會有湖南之行，攜之篋中兩年矣，卒卒無暇理此。今年至京師，長夏無事，補鈔末卷，元本經轉寫亦有誤，復爲之一一正定，書乃完善。昔杜元凱嘗謂立德不可及，立功立言或可庶幾。其注左傳，誠欲以當不朽之一也。豈知紕繆荒略之失亦有不能自掩焉者，名位赫奕，當時或未敢相難，而後之經生乃得明目張膽掎摭其短長，豈非率爾之爲累哉！公卿大夫各有職業，其爲學必不如經生之專且勤，何事强其所不能以爲名邪？雖然，元凱居其位尚有餘力著書，余則因官罷閒居，僅能卒業，彌不及矣。書之以識吾愧云。時戊子五月書。

不全宋本左傳跋 甲寅

吳興嚴久能得萃古齋主人錢景開所贈不全宋本左氏傳止四卷以示余。第十八卷，襄五起二十六年至二十八年；第二十二卷，昭三起八年至十二年；第二十三卷，昭四起十三年至十七年；第二十四卷，昭五起十八年至二十四年。觀其避諱至寧宗，殆亦南宋本。獨昭二十年傳載衞侯賜析朱鉏、北宮喜謚，杜注云：「皆死而賜謚及墓田，傳終言之。」王深寧所見本乃「未死而賜謚及墓田，傳終而言之」，載於困學紀聞。若果如此，杜氏不應無譏。何義門氏曾見此本，獨無「未」字「而」字，爲閻百詩言之，閻大喜。乃余今亦得見之，而證何氏之言信不誣。日本國亦有此不誤之本，參相證而知近本亦尚沿王氏所見之本，非善本也。速當改正。必如是，而後杜注所云「傳終言之」之義始明。太平御覽所引傳，凡標昭五、昭六者，乃其卷數，非年也。至近來所分卷，亦非復當日之舊矣。「會于夷儀之歲」一段，宋本尚在襄五卷之首，二十六年之前，杜注云：「傳爲後年脩成起本，當繼前年之末。而特跳此者，傳寫失之。」其語甚明。近本竟改置前年之末矣。宋本之可貴，蓋不止一端也。是書不用圈隔，不載音義，卷末載經若干字，注若干字。中閒亦有一二字誤，皆人所易曉云。

書公羊注疏後己亥

此書雖列十三經中，能留意者絶少。蓋公羊氏以經生之見測聖人，而聖人幾爲亂名改制之尤。今當聖道大明之日，固夫人而知其説之謬矣。雖然，漢治公羊家者，有醇儒焉，有名臣焉，讀一書即能得一書之益，今人見解議論遠過古人而行反不逮，何也？乾隆戊戌，余讀春秋繁露，既已尋其脱簡，審其譌文而正之，余因思董生頗精公羊家言，爲之沿流溯源，則是書不可不讀。獨恨何氏之識遠不逮江都，故其説多苛碎不經之談。而疏必爲之依阿其閒，不敢直斷以爲非是，此猶是漢人欲伸師學之見，要其繆盭亦不待摘抉而後見也。何氏文筆未善，故其言多有晦僿難曉者，疏獨能通之。其所引春秋説與諸緯書俱已不傳，後世亦賴是見其一二。廁諸疏中，視論語、孟子猶當勝也。閲起於臘之八日，至次年三月十一日始輟功云。

方望溪鍾蔗經兩先生删訂周禮訂義書後辛丑

今上登極之初，纂脩三禮，望溪先生爲總裁，選通禮學者爲纂脩，大興鍾蔗經先生與焉。名晼字勵暇，官至禮部儀制司郎中。蔗經，其晚年自號也。此周禮訂義乃宋樂清王與之次點所著。其用朱筆點勘者，蔗經也；用緑筆審正者，望溪也。別其是非，擇所去取，蔗經先之，望溪成之，閒亦有異同焉。此正脩三禮時所相與衡校之底本也。計凡舊人禮説，皆當有望溪點定者，即蔗經所刊脩，亦不止此。而此一書，適爲烏程丁小疋氏所得，出以示余，皆二公真迹也。余不及登望溪之門，獨於蔗經遊從最熟。及其老而依子宦遊也，余一見之於南昌，又見之於松江，又見之於江寧，詒余祭禮考一册。今斯人不可作矣，覩其遺墨，莊謹不苟，恍如見其爲人。望溪有評史記，真筆在北平黄氏，亦用緑色筆，與此正同，豈以此自識别耶？蔗經富於經學，著書甚多。其子觀察君居憂嬰疾，今不知何似，未知其能爲乃翁表章否也。偶繙此書，小宰「六計弊羣吏之治」，次點以康成六事廉爲本之説爲不然，廉猶廉問廉察也，蔗經不删，亦似有取爾者，意竊疑之。曰聽曰弊，意已足該，何必變其文而曰廉問其善乎，廉問其能乎？謂察爲廉，經無他比。六計具有功狀，聽之於始，弊之於終，其人已無可匿，何必如後世之寄耳目於人，使爲刺探，而後其真可得耶？記曰：「大臣法，小臣廉。」羣吏則小臣爲多矣，而曰廉非所貴乎？且廉訪之字，古亦不作廉。古作覝字。惜乎當日不能就蔗經而請正之，今質之小疋，幸有以語我。乾隆四十六年閏月十一日，後學盧某跋。

魏華父儀禮要義跋 甲寅

此書五十卷，世罕流傳，聚樂堂藝文目有之，朱錫鬯載之經義考，然未之見也。烏程嚴文學元照聞杭州汪氏新得此書，猶是宋刻，亟以二百六十千轉購之，甚寶惜，手鈔副本以示索觀者，而刻本不輕出也。余至其家，始得見之。此書分段録賈氏之疏，每段先標大指爲提綱，以下但載賈疏，魏氏絶無論説。余時爲儀禮注疏詳校，取以覆對，其譌舛處與近世本大略相似，朱子通解雖有改正，而亦未能盡，則知此一書之傳譌也久矣。今此上方閒著温本一二異同，不多見，其經注闕者亦未之補也。然每段括其大要，使考究者易於尋求，則此書亦不可廢。以朱氏過目之書廣博爲人所不易及，而今乃得見其所未見者，可不爲幸歟！

書校本儀禮後丙申

昔吾從兄宇安兵部𡪙熏家居時，嘗爲人説儀禮。余時年尚小，但聞説牲體長脅短脅，與今世所稱無異。又謂宰相必用讀書人，兹言良不誣，亦因讀儀禮有感而發也。嗣後秀水盛君庸三世佐從余師桑弢甫先生於南屏精舍講此書。盛君以所得著爲集傳，疏其凝滯，約其旨歸。余讀而善之，亦遂有志於是，以爲禮之節次皆出於自然，苟得其一，不難以三隅反也。閒於賈氏疏亦嘗訂正其誤，有出於館閣校本之外者。然以云融貫，則卒莫能自信。今年江都汪君容甫中語余曾見宋本儀禮鄭氏注，與今本有異同。余因假其傳録者以歸，即用注疏本就文改之。然宋本鄭氏注實與賈疏先後次第多不符同，當是賈氏未疏之前所傳本不一，即他經亦有之。然則此注自當單行，余乃就有疏本録之，爲不審也。後之讀者，其勿以疏而疑宋本注之未是，庶幾得之。盛君於今本鄭注之誤，亦疑之以爲當作某。今得本證之，良是，於此益服其精思爲不可及也。兵部兄康熙四十五年進士，仕至郎中，適宗人有爲大司馬者，避嫌，遂乞歸。一子早死，其遺書多散失，余曩所聞，特其淺淺者耳。盛君乾隆十三年進士，爲令雲南，有解銅之役，卒於江南儀徵舟次。其書之在亡不可知，其大略則錫山秦大司寇嘗取之載於五禮通考内矣。附著之，以見余之所以知讀此書者，實由於二君云。

於後知容甫所云宋本，非真宋本也。其鄭注前後移易，乃據元敖繼公集説本耳。甲寅正月記。

新刻大戴禮跋 庚辰

吾宗雅雨先生思以經術迪後進，於漢唐諸儒説經之書既遴得若干種付剞劂氏以行世，猶以大戴者，孔門之遺言，周元公之舊典，多散見於是書，自宋元以來諸本，日益譌舛，馴至不可讀，欲加是正，以傳諸學者。知文弨與休寧戴君震夙嘗留意是書，因索其本并集衆家本，參伍以求其是，義有疑者，常手疏下問，往復再四而後定，凡二年始竣事，蓋其慎也如此。余嘗謂此書之極精粹者，曾子數篇而已，而立事一篇，尤學者所當日三復也。「博學而孱守之」，余素服膺斯言。自爲棘人，每誦「君子思其不可復者而先施焉」數語，輒不禁淚之盈眥也。孔子三朝記，其文不能閎深，疑出漢後人所傅會，學者當分別觀之。戴君丁丑年所見余本，即元時本耳。自後余凡六七讐校，始得自信無大謬誤。刻成覆閲，又得數事，今附見於後。以此益知學問之道無窮，心思之用亦無窮，庶幾來者亦將有所得乎此也。

哀公問五義篇：「躬爲匹夫而願富。」案：「躬」字疑本是「窮」字。

夏小正篇：「將閒諸則。」案：「閒」字疑當作「閑」字。

保傅篇：「安陵任周瞻，而國人獨立。」注：「安或爲隱。」案：「隱」字疑當作「隅」。下隱陵君同。

曾子立事篇：「伐則不益，補則不改矣。」案：上注云「補謂改也」，則此不當云不改。蓋當作「補則不復矣」，形近而訛。下文云「其下復而能改也」，可知當作「復」字無疑。

曾子本孝篇：「君子之孝也，以正致諫。」注：「諫卿大夫。」案：注中「諫」字當作「謂」字。

武王踐阼篇：「户之銘曰，擾阻以泥之。」案：此語朱子亦謂不可解。竊疑「擾」乃「獿」字之譌。服虔注揚雄賦云：「獿，古之善塗墍者。」王伯厚校此篇一無「阻」字，則當爲「獿以泥之」無疑。蓋擾亦本作「擾」，形近易譌也。

衛將軍文子篇：「主人聞之以成。」注：「公西赤聞之以成。家語云：『衆人聞之爲成主。』或聲誤也。」案：此不見何字爲聲誤，疑自家語以下，後人妄增入。

又：「是卜商之行也。」注：「如斷言便能。」案：當作「使能」，形近而譌。

盛德篇「蒿宫」，注：「木工之鏤，示民知節也。」案：「之」字當作「不」字。

文王官人篇：「考其陰陽，以觀其誠。」注：「陰陽，位隱顯也。」案：此注余初疑「位」乃「謂」字，因聲誤。今案：當作「猶」字，形誤耳。

夏小正補注書後 辛未

夏商之書，傳者無幾，學者往往以不克盡見爲憾。然即其零章斷簡求之，則古先聖王之大經大法，又未嘗不可得而見也。戴氏之傳夏小正，傳去聲。可謂精矣。所辨析不過字句之閒，而有以通乎作者之本意。夫古人元非若後世之求工於文也，然道德有於身，則明天時，察物理，通人事，立國制，無在非性命之旨寓焉，而文自從之矣。濟陽張爾岐稷若氏採金仁山之注附於傳，而又爲之説。今崑圃黄先生復因其本增訂之，以傳於世。吾觀先生之説也，於「綏多女士」見夏道尊命，近人而忠焉；於「豺祭獸」見夏之先賞後罰、先禄後威焉；於其終篇再書隕麋角，而以爲聖人扶陽抑陰之意，故於夏不言隕鹿角，且證之以易姤、復之義焉；則微獨一代之大經大法如公田入學之制可以考見，而并其精微之藴亦如將見之，豈非讀書之善者哉！此書明王廷相、楊慎皆有纂輯，余未之見。見先生之説，當無以過之矣。有一二舛誤，蓋校者之未審云。乾隆十六年五月八日識。

書楊文定公大學中庸講義後 庚辰

公卒之明年，余方至京師，已不及見公。今來公之鄉，得交公之子蒼毓，應詔登公之堂，匪飾匪崇。公歷事三朝，宦蹟烜赫，而澹泊寧静，不改寒士之素，於此亦可見公自少即深究性理之學。李文貞主禮部試時，以此發策，獨賞公對爲粹然一出於正。自此成進士，從文貞受業，益極意於學。此乃公讀大學、中庸有所得，手疏以質諸文貞者，文貞爲點定，且評其後曰：「圓融潔静，枝蔓去而根本呈。」其師弟之閒相契若此。此可見當時士大夫相深以學問，相漸以義理，爲一時盛事。惜余生已晚，不及見。然一朝得見兩大賢遺墨，所言又皆聖賢之精義，抑亦可謂幸焉。公嘗揭經書言學指要示學者，其功在敬與義，其歸在於盡誠而達天。此以中庸知人知天爲知人之所以爲人與天之所以命人者，智以開仁之先，明善爲誠身之本。公之於學，不專守章句而獨得其要領，與朱子平日先知後行之言正相脗合，而非爲茍異也，豈徒詹詹治經生家言者之所能彷彿也哉！

孟子注疏校本書後丙申

趙邠卿注孟子，今所傳監本、汲古閣本，凡與疏相連者，多被增損，失趙注之舊矣。趙氏於每一章後皆有章指，作疏者徑削去之，仍取其辭置於疏首而又不盡用也，獨於章指所用事辭往往於疏内具釋之。然則何以知章指爲作疏人所去也？其於「恥之於人大矣」章具著之矣。云「凡於趙注有所要者，雖於文段不録，然於事未嘗敢棄之而不明」。是以疏内釋章指之語者不一而足。當館閣校刻經史時，於此書未嘗前後契勘，於是見注無其文而疏乃爲之具釋者，則疑以爲衍文，或又以爲他書誤入於此，或徑删去之，或雖删而仍録其疏於考證中，乃亦有疑今所傳趙注之不全者。衆論差互，皆不知有章指二字之名目也。乾隆辛巳，余從吴友朱文游奂處借得毛斧季所臨吴匏菴校本，乃始見所爲章指者，獨於末卷缺如也。後見余仲林蕭客所纂五經鉤沈，亦復如是。更後乃聞有何仲子校本，則所缺者獨完，求之累歲，不獲。今江都汪容甫乃始以其録自何本者借余，遂得補録以成完書。計今年丙申，上距辛巳，十六年矣，及老眼猶明，得還漢人舊觀，豈不大快也哉！更有孟子篇敘，亦出趙氏，世知之者蓋鮮。余意欲先鈔篇敘與章指孤行，而注之爲後人增損者，亦不可不復其舊。誠得好古而有力者合而梓之，則尤爲善之善已。疏非孫宣公所撰，而假託其名。宣公有音義序，作疏者即略改數語，便以爲正義序。此尤爲作僞之明驗。昔人譏其疎陋不足觀，非過論也。

附：孟子異文：行者有裹囊也曰伯夷何如趙注無「伊尹」二字。今本有之，非也。

曰然則有同與　自有生民以來未有能濟者也　古之爲市也　許子必織布然後衣乎　放勳日勞之來之　有攸不惟臣　事在易而求之難　政不足與閒也　則使人導之出疆無「君」字。　王使人瞯夫子今作「矙」。　今之事君者皆曰此惟注疏本有「皆」字。　無不知愛其親者　夫予之設科也　萬子曰一鄉皆稱善人焉

句讀之異：　惟曰其助上帝寵之句　有人不得句　雖由此句霸王不異矣　至大至剛以直句　宜與句夫禮若不相似然　使虞敦匠句事嚴　季孫曰異哉句子叔人名疑

十一經問對跋丙申

此元時茂林何異孫所著也，黄氏書目云：「設爲經疑，以爲科場對荅之用。」今案：何氏自敍其緣起，乃因小學訓導爲學生承問失對而停職，故輯爲是書，以助蒙訓，非爲科場設也。元時爲校官者，必先試而後授之。及至官，不得不勉盡其教人之責，撰爲講義，以時示諸生。其弊雖亦文具而已，然賢者尚能舉其職，不賢者亦知顧其名。自今觀之，猶令人慨然思古風焉。是書固爲教小學設，然其所訓，亦有折衷儒先，擇取精當，而不唯以一家之言爲墨守者，惡得而廢諸？異孫之履行，吾未知其詳。其云：「豐城開州治之八月，會二教諭於講堂，因言及桉察責訓導之事。」考豐城之升爲富州，在至元二十三年

丙戌也。書成而序繫以戊戌，則大德二年也。巽孫蓋嘗爲校官於豐城者。書中引王稼村先生講義，講莫春浴沂爲實周之夏五月，且云於杭州府學講此一章。則稼村必是杭之校官，而郡志闕焉，其名不可考矣。志唯載何庚孫嘗爲吾杭教授。竊疑「庚孫」必「巽孫」之譌，惟其同官，故知之詳悉如此。是又當著之，以諗夫脩郡志者。是書有通志堂梓行本，無何序，卷有更易，而後二卷闕文最多。今本係從元版鈔得者，乃毛子晉藏本，紙亦糜敝，然猶有可據以補通志堂之所闕者。其儀禮中有兩條本有問而無對，余爲足成之。此書於三禮祇略舉其郛廓，不若論語、孟子之條析爲詳也。

五禮通考跋 癸未

天地閒一皆禮之所蟠際乎！五禮之用，猶夫四時五行之成歲功也。蓋嘗大較分之，嘉近於春，賓近於夏，軍近於秋，凶近於冬，而吉實流貫乎四者之中，亦猶夫土之寄王於四時焉。天高地下，萬物散殊。人之生也，孩提知愛，少長知敬。蓋自三才立而禮即於是乎肇端，有聖人作爲之經緯焉。踵而成之者，未必皆合於節文之中，然亦緣情而制，因義而起，苟擇其宜而審行之，固亦聖人之所許也。吾師味經先生因徐氏讀禮通考之例，而徧考五禮之沿革，博取精研，凡用功三十八年而書乃成。文弨受而讀之。其書包絡天地，括囊人事，縷析物情，探制作之本旨，究變遷之得失。義未安，雖昔賢之論不輕徇；理苟當，即豪末之善亦必録。窮經者得以息紛紜之訟，處事者得以定畫一之準。大矣哉！古今之菁英盡萃於此矣，洵懸諸日月不刊之書也！夫昔之有事於綴緝者，通禮、類禮今已不傳；馬氏作考，但志王禮，而士庶則略，且於古有今無、古無今有及本無沿革者，皆不之及；凶禮有五，而徐氏但志喪禮，蓋規模大則節目益繁，精力固慮有不逮也。先生之書豈非獨冠古今者乎！顧説者謂士當求合先王之意已耳，而不必屑屑於既往之迹。此大不然。孟子當籍去禮壞之後，故不得已而爲約略記憶之辭。孔子之時，文武未墜，則大小無所不學。杞宋無徵，而夏殷未嘗不能言也。上考三代，下暨百世所因之禮，損益可知，臚而列之，究其變，而常道之不可易者益以著，以此知聖人之亦必有取於是書也明矣！文弨懵學，竊快覩是書之成，敬識數言於簡末云。

廣韻跋 戊寅

此本録版年月無可考。觀其獨避宋孝、光、寧三帝諱，「眘」「惇」字皆缺筆，十九鐸内有「廓」字，無「擴」字，疑在寧理二朝時所刊也。明時有内庫版行本。孫北海春明夢餘録所載凡二百五十五葉，今此五卷并敍計之，止百八十四葉，注已經删整。朱錫鬯謂明中涓亦有删本。然此本不避明帝諱，知非勝國所刊。目録所注「獨用」「同用」，卷内多有異同，其分併處亦非本真。吴下張氏重刊宋本，注比此爲完，而上平二十一殷作「欣」，去聲四十三映作「敬」，與此不同。「殷」與「敬」皆宋所當諱，而一避一否，此不可曉也。孫愐作此書，本名唐韻，祥符重脩，始易以廣韻之名。而鼂公武讀書志即以廣韻爲孫愐增加陸法言之書，豈誤記耶？抑廣韻即唐韻本無分別邪？明末嘉定陸元輔自言於范秋濤處得見唐韻五册。此本如在，安得好事者求而表章之？

張萱彙雅前編書後 癸巳

考明史藝文志，此書尚有後編，今此特前編耳。有「吴郡趙頤光家經籍」八字印，頤光即宧光，字凡夫，乃著説文長箋者，此書有硃墨字，皆其筆也。末復篆十二字：「己酉三月廿二下春天階館閲。」書刻於明神廟之三十四年，歲在乙巳。己酉即其後四年耳。萱好大言，其題辭云：「余爲字鱅，計非十年不敢出。然一出，當令古今字書皆廢。」凡夫題其上云：「果可廢，則吾書亦廢矣。快哉！快哉！其然？豈然？」案：凡夫之爲長箋，亦自矜詡，而顧寧人頗抉摘其玭謬，古人所以有目睫之論也。通篇俱有句讀標識，則本朝康熙辛酉歲常熟許玉森所加也。有數字識卷末。

抱經堂文集卷第九

跋二

書吳槎客所藏不全宋本漢書後

汲古所梓漢書，當是據北宋本。此疑是南宋本，誤字亦少，汪文盛本殆亦從此本出。今世所通行者，顏注尚有脱落，何論蕭該、子京、三劉，而此獨全，可寶也。然余則謂設使當世有重雕者，其款式自當依此，其文字有斷然知其誤者，不必因有宋人校語而反改不誤者以使之誤，在擇而取之可也。如是將使後人寶我朝之本，轉勝於寶宋本多多矣。余老矣，槎客强力有餘，當亟圖之，余亦當竈没少佐其成焉。

竹書紀年統箋跋 辛未

歲辛未，余館北平黄崑圃先生家。先生門下士知名者衆，顧獨詫癸卯主江南試所得三人，曰任翼聖啓運，陳亦韓祖范，徐位山文靖。此三人者，其學皆博而醇，且曰：「人但侈榜中有狀元，孰若得一二不朽之士哉！」任既宦達，名益著，陳、徐亦竝以經學徵，陳老不至，徐君年亦八十五矣，健，獨應徵。此書廼其近著也。一日，徐君來，先生令余出見。先生家多客而獨徐見者，此先生待余意不薄也。他日至其館，猶握三寸管，低頭著書不輟云。此紀年統箋者，徐君所著書之一也。紀年舊有沈休文注，乃後人取宋書符瑞志附益之，非注也。今徐君始與之疏通證明，疑者得以渙然冰釋。然他書引紀年文，自晉建國以來，以晉君始立之年爲元，戰國時則以魏君始立之年爲元，而今本皆一以周王之元爲元，疑後人改之，非其本真也。然各本竝同，亦無由復其舊矣。史記注中又往往以年表爲紀年，非此紀年也。昔譙周作古史考以糾史遷之謬，司馬彪條古史考中凡百二十二事爲不當，多據汲冢紀年之義。今余方著史記續考證，未竟，得此書以相參覆，庶可無憾矣。

題越絶後 辛未

此書爲漢更始建武之際會稽袁康之所作，又屬其邑人吴平定之，觀其篇中離合姓名而知也。而王仲任論衡案書篇稱「會稽吴君高之越紐録，向雄不能過」，越紐即越絶，君高即平之字無疑，則以是書專屬平所撰矣。其首篇乃託之子貢，復託之子胥，且以小藝之文未足自稱爲言。其所載略與吴越春秋同。蓋雜採諸書而成，故往往有異文駁義。如伍胥又以爲申胥，逢同又以爲馮同，類參錯不一。康行事無所考，然由此書以想其爲人，蓋其生適當雲集龍鬭之時，負其奇氣，欲有所試而卒不爲人用，故無所表見於世，乃借胥、倪、種、蠡之事，會萃增益之，以發抒己意云爾。雖其自言欲竊附於春秋，而實不離乎短長家之餘習。其文奇而不典，華而少實，且亦多庸猥煩複，蓋其辭又出國策下矣。予偶得明張佳嗣校槧本，後又得吳琯本相參校。吳本有脱文，張本皆就其闕補之，至不能補者，乃作一方圍。予意所脱必不止是。吳本僅空一字者，乃轉寫既久，失其所脱字數故耳，不當僅作一方圍於中也。乾隆十六年五月三日識。

越絶外傳本事第一，越絶荆平王内傳第二，越絶外傳記吳地傳第三。今本次第如是。然案本事篇以越何不第一而卒本吳太伯爲問，其末篇又云：「始於太伯，次荆平，次吳人，次計倪，次請糴，次九術，次兵法，終於陳恒。」是皆以太伯爲第一。案：吳地首稱太伯，當即此篇，然今本次在第三。其下次序皆不相應，豈爲後人所貿亂歟？

其最無理者，如稱舜用其仇而王天下。仇者，舜後母也。鄙倍至此。他如論堯舜不慈孝，皆不可訓。舜不聞有兄，獨此書稱舜兄狂弟傲，可以廣異聞云。「舜後母」下或當有「弟」字。但有庳之封在有天下之後，與所言亦不合。

中興館閣録續録跋 丁酉

古人居其官則思舉其職，前事之不忘，後事之師也。余雖忝竊清華，而當其時不能多購書，若洪氏之詞家諱改苑羣書，亦解組後所傳録也。今又得此書，復校而録之，年六十有一矣。玉堂天上，余之徘徊慨想情有倍深於歐公者，顧不能成一書以頌颺本朝列聖恩禮之盛，常用内疚。秀水朱竹垞氏有瀛洲道古録，亦未之見。此書宜在所取材者也。卷或脱亡，篇第疑亦有顛錯，無所取以補正。游侣、楊万里之名，自是本來如此，他人則有作「似」作「萬」者，而此二人獨不爾，可據之以正宋史也。

書釣磯立談後丁酉

此書南唐國亡後，記其興衰之概。不知何人著，或云是史虚白。其自序云：「叟山東人，清泰中隨先校書，避地江表，父子皆不以進取爲念。」書中有云：「山東有隱君子者，與韓熙載同時。南渡以説干宋齊丘，齊丘引以見烈祖，擢爲校書郎，不能用其言也。於是放意泉石，遂卒不仕。」此殆即其先人歟？是書於忠佞功罪之迹，可稱實録。徐鉉等撰江南録，誣潘佑之死以妖妄。叟雖未見其書，而疑其必有曲筆，爲書佑以直諫死，使後之人不信其謬悠，其用意抑何至也。序云得百二十許條，今計之衹三十條，然要領已無不盡，且相傳止一卷，未必本書多於此三倍也。曹氏刻本多譌脱。此本爲何小山所傳，較完善，因傳録之。

夢粱録跋丁酉

宋南渡，以臨安爲行在所，其後乃遂安於是也。朝廷之儀式與夫里巷之風俗，日增月新，殆將跨汴京焉。是書爲錢唐吴自牧著。當宋社已屋，而爲之追述其盛，題云夢粱，意可見矣。序無紀元，而但書甲戌。若在咸淳，則故都尚無恙也。閲一甲子，則當在元順帝時。斯時元之爲元，不猶夫宋之季世也哉？汴亡而夢華作，其地已淪異域，孟氏特仿像而得之。今兹所紀，則皆耳目所素習者。鐘虡不移，井邑如故，凡夫可欣可樂之事，皆適成可悲可涕之端，作者於此殆有難乎爲情者焉。浙江通志載此書十卷者，非全本。今從蘇州吴伊仲秀才翊鳳處借得此書二十卷，乃足本，令人録而傳之。脱誤尚多，惜無别本參正云。

書歸潛志後丙申

此書記金源人物，文雅風流，殊不減江以南，即一二諧謔語，亦多有可觀，讀者皆知愛之。余謂京叔際危亂之時，國亡之後，幸而完歸，追述交游聞見，以著爲是書。脩金史者亦頗取裁於是。乃其論一代之盛衰，與其所以亡者，實爲確當，可爲後來之龜鑑。其言曰：「章宗政令備舉，文治爛然，稱極盛矣。然文學止於辭章，不知講明經術爲保國保民之道。又頗好浮侈，崇建宫闕，外戚小人多預政，大臣惟知奉承，不敢逆其所好。故上下皆無維持長世之策，此所以啓後嗣之弱也。」噫！金之盛衰相倚之幾，此數語者實盡之矣。又自言經喪亂後，乃識温飽安逸之味。斯言也亦可以醒人。人誠能知此，則躁擾之胸可平，而奢競之緣亦無不可淡矣，真閲歷有得之言哉！録竟，因爲識數語於簡末。

兩漢刊誤補遺跋甲午

曩余讀漢書，見監本所載宋人校勘語，大率淺陋居多，甚有鹵莽滅裂，不考原委，不究體勢，於本無可疑者而亦疑之，删改憑臆，傳布至今。館閣有考證之作，駁而正之未盡也。余嘗思前人豈無見及此者？今得吴斗南兩漢刊誤補遺讀之，而不勝躍然喜也。吴氏自以後進，不欲斥言前輩名公之失，而曰「補遺」，不曰「糾繆」，此其用意良厚。於劉氏離句之誤，則曰或傳録使然，蓋雖辨駁之中，而仍不失謙退之意。其所徵引，鑿鑿皆有據依，又可通於他書，蓋不僅史漢之功臣、三劉之争友也。惜重校經籍刊刻時，未及見是書，故所載一仍監本之舊，而於此書未嘗稱引及之。世之知此書者絶鮮，余乃今見之，始知後人果不可輕量前輩也。所借本多譌字，余稍爲正之而後録之。儻與我有同好者欲爲傳鈔，余不敢靳。至斗南出處，已見秀水朱氏跋中，兹不復及云。

新唐書糾繆跋 辛卯

此書言新唐書之脩也，其失有八，誠後代作史者所當鑒也。中閒糾正書事不實、體例不當處，固難爲歐宋解。然亦有率意抨擊，絶不細審其前後語意者。今略舉數條於此。如武惠妃謀陷太子瑛，張九齡執不可。時九齡已爲相，妃故但諷以宰相可常處，不云宰相可得也。太子之廢在九齡罷相後，故云「卒九齡相而太子無患」，正言終九齡在相位日太子尚不廢也。吴氏乃誤解卒九齡相，如云卒以九齡爲相。又誤截「太子無患」句，不復與上文相承，遂譏云：「太子竟廢死，安得云無患哉！」此誤糾者一。李棲筠傳有方清阻亂一節，吴氏譏云：「棲筠是時爲常州刺史，且無討伐之職，而方清自是蘇州土豪，依阻黟歙，詔自委李光弼討平，與棲筠無所干預，何爲乃見於其傳乎？此當載之光弼傳也。」案：此亦吴氏不細讀下文之過。此段乃事之緣起，非正敘方清也。案：栖筠傳「詔李光弼分兵討平」之下云「會平盧行軍司馬許杲恃功，擅留上元，有窺江、吴意。朝廷以創殘重起兵，即拜栖筠浙西團練觀察使圖之。」此其所以載栖筠傳也。方清之亂，帝特使光弼分兵討之，許杲即其所遣之人矣。光弼竝不自行，何云當載光弼傳乎？此誤糾者二。又張孝忠子茂宗，詔尚義章公主，孝忠遺妻入朝，爲子親迎，卒於京師，遺言匄成禮。此情事本極明白，吴氏乃誤疑亡者爲孝忠前妻，其入朝者爲後妻；旋又疑亡者未久，而孝忠不應即娶，朝廷亦不應以妻待之，史官亦不應以妻書之。謬悠可笑。此誤糾者三。亦有因一字筆誤過於辭費者，如李泌辭大學士云，張説爲之固辭，至崔圓亦引説爲讓而止。此皆泌之言也。「引説」誤寫「引泌」。吴氏遂疑其脱字必多，全不可考。即明知其誤，如「蕭嵩代張説」，因與李鋭文相涉，「説」字亦誤作「鋭」。而吴氏糾之凡三百八十餘字，不太辭費乎？然其論之正者，則固未可没也。余初借得本，其序文首一葉，不知何人僞撰。後又借得完本，乃從海虞趙開美校刻本影鈔者，序及表皆完，然末卷柳宗元傳以下六條，失其本文，復雜取他卷中已見者綴其後。余故薙之，俟他日讀新唐書，案吴氏之目以尋之，或尚可得也。乾隆三十六年七月庚申，邑菴盧某書。後得吴中舊鈔本，遂補全。

咸淳臨安志跋 丁酉

始余之鈔是書也，不得善本，求之他氏亦復然。更一二年閒，友人鮑以文氏乃以不全宋刊本借余，向所闕六十五、六十六兩卷，獨完然具備，余得據以鈔入。雖尚闕第六十四、第九十及最末三卷，然視曝書亭所鈔則已較勝矣。宋本前有四圖，但字已多漫漶。余請友人圖之，其依俙有字跡而不可辨者，余以方圍識其處。又校對其文字異同，始知外間本删落甚多，顧力不能重寫，則以字少者添於行中，字多者以別紙書之，綴於當卷之後，且注其附麗本在何處，庶來者尚可考而復焉。噫！世閒之書若此者多矣。書賈圖利，往往妄有删削以欺人，其流傳甚易，真本益微矣。古人以讀書者之藏書爲最善，其不以此也夫！

嘉泰會稽志跋 甲午

會稽志二十卷，以陸務觀序考之，當時郡大夫與鄉之人士共事於斯，而始終之者，通判施武子宿也。務觀亦與焉。余既鈔得潛說友咸淳臨安志，因并鈔是書。爲其無別於後來諸志本，其書成之年，標其目曰嘉泰會稽志，猶臨安志之稱咸淳也。武子嘗注蘇詩，高出王龜齡之上，至今學者重之。務觀文筆尤爲南渡宗匠。此書詳簡得中，紀敘典核。臨安志尚有諂權姦、揚己績之失，而此無有。要非施爲主而佐之以陸，不能鑒裁精當若是。武子嘗知餘姚縣，脩捍海隄，此當直敘其事，使後來者可圖其繼，不可與自功者一視。文弨先世由餘姚遷杭州，故於此二志尤鄉邦文獻之所繫，不敢不惓惓焉。又梁國張淏有續志八卷，今書後僅載其序，而其書不可得見，仍當訪求補録，以還舊觀。此外，郡之隸吾浙者尚有九。考之於宋，志嘉禾者有岳珂，志吴興者有談鑰，志四明者有羅濬，志赤城者有陳耆卿，志東陽者有洪遵，志信安者有毛憲，志新定者有錢可則，志永寧者有陳謙，志栝蒼者有樓璩。其書或在或亡，不可悉知，儻或得見，猶當傳録之。近代所脩，皆詳於今而略於古，則欲知古者，於舊志曷可少哉！乾隆三十九年，歲在甲午，冬至前一日書。

蠻書跋 戊戌

蠻書十卷，唐安南經略使蔡襲從事樊綽所録以上進者也。凡管内山川道里以及詔瞼等種族事迹、風俗物産，一一可考。其書久失傳，四庫館新從永樂大典中鈔出以行世，乃得見焉。嘗謂夷蠻爲患，未有不由中國失撫馭之所致也。綽以一從事，而明目張膽敢歷舉前政之失以上聞，可不謂忠於爲國者哉！其言曰：「自大中八年，安南都護擅罷林西原防冬戍卒，以致洞主李由獨爲蠻所誘，乘釁而起。」又言李象古、李涿相繼誅剥，令生靈受害。又言數年之閒，當州鎮鼇革南詔入朝人數，郵傳殘薄，以致入寇，本使蔡襲全家并元從悉殞賊所，綽亦中箭，攜印浮水渡江，其長男韜及家屬皆陷蠻陬。綽之進此書也，實望廟堂鑒前轍而籌長算焉，實亦後世之所當奉爲蓍蔡者也。此書多脱誤，雖略爲是正，而無别本可對，意終歉焉。然如閤羅鳳之世次，則可以正新唐書之誤云。乾隆四十三年八月八日，坐可怡亭書。

書西藏見聞録後 甲子

西藏，古吐蕃地也。唐宋迄明，叛服不常。獨向化於我朝最早，百四五十年來，恭順不替。列聖之所以攘其寇害、卹其患災而休養生息之者，雖在萬里，若門庭然。雍正閒，懲準噶爾之擾，使大臣良將鎮撫之。峽江蕭君名騰麟，以韜鈐成進士，宦川北。乾隆二年，以副戎移駐其地之所謂槎木多者，蓋西藏之門户也。治軍暇，爲詳紀其土地物産風俗之殊異，爲二十門以括之，名曰西藏見聞録。令嗣錫珀梓行於世，頃以示余。昔漢班勇，威行西域，而其所記諸國事迹，范史即本之以爲傳。君之書其不然乎？然余獨於書中見君澤及枯骨一事，爲之憮然感，肅然頌君之仁焉。其俗，人死刳剔之，屑和之以飤犬。此猶必有財者方能使人爲之。貧者則棄之溝壑。君至，募番人拾二十餘簏，瘞之高阜。以後月一行之。在鎮五年，所瘞不知其數。始則土人相駭以爲異事，君導以天性之愛，聳以律法之嚴，久之其人意惻惻，亦若有動者。迨君之去，若失慈父母然。於戲！君不以異俗難化鄙其民，而欲以王道漸移易之，此其運量爲何等也！軍旅之治，斥候之謹，不足以盡君；即文墨之兼優者，亦豈足以爲君譽哉！嘗思人性不甚相遠，而每囿於其習。苟能動之以天良，示之以禮教，不必聖人而始化也。在昔邊徼之地，若交趾、九真之在漢時，固亦不知禮法，自錫光、任延爲之守，而俗一變，史以爲嶺南華風自二守始。君以武臣能上體聖天子仁覆罔外之德意，引其孝慈惻隱之善性，而陰消其鷙害獷悍之萌，此其識甚大而遠，而綏輯底定之功乃在於無形也。使當二守之任，豈不能爲二守之所爲哉！余故表而著之，使來者知所慕焉。

水道提綱跋丙申

此書天台齊息園先生所著也。先生名召南，字次風。乾隆元年，中博學宏詞科，入詞林，命課諸皇子讀。墜馬，骨幾折，以禮部侍郎致仕。主浙江敷文書院講席最久。以族匪連逮，訊明釋歸，未幾卒。自纖此書二十八卷。先海而次及諸水；於諸水，先經流而次及支流之巨者；至支中之支，則附見焉。自纖甸暨天下郡縣藩衛凡聲教之所通者，罔不尋源訖委，秩然具列。兼以度之東西，極之南北，較其差數，則尤爲易考也。昔鄭漁仲謂志地理者，必以山水爲主，以郡縣可更而山水不易也。然水之性容有不常者，加以名稱古今各別，非確然有證者，固亦不能定其爲即古之某水也。是書支分條析，絲聯繩貫，有證者實之，無證者疑之。人以爲先生第取各郡邑志而輯綴之，然其中亦有正郡邑志之誤者，則歷代之史與夫諸家地理之書罔不參考可知也。至其兼天以言地，則更出於漁仲所見之外矣。第臺灣在閩海外，而先生敍次稍不如粵東、瓊郡之詳，則亦似尚有當補者。至於蒙古部落等名新有更定，先生不及知之矣。他如「僧哭勒河」當爲「僧枯勒河」，「哭路鄂模」當爲「庫路鄂模」。諧音取字，宜有趨避，不便襲用舊文。至書中有「岙」字，當即「嶴」字之省文。集韻有「岆」字，又有「㘭」字，當即「站」字之俗體。「嶴」字亦字書所無，古但作「奧」，而今吴越閩廣閒，或加山，或加水，見於名人著作者不一而足，故今亦不得而削之。今人名傳置之處曰站，亦非古訓，然「㘭」字實未經見。字更有或脱或譌，以余所知者，增正十餘處。是書栞於其門下士浦江戴君兄弟殿海、殿泗，以其本貽余，故得而卒讀焉。若戴君者，可謂不負其師者與！

書徐霞客遊記後丁酉

霞客遊記，楊文定公有手鈔本，余前在江陰，其家以臨鈔副本畀余，置之篋中，不暇竟讀也。今年徐之族孫筠峪鎮刻成十大册，各分上下，又以貽余。余老矣，無能徧游宇内名山大川，聊以此作卧游，是不可以不讀。霞客性好奇，誠未免太過，而能見重於黄石齋。有某鄉官欲與之相見，知其魏閹黨也，避不往。莫酋據歸順、鎮安兩土司之地，而慨當事之姑息貽患。又覩緬甸之强，有深慮焉。則其負性直介，而又非全闕經世之務，徒爲汗漫遊者比。此記所遊歷，直書即目，非有意藻繪爲文章也。知言者亦正以其真而許之。然大約類形家者言爲多。霞客之遊，裹糧無多，屢瀕於困而迄獲濟，疑若神助。其記巡按官一遊洞，而居民受科斂之患，費金二百。山水之趣誠非高牙大纛者所可兼而有，此又在位者所當聞而知戒也。筠峪合諸本相讐校，洵善矣，而繡梓尚未盡工緻也。卷之前，元本閒有揔敘其所歷以爲提綱者，今刻本去之，似少眉目。雞足山志中諸詩及石齋諸公之詩，凡鈔本所有者，似亦非後人所當削也，削之則仍非全書矣。余故仍以楊氏所貽之鈔本爲善本云。

城東雜録跋丁酉

吾，杭人也。既冠即客遊，不能久居於杭，親炙鄉前輩之餘論，又無暇網羅遺文墜事，以備一鄉之典故，今忽忽老矣，意殊慊焉。此城東雜録一卷，乃厲樊榭徵君之所輯也。徵君居東園，在杭城之東，故所録亦因以爲斷。吾祖居在東里坊，其北則艮山門，其東南則慶春門，於東園最相近，桑弢甫先生之居在焉。先君子從幼往來，里人有雙先生之稱。後之人有續録者，亦可以爲東城重矣。吾祖居，即所謂數閒草堂者也，今吾弟居之。而吾終年旅羈，宅猶未卜。憶曩從弢甫先生，客中讀杜詩，至「過客徑須愁出入，居人不自解東西」之句，怳然即東園風景也。故鄉殊可念，倘有惠我買山貲者，吾其就東園以終老乎？

書録解題跋 丙申

直齋陳氏書録解題二十二卷，四庫館新從永樂大典中鈔出以行。其持論甚正。如顔氏家訓以其崇尚釋氏之故，不列於儒家。又以前志取樂府教坊琵琶羯鼓等書皆充樂類，與聖經竝列爲非當，入於子録雜藝之前。又言白玉蟾輩何可使及吾門。其人殆棱棱嶽嶽，識見大有過人者，不獨甄綜之富、考訂之勤也。陳氏名振孫，字伯玉，湖之安吉縣人，嘗倅莆田，宰南城，守嘉興、台州，端平中，爲浙東提舉，治會稽。是書中一一可考見。馬貴與既取其書以入通考，而不用其言，顔氏家訓仍列儒家，樂府雜録、羯鼓録仍列經部，而目録一門又不將陳氏此書載入，其能免於紕漏之譏乎！乾隆己卯，余讀禮家居，友人見示此書，僅自楚辭別集以下，而其他咸缺焉，乃秀水朱氏曝書亭鈔本也。今距曩時十八年而始見全書，殊爲晚年之幸。陳氏未嘗入館閣，僅據其所見以爲是書，故卷數或多或少，不必盡合於國史。又鼂氏讀書志有袁本、衢本之異，通考所載乃衢本，而海寧陳氏所梓者乃袁本。又通考有元至大閒本，本朝有武英殿本，兩者皆勝他本。今校者似但據俗閒本也。余客居鍾山，幸以課讀餘閒，少爲補綴，幾自忘精力之不逮前矣。

新訂書録解題跋 戊戌

此書外閒無全本久矣。四庫館新從永樂大典中鈔出，分爲二十二卷。余既識其後矣，丁酉，王正復得此書子集數門，元本於知不足齋主人所，乃更取而細訂之。知此書唯别集分三卷，詩集分兩卷，而其餘每類各自爲卷，雖篇幅最少者，亦不相爲聯屬，余得據之定爲五十六卷。元第詩集之後，然後次以總集，又章奏，又歌詞，而以文史終焉。其他次第竝與館本無不同者。其雜藝一類，校館本獨爲完善，余遂稍加訂正而更鈔之。余自己卯先見集部元本，越十九年而更見子部中數門，則安知將來不更有并得經史諸類者乎！取以證吾所鈔者，庶有以明吾之不妄爲紛更也已。

抱經堂文集卷第十

跋三

書荀子後丙申

曩余於乾隆四年以事羈餘姚，寓周巷景氏東白樓中。抽架上有楊倞注荀子一書，遂手鈔之爲巾箱本。諸子自老莊外，唯此爲得之最先也。世之譏荀子者，徒以其言性惡耳。然其本意，則欲人之矯不善而之乎善。其教在禮，其功在學。性微而難知，唯孟子爲能即其端以溯其本原，此與性道教合一之義無少異矣。然而亦言忍性，則固氣質之性也。又曰：「性也有命焉，君子不謂性也。」則在孟子時固有執氣質以爲性者。荀子不尊信子思、孟子之説，而但習聞夫世俗之言，遂不能爲探本窮原之論。然其少異於衆人者，衆人以氣質爲性而欲遂之，荀子則以氣質爲性而欲矯之耳。且即以氣質言，亦不可專謂之惡。善人忠信，固質之美者，聖人亦謂其不可不學，學禮不徒爲矯僞之具明矣。荀子知夫青與藍、冰與水之相因也，而不悟夫性與學之相成也，抑何其明於此而暗於彼哉！然其中多格言至論，不可廢也。余後得版本，不甚精，曾以他本校一過。今年得影鈔大字宋本，後有劉向校録奏一篇并其篇目，在未經楊氏改易之先。最後兩行，一題「將仕郎守祕書省著作佐郎充御史臺主簿臣王子韶同校」，一題「朝奉郎尚書兵部員外郎知制誥上騎都尉賜紫金魚袋臣吕夏卿重校」。此當在宋英宗時奉勑校定者。寫極工楷，而譌錯亦復不少。然以校俗閒本，則此本字句尚未經改竄，余亟取以正余本之誤，蓋十有八九焉。向嘗疑王深寧詩考引荀子與今本多不合，至是始釋然，知王氏所見之本即此未經後人改竄之本也。議兵篇有「而順暴得勇力之屬」句，注雖依文爲解，然相其文勢，似不當爾。江都汪容甫謂其上有脱文，下有「爲之化而愿，爲之化而公」等語，則此亦當是「爲之化而順」，其上文則無由知之矣。宋本分章處俱提行，於大略篇獨否，此則當倣前例爲之離絶者也。歲月如流，迴憶三十八年前事，若在夢境。而白髮明鐙，手此一編，摩挲探討，不自意得見善本，疑若有鬼神爲之賜，抑何幸歟！

書校本賈誼新書後己亥

新書，非賈生所自爲也，乃習於賈生者萃其言以成此書耳，猶夫管子、晏子非管晏之所自爲，然其規模節目之閒，要非無所本而能憑空撰造者。篇中有「懷王問於賈君」之語，誼豈以「賈君」自稱也哉！過秦論，史遷全録其文，治安策見班固書者乃一篇，此離而爲四五，後人以此爲是賈生平日所草創，豈其然歟？脩政語稱引黄帝、顓、嚳、堯、舜之辭，非後人所能僞撰。容經、道德説等篇，辭義典雅，魏晉人決不能爲。吾故曰是習於賈生者萃而爲之，其去賈生之世不大相遼絶可知也。此乃漢魏叢書中本。近借得前明兩刻本：一是弘治乙丑吴郡沈頡刻本，校者爲毛斧季；又一刻本，雖無沈頡名，而其實即是沈本，爲之校者吳元恭也。兩校皆據宋本是正。今觀宋本科段字句有絶佳者，而譌脱處亦致不少，兩君一無持擇，疎矣。又有明正德年一刻本，題爲賈子，與宋本相出入。有欽遠猷者，合郴陽何燕泉本、長沙本、武陵本而爲之審定，以去非從是，其勤甚矣，而義亦不能盡得。其閒有爲後人出己意增竄者，誦之頗似順口，而實非也。余殫旬日之勞，合三本以校是書，其不可讀者不及十之一焉，有所因則易見功也。宋以前所增竄者，疑亦不少，此則不敢去，恐其碭穅及米也。捨宋本而從別本者，著之；意有疑者，亦著之。若專輒而改舊所傳，則吾豈敢！乾隆四十有四年冬至前四日書。

李軌注揚子法言跋 壬子

今俗閒所傳五家音註法言本，雖以李軌爲首，而以法言每篇之序升之章首，則依宋人宋咸所更易，非復子雲之舊矣。夫序在卷終，史記、漢書皆然。李本獨未殽亂，可貴也。文弨於乾隆乙巳借得江寧嚴侍讀道甫本，乃李氏一家之注，不爲俗本刪易，因亟度於家書。閲八年，復假江都吳太史澄埜紹濂本覆校，始能自信無誤矣。其書有何氏義門跋云：「絳雲樓舊藏李注揚子法言，序篇在末卷，未淆本書次序。後轉入泰興季氏，又歸傳是樓。康熙己亥，心友弟偶獲見之，讎校譌字，寄至京師，冬日呵凍自校此本。他日餘兒苟能讀之，乃不負二父殷勤訪求善本以貽後人之意也。」閲此跋，乃知此書流傳本末。余今年七十有六矣，目眵神昏，而復自力爲此，亦不專望於子孫，第使古人之遺編完善，悉復其舊，俾後之學者亦獲得見完書，於余懷不大愜哉！

書鶴山雅言後丁酉

此宋稅與權巽甫記其師魏文靖之言也。卷軸雖無多，而釋經析理，正文字，考制度亦略備焉。巽甫又錄文靖與袁蒙齋書之語於篇端，謂「學人騖於高遠者，則惟以直指徑造爲能；溺於卑近者，則又但以記誦辭章爲事。必合內外，貫精粗，始可以言學」。觀此言可以知文靖一生爲學之大旨，讀此書者亦可以推類而自求之矣。余從吳門朱氏借得元至正年金天瑞梓本，字極精楷，而錯誤不免，因以所知者略訂正而錄之。版舊藏鶴山書院。余嘗按試靖州，過之，想先生之遺風而求其書，則舊版已亡。惜乎當其時不能得是本，而爲之翻梓以迪此邦之士也。

荷亭辯論跋乙未

往時見章楓山與東陽盧正夫書，議其著論之失，私亦疑其用意過當，或有未純。近乃得荷亭辯論觀之，始知其覃精研思，實有灼見，唯理之至是者爲歸，不輕徇古人，此乃其所以深信古人也。百年前，蕭山毛氏立論務與朱子駁，幾於戟手裂眦相向。微論其所言非也，即其氣象，已迥與儒者不侔矣。前輩山陰沈徵君冰壺清玉尚沿其餘風，余嘗微諫之，徵君大笑而起。朱子之視聖人，固當不同，謂其言一無可議，是無所用其思者也；因一二未安而遂并疑其餘，夫豈可哉！此書論經而兼及古今之事績，往往多創獲，讀之犁然有當焉。閒有與朱子異者，夫非好爲異也，反求之而實有所不慊云爾。此書明史不載，儒者亦鮮傳。余從同邑宗人信波解元潮生處鈔得之，以爲如此書庶無嫌乎爲異，且恐世人尊朱太甚，一聞有異同，便以爲必無可採，則深昧作者之意矣。余故欲諗夫好學深思之士而與之共讀焉，毋使徒爲不知者訴病云。

書學蔀通辨後己巳

此書别朱陸之學之異，較然明白，學者熟觀之，庶不爲曲説所誤。夫人而欲爲陸氏之學，亦第守陸氏之説可耳，而必曰朱子亦若是，何居！蓋篁墩、陽明諸人雖陸氏是宗，然亦知朱子之不可攻也。不可攻，則莫若借以自助，於以摇蕩天下之學朱子者，使亦頫首以就吾之範圍而莫吾抗，若曰「子之師且不吾異，子獨焉異之」。陸氏之學之所以盛，實由於此，而朱子之學幾絶。自此書出，知二家之學必不可强同。陸氏之學實出於禪，蓋終其身弗變也。而朱子則屢變而始定，故有始同終異，絶無始異終同。觀其援據詳確，爬抉底蕴，而陸氏之爲禪也信然。吾怪夫人之惑，固有不可解者。近時人又有爲陸子學譜及朱子晚年全論、朱子不惑録等書，不過復襲程王之唾餘而少變其説，以爲朱子晚年其學與陸氏合，其論與陸氏異。此語更齷齪不足辨，顧反痛詆此書。無知之人道聽塗説，是誠何心哉！

書鶡冠子後庚辰

鶡冠子十九篇，昌黎稱之，柳州疑之，學者多是柳。蓋其書本雜采諸家之文而成，如五至之言，則郭隗之告燕昭者也。伍長里有司之制，則管仲之告齊桓者也。世兵篇又襲魯仲連遺燕將書中語。謂其取賈誼鵩賦之文，又奚疑。近迭篇載龐子問聖人之道何先？曰「先人」。人道何先？曰「先兵」。噫！此可謂知道乎？彼所稱詖淫詐遁者，亦襲孟子語。殆不能自免矣。

書陸農師解鶡冠子後丙申

鶡冠子其人蓋生於末世而明於情事之變者也。故其言曰：「以利爲情，若不相與同惡，則不能相親，相與同惡則有相憎。」嗚呼！何其辭之蹙也。又曰：「萬賤之直不能橈一貴之曲。」此言其勢不足以相勝也。然嘗謂君子者亦自行其志而已，奚論小人之愛憎乎我哉！帥可奪也，志不可奪也。以勢而言，賤固不勝貴矣；然理之至是者，自常伸於天地閒，故曰：「斯民也，三代之所以直道而行也。」如鶡冠子者，蓋徒見其末而不循其本者也。宋人黄東發斥其「聖人貴夜行」一語，此又不可以辭害意也。此即中庸言不見不聞之意也。若其所謂「無欲之君，不可與舉」者，乃大謬爾。陸農師解是書，能增成其是而不回護其非。其於小學功尤深，故往往有依字形立解處，最爲釋書之善。然泰鴻篇云：「物之始也湏湏，至其有也錄錄。」俗本「湏湏」作「傾傾」，陸便望文爲說云：「傾傾，未正之貌。」不知泰鴻取元氣鴻蒙之義，自當以「澒澒」或「鴻鴻」爲是，陸解非矣。頃因江都汪容甫向余借觀是書，遂順取翻閱一過而後郵之。其字下注或作某者，多即其字之古文云。

聚珍版本鶡冠子書後丁酉

陸農師注鶡冠子，余已爲説書其後矣。今年鮑君以文以武英殿聚珍版本贈余，余覆閲一過，與余先所得本無甚異。其博選篇云：「樂嗟苦咄，則徒隸之人至矣。」樂嗟苦三字本缺，校者謂據他本增入。案：陸注云：「樂則嗟之，苦則咄之。」其語頗與正文相合。然余向見宋人黄東發日鈔載此句，則是「謳籍詼咄」，不謂樂嗟苦咄也。又王鈇篇云「家里用提」，注引公羊傳：「提月者，僅逮此月晦日也。」「提」今刻作「提」，校語云：「提一本作提。今本公羊傳亦無提月之文。」余按徐堅初學記晦日條下引公羊傳，正作「提月」，是陸氏所見，尚與唐時本不異。今本公羊乃作「是月」，後人將反以提月爲誤矣。又「其罪有司而貳其家」，本注有「其人爲首其家爲貳」八字，今本無之。又「參於兩閒」四字，本注在「天子執一以居中央」下，而今以爲正文。又天權篇注引列子亦微有更動，不似元文。至凡一本作某字云云者，此非農師所加，其中有絶無義理者，大可删去。館閣新出書，余力不能購，今僅有此，當寶而藏之。

鬼谷子跋甲寅

鬼谷子，小人之書也。凡其捭闔鉤箝之術，祇可施於闇君耳。其意欲探厥意指之所向，從而巧變其説以要結之，使得親悦於我，膠固而不可離。千古姦邪之愚弄其主者，莫不如是，彼豈待教之而後知學之而後能哉！其用術一一與此書闇合，未必皆見此書也。來鵠有云：「捭闔飛箝，實今之常態。不讀鬼谷子書者，皆得自然符契也。」茲言信矣。及觀其施於常人，亦必在於昏邪庸怯之輩。其言曰：「有守之人，目不視非，耳不聽邪，言必詩書，行不淫僻，以道爲形，以德爲容，貌莊色温，不可象貌而得也。如是隱情塞郤而去之。」觀此言，是亦自知其術遇正人而窮也。又其抵巇篇云：「世無可抵，則深隱而待時。」此非遇明君治世所挾之術皆無所可用乎！夫古大臣之立朝也，以道事君，不可則止耳，焉有務爲固結之術如此書所云者，故曰此小人之書也。或問曰：「如此則是書何以不毁。」曰：「凡夫姦邪之情狀，畢見於斯。爲人主者，不可不反覆留意焉，庶幾遇若人也，洞見其肺肝然。彼欲以其術嘗我，而我得以逆折之。是助上知人之明也，何可毁也。」吾甚惜其方寸之閒，神明之舍，惟詭譎變詐之是務，而終不免於窮，亦何苦而爲此。孟子云：「爲機變之巧者，無所用恥焉。」正若人之謂矣。且其術亦有至淺至陋而斷不能轉移人者，如遭淫酒色者，爲之術音樂之可悦，謂足以移其所好。夫聞正樂則唯恐臥，安可以此語之？必將説之以靡靡之樂，庶或動之；靡靡之樂適足以助其情欲耳，其術不更疎乎？是書余年家子江都秦太史敦夫恩復曾依道藏本繡梓，爲校一過。今年甲寅，始見錢遵王手鈔本，乃知藏本之譌脱不可勝計，内揵篇内至脱去正文注文共四百十有二字。余亟借以補正之。噫！若使無此本，不即以藏本爲善本哉！校既竟，因爲書其後。

書韓非子後 丁酉

商韓之術用之使秦强，不知正乃所以速其亡也。今當聖道大明之日，其説之謬，夫人而知之，固不待於禁絶。若非之辭辨鋒鋭，瀾翻不窮，人以其故尤愛之。非之於説，固其所專攻也。如内儲、外儲等篇，猶今經生家所謂策目預儲以荅主司之問者耳。是本爲明趙文毅校刊本，遠出他本之上。余向借之北平黄崑圃先生，後先生以歸余。乾隆丙子，以凌瀛初本校一過。閱二十一年丁酉，借得馮己蒼所校張鼎文本，乃以葉林宗道藏本、秦季公又玄齋本，并趙本合校者，因覆取參對，改正甚多。張刻本固不佳，然其晦滯驟難曉處，轉恐似本文。趙本、凌本乃文從字順，安知非後人不得其解而以意更定者乎？注傳爲李瓚作，不能盡知本意，稍涉奥僻，便置不説。頃讀八説篇有云：「登降周旋，不逮日中奏百。」趙氏疑當如左氏所云「距躍三百，曲踊三百」之百解。余以荀子議兵云：「魏氏之武卒，衣三屬之甲，操十二石之弩，負服矢五十个，置戈其上，冠軸帶劍，贏三日之糧，日中而趨百里」以解此方合。馮氏於崇禎戊寅一年中閲此書四過，余隔廿一年乃再閲，遠不逮矣。

書吕氏春秋後 庚辰

吕氏春秋一書，大約宗墨氏之學而緣飾以儒術。其重己、貴生、節喪、安死、尊師、下賢，皆墨道也。然君子猶有取焉，秦之君臣曷嘗能行哉！獨墨子非樂，而此書不然。要由成之者非一人，其近墨者多也。漢志謂墨家者流，蓋出於清廟之守。清廟，明堂也。此書十二月紀，非所謂順四時而行者歟？則漢志之言信也。孟子尊孔子，斥楊、墨，書中無一言及之。所稱引者，莊、惠、公孫龍、子華子諸人耳。世儒以不韋故，幾欲棄絶此書。然書於不韋，固無與也。以秦皇之嚴，秦丞相之勢燄，而其爲書時，寓規諷之旨，求其一言近於揣合而無有，此則風俗人心之古可以明示天下後世而不怍者也。世儒不察，猥欲并棄之，此與耳食何異哉！

書子華子後丙申

舊相傳以爲晉人程本所爲書名程子，後更題爲子華子，凡十篇，謂其人即孔子傾蓋與語終日者也。劉子政校其書而悲其不遇，宋人黄東發乃謂是豈有遇世之正學哉！余謂黄氏於其書蓋未嘗覩其深也，故其所取者，特辨黄帝無鼎成上升之事耳。此則應仲遠、王仲任輩皆能知之而辨之，何足以重子華子。余獨取「有道之世，因而不爲，責而不詔」二語，非深知治天下之大體者，焉能作斯語哉！因而不爲，故在上無妄作之患；責而不詔，故在下無阿意之弊。所欲與聚之，所惡與去之，因而不爲也。「罔攸兼於庶言、庶獄、庶慎，惟有司之牧夫」，責而不詔也。君相之大道備於斯矣。是人也爲政，其庶幾成王道也歟！劉向悲其不遇是也，而黄氏謂其不然，其所見之淺深固不同哉！若其文辭之蔚然可觀，抑末也。是書無他本可校，余以意定正數字。且疑最後二章類六朝人所傅益之者，後有讀者，其審諸！

崔豹古今注書後辛未

伏侯古今注見於史漢注中，今其書已逸，惟晉崔正熊書傳爾。首輿服，次都邑，次音樂，次鳥獸，次魚蟲，次草木，次雜注，次問荅釋義，凡八篇，舊止一卷，今本乃三卷。其輿服篇可與司馬紹統之續志相參考也。輿服志云：「乘輿黃赤綬，四采，黃赤紺縹，淳黃圭，長丈九尺五寸五百首。」崔書作「長二丈九尺九寸」。案：下諸侯王二丈一尺，則天子不僅長丈餘可知。又「綬者加特也」，崔書作「特加也」，皆可以正續志之誤云。此書卷帙甚約，而脫誤頗多。後又有一書名中華古今注，太學博士馬縞所集。其序云：「昔崔豹古今注博識雖廣，迨有闕文，洎乎廣初，莫之聞見。今添其注，以釋其義，目之爲中華古今注，勒成三卷，稍資後學，請益前言云爾。」縞蓋唐時人，觀其所增，不過數事，而其書之脫誤，殆有甚焉。其次第亦普更易，又獨不載崔書草木一篇，未審何意。又如乘輿即天子之稱，而縞以爲天子乘輿之制。其所添注，若魯陽揮戈、烏鵲成橋之類，皆非制度所繫。又若改伍伯爲部伍，分涉難促織爲二條，「唱上乃行節」而誤以唱爲句，其書疎繆如此，不足別行。然崔書之脫誤，則藉以取正焉。且擇其續補者若干條，別爲一編，繫於此書之後。其序所云「廣初」，疑「唐初」之譌也。乾隆十六年五月九日識。

玉照新志跋 丁未

宋王仲言明清所著揮麈前後録及第三録餘話，向俱鈔得之，唯玉照新志未見善本。今春過蘇州，詣吳秀才枚士，案頭適有此書，乃秦酉巖四麐鈔之吳方山岫者。凡五卷，其分卷與明人祕笈中本六卷者不同，非缺逸也。前後亦有互易，字句大有異同。秦之外孫孫岷自江復以元人録本對校之，於是此書脫誤得補正十之七八矣。余因假之至金陵清寫一本，以與揮麈等録同篋藏之。向於詩話中見洪芻投竄海外，而不悉其罪狀；乃今於此書見之，罪蓋不容於死者，而僅從流徙，當時之寬政如是。然陳東、歐陽澈與岳武穆翻不得其死，何哉？仲言又有投轄録，余尚未之見云。乾隆五十有二年三月六日書。

書東坡志林後戊戌

此書本謂之東坡手簡，或謂之手澤，而今所題者乃皆謂之志林。此五卷單行者，事各從其類，頗便檢閲，與全集中所載無小異也。稗海本則有十二卷，視此更多而不分類，其次序先後不同，論古一卷獨無之。是皆從墨跡中掇拾而成者，雖判語，閒亦入焉，以此知手簡之名之所由來也。此皆安石碎金，若論古則煌煌乎大文，廁此殊不類。余兩本皆爲正其誤字，而以稗海本爲較善云。乾隆四十三年十月既望後二日書。

湛淵静語跋己亥

始余見白廷玉是書，紙墨已刓敝，文字脱爛，致多斷續。重是鄉前輩著作，鈔而藏之篋中。越三年，從鮑君所借得一本，書皆全，唯序尚有闕文。更一年，復從鮑君所見一本，并序文亦完好，喜而録之，遂成善本。何義門取其辨饒雙峰論洪範五行一條，謂能獨抒所得。余則取其言士當愛名，謂「人苟不愛其名，則悖逆很暴之事欲爲即爲矣。欲爲即爲，雖嚴刑重戮有所不禁。故春秋一書，正爲名教，使後之人恥惡名、慕令名以相勸勉也」。其言如此，有味哉！余謂人之惡夫名者，謂「爲一事而以善自與，必將以不善歸諸人，故好名爲舉世所共嫉」，自非然也。則名之在我，猶影之與形，實至則名歸，猶形端則影正也。使惡影之正彰於外也，而故毀容易行以求免，可乎哉？夫子疾沒世而名不稱，易傳謂善不積不足以成名，記言欲爲善，思貽父母令名，孝經言立身行道揚名於後世，屈子恐脩名之不立：古人曷嘗不重名也！無實之名，名不可好，從實之名，名不可不愛。立身一敗，萬事瓦裂，惡名歸之，有欲蓋而不得者。若快然自便其苟賤不廉之行，而猶謂吾求免於好名之譏，是致人之鄙我、賤我、怒我、辱我，而曰吾甚畏夫人之愛我、敬我也，此豈可以欺童孺哉！行己有恥，恥則有所不爲，此即謂君子之愛其名也可。吾安得起廷玉而一正之。乾隆己亥十有一月十日，坐北樓書。

書真誥後戊戌

脩練服食之事，吾不能爲也。家有此書，聊復寓目。其書事與史傳相涉者，頗差互不可考。然吾於其中得要藥焉。其曰：「念不宜多，多則正散，正散而求不病，猶開門以捍猛敵。」此在吾尤爲對證之方也。志權勢，營財利，侈觀美，極耆欲，吾早已淡然不嬰於懷已。終日所營營者，惟在乎書策之閒。壯年矢志欲取十三經、諸史而全校之，奪於人事，至今未畢，而年已耆矣。又經史外，每見一書，輒披閱盡卷乃已，常有顧此失彼之懼。即一書中，牽引衆書甚多，是以千條萬緒，紛綸交錯，事有遺忘，每費尋檢。近來多病，常爲風寒所乘，未必不由此也。雖然世短意常多，衆人皆有此病，其爲亡羊均也，吾寧讀吾書，終不願爲頑仙矣。乾隆四十三年十月二十七日書。

抱經堂文集卷第十一

跋四

書北夢瑣言後戊戌

富春孫光憲爲荆南高氏從事，著此書，凡二十卷，紀唐及五代近事。自云：「博訪於人，未敢孤信，三復參校，然始濡毫。」所紀疑皆實矣，然和鄭畋、崔雍之事，皆不與正史符會，前後複見處亦時有參差，所謂耳聞不如目見。雖未掩瑕，要不當因而集矢也。其中可喜可愕之事甚多，敘次衮衮，亦由藻飾之工，在稗官中固自成一家言。雅雨盧氏得葉石君鈔本，刻之叢書中，以爲優於前明商氏稗海中本。余今始取商氏本相比對，乃知商本亦大有佳者。其不知當時語意而妄改者閒有之，即盧本亦不免也。顧余十數年前偶繙太平廣記，取以正此之脱誤，更有出於兩本之外者。倘有少年憙事者，從而畢功，更大妙也。然就余所校，已賢於舊本遠甚。前罷官在京師日，偶爲亡兒衷是舉唐人「鉏禾日當午」一詩，以爲聶夷中作。兒憚余，不敢請，退而詢北堂弘農君曰：「昔聞是李公垂作，人以此卜其必相者，得毋誤也？」余聞亦啞然，不自憶前語之由來。今觀此書實然。余向者亦沿興公致誤也。玉樹長埋，瑶琴復絶，不能竝起而告之。掩卷之下，蓋不勝其腹之悲已。

侯鯖録跋 辛丑

前題聊復翁德麟，則著書之人也。德麟者，宋宗室，名令畤，太祖子燕懿王德昭之五世孫也。黄魯直爲宫教，德麟受業焉。與蘇子瞻同官潁州，故其所交多一時名士。後從高宗南渡，襲封安定郡王。紹興四年薨，貧至無以爲殮。宋史有其傳。此書分上下兩卷，而明商氏梓於稗海中者，則爲八卷，與趙希弁讀書附志所載卷數合。蓋在當時外閒或有二本，傳者不同。而以之相校，則此本爲勝。商本第五一卷全載王性之辨會真記事，而演其事爲鼓子詞十二章，全類俳優。此書不載，蓋本不當載也。餘商本有而此本無者，僅五條，録附於後。商本譌舛甚多，而舊鈔本亦復不免。雖屢經校勘，仍有一二脱誤不能强補者，姑闕之，然已大異乎舊所傳鈔本矣。其商本，余亦爲補正云。

書麈史後 丁酉

此書宋安陸王得臣彦輔之所著也，僅三卷，記其本朝君臣事跡，頗可以資考鏡。彦輔初受學於鄭介夫，又嘗執經於胡翼之。其師友多賢者，故此書在宋人説部中爲最醇。特其首記藝祖朝有聲登聞鼓求亡豬者，此則出於流傳之言，欲以見當時天下無冤民，而不知非事理所宜有，不記可也。其言人之仕宦，爲貧者多，往往以所入之厚薄分美惡，所相告語者輒以此。噫！宋當神、哲朝，其風氣已如此乎？

余從人假得虞山毛黼季校本，自言得三本參校，而以何元朗所藏爲最善。黼季校此書時爲康熙辛卯，年七十有五矣。彦輔自序此書在宋之政和乙未，年八十。而余之校録此書，計年正值始生之歲，是爲今上皇帝乾隆四十二年丁酉也。余方悼衰年已屆，而於諸子百家之書猶廣愛兼嗜，不能輕有割捨。乃昔之著是書與後之校是書者，其年皆過於余一星已上，余用此自慰，不復以空擲日力爲唶矣。此書有作四卷者，雖篇葉稍均，然非其本來也，故今所鈔仍依三卷之舊云。

書石林燕語後 戊戌

此書有正德元年河南清軍御史楊宗文武所繡梓者，余取以校稗海之本，凡所缺且譌者皆相若也。石林釋褐紹聖時，有列於朝。宣和五年致仕，卜居湖州弁山之石林谷，此所以爲號也。而說者乃謂出自天問見陳振孫書録解題「夫焉有石林，何獸能言」之語。雖至愚者不取以自寓，而謂葉氏乃本諸此，誠似不足辯。然吾嘗推其所以致人之言者，抑有由也。其自序此書云：「孔子於虞仲、夷逸曰『隱居放言』，而公明賈論公叔文子曰：『夫子時然後言，人不厭其言。』子曰：『然。』夫言不言，吾何敢議。抑謂初無意於言，而言則雖未免有言，以余爲未嘗有言也可。」夫以孔子爲然公明賈之辭，此猶爲讀書鹵莽之失；若其自謂有言一如無言，則儼然位己於時中之聖，而忘其分量之所稱矣。且其生平以黨姦斥正，爲君子所不許，故當世因其所自號，又即其序之言而用以爲譏。不然，人之號多矣，不皆原其所自，而僅見於石林，又獨迷謬其辭，以斯知有爲爲之也。陳振孫亦湖人，寧不知其鄉之有石林谷者？又其自序，陳亦必無不一寓目之理，乃舍而從天問，其微意可思也。其書言國家朝章典故、搢紳人物爲詳，而汪玉山、韓仲止之徒亦復指摘其誤，然猶愈於草澤之傳聞矣。據其自序所云，則尚有滑稽諧謔之辭，於今殊不一二見，豈其子姓删之歟？謂東坡晚又號老泉，以眉山先塋有老翁泉故名，此則世人所未悉知者。其言天下印書以杭州爲上，此在今日猶然。余於稗海中本補其目録。文有遺脱，具註各條之下。中有複重者，不加削云。乾隆著雍閹茂之歲孟冬二十有五日書。

書泊宅編後丁酉

此宋方勺仁聲之所著也。本浦江人，嘗奉親居杭之清波門外。又嘗居烏程之泊宅村，村以唐玄真子泊舟之所得名，本亦婺人也。仁聲慕同里之高躅，故因以名其書。其父方資，嘉祐八年進士第，由縣令擢鄧州教授，歸老於杭以卒，今通志謂其知深州者，誤也。書十卷，而稗海本止三卷，雖非全書，然亦有數條出於十卷之外者，其閒亦閒有異同。余意欲會而爲一，顧卒卒無暇以爲。句友人江陰趙君敬夫乃欣然任其事，交左易右，移後從前，據案疾鈔，腕告乏而意猶不止，未浹日而已竣，遂完然無復有一之遺漏者矣。余因其成書，稍加䌫栝，復令人録出如右。金華志言其詩文雄深雅健，追古作者。此書自言元祐中應杭試，有訟其户貫不明者，適蘇文忠爲帥，送之獲薦，遂得從公游。則其文章必不在四君子後，而今皆不傳，僅此區區者，猶不至盡爲灰燼。然則士之欲修飾其辭，以冀後有一日之名者，其果足恃也歟哉？趙君今年七十三，余六十一，實不知後之人位置余二人於何所，而惟是遺編陳籍紙墨之未即渝敝者，必有人見之，而憐余二人華髮盈顛，猶勤勤役十指不少輟，庶幾一生耽嗜之志，尚有所託以自見歟？此書所載治病方，試之頗驗，尤有益於世云。

游宦紀聞跋己亥

此書商氏稗海中有刻本，其第四卷中有顛錯，他卷亦有脱文。余得一舊鈔本考正，乃始完善。其言字書無「褪」字，又韻中不載「尖」字，蓋「褪」古但作「退」，「尖」古但作「櫼」也。然廣韻自有「尖」字，光叔未細檢耳。又言饅頭當用「槾」字，見束晳餅賦。今考束賦中自作「曼」字，即字書中亦不見有「槾」字也。又言「正月」因避始皇諱故讀正爲「征」。此則未確。如尚書音「常」，星宿音「秀」，自是當時所呼如是，豈亦有諱邪？且「政」本字尚不改音，而獨改「正月」一音，不可通矣。書中「使君」作「史君」，此本可通用，見於碑刻，非誤也。即李發先跋此書，稱「雲臺史君」者，乃光叔之父，非謂史姓其人。書中有「以啟干闕」語，干闕猶求官也，商刻乃改「干闕」作「千册」。古書之流傳者，往往爲不學之人所竄改，其可笑多類此。如不見舊本，又惡從而盡正之邪？因有刻本而遂廢鈔本，此大不可！乾隆己亥十一月三日，坐西軒書。

輟耕録跋丙申

南村在元時未嘗出仕，而多知國朝之典故，輯史乘者資焉。至其援引證辨，頗有益於學者，下及細瑣諧謔之事，亦可以廣見聞、釋疑滯，未至有傷雅道也。孫大雅序謂其拾樹葉而書之。夫樹葉非竹簡、羊革比也，其能容百名以上乎？殆同戲論。郎仁寶譏其勦廣客談以爲己説。此自秦漢以來諸子之書已有互相出入者，即郎氏七脩類藁中不亦有閒取是書者乎？然著書家誠能自抒新得，不襲陳編，更足貴也。此書舊刻難得。今所行多脱去數葉，而書賈因併其目亦刊除之，後此益無由覩完書矣。余所收亦近時坊本，訪諸藏書家，始得鈔録以補其闕，閱者尚珍惜之。

書七脩類藁後丙申

此書初刻於閩中，仁寶題目録後云：「書者非人，漏誤甚多，貧賤未能更也。」近年吾鄉有周君俊倫者，取而重雕之，於舊本之誤多所刊正，且益以續藁七卷。但卷之三十五、四十九皆有脱葉，訪之郎氏子孫，亦無善本可校補者矣。仁寶讀書好古，勤於纂輯，而虛懷樂善，甚望友朋之益，題諸座閒，以求規正，其志不可謂不誠矣。而一時相與游從之人，曾未有爲之商榷而持擇之者。使當日有人焉，爲之約其精華，删其舛駁，資其考鏡，糾其舛譌，即卷軸不必如是之多，而要可與賓退、揮麈、輟耕諸録頡頏矣。讀是書者，能不慨然於直諒多聞之難遇哉！周君乃庚戌狀元雨甘先生之孫，能表章前哲，刻成而以詒余。余於鄉前輩之著述，皆愛之重之，是書多述吾杭事，尤不敢不留意。删訂之説，在成書之時則可，在後人又難以輕議爲也。讎校既訖，爰書數語於後，并以復於周君，庶不虛其雅意云。

書韓門綴學後戊戌

韓門綴學五卷，續編一卷，錢塘汪抒懷先生撰。先生名師韓，韓門其别號也。雍正十一年進士，入翰林，教授皇子。賜居圓明園側，離家人所居僅一舍，不能治其私，其内子怒支婆而聽其居外，御史以爲言，遂罷官。後主保定之蓮池書院最久，晚歸里，未幾卒。此書仿佛顧氏日知録之體例，先經次史，以及古今事始與雜辯證，徵引詳洽而攷訂精覈，爲近代説部之佳者。其引吕汲公之言，謂白香山詩所云「退之服硫黄，一病訖不痊」，乃衛中立，其字與昌黎同耳。又引唐語林，言文公病將卒，召羣僚曰：「吾不藥，今將病死矣，汝詳視吾手足肢體，無誑人云。」此尤可爲確證，一洗孔毅夫雜説、陳后山詩話之誣。而絳桃、柳枝之名，謂皆出於傅會，其論甚快。此外又有談書録一卷，詩學纂聞一卷。談書録與韓門綴學，皆可入雜家。纂聞即詩話也，當入文史類。録中自言：「命纏畢月，以水爲命，而水在箕度，推命者多引韓蘇爲説。」又言「歐陽公耳白於面，名聞天下，脣不貼齒，無事得謗，明道雜志又謂其鬚不掩齒。今有人焉，耳則白矣，又無脣不貼鬚不掩之患，而乃謗罵多出意外」云云，此則先生自寄其身世之慨矣。丙寅、丁卯閒，余與友朋會文京邸，呈先生，蒙賞識。丙戌，提學湖南，見先生於保陽，録所咏長沙古跡詩示余。余所履實繼先生之後塵云。先生人品，無可疵議，徒以家人詬誶爲累，而一斥不復，是可惜也。乾隆四十三年十月二十七日，里後生盧某書。

書楊武屏先生雜諍後 庚辰

人之爲學也，其徑途各有所從入。爲理學者，宗程、朱；爲經學者，師賈、孔；爲博綜之學者，希蹤貴與、伯厚；爲詞章之學者，方軌子雲、相如；爲鈔撮之學者，則漁獵乎初學記、藝文類聚諸編；爲校勘之學者，則規撫乎刊誤、考異諸作。人之力固有所不能，兼抑亦關乎性情，審其近而從事焉，將終身以之，而後可以發名成業。其能有所兼者，尤足貴也。余年十五六，從人借書讀，即鈔之，久之，患諸書文字多謬誤，頗有志於校勘。然顏介不云乎，必劉向、揚雄方稱斯任。深愧見聞不廣，逡巡不敢爲。至三十外，見近所刊經史，其改正從前之誤，固大有功矣，而用意太過，則不能無穿鑿之失，校者不一，其人則不能無差互之病。於是始因其考證而續成之，漸旁及乎諸子百家。今余家所藏者，太半經余手校者也。本朝顧亭林、閻百詩、何義門諸先生，皆善讀書，余竊慕之。江陰楊生象坤琮出其叔父武屏先生遺書示余，乃知先生在日極好鈔書，又善讎校。有雜諍一編，皆駁正舊文之誤者，積塵宿穢，霍然一清，讀之忘倦。先生爲文定公從弟，名名宁，治縣有名，古文有晉人風致，閒有似漆園者，詩工於言情，此又其才之兼焉者已。集中有寄文定公書，乃知校刻經史，由文定公之請，而其議則自先生發之。惜乎不得置先生於館閣校勘之列，以共成其事，故書雖成，尚不能無遺憾，使先生及見之，所當糾正者復不少矣。楊生知寶貴先生之書，凡零章斷簡，亦必手鈔而部次之，其好學亦有足多者，并附著之。

再書雜誇後乙未

此書通作一編，余釐之爲八卷重鈔之。計前著跋語，時隔十有六年矣。歲在己丑，余續昏先生之女孫，其季也來爲余繼室，甚好文事，若男也必能收輯先生之遺書，歸余僅四年而亡。此書久在篋中，慮或有損蝕，重傷亡者意，爲稍稍整理之，乃今可傳諸學者。先生過目成誦而識又高，故能薈稡同異而覈決其是非，不少違爽，凡所援引左證，不資檢閱。聞先生雜著總名碎録，此雜誇者，特碎録之一類耳。余甚願得其全，著述而傳之。楊氏多佳子弟，其名琮者，字象坤，有志掇拾墜簡，而以飢驅客於外。文定公家孫曰伯庸，敦裕好考核之學，不幸前一年死矣。今其弟仲威，敦厚亦能繼斯志，余將就而謀之，當必不虚所望也。

先生於經之注疏、正史、雜史、諸子、説部、古今詩文，咸摘録，手鈔細字廿餘厚册，余曾借觀，此楊氏所當寶守者，今歸之。仲威有增訂亭林日知録，妻舅彦和豁以詒余，今藏於余家。

山齋客譚跋丁酉

余今年在杭州求景先生之文集不可得，獨得其所爲山齋客譚八卷者於倪君嘉樹所。雖小説家流，然其中多有可資以警誡者，非但以志傀異、雜嘲弄而已也。第五卷記瓜山土神祠，引先祖書蒼府君之言，謂視碑所載神爲漢之禰正平。蓋吾杭土神，往往皆漢唐以來著稱者。即如余家世居東里坊，而土神乃漢之蕭酇侯，相承已久，莫考其所自來，類如斯矣。吾先世遺有祀田在瓜山，故吾祖時往來其地，得見廟中之碑，而邑志不載。今碑之在亡，亦不可考，後之人當以吾祖之言爲據焉。因是以推先生文集中，必有與吾祖論議酬贈之作，爲後人所當知者，而竟無從得，能無喟然而增慨乎！鈔此書竟，漫識數言於末。

書鄭芷畦先生傳記後 辛丑

人固有死而不亡者，然子雲之書亦必待後世復有子雲而後重。苟其臭味不相入，則政所謂羊叔子自佳耳，何與人事，烏在其能曠世相感哉！歸安丁孝廉小疋，其嗜學也若飢渴之於飲食，研析異同，訂正譌誤，於古人未肯輕徇。顧於其鄉前輩鄭芷畦先生，惓然有餘慕焉。爲搜集其遺聞墜事及當時諸老宿相與往還酬贈之作，彙成一巨編，匄名公爲之傳記以發揚之，其勤懇之意，幾如子孫之欲表章其父祖者然。此何以故？毋亦行誼學術之相孚，有不期然而然者歟？先生名元慶，字子餘，以諸生貢太學，生平著書甚富。其最著者，禮記集説參同八十卷，行水金鑑百七十五卷，湖録百二十卷，石柱記箋釋五卷。今湖州府志，實本之先生。所居號小谷口。晚年客遊山左，卒於雍正年間。兩子早亡，故其詳不可得聞。然取重於毛西河、朱竹垞、張匠門、李穆堂諸公，今見於各家集中者，咸班班可考。歿後又有全謝山祖望、翁覃溪方綱、盛柚堂百二爲之志若傳，稱道弗衰。夫以一諸生而能致此，此豈可幸得者。乃丁君猶以其門户凋零，遺文散失，恐後來者至不能舉其姓字，引以爲大慼，故亟亟求表章之，唯恐其不至。將所謂後世之子雲，丁君居之無愧色哉！然以示俗閒人，必大笑爲迂緩不急之務。殊不知古作者之精神命脈，其代相嬗於千百世而未已者，如磁之引鍼，琥珀之拾芥，蓋實有不知其然而然者。余雖不文，感丁君之意，因題數語於卷後而歸之，非敢自以爲能發揚先生之盛美也。

書楊恭士撰先外祖墓表後壬子

先外祖撫畢氏姨之兩孤女爲己女，長歸太學生孫青嶼，名岱曾，十才子中宇台先生，其祖也。次歸舉人山東樂陵縣知縣楊恭士，名儐，此墓表後所以自稱爲子壻也。古文亦名家，無後，文多散失，文弨曾見其集已梓者數篇而已。先外祖集中有畢節婦邵氏傳。節婦二十五而寡，守節十四年而卒。故外祖母視其女猶己女，翼其長而嫁之。親生女祇先母一人，生之日，先外祖有詩，見樊中集。余恐有昌黎兩壻之嫌，故具著之。外孫盧文弨謹識。

題劉烈母詩卷後丙子

此寧鄉孝廉劉君有洪所得於四方士大夫之詩，以表章其曾大母胡氏死烈之行者也。母之夫曰肇之，家於南塘，去縣遠，困徵發數，復營室於邑城之東，時往來居焉。明已亡，流賊張獻忠餘黨尚轉掠湖間。肇之先歸南塘，聞警，遣人之城東迎妻子。母與其二歲兒行中途，賊已至，亟以兒授僕曰：「此劉氏一脈，汝速負之逸，吾必不免，異日收吾骨於此。」賊退，肇之跡其處，至所謂花橋者，得其尸，徧體刃傷而猶不壞，遂收葬焉。其後再娶皆無子，而母所遺之二歲兒，遂成立有後，今曾玄輩甚繁衍云。向使母當危急時，稍一濡忍，愛其兒不能去諸其懷，以冀幸賊之不至，賊至矣，即能奮然不顧，慷慨誓死，其自爲如此，亦可無憾；然此懷中弱息亦必不免於凶人之鋒，而因與之俱殲焉，則劉氏之鬼其不爲若敖氏也者幾希？今母之節既皦然若此，吾尤難其見義明而審幾決，身死而劉氏賴以延，以視夫提攜牽率相與入井蹈火而死者，不更爲處變之盡善者乎！若夫不忍其子以致不能自完其節，不能自完其節而并不能自完其子，此皆可無論矣。以是知母之所爲尤難能也。余與孝廉友善，其爲人端且厚，故能益揚其先人之烈於士大夫之口，母德之流衍，其正未有艾已。

抱經堂文集卷第十二

跋五

書易史後壬寅

易史參録二册不分卷，皇朝康熙時閩葉嬌然龍性之所著也。易者，天人合一之理，聖人本天道以正人事，順之則吉，悖之則凶。人事之變至於不可勝窮，而括之以象，雖質文淳薄之屢易，未見其有遺焉者也。宋誠齋楊氏著易傳二十卷，大抵以史事證合者居多。今葉氏之書不盡解經文，但觸於前代興亡，成敗之跡，與三聖人之言冥然合符者，類而書之。其言曰："太史公言易本隱以之顯，春秋推見至隱。孔子之作春秋也曰：『吾欲見之空言，不如見之行事深切著明。』史，春秋類也。善言天者驗於人，善言古者驗於今，是予戔戔參録之志也。"龍性，順治十五年進士，曾任知縣，罷歸，遂不出，卒年八十餘。余同年友鄭明府有章天錦是其鄉後輩，得其稿，攜之入蜀。馬龍李敬躋、太原李履謙見之，欣然爲之開雕，是爲乾隆十三年，距龍性自序此書時七十年矣。噫！古今之事，何可勝言，善讀者自爲隅反可也。

書儀禮識誤後 壬寅

此宋永嘉張淳忠甫之所著也。乾道八年，温州守吏部郎贛曾逮仲躬欲鋟儀禮，託忠甫爲校讎，因裒次所校之字爲二卷，又釋文誤字一卷。朱子謂其所校甚子細，然亦不能無舛謬。今案：其所校多從釋文之説。釋文與唐開成石經及五經文字、九經字樣，皆不能盡依説文正體，忠甫亦然。如以「剌」爲「刺」、以「宴」爲「宴」、以「筴」爲「策」、以「孺」爲「孺」之類，實自唐已來相承之舊文，非忠甫始易以俗體也。其士昏禮「捂授」，捂字从手。今案：釋文梧字从木，既夕篇同，當與枝梧字無異。又燕禮「下賢」，云「延嫁反，監本延作迴」。今案：易屯卦「下賤」，釋文云「遐嫁反」，他經多同，則延字迴字皆誤，今通志堂本作「避」，亦非也。又「酏，以支反」，云「支當作皮」。今案：周禮酒正、禮記内則釋文酏皆作「以支反」，不當改作「以皮」。又聘禮「青豻」，云「五旦反，監本旦爲但」。今案：大射儀亦是五旦反，非誤。又有司徹「膮」，云「呼報反，監本報作彫」。今案：釋文「膮，許堯反」，與内則音同，呼報、呼彫皆非也。其所見釋文，與今通志堂梓行本多有異同。如士昏禮之「齊肝」，今齊字有口旁；既夕禮「燭用蒸」，今蒸字下有四點。又「杖笠簑」，今簑字从羽不从竹。又「主人諦」，今諦字从口不从言。至此書經轉寫，亦疑有誤者。如聘禮注「嫌擯者一一授之」，云「監杭本以一一爲二」。余謂當是以下一爲二，古人語常用一二，作一一者，乃後人所改也。又標「言隳」二字，余案下校語，則此當作「言猶隳」，脱一「猶」字。又喪服釋文「盛米，注盛筐同。」張云「注無盛筐字」是已，又云「有曰殷盛也，筐家當也」。余案：「筐家當也」

四字不可曉，亦不見注，當誤衍耳。鄞樓鑰大防爲永嘉教官，忠甫常貢直言於樓，樓更親之，嘗問其何以不仕，曰：「今之仕皆非古之道，如始至則朝拜，遇國忌則引緇黃而薦在天之靈，皆古所無也。」其卒也，陳君舉實銘其墓。此書自序不知是何年，其云「乾道七年春，今兩浙轉運判官直祕閣曾公來守是邦」云云，曰今，則曾後所遷之官也。若其守溫之時，則吏部郎耳。見樓攻媿集。又自序言與謝黔論學，戍歲之漂，黔不克免。案：宋史五行志，乾道二年，溫州海溢。是年歲在丙戌，忠甫所言，正謂黔以是年漂没而死耳。乃轉寫之誤以戍爲戍，説者遂以終年漂流解之，何其不能闕疑乃爾！

春秋長歷書後 乙巳

此杜元凱所撰春秋長歷也。學者不得見久矣，曲阜孔君葓谷始梓而傳之，殆亦從永樂大典中出也。余考唐一行合朔議，頗詆諆此書。其言曰：「春秋列國之歷不可以一術齊，而長歷日子不在其月，則改易閏餘，欲以求合。故閏月相距，近則十餘月，遠或七十餘月，此杜預所甚繆也。」今讀杜氏之書，始知一行殊未得其意而妄有所譏。蓋春秋時史官置閏，多有違失，預固云「未必得天，蓋是春秋當時之歷也」。是則此書非自抒所見，盡改前歷之繆，第據經傳所載日辰，與夫當時議論以相發明云爾。一行乃以爲杜氏之繆，此正如杜之自序所云「無異度己之跡而欲削人之足」者也。且長歷閏月相距遠者，亦不過四十餘月，未有如一行所云七十餘月之多也。襄二十六年閏十二月，二十七年十一月又頓置兩閏，一行以爲近則十餘月，論亦疎略。夫比年而閏，甚且比月而閏，即非疇人子弟，亦皆知其不可，曾謂杜氏而懵然乎？蓋凡所次比，悉據當時實事，非以爲是而從之，此不可歸過於杜也。大抵一行於歷學推算極精，而論古往往不得其解。其日度議謂漢太初元起丁丑，不值甲寅，猶以日月五緯復得上元本星度，故命曰閼逢攝提格之歲。嘉定錢莘楣言一行不曉秦漢閒多以歲陰紀歲，故爲是强作解事之語。歲陰與太歲皆百四十四歲而超一辰，觀太初詔書明云年逢焉逢攝提格矣，安得云實非甲寅乎？蓋其疎舛固不獨論此書爲然也。

石臺孝經跋 壬寅

唐明皇注孝經十八章，以隸書之，刊石立於石臺。天寶四載九月，國子祭酒李齊古表上，後有大字批荅，竝行草書。又有李林甫等廿一人名銜，復自韋騰起凡廿四人名銜，皆正書。韋騰下有「丁酉歲八月廿六日紀」九字。案：丁酉乃肅宗至德之二年也。後來所題，故與上諸人不相連屬。此碑大字損泐者二十有五，小字二十有四。其完善者，光采奕奕動人，洵可寶也。説者謂古文孝經有閨門章，今文無之。明皇不注古文而注今文，此宮闈之所以多慙德也。余謂此蓋書生拘曲之論。即今文所云，使明皇果皆精思而身體之，亦必能正其身以型於家，何待誦閨門一章而始瞿然知瀆倫之不可哉！後諸人中，陳希烈、張均、達奚珣皆陷賊受僞署者也。其於移孝作忠之旨，固未有聞焉已。

題九經古義刻本後 甲辰

此書乃益都李才江在粵東時所梓也。曲阜孔滐谷以貽余。余先已就惠氏家得其本録之，今取以對校，鈔本内少一條，得刻本補之，而刻本内之譌誤，余亦因以正之，皆成完書。惠氏四世傳經，其最著者爲半農先生、紅豆先生，乃定宇之祖若父也。定宇實克纘承，不媿其先世，令人企羨不置。此本俟余長孫能庸少長授之，亦望其毋墜前人之業、如惠氏可師也。

釋夢英十八體篆書跋 壬寅

每體各五字，首曰沙門惠休詩，後曰乾德五年於長安書宣義大師夢英集，中間乃江淹擬休上人怨別詩也。今人輒以碧雲句譽詩僧，而不復以爲文通所擬作，蓋沿誤也久矣。每體下注解隸書。後有馬去非等十二人贈詩及郭忠恕書尺，皆正書，乃袁允中所書也。又有陶穀等三十二人贈夢英詩。乃咸平元年正月所立。釋正蒙正書前碑，馬去非諸人之作亦在焉。米襄陽書史謂夢英諸家篆皆非古失實，一時又從而贈詩，使人媿笑。或云是其徒依託爲之，以張大其教耳。

釋夢英篆説文偏旁字原跋 壬寅

英書多繆體，畢秋帆中丞已舉其萈、夏、叀、蕁、罯、兆、瓦等篆之失正，及音切之不合前人者，如皀爲方木反，⿱殸韋爲陌包反，甾爲方九反，皆大誤也。余謂其以𠫓爲云，乃尤繆之甚者。𠫓乃到子，音突。若云，乃古文雲字，見雲部，何可混也！英又有篆書千字文，其中亦多可指摘云。

校孫奕示兒編訖因書其後乙卯

此書十數年前鮑君以文屬予校訂，予以此書援引甚繁富，而刻本不精，其譌字脱句往往而是，倘僅叩平生所記憶者略爲正之，慮所記憶者亦不能無失也。且亦有舊校者在其上，不知何人，不能爲之剔蠹屠贅，而反益之疻痏，若更以我所校益之，懼將爲之分過，故捲書還之，其事遂中輟。然此書辨書之形聲，實可益於初學，餘亦以資聞見，以文欲得一善本以傳世也固宜。今年乃請之孫侍御怡谷。怡谷，學人也，宜其視此無難焉。爬梳洗剔，視元本不可以道里計，乃不自信而重諈諉及予。噫！相距十餘年，新學未見其長，而舊學日已就荒，將何以副二君之雅意哉！雖然，書實有用之書，使得完然以傳，自今至於後世，先哲之精神藉此以不澌滅，亦後死者之責也。遂發憤而取家所有四部書，有可疑者一一比對，具有證佐乃敢爲之乙改塗注，視向之舛誤者可十去其八九矣。幸筋力尚强，故能勉而爲此，庶幾不辜上天所以留我於世之意乎！時乙卯中元後一日。

書吴葵里所藏宋本白虎通後甲辰

書所以貴舊本者，非謂其概無一譌也。近世本有經校讎者，頗賢於舊本，然專輒妄改者亦復不少。

即如九經小字本，吾見南宋本已不如北宋本，明之錫山秦氏本又不如南宋本，今之翻秦本者，更不及焉。以斯知舊本之爲可貴也。余頃校白虎通，付梓垂竣，而吴子葵里示余以此本，實北宋時坊閒所行未校本也。目録前小序數行，其云「白虎建德論」者，開卷即已錯譌。然余取其書字字比對，始知此本尚多古字，而近世本率多改易。至情性篇中有與近本迥異而實勝者。即一二誤書，尚可循形與聲而得其本字。若近世本，則不加思索而徑改矣。又此本雖分上下兩卷，然篇目上作圓圍者十，仍不失十卷之舊。近世本最後三篇，此本在爵號謚之次，實第二卷也。三篇之序亦復不同。後得元大德年本，與明傅氏、程氏、吴氏、何氏本不甚異，要皆不及此本。洵乎舊本之爲可貴也。吴門朱文游亦有此本，上卷係影鈔，亦更無他人之序，然則非脱去可知已。余取此書之善者，具著於校勘補遺中，而仍以其本歸吴子，吴子其寶之哉！

題朱文游所藏白虎通小字本後甲辰

白虎通以此本爲最古，唯匡字有減筆，若構字敦字皆不避，疑當在南宋之前。海昌吴葵里曾以全刻本示余，但少模糊。此本乃吴門朱文翁所藏者。上半册係影鈔，然字畫極分明，知其所見本更在前也。刻本目録中有小圓圍十，蓋雖分上下兩册，而猶以此識十卷之舊。鈔本遺去，余爲補之。書中大段亦舛譌，然情性篇則各本皆失，而此獨得，并古字亦有未爲後人改易者。余梓此書時，惜見之少晚，因别爲一卷，著其異同，庶人人知此本之可貴云。

題朱文游所藏元大德刻本白虎通後 甲辰

世所行白虎通，咸從元大德年刻本出。然元本久訪之未獲，今乃從吳門朱文翁借得。較小字宋本又多傳録之誤矣。然當時梓此書者極矜慎，不敢輒有改易，如「逆子釗」爲「迎子劉」，亦仍其舊，見於跋語中，而後來所刻咸不能。然既删去此跋，并前數序亦復失其位置，余以此書授梓時，幾沿其誤，今見此始得正之。此書余與二三通人校讎，幾不遺餘力矣，而此本上有惠定宇先生手蹟，其正誤不過兩三條，乃竟有出於余輩思索之外者，相去三十里，詎不信然耶？對校訖，因附識數語而歸之。

劉子跋 癸卯

劉子五十五篇，南齊時劉晝孔昭撰。其文筆豐美，頗似劉彦和，然此頗有用世之意焉。或疑即勰所著，殆不然也。有唐播州録事參軍袁孝政注，其云劉晝撰者，亦孝政之序云耳。宋人黄東發遂疑爲孝政所自著。余借得道藏本，見孝政所爲注，淺陋紕繆，於事之出左氏、國語者尚多亂道，而謂其能爲此文乎？余取其本以校世所行名爲新論本，補脱正譌，遂成善本。孝政序則兩本皆遺之矣，當晁公武、陳振孫兩家著録時，尚見之也。其書首言清神防慾，去情韜光，近乎道家所言。末敘九流，道藏本先道家，外閒本先儒家。觀其摠括之語，則道藏本實據其本書次弟如此，非由後來黄冠所妄爲移易也。東發又譏其文類俳。此在當時文體自爾，中閒亦不全避唐諱，安得斷爲唐人？其惜時云：「人之短生，猶如石火，唯立德貽愛爲不朽也。若生爲無聞之人，歿成一棺之土，亦何殊草木自生自死者哉！歲之秋也，寒蟬抱樹而長吟，哀其時命迫於嚴霜，而寄悲於菀柳。今日向西峯，道業未就，亦奚能不霑衿於將來、染意於松煙者哉！」此其所以著書之意也。古人留意於身後之名若此，讀此能不瞿然有動乎！

書鐵圍山叢談後 壬寅

此宋蔡京之子絛謫鬱林、博白時所作，欲揜其父之惡，正所謂雖孝子慈孫百世不能改者，況於絛哉！中閒有戲乃父之言，更不足責。鮑氏得嘉靖年雁里草堂所鈔六卷之足本，又益以璜川吴氏、涉園張氏兩家之本而合校之，乃始版行，亦勤矣哉！鐵圍山者，取諸佛家之語。華嚴經云：「四天下共一日月，爲一世界。有千世界，有一小鐵圍山遶之，名曰小千世界；有一千小千世界，有中鐵圍山遶之，名曰中千世界；有一千中千世界，有大鐵圍山遶之，名曰大千世界。」又長阿含起世經云：「海外有山，即是大鐵圍山。」噫！即觀其名書之意，亦可知其誕也已。

書周恭叔浮沚集後 壬寅

周恭叔名行己，永嘉人，宋元祐六年進士，官至祕書省正字，出知樂清縣，鄉人相沿稱其初授之官爲周博士云。早從伊川程子遊，而集中有與釋門往來文字，闌入彼家之言，其學似未盡醇。若因其推崇眉陽爲文伯，以爲能化去洛蜀門户之見，則於釋氏又若何置論哉！其在太學，以同學生馮參行至孝而師事之，爲羣士所怪笑，勿恤也。其教授於鄉也，謂禮義之所始，在於正容體，齊顔色，順辭令。學有齋揖，弟子每朝必揖其師。此愛敬之道也，其可廢乎！文弨因憶向見明呂叔簡去僞齋集中有捲班説，送人之建武學正。其略云：「捲班之禮，清晨魚貫而入，鷺序而立。贊者曰升階，然後折旋而上，前後重行，南北視之若一，東西視之若一。既揖，升堂，分就東西序。晝簿不僭後先，下管無聲。師長有問，不躐對。弟子有請，無儳言。不問不言，則頫首肅容。其在堂也如此。晝西亦然。此教學者主敬之道也，習而安焉，無往而非敬矣。盛德大業皆基於此。以肅紀綱，以辨名分，屈伸有度，進退有律，經文緯武，靡不繇之今也。大班升散矣，凌次而鬬捷，語譁而容惰，坐立出入惟意所適，皆苟也。苟則肆，肆則何所不至哉！憂世者於此有深恫焉。」觀叔簡之言，知明之盛時，師儒猶能舉其職，而今也并大班之制亦亡矣。書院所以救學校之衰也，然亦相習通悦，蕩然無復繩尺，若周、呂二公之所言，非唯目未之見耳，亦未之聞也。余意欲稍稍導諸學子以禮讓之節，故因閱是書而并著之，以爲同志勸焉。乾隆四十七年三月朔日在晉陽書。

書毘陵集後 壬寅

毘陵集五十卷，宋紹興中參政常州張守子固撰。今其全集不傳，此十六卷乃從永樂大典中鈔出者。其所論奏，皆切於事情。吾讀其詹抃墓誌，見回河復禹故道之病民，而深幸今日倡此議者之不果行也。誌云：「政和某年，回河復故道，調京東西、河北之民，三路騷動，役至再三而功未就，數百縣病之。於時憸人欺君幸寵，爭立新奇之功以取勝，至斷千載不可力制之大河，使由山徑之蹊，以人勝天，逆理咈衆，羣小靡靡附和。毘陵詹成老知定陶，獨憂其病民，謝事而去。」嗚呼，賢矣哉！昨歲冬河決曹州，大臣御史中有獻議導河北流者，天子灼見其非，詢之河臣，亦以爲斷不可行，議遂格。儻使斯議得行，則其爲民害也有以異於政和之日乎？夫前事之不忘，後事之師也。吾故録其言，以爲後來論事者之鑒。集中詩，風格蒼老，源於少陵。使事亦復精切，其絶句有云：「元非食肉封侯相，合抱遺經老玉川。」此則若爲余贈者然。歲壬寅正月二十有七日書。

高恥堂稿跋 辛丑

高恥堂名斯得，宋史有傳。邛州蒲江人，以骨鯁敢言稱。德祐初，參知政事，予祠。宋亡，隱居苕雲間以卒。世亡其集久矣，今此八卷乃從永樂大典中輯録者。中有詩三卷，多感時傷事之作，亦浣花之遺也。抑其老而讀書不衰，與余性酷相近。其詩有云：「玩物能喪志，聖賢言皦如。賦受有奇偏，誰能爲耘耡。」又云：「少時輕寸晷，老去惜分陰。」又云：「爾來兩目漸眵昏，一一手鈔寧敢倦。固知衰頽力不勝，其柰嗜好頑難變。」又云：「但願殘生更幾年，了我牀頭二三策。」此皆吾今日之境，意中之言，故尤喜之。友朋閒有愛我者，每數數規我以守約之道，而余愛博之性始終不能割也。目有眚已近十年，幸不至全盲，以多看一卷書爲此生之幸。余少壯時，亦未若近年來之尤汲汲也。來日苦少，雖欲不分陰是惜，亦豈可得？高公真吾師矣。乾隆四十六年十二月十八日，六十五歲叟盧某在晉陽書。

題張氏所刻㮨栳山人詩集後甲辰

乾隆庚寅，見今太史邵二雲於京師訪鄉前輩遺書，得元岑静能先生詩集三卷，録而藏之。閲一周星，而張羅山氏得邵本，并汪本、岑氏後裔所藏本合校，而貞諸梓。校余所録本增多七律二十八首，然有二首，録本有而此本反無者。贈危太朴。先生詩，風格清勁，多見道之言，有以自樂，不慕榮利。有句云：「静中有樂我素諳，字我静能斯不愧。」允哉斯言。乃近人顧俠君頗意其有鬱塞之慨，殆非知先生之深者。先生德高望重，官斯土者，咸知尊敬之，邑中多陰受其芘。蓋大凡名門右族，後人稍陵夷衰微者，每易爲暴富有權勢者所侵陵，或利其田宅墳墓而强匄奪之。今憚先生，咸蓄縮不敢肆。故宋文憲題先生集云：「名閥之家，雖至凋瘁，多藉之以自立；崛起寒微之輩，雖富埒公侯，亦不敢爲凌躐之事。」正謂是也。先生既没，趙古則等私謚先生曰「貞元」，亦據謚法「清白守節，行義悦民」兩言爲定論。然則先生豈僅獨善之士哉！羅山於鄉先哲之遺文，咸寶愛而表章之，此其一也。用意若此，不誠可尚也哉！

題鈔本㮨栳山人詩集後甲辰

此本余鈔之邵二雲氏，久置篋中。乾隆甲辰，二雲復貽余羅山張氏所刻本，因取以校此本，補正十數字。題目或不同，詩分合亦異者，張本殆得之。張本七律多於此本二十八首，此本贈危太朴二首顧缺焉。先生古詩格高氣勁，多以理勝，有益於世教，然亦温潤妍雅，與陳腐之言迥別。集中獨無五七言絶句，蓋本四卷，今三卷，疑失其末卷故也。刻本有像贊及王至所爲行狀，而無宋濂溪氏所題，余將録以寄羅山，并正其譌字數處，使刊補焉。爲余鈔此本者，江陰陳生于逵也，後官廣西奉議州判。今無其人，故不能寫所缺者以足之，容有待於將來。

題曹荔帷遺詩後 乙巳

吾姻家曹君義門出其賢叔荔帷先生遺詩墨示余，循環諷詠，可謂清無點塵，淡餘雋味，書法亦不染俗派。斯人也而竟以明經終，雖抱其才，無如命何。余居鄉之日少，歲在癸巳，主鍾山講席，荔帷亦適來主余同年袁簡齋所，始得會面，未暇一叩底藴即别去。今覩遺跡，殊恨鄉有名士而不知，可愧孰甚焉。非義門之勤勤收拾，將終於不知矣。昔陳之陸從典少爲從父瑜賞愛，後乃集瑜文爲十卷。今義門雖常客遊，倘歸里中，從故交世好訪求，亦尚未至失墜，庶荔帷阨於生前，而不致泯然於身後，義門之力也。幸勉爲之，毋讓昔人。

書張蒙山果葬高氏九棺記後 庚子

乾隆甲戌，余晤蒙山先生於長蘆先生，知余歸爲葬母也，甚慫恿之。余因知先生高義事，嘗助族親之不能葬者已百餘棺矣，二十年來則又倍之。今以大耋之年，飢軀出游，猶篤於師友之誼若此，又得施我真太守、童二樹山人以共成之，語云「德不孤，必有鄰」，信哉！此記敘次委曲詳盡，讀之可挽澆風而敦薄俗。先生曰：「余第不欲攘人善以自功。」則其用意爲尤深遠矣。

書顧懷祖秀才所藏先世圖像後甲辰

乾隆甲辰長至月，海昌吴槎客過余婁東講舍，適顧秀才名張思者亦來見。吴適攜有顧文康公誥勅，遂出共觀。明日，秀才以家藏先世圖像諸名公贊頌之文共一大軸見示。故家喬木，令人肅然起敬。吴君儻能解所有以贈秀才，在顧氏更多一世寶矣，行當問之。

抱經堂文集卷第十三

跋六

書鄭司農集後 辛丑

鄭康成集二卷，録一卷，隋志已云亡。今刻附尚書大傳後者，相風賦一篇，伏后議一篇，春夏封諸侯議一篇，戒子益恩書一篇，易贊一篇，詩譜敘一篇，尚書大傳敘一篇，魯禮禘祫義一篇，凡八篇，皆從諸書中哀輯者也。相風賦，北堂書鈔、藝文類聚皆引以爲傳玄作，禘祫義即禘祫志，本不在集中，然則僅六篇而已。案康成周禮序見於賈公彦序周禮廢興中，雖非完篇，然亦當附見。序云：「世祖以來，通人達士大中大夫鄭少贛名興及子大司農仲師名衆、故議郎衛次仲、侍中賈君景伯、南郡太守馬季長，皆作周禮解詁。某竊觀二三君子之文章，顧省竹帛之浮辭，其所變易，灼然如晦之見明；其所彌縫，奄然如合符復析，斯可謂雅達廣攬者也。然猶有參錯，同事相違，則就其原文字之聲類，考訓詁，捃祕逸。謂二鄭者，同宗之大儒，明理於典籍，觕識皇祖大經周官之義家諱古字，發疑正讀，亦信多善，徒寡且約，用不顯傳於世。今讚而辨之，庶成此家世所訓也。」賈序後又掇拾數語云：「其名周禮，爲尚書周官者，周天子之官也。」又云：「斯道也，文武所以綱紀周國，君臨天下，周公定之，致隆平龍鳳之瑞。」又云：「某以爲括囊大典，網羅衆家。」此三條其文皆不相聯綴，當亦序中語也。又有論語序，王伯厚嘗採輯附鄭氏論語注末，亦當并取之，以繫乎此云。孫詒穀謂論語鄭注非伯厚所輯，疑出於惠定宇而託名王耳。

書毛氏袖珍本陶集後丁酉

此本實從宋刻繡梓，而校讎未精。凡注「一作某字」，往往不在當字之下，亦有妄改處，幸不多也。吳中朱氏有臨宋本，乃就明休寧程氏本上改塗者。又有宋紹熙閒贛川曾集本，以校毛氏所雕，往往符會。毛氏本得之母舅張端甫先生。文弨既重是長者之賜，而又兼得兩宋本可以參校，遂殫旬日之力畢功焉。一字之異，通否相懸，亦古近殊別，且不經後人曲說殽亂爲可寶也。朱氏所臨宋本，當出於湯文清。至曾氏本，乃删去五孝傳以下及四八目，非全本也。湯本不可見。見毛本，亦尚有典型焉。近吳槎客得宋刻湯氏本，爲重雕，余因得見之。

書王右丞集箋註後辛丑

此吾鄉趙松谷先生所箋註也。余貧不能買書，此本亦未之蓄。今主晉陽講席，架上舊有此書，因得縱閱。其校正視舊本誠遠過之，徵引亦詳贍，不過於删節，致使本事之原委不明，此尤註古人書者所當取法也。其事出釋氏者，則其友王琢崖贊成之，亦如朱長孺箋義山詩之取資於釋道源也。集中潞州刺史王府君夫人墓誌銘云：「夫人姓盧氏，范陽人也。昔堯命伯夷典秩宗，號大常爲尚父。」此下註云：「上有闕文。」余以爲當本是「周號太師爲尚父」與上句文正相對，傳寫脱去「周」字，又誤改「太師」爲「太常」，以就秩宗之號耳。此余氏族所出，故知之。李穆堂先生序此書，獨稱其辨霓裳曲七疊始有拍，以爲可以糾新舊二唐書之謬，有功於學者。然此皆夢溪筆談所説也，松谷本明著其所自。穆堂殆不暇細閲，故有此語。不知者，將反疑其掠前人之美矣。書梓成亦不得人覆校，故其誤字尚多云。

李元賓文集跋 丁酉

掊土而得古器，鏽澀駁犖，何當於用？愛奇貴遠之夫，旁睨之而不去，予價不少靳，珍捧之以歸，筵以几，室以櫝，有佳客則薦陳之，家所有常物，不以爲娱，唯此之娱，其亦性使然耶？今天下之操不律，伸赫蹏，日役其五指者，亦幾於流矣。流則庸，庸則靡，其易於成也，亦易於壞。猶詑於衆曰：「達是，乃吾夫子之教也。」其以之班條於里巷耶？其以之釋詁於童蒙耶？無乃徇文之名而失文之實耶？吾讀唐李元賓之文，其出之也戛戛然，其成之也斬斬然，不綺而麗，不曲而奥，第其品，非夫昌黎氏之流亞歟？然或重自炫曜，又復過於激昂，不韜其光，不和其聲，此其短也。施之於今，其不目爲怪物也者幾希？匪以爲用，將以爲娱，乃無不可，況其可以砥流也。書凡五卷。前三卷，二十有九篇，陸希聲之所序録也。後二卷，十有四篇，趙昂之所增成也。篇第部居，無所改作。其末二篇俄空焉，當煩辱之地，其脱爛有由矣。今年歲在强圉，月紀王正，故人子陳燧相見武林，借予傳録，攜來金陵，尚未脱手，何期惡秏陳君夭亡。年僾元賓，殆亦無幾。今覩終卷，略敘所由。志行可書，請待他日。

題賈長江詩集後甲午

長江詩雖不合雅奏，然尚有古意，讀之可以矯熟媚綺靡之習。明海虞馮鈍吟有評本，長洲何義門得之稱善。其字句蓋遠出俗本之上。如云：「十年磨一劒，霜刃未曾試。今日把似君，誰爲不平事。」今本作「誰有不平事」。鈍吟云：「誰爲不平，便須殺却，此方見俠烈之概。若作誰有不平，與人報讎，直賣身奴耳。一字之異，高下懸殊。舊本之可貴類若是。」余得其本，因臨寫之，令後生知讀書之法，必如此研校，而後古人用意之精可得也。

再題賈長江詩集後丁酉

始余得賈長江集，乃馮定遠本，録之篋中。余於賈詩素不嗜，特以其近古貴之耳。繼又得何義門所評校，始悟其用意之深，幾於無一字閒設。昔人以瘦評島，夫瘦豈易幾也。彼臃腫蹣跚者，正苦不能瘦耳。賈以瘦，故能成一家格。然此決非館閣中之所尚也，惟可與山林中人共賞之，義門殆於此有深嗜者歟？字字梳櫛之，句句織綜之，而長江之詩之美乃見。然彼不嗜者，猶夫故也。余以爲有如義門者焉，則能自領之已。故其所箋疏，今亦不能詳録，録其尤至到者。其補遺詩數章，亦出何本，并爲補入如右。

徐常侍文集跋甲午

徐公文集三十卷，南唐舊臣，後入於宋，東海徐鉉鼎臣之詩若文也。前二十卷，在南唐所作；後十卷，入宋後所作。詩致清婉，在崑體未興之前，故無豐縟之習。其文儷體爲多，亦雅淡有餘，爲組織之學者見之，或不盡憙。然沖瀜演迤，自能成家，不可得而廢也。李文正稱其爲文敏速，不樂豫作，臨事立揮草，云「速則意思壯敏，緩則體勢踈慢」。今觀集中之文，則其言也信。亦唯其如是，故亦無瀠洄渟蓄之趣，崩雲裂石之勢，此殆由人之才力各有所偏勝，雖使自知之，而固無能相易者乎？余從鮑氏借得此集，乃明虞山馮已倉舒手校本。余又爲正其所未盡者。録成，復請江陰趙敬夫曦明覆審，又得十數條。其本脱者，尚無從補正之，然此已可信爲善本矣。

胡方平文恭集書後辛丑

此集失傳已久，故自來以其遺詩數章附唐人之後，云不知其時代爵里。今從永樂大典中鈔出者，詩、奏疏、内外制及雜文共定著四十卷。乃宋仁宗朝顯官也。詩豐縟而不失氣骨，置唐中盛閒，誠無所多讓。閒有近晚唐者，如「桐井曉寒千乳斂，茗園春嫩一旗開」，「拂窗紅葉欺閑卧，倚檻黄花笑獨醒」，亦佳句也。五言長律，丰容美滿，亦多合作。但集中用字喜新，而不免僻澀之病。如云「去騶呼已遠，自笑守應廬」。本應休璉百一詩「問我何功德，三入承明廬」也。「海簪重拾笑彈冠」，本北山移文「昔聞投簪逸海岸」也。「葛華與參宿，此見恐無緣」。余以爲葛華乃菖花也，此傳寫之誤。其他若「用杵天葆髮」之類甚多。亦有不免割裂湊泊者，如以昆明刼灰爲「昆灰」，武都泥爲「武泥」，黄堂爲「雌堂」，老子「如登春臺」爲「老臺」，畔牢愁截去愁字以叶韻。且於小學亦殊疎，押青韻云「寧待據梧瞑」，不知此瞑與眠同。又云「更籌深策破先零」，不知此零當讀憐，皆非青韻内字也。又云「鱣庭舊迹空」，案三鱣之鱣與鱓同，顔氏家訓曾辯之。又云「月閒芳桂正窅窊」、「桂色窅窊秀」。顔師古注漢書：「窅音一校反。」此必所見本誤脱校字偏旁，而以爲「一交反」也。又云「郊外春車駕屏星」、「監州駕屏星」。屏星見續漢輿服志注。劉昭雖無音，然廣韻十二庚有箳字，注：「箳箵，車轓」。且即以屏風類推之，其必不讀爲「丙」明矣。唐人於小學，極不敢忽，以故篇章流傳，可指摘者極少。宋人則不然，雖腹笥富有，墨瀋横飛，而細纇微瑕，究不得爲全美。辭章之士，往往輕視小學，其所以不及前人者，正坐此，烏可忽哉！集中咏荷花詩有云：「妖嫠周室出，禍水漢宫來。」無所寓意而漫以此相方，其唐突西子，毋乃太甚。乾隆辛丑後五月通看畢，遂書其後。

尹河南集跋 辛卯

師魯之言兵事，蓋亦知持重而不貪小利者，觀其欲厚集兵力與不城水洛之意可見矣。數遭遷謫，其功名不得與韓范侔，惜哉！其言致治之本，在於務大體，不在任察。又曰：「吏益材而民益愁，上貴良吏，民始得遂其生。」是其識議卓然，有古大臣風矣。集二十七卷，附録一卷。余鈔之朱鴻臚豫堂先生所，朱鈔之新城王氏，王之寫本則依宋南渡初年刊本之舊也。王有校讐，甚畧。益都李進士文藻再校，少詳焉。朱以别本參校，更加詳焉。余鈔此本，則凡行款高下之不畫一者，悉整齊之；其誤字爲余所知者，改正之。鈔既竟，朱又得一舊寫本，并李進士新增附録若干篇示余。取以覆對，乃知後數卷其當正譌補缺者尚多也。至兩本皆譌者，姑仍之已。李所增附録，亦擇取而次比之繫於後。師魯之文，永叔稱其簡而有法，子固稱其長於辯論。其文之佳，正不盡以能用字少也。余既讀而愛之，且因諸君子校對之勤而樂爲繼其後也。凡三四過，始卒業云。乾隆三十有六年十月壬辰，盧文弨書。

書李泰伯文集後 癸巳

此本雍正閒李之後裔所刊。正集三十七卷，常語及周禮致太平論咸入焉。舊以潛書、民言爲首，而此以禮論、易論爲首，其卷數皆不與舊相合。觀其所采輯，亦畧備矣。獨遺退居類槀一序，此篇載宋文鑑中，可取而補也。讀其條畫經世之言，侃侃鑿鑿，殆可見諸施行，不爲空談。以薦，先後僅得太學官，位不足以行其志，而其言則已立矣。見稱於二三大儒，有以也夫。又外集三卷，則告詞薦章以及誌銘之類也。

劉公是集跋 庚子

劉原父公是集元本分五種，古詩集二十卷，律詩集十五卷，内集二十卷，外集十五卷，小集五卷，總七十五卷。諸議論、辯説、傳記、書序、古賦、四言文詞、箴、贊、碑刻誌、行狀皆歸之内集，諸制誥、章表、奏疏、駮議、齋文、覆謚皆歸之外集，諸律賦、書啟皆歸之小集。其弟貢父爲之序，藏書家鮮有其本。今從永樂大典中鈔出者，區分而聯綴之，合成五十四卷。不能依元本之次第，以賦爲首，而古與律不分。又元本内集之與人書，古文也，小集之書啟，俳體也，今亦混而爲一矣。曩觀唐人詩集中，附見他人倡和之作，舊本皆一例平寫，無高下之别。或他人倡而己和，則置他人之作於前；或他人和己，則置他人之作於後。近代則不然，凡附見者，皆置後，且低一字以别之。公是集尚有古法。而鈔集者不察，或誤以他人之作爲原父作，七言近體中，有其弟貢父先寄詩而原父和之，遂誤以在前者屬原父，而和詩反低一格從附見之例。余與歷城周太史書昌言之，當改正也。原父詩有瀟灑出塵之致。其議論多有啟發人意處，謂人之儉，儉於人而裕於己；晏子之儉，儉於己而裕於人。有説犬馬一篇，其大略云：「由漢以來，苟進言於天子，無不以犬馬自予者。嗚呼！使夫知治守道之臣，進以義，退以禮，而犬馬之説不已貶乎？使夫亂國偷容之臣，進以利，退以刑，而犬馬之説不已僭乎？今夫犬之爲人用也，不過受一器之食，然而外則有獲獸之效，内則有禦寇之猛，斯可謂適其材矣。馬之爲人用也，不過盡一鈞之芻，然而外則有兵戰之捷，内則有馳獵之奉，斯亦可謂適其材矣。故功著而利不益，身勤而事不害，此雖廉能之士，盡瘁不貳，何有能過焉。若夫亂世偷容之臣，功薄而罪尤，身利而事害，如此何以自比於犬馬耶？」余謂其言足以警有位者，故特著之。

后山詩註跋 乙未

孟東野但能作苦語耳。后山之詩，於澹泊中醰醰乎有醇味，其境皆真境，其情皆真情，故能引人之情相與流連往復而不能自已。然當時亦以爲愛之者絶少，況後世哉！余年五十八，始讀而善之。向以黄陳竝稱，余尚嫌黄之有客氣也。此本乃天社任淵因后山門人魏衍所編次而爲之註，頗能窺其用意之所在。然二人者皆未聞有篇什留於人閒，何耶？葉石林嘗見彭城寇國寶之詩而善之，後知其從后山學詩，以爲淵源有自。今此二人者何遽不若寇耶？然亦幸附后山以傳矣。余鈔此書在甲午之冬，逾年始爲之跋。乾隆四十年季夏之二十六日也。

樂圃餘稾跋 丁酉

著書滿家，不幸而無零章賸幅之傳者，比比是也。宋朱伯原氏有文三百卷，經兵燹亡失。其從孫思掇拾補緝，僅得三十之一而已，名曰樂圃餘稾，不必皆其生平文字之至者，然而流傳五六百年不衰，猶幸也。夫伯原，吴人，舉乙科，以足疾不仕。窮經閲古，世皆知其賢。起教授鄉邦，爲諸生説春秋。後又以之教國學，著春秋通志二十卷，今亦佚矣。獨墨池編二十卷，世尚有版行本。他所著圖經、琴史，不能定當世藏書家之有無也。人生何必爲達官要職，如伯原氏，官不過正字，所盡者不過師儒之職，而當時貴之，後世慕之，其所居樂圃之坊名，至今未改也。學何負於人哉！人當善用其長，毋强用其所短。伯原氏可師也，安在其無能庶幾乎！

絜齋集書後 辛丑

書録解題載潔齋集二十六卷，後集十三卷，南宋禮部侍郎袁燮和叔撰。馬氏經籍考唯後集作十二卷爲異，當由誤脱其畫耳。今聚珍版本二十四卷，不分前後集，乃從永樂大典中鈔出者，題曰絜齋集。古潔字雖作「絜」，然在今則不得不分。和叔齋名本作潔清之潔，故其贈陸伯微絶句有云：「斗大書齋以潔名，冰壺表裏要清明。如今塵土填胸臆，幸挽滄浪爲濯纓。」若作古字，恐不知者，疑其或取「絜矩」爲義，則失之矣。其詩不甚經意，而文則條鬯明粹，能達其意之所欲言。其子甫作後序，謂其行文不喜用難字。夫好用難字，此剽竊塗澤者之所爲耳，文之古，不在此。吾讀所撰何夫人宣氏墓誌，而歎女子有高識，其言有足爲今之士風警者，爲録於此。誌云：「科舉之士有得售場屋又兼人以獲厚貲者，頗自矜衒。夫人曰：『士子當砥礪廉隅，今嗜利無恥而不知其非，又自以爲能，他日苟得一官，豈不重爲民害乎！』」吾以夫人此言爲舉子作箴砭，不知尚能發汗否耶？第六卷策問功臣篇中云：「雲臺二十八將，以鄧禹元功爲首，自是。而下亦宜以功之大小爲序，弇之平齊，恂之守河内，彭之克延岑，異之破赤眉，皆其時卓然可稱者，而序之於王梁、杜茂、傅俊、堅鐔之下，彼數子者，功何有焉，是何先後之失當耶？」案：此但據俗本後漢書耳，乃後人改寫致誤，非本來之失也。此載馬武傳後，本作上下兩列，先序上列竟，而後及於下列之首，此古法也。如張守節史記正義所載周書謚法解，亦是如此。後人改兩列爲一列，而以一上一下排寫其次序，遂致舛互。獨不觀論中所言乎？云「其外又有王常、李通、竇融、卓茂，合三十二人。」今此四人者，亦皆雜廁於二十八將之中，非其誤之灼然易見者乎？以和叔之學而尚失於不考，何況後人。

抱經堂文集卷第十四

跋七

書晦菴題跋後 癸巳

毛氏汲古閣刻朱子題跋三卷，以跋東坡與林子中帖爲首。考朱子文集則其前尚有一卷，不知此何以獨遺之。書河圖洛書後引大戴明堂篇鄭氏注，此誤也。明堂在盛德篇中，杜氏通典所引但稱盛德，在末爲後人分析之前，可據也。注乃北周盧辯著，中有引鄭氏語，其爲非康成注自明矣。又踐阼篇作「踐祚」，此在魏晉六朝人書中多如此通用，但記朱子嘗與人辯及此，謂阼爲主位，不應作祚，今何以亦爾也？其書參同契後末署「空同道士鄒訢」六字，此朱子自寓其姓名也。鄒本邾也，訢當是忻之譌，或以訢有喜義，古音本與熹通，此亦放魏伯陽篇題而爲之。而毛氏不察，妄增一「歸」字於「空同道士」之上，誤矣。其跋周益公楊誠齋送甘叔懷詩文卷一篇竟是禪門上堂參喝語，朱子斷不爲是，必妄人竄入無疑也。其他如重復改作「複」，傲倪改作「睨」，皆不知古字。

玉楮詩藁跋 丙申

秀水曹侍郎溶之圃在郡城中，名之曰倦圃，蓋宋岳倦翁金陀園之故地也。余嘗至其地，林木薈蔚，溪流彎環，坡陀峭蒨，雖結構未必皆如曩時，而昔賢遺風猶髣髴遇之，其時蓋已不爲曹氏有矣。倦翁爲武穆王之孫，所著有金陀粹編、續編，今猶傳於世云。此玉楮詩藁八卷者，當嘉熙時三年閒之所作也。其詩刊除浮豔，風格峭異，驟若不見可喜，而咀嚼既久，亦自有得味於無味中者。明嘉靖閒，其裔孫尚書元聲刻而傳之，今版本不可得矣。外閒所傳寫者率譌缺，今姑就其本傳之，不能細校也。集中記爲韓正倫因詩致怨，欲陷倦翁於死，賴廟堂覺之，事得白。以武穆之精忠，所謂思其人猶愛其樹者，正倫乃絶不顧而并忘其舉己之恩，欲文致之於罪，是尚得爲人乎！倦翁雖未能忘情，而深憐其失計，詞不憤激，有君子之養焉。他日讀邵氏聞見録，見种詁訟范忠宣，而忠宣猶薦之，乃爲詩，有曰：「丞相襟量滄溟同，一眚不捐三世將。自言曲直何必言，愧死老奴作何樣。」後又有讀誠齋集詩復及之，所謂怨若怨焉者，殆終有不能盡化者歟？

劉後村集跋 甲午

後村集有百九十六卷，今此祇五十卷，僅居四之一。毛氏津逮祕書中載後村題跋凡四卷，此集無其前二卷。黃氏千頃堂書目所載後村諸集，班班尚多，距今未久，宜尚在世閒，然余求之數年，卒不見也。此集舊寫本，字迹羼殺，閲之頗不爽目，故别加校正，重録如右，而以毛氏前二卷之題跋并入焉。倘得全集，自當各還其舊。若不可得，則毋寧匯置一處，庶不復有放失之患。後村，劉克莊號也。字潛夫，莆田人，學於真西山。以蔭入仕，屢廢屢起。宋理宗時賜同進士出身，官龍圖閣直學士。謚文定。後村詩詞及各體文，皆有法度，卓然爲南宋一大作手。七言古風，初喜摹長爪生。詩人玉屑所載三篇，酷與之肖，而皆不見此集。集中此體亦不多見，唯有築城、開壕、運糧、朝陵六七篇而已。風格蒼老，頗近老杜留花門、塞蘆子諸章。其本意欲息唐律，專尚古體，以趙南塘言而止。今集則律體居多。石門吴氏後村詩鈔亦無出此集之外者，豈其全者非獨余不及見，即前輩亦未之見耶？余因其言，考其人，亦庶幾無愧真氏之門者。乃宋史無傳，柯氏新編亦不爲之補，文獻通考於他人之集則嘗採用後村之言，而其集亦未著録，幾疑於名之晻晦矣。雖然，唐書不爲韋應物傳，而蘇州之名常在天壤閒，文章自可傳，不仗史筆垂，後村亦復何憾哉！

剡源集跋 丙申

余舊讀蘇伯脩所輯元文類，劉欽謨所輯中州文表，略識元人所爲文，古辭奥句，磥砢斑駁，大率取材於先秦、兩漢；其體裁則昌黎之曹成王碑，柳州之晉問，庶幾近之。當宋之末年，其文多流於漫衍茌弱，嘽緩骫骳而不振。若元閻静軒、王秋澗、姚牧菴、許圭塘諸人之文，差可矯其弊矣。然古於文者，不必皆古於辭也。如第以辭之古爲古文，則又恐以形貌求之，而非精神命脈之所在，是乃贋古非真古也。

繼得黃梨洲所録剡源文鈔，則大好之。剡源者，奉化戴表元帥初也。其文和易而不流，謹嚴而不局，質直而不俚，華腴而不淫，此非徒古於字句之末者也。明初宋景濂氏重其文，在史局，爲下本路即家謄其集二十卷，入祕閣。元史列之儒學傳中。景濂又爲其集作序，推崇甚至。三百年來，唯梨洲遴擇其文以傳之學者，而其全集，殊不多見。金陵陶孝廉衡川以是詢余，余愧未能荅也。南濠朱君文游，多蓄古書，余因求之，乃得明神廟時版本，其上有何義門先生評校，乃其弟子沈穎谷名巖所傳録者。何氏得嘉靖以前舊鈔，爲文祇六十五篇，以校版本，改正甚多。如唐畫西域圖記脱去後半篇二百六十五字，賴以補全。其詩亦得舊鈔刊正。余見之大喜，屬友人爲臨一本。但此集爲卷三十，文雖視舊鈔本爲多，亦有鈔本有而版本無者十有三篇，何氏已爲補録，而朱君本無有，不知又落誰氏矣。詩源出江西，視山谷爲稍渾融。余師桑弢甫先生讀之，目爲狷士云。剡源嘗爲建康府教授，而元史乃作建寧。考其自序云「爲昇學教授」，建康實唐之昇州，然則元史誤也。後來序其文者，亦多沿誤，當正之。穎谷，吴人，稱「剡源文近子厚，亦閒似蘇門，能從容於窘步，萌茁於枯條。」此數語亦殊有見。朱君曰：「此亦吾鄉之學者也。」故附著之云。

仇山村金淵集書後 辛丑

山村爲溧陽教授在元大德九年，年五十九矣。在任四年，官滿受代歸。詩作於其時。溧陽自唐以來皆屬昇州，故吾子行爲之題詩，稱仇仁父解秩建康，有新文曰金淵集也。其分教京口又在前，故其寄京口諸友絶句云：「郡邑山川我舊遊，歸舟千里十年秋。相逢若問村翁信，貞女江頭狎白鷗。」貞女江乃指溧陽言也。京口今鎮江府，本朝雍正年閒，始以溧陽隸焉。或遂以此集在京口時作，誤矣。詩清綺流美，有蕭閒之韻，而無酸寒之氣。五言律中有哀方嚴州五首，嚴州乃方虛谷也。詩中具有微詞。虛谷之爲人，即不至如周公謹所詆之太甚，要其人之不足取固較然也。今本乃題爲「懷方嚴州」，詳詩意，當作於其新歿之日，非懷之也。七言佳句吾愛其「書生愛日唯愁晚，稚子敲冰不怕寒」；「無白衣來多釀酒，放青山入別開門」；「冰懸古樹花尤雋，雪漲寒江水不渾」；「塵世不知秋過半，水鄉但覺月明多」。情與境俱清絶。其七言一絶云：「野風吹樹廟門開，神象凝塵壁擁苔。笑爾不能爲禍福，村人誰送紙錢來。」亦有風人之致。此集戊戌年閱一過，辛丑再閱，遂書其後。

書李空同詩鈔後癸巳

乾隆十五年，弢甫先生主大梁書院，因空同後人請選其祖之詩，爲檢定十六卷付之，裁畢梓，即以本寄文弨京師，使讀之。空同詩當以五言律、絶句及七言古詩爲最。去其摹仿太似者，而真氣骨乃見，固未易以訾謷也。他選本，閒有篇删其句者，曩以質之先生。先生曰：「删則吾不敢，無寧仍之，而附注以己意耳。」文弨於此本譌字一一校勘，以覆於先生。今略著一二條於此。如河之水歌云：「河水滤滤，舟子摇櫓。」檢字書，滤與滮同，則與櫓韻不協，意謂作瀌瀌差近之。先生曰「滤當是韻」。文弨今思之，或當讀如滸滸，然未知空同本何書也。又有句云「毖毖圓波踊」。殆即用「毖彼泉水」而疊其字，他人集中亦未見。又左袒行云：「産不信，禄不入，軍右袒，計安出。」文弨謂別本作「寄不信」者是，易有「言不信」，謂不見信也。寄之言不見信於禄，禄不入寄之言，似當如此解。先生曰：「誠然。唯『軍右袒』不可依明詩綜作『軍左袒』耳。」其末又附本朝人劉湛詩，有「列莊鳴臺使」之句，文弨謂當是「列狀」之譌。先生曰：「吾思之不得，汝乃得之，才相去果三十里耶？」噫！此雖先生戲言，而獎誘殷惓不遺纖芥乃如此。今整理舊書，復見此編，追憶往復之言，殆將二紀，去先生曳杖之辰，亦已再朞矣。把卷憮然，因具識之。今日即欲就正，何可得也。乾隆三十八年三月七日書。

跋西北之文 辛丑

此皇朝湖廣布政使澤州高平畢振姬亮四所著之論議諸雜文也。太原傅山青主爲之序，仍以解元稱之。其言曰：「東南之文，概主歐曾，西北之文不歐曾。不歐曾者，非過歐曾之言，蓋不及歐曾之言也。解元爲西北之文，而卒不得罪於東南者，以言之數數於理也。山又爲解元之西北尚多乎其理者也，然終不以其文東南解元也。」青主之言如此。余，東南人也，非謂文必東南。若特以畢公之學之富，而用之於賦頌碑版等作，翕皇典麗，當推一大作手。若論理，自當以平正易直爲主，欲人之易曉也；議事自當以明白剴切爲主，使人皆可以舉而行也。今其爲言也，瀾翻藻耀，非有學問人不能究其指歸，吾恐讀其文者之不易曉也。然其議事之文，實非徒託空言可比，當以俟知者知耳。至論孔子弟子，家語有「縣亶」，與史記之「鄡單」非一人。此則失於不考。縣乃鄡字之誤。漢書地理志鉅鹿郡有鄡縣，續漢郡國志作「鄟」，蓋實一字。周大王亶父亦作「單甫」，古亶單多通用，故鄟單即爲鄟亶，實一人。畢公信史記集解之言，以爲「鄟單」，晉人欲祀之於銅鞮，豈其然乎？

景菊公先生詩集跋 丙申

先大父書蒼公交友中，最精風雅，同輩所共推服者兩人。一爲上虞王文白先生，名德璘，寓杭州，先大父割宅以居之。其錢塘懷古七言長律凡若干題，氣象雄渾，音節亮拔，不落宋元以後格調。余外大父馮山公先生爲序之。余篋中曾藏一本，南北轉徙，緗縢書摠多爲他人紛亂，近檢之未得。其後人不振，復相繼以死，遺稾不可復問。余丱角時已不及見先生，以鄰近故，至所居，見先生小影四周皆有題詠。先生夫人亦尚在，計此時訪求尚可得，而童年見不及此，至今恨之。一爲同邑景菊公先生。先生垂殁，盡以平生著述授余師桑弢甫先生，先生爲版行其詩八卷，而爲之傳以著其人，菊公可無憾於泉壤也已。夫多不如精，前明布衣稱詩最富者，如沈嘉則、王百穀、王承父之流，今其集流傳蓋寡，以云重刊，抑更難已。余固知菊公先生之詩之亦不必以多爲貴也。雖然，派别不一，嗜好亦殊，後之人豈無擩嚌其中而更有得焉者乎？矧余先大父情好往來之密咸見是，是更不可以廢。此集先生手自書，古今五七言雖各分體，而卷或閒隔，余移之使各從其類，并即以弢甫先生序傳冠諸首。弢甫先生没時，有四孫，遺書皆已分析，今一孫又亡。余猶覶得菊公文集與説部而讀之，而恐其終不獲也。無可求者已矣，有可求者更當求之。向鈔得菊公詞八卷，今又鈔此集五十卷，又多乎哉？視文白則誠優。而以云得先生之全，疑尚不止此。菊公文集説部在弢甫先生二房長孫濟焘所。濟焘歿，其妻乃余母舅張端甫先生之孫女。余請端甫先生借鈔焉，固不出。後聞爲所親全攜去，不知落誰手矣。

濂洛風雅跋 庚子

此本相傳以爲元金仁山先生所選輯。首濂溪周子，八傳而至王魯齋，皆正傳，其餘源流所漸凡三十五人。所録皆有韻之作，凡箴銘祭文咸入焉。意主於闡明義理，裨益風化，初不於字句閒求工也。本朝雍正年閒，其裔孫律實始版行。今相距五十年，吾宗東源衍仁欲復爲開雕，請余爲正譌。余北上，攜之行笈中。友人眉菴，北方之言學者也。就而正焉。其意以爲題曰風雅，即文不當在所録中；又劉屏山戲作十二辰屬詩一首，亦當去。其言良是。然出自前哲之手，毋寧仍之。「善戲謔兮」，亦風人所不禁也。仁山録朱子静江府虞帝廟詩，附記其後云：「廟中舊有有庳君像，南軒牧此州，舉而投之水。」文弨竊疑其已甚。而眉菴以爲不然，謂傲即萬惡之根，去之不爲過，且廟制尊一不尊二。然余考道州有鼻亭之神，道州即有庳地也。象必有遺愛於其國，故神而祀之。静江去道州不遠，祀象不爲無因。有其舉之，非後人所可意爲變置也。且俑以象人，猶不可用；像亦象人也，而投諸水，戮已太甚，視流放又甚焉，即操千古賞罰之柄者，亦不宜出此。余以爲蒲坂之舜廟不宜有象，而静江之舜廟實宜有象，象蓋從祀也，亦猶先主、武侯同閟宫之義也，非竝尊也。聊著不同之見於此，以俟後之人論定云。乾隆庚子臘月之望，盧文弨書。

題王阮亭先生感舊集後辛未

王阮亭先生輯其平生知交之詩爲一編，曰感舊集，凡三百三十有五人。此本藏北平黄崑圃先生家。先生瓣香阮亭，既盡梓其遺書，此編以未得校讎，尚留篋中。不鄙淺學，諉諉及之。余觀阮亭生平好奬引氣類，於同時人士所造有一字之俊，一韻之工，靡不津津激賞，且筆而記之。今其書如池北偶談、居易録、古夫于亭雜録、漁洋詩話中所載，且至有重見疊出而不厭者。學者因先生豔稱之，亦願爭先覩其全爲快。今是編所載，朝廟十一，山林十九，其人則皆素所稱述之人也。然向者第等諸窺豹一斑，而今乃得見其全，其爲快意當更何如哉！因亟校歸之，冀有好事者付之梓。元本分四卷，卷袠重大，擬每卷分上下二篇。又詩之先後與目不相應，今定從目。序所云以考功終者，今乃在第二卷末，此則不敢妄易云。阮亭自序爲康熙十有三年甲寅，余今兹始得參校，爲乾隆十有六年辛未，蓋相去七十有七年，而先生之書猶有不盡出如斯者也。閏五月廿四日校竟并識。

卷後又有補遺，此或鈔時偶遺，或後時所見，非是別有義例，今當歸併一處。凡是正三百餘字。有近人名字難考者，此不可以意爲定也。有詩中下字偶不契勘而誤者，如云：「醉時喜得虎頭筆，滿壁烟雲峯削戌。」今若從漢書司馬相如傳改作「戌削」，則非韻，然「削戌」實無所出。又如云：「始焉弩在機，終也刃出鞞。」上韻用術字，下韻用必字，此必因韠字形近「鞞」，遂誤讀韠爲鞞也。韡，蒲頂切，與術必二韻不協。又有一詩序云：「樂羊以息壤而克中山。」案：息壤是甘茂拔宜陽事；若樂羊之克中山，則謗篋也。唐人詩：「吾聞中山相，乃屬放麑翁。」事雖誤用，終不失爲佳詩。特學者不可沿習所聞，而不考其本也。予是以著之，且明予之所不改者類如此。

文心雕龍輯註書後 辛丑

余向有此本，粗加讎校，寓吳趨時，兒輩不謹，爲何人攜去，後遂不更蓄也。昨年吳秀才伊仲示余校本，無可比對，復就長安市覓得此本，紙墨俱不精。吳所録隱秀篇之缺文，及勝國諸人增删改正之處，此本具有之。然他人所改，俱著其姓，唯梅子庚獨不，不幾攘其美以爲己有耶？亦有異同數處。其練字篇引尚書大傳「別風淮雨」，於傅毅制誄已用「淮雨下多」。元長作序亦用別風八字，頃無王融集可檢，惟憶陸雲九愍有「思振袂於別風」之句，此亦一證也。傅毅作北海靖王興誄云：「白日幽光，淮雨杳冥。」古文苑所載，其文不全。今見此書誄碑篇者，又爲後人改去「淮雨」，易以「氛霧」二字矣。鄭康成注大傳云：「淮，急雨之名。」是不以爲字誤。而詩正義引大傳竟改作「列風淫雨」，蓋義僻則人多不曉也。哀弔篇首云賦憲之謚，此出周書謚法解：「既賦憲受臚於牧之野，乃制作謚。」今所傳周書，文多脫誤，惟困學紀聞所引尚有此語。此於「賦憲」下引舊人校云「當作議德」，失之不考也。至詔策篇「賜太守陳遂」，汪本作「責博進陳遂」，正與下「故舊之厚」句相應。然責字亦疑償字之誤。其末引「詩云，有命在天，明爲重也。周禮曰，師氏詔王爲輕命」。吴本亦如此。余以爲當作「詩云有命自天，明爲重也。

周禮曰，「師氏詔王，明爲輕也」。下衍一命字。養氣篇「故有錐股自厲，和熊以苦之人」。案：下六字吳本無。當本脱四字，不學者妄增成之，而忘其年代之不合也。末序志篇云：「茫茫往代，既沈予聞，眇眇來世，倘塵彼觀也。」謝耳伯云：「沈一作洗。」余疑皆未是，似當作「況」，況與貺古通用。又吳本倘字作「諒」。吳本從曲江錢惟善本臨出，前有其序。余遲暮之年，尚爲此矻矻，不欲虛見示之惠故也。凡異同處勝此本者，已具録之爲語。小兒子輩慎勿再棄也。乾隆辛丑七月九日書。舟車攜帶此本，近又不完全。

砦溪詩話跋 辛丑

此書議論純正，凡豔冶之辭，概不插齒牙閒。其評品李杜優劣，後人莫能易也。至子美之廣厦與樂天之大裘，其意一也，其詞則有工拙，何必以窮達校其難易急緩與作者之先後以爲高下哉！義山詩：「却羡卞和雙刖足，一生無復没階趨。」此有激之言，何嘗如新豐老翁搥折其臂之出於實事者哉！乃譏其爲子春之罪人，毋乃太迂。謂子美玩弄嚴武，藐視禮法，亦但襲前人之言，於少陵詩未嘗熟復也。東坡詩：「浮江泝蜀有成言，江水在此吾不食。」於下注云：「江水在此，吾不食言，光武語也。東坡去一言字，殆歇後也。」案：「有成言」三字已見上句，則但用「吾不食」意義自足，何歇後之云乎！常明未必有斯謬，必校者之妄加也。此書出吾鄉鮑氏所藏。黄氏仕履之詳，尚可以考見云。乾隆辛丑七月十日書。

逸老堂詩話跋丁酉

逸老堂詩話二卷，得之江寧嚴侍讀東有所。書中不列鄉里姓名，然稱魏莊渠、馬抑之爲同鄉，則蘇之崑山人也。又稱祝枝山序其父約齋漫録二十卷云「俞君寬父，吳之耆儒」，又以知其人姓俞矣。其大父醉菊翁亦見書中，然皆不知其名。崑山之俞唯允文字質甫者最著，廣五子之一也。考其事蹟，又齟齬而不合。此書與約齋漫録，江南通志及千頃堂書目皆不載，雖有詩句，又不爲明詩綜所録，一時無可蹤跡。顧其書雖無大過人處，而敘述亦班駁可喜。其論麓堂詩載同官獻諛之詞，未免起後人之議，尤確論也。爲録而傳之。至其祖孫三世之名若字，俟他日得崑山縣志與祝枝山集再爲蒐考云。

抱經堂文集卷第十五

跋八

漢衛尉衡方碑跋 癸卯

此碑近時所榻，以校隸釋，所有尚不及其半。中有云：「階夷愍之貢，經常伯之寮。」謂其以孝廉察舉而爲郎中也。夷謂伯夷，愍謂閔子，古閔愍通用，如春秋諸侯之謚閔者，亦作愍也。碑中兩寮字，金薤琳琅皆誤以爲「賓」，豈傳録之不審耶？碑云「感背人之凱風」，詩「邶」亦作「鄁」，此併省去邑。「不虞不陽」即「不吳不揚」。「參國起按」，本之齊語，下「本肇末」上缺一字，必「溥」字也。「寢闇苫由」下今缺一字，而洪氏本則爲「仍」字，其下所注缺字，今本則頗似「国」字形。碑云：「詔選賢良，招先逸民，君務在缺失，順其文舉。」洪氏本如此。余諦視碑，則洪云缺者，頗似「寮」字，其「失」字上半剥泐，實非「失」字，乃「英」字也。時詔書令選賢良，務先逸民，而衡君欲舉其寮之賢者，又欲順詔書之文，故下云「已從政者，退就勑巾」，蓋令其棄官而就舉也。隸釋於「含澤戴仁」下注云「缺六字」，其實止缺二字，此則都氏本不誤也。

翁覃溪得舊榻，云是「失」字，非「英」。余疑非舊榻也。後人就其損處妄開耳。

漢蕩陰令張遷表頌碑跋

篆額兩行云：「漢故穀城長蕩陰令張君表頌。」其首云：「君諱遷字公方，陳留已吾人也。」下敘其先世，則舉張仲、張良、張釋之、張騫四人。云「爰暨於君，蓋其纏緜」。暨字分作「既且」二字，得毋書者不諳文義，致有斯誤？纏緜即蟬聯也。敘其行履云：「治京氏易，少爲郡吏，徵拜郎中，除穀城長。」敘其政績云：「蠶月之務，不閉四門；臘正之際，休囚歸賀；八月筭民，不煩於鄉。隨就虛落，隱恤高年，路無拾遺。黄巾初起，燒平城市，斯縣獨全。」下即以寬仁愷悌稱之。又云「流化八基，遷蕩陰令，吏民頡頏，追送如雲，周公東征，西人怨思，於是刊石豎表」云云。蓋穀城故吏所爲立也。此碑不見於歐、趙、洪、鄭所録，唯都氏金薤琳瑯中載之，但闕五字耳。余今所得，又闕八字。然都氏所云闕者，今皆可辨。其一字都氏已知爲「郎」字。它如「開織寓」，開下闕一字，碑作「[illegible]」，上似「衆」字頭，下似「之」字，又頗近於「窆」字，而音義則不可曉，揆其意則當爲「闢」，豈聲之轉遂可借用歟？又「燒平市」，平下闕一字，今案是「城」字，下截尚可辨。又「道區別」上闕一字，今尚有「其」字之形。「流化基」，化下闕一字，今審是「八」字。竝不闕。八基即八朞，蓋張君在穀城凡八年而後遷也。碑以禽狩爲禽獸，以殯爲賓，以張是爲張氏，相係爲相繼，中謇爲忠謇，珮瑋爲佩韋，[illegible]沛爲蔽芾，[illegible]即羈字，蠺即蠶字，傺即際字，其即筭字。其紀立碑歲月在中平三年，歲在攝提之二月，蓋丙寅歲也。若唐鄜州寶室寺鐘銘云「大唐貞觀三年攝提在歲」云云。案是歲爲己丑，次年乃庚寅，而亦云攝提，何也？此尚有碑陰，紀出錢姓名，余皆有之，都氏不載，疑幷額皆未之見也。文後忽贅「詩云舊國，其命惟新」二語，不曉所謂，漢時風俗固不知有忌諱，類如此。

漢博陵太守孔彪碑跋 癸卯

此碑隸釋作「孔彪」，金薤琳瑯作「孔𧆞」。此字碑已模糊，其形彷彿是「𧆞」，實即彪之變體。此碑在諸隸書中形獨小，其結構頗與唐世碑版相近。其文雖多用經語，不可謂之善屬文也。洪氏云：「彪後遷下邳相、河東太守，而碑額猶書其前官者，以碑陰考之，乃博陵人不忘甘棠之惠，而爲此碑也。」於此可見漢時風俗之厚，降而後世所謂去思碑者，大率在遷任將去之時，樹於所經過之地，使其得見之耳。安有去官之後，其人已没而猶爲此舉乎？彼其政無可稱，祗由吏胥感其私惠，强率閭里之錢而爲之者，比比是也。白香山詩云：「古石蒼苔字，安知是媿詞。」噫！其能免於媿者，不亦罕乎？

漢倉頡廟碑跋 癸卯

是碑已全損，惟「倉頡天生德於大聖，四目靈光」數字可辨。碑側有云：「有一字，疑是「衙」。令朔方臨戎孫羨缺從事，永壽二年，朔方太守上郡佽君察孝，除郎中，太原陽曲長。延熹四年九月乙酉，詔書遷衙令，五年正月到官，奉見劉明府，立祠刊石，表章大聖之遺靈，以示來世。」又云「下行自紀姓名」。此下書出錢者姓名及錢數。有不甚泐者，有「守左尉萬年長沙瑗字君平」。萬年，縣也，長沙乃覆姓，此稀姓，亦所僅見。余觀上所記，則是倉頡廟乃劉府君所立，碑中亦有「劉府君」三字；而孫羨自敍其歷官之詳，且云「奉見劉明府，立祠刊石」，則此文孫羨所爲也。余寓太原，新脩府志尚未得見，不知陽曲職官中曾載此孫羨姓名否。府志失載。

漢孔褒碑記 癸卯

碑云：「君諱褒，字文禮，孔子廿世之孫，泰山都尉之元子。」此碑首數字尚明了，并其餘可辨識者共七十有二字而已。褒乃宙之子、融之兄也。裴松之注魏志云：「山陽張儉爲中常侍侯覽所忿疾，刊章捕儉。儉與褒有舊，亡投褒，遇褒出，時融年十六，因留舍藏之。後事泄，兄弟争死，詔書令褒坐焉。」碑有云「元節所過」，元節即儉之字也。又有云「後會事覺，臨難引質，各争授命」。蓋即敍此事，而其下文已脫爛，趙氏金石録、洪氏隸釋皆不載此碑，無從知其後事若何。碑之立必在中平元年黨禁已解之後，故得直書其事而無所諱避也。前云「家業春秋」，以下似敍其所學，又有爵固辭語，上下文義皆不接續，惜哉！

魏魯郡太守張猛龍碑跋 癸卯

此碑書甚古拙，亦多別體。猛龍字神冏，「冏」字世人率未識也。氏族作氐挨，巉巖作嶧巖，張老作張𢒼，沮渠作沮渠，夙宵作夙宵，風作凮，蹈作𨂁，耕作䎝。當南北朝，多有世俗創造之字，如顏氏家訓之所譏者，此類斷不可以涉筆。爾來士君子多知崇尚説文，凡古書相傳之舊，非許慎氏之所有者，一切改令復古，此又似未免矯枉過直也。

北魏汲縣齊太公廟碑跋癸卯

先晉太康十年三月，尚父裔孫范陽盧无忌來爲汲令。以縣嶓嵠之下舊有太公壇場，荒而不治，乃依舊脩造，鐫石立表，在今縣治西南隅。此表吾未之見。後北魏孝靜帝武定八年，太公裔孫尚氏諸人以无忌置碑僻據山阜，遂率親黨更營碑祠於博望亭平顯之所在，今縣西北三十里。請太守穆子容爲文記之，子容并爲書无忌之表於前，而乃以己作繫於後。其結銜云：「通直散騎常侍、聘梁使、平東將軍、中書侍郎、恆州大中正、脩左史、汲郡太守穆子容山行之文。」朱竹垞引李白詩：「朝歌屠叟辭棘津，八十西來釣渭濱。」而韓詩外傳稱文王舉太公時公年七十二，兩者不合。无忌表曰：「康王六年，齊太公望卒。」按尚書顧命有齊侯吕伋文，則伋已嗣公爲侯，非卒於康王時也。竹垞之言云爾。余案：无忌明據竹書紀年之文，非得之流傳也。周公封魯，太公封齊，皆其子之國，而身留京師，故有三年報政之語。周公在而有魯公伯禽，寧太公在而不可有齊侯伋乎？竹垞譏之非是。特太公遇文王之年，諸家所紀，七十爲多，但不知定當文王何年。計武王卽位元年至康王六年，已六十二年，公遇文王縱晚，亦須在前數年，卽以外傳所説計之，公之壽已百三十有餘矣。而无忌之表云「蓋壽百一十餘歲」，然則公之遇文王疑不過在五十時，公之女爲武王后，以此參證，不應乃在耋齒。孟子言太公聞文王善養老，來歸。若五十內外，不宜即言老。然人情每預爲晚歲之計者亦多矣，豈必當年即已需養乎？況太公非沾沾僅爲一身計者，其慕文王仁政之美，亦必不專在一節。故愚以爲孟子所言，正不可膠執以爲七十之確證。乾隆癸卯七月庚寅朔，在陽曲書，天氣如南方深秋時。

善養老之義，孟子具有明釋，正不必文王自養，其稱二公爲二老，亦順文耳。且老亦不專指年老，家相稱老，楚公子圍方娶，而伯州犂稱爲寡君老，豈必拘於七十方稱老哉！甲寅正月二十六日重閲記。

唐光禄大夫張琮碑跋 癸卯

書甚剥泐。其文爲于志寧所撰，以前有「黎陽公于」四字，尚隱約可辨也。額篆書「文正書」，不知爲誰某矣。中惟糵下改木從兮，驕旁易馬爲女，頗覺新異。張琮字文瑾，武威姑臧人，除睦州刺史，未到官而卒。唐史無傳。

唐禮部尚書張胤碑跋 癸卯

此碑篆額尚完，題云「大唐故禮部尚書張府君之碑」。中有「詔葬故金紫光禄大夫張裔」諱改之語。以唐書儒學傳攷之，即張後胤也。其云「聊遵置蕹之言，俄喧伐枳之詠」。余初忘伐枳出何書。孫詒穀語余出後漢書岑彭傳。彭玄孫熙爲魏郡太守，輿人歌之曰：「我有枳棘，岑君伐之。」碑即用此事。

唐汾陰獻公薛收碑跋 癸卯

額云「唐故太常卿上柱國汾陰獻公薛府君碑」。篆尚完好。碑文摧剥不完，其可辨者亦多模糊。唯「對逸簡於嵩岳，多識比於廣微」及「飛鸖連之箭，草陳琳之書」數句尚連屬云。

唐褒國公段志玄碑跋 癸卯

右碑篆額正書書撰人姓名皆不見。據寶刻叢編所云，則本無姓名也。碑之下段，今已殘缺。余但得其上段，書法秀勁可愛，閒有數字作八分體。關中金石記云：「唐書本傳云臨淄人，此作鄒平，傳云謚忠肅，此作忠壯。」今余碑不見有「鄒平人」三字，當是在下段中。下段亦有數字可辯者，榻工以其模糊太甚，而竟棄之耳。

唐申文獻公高士廉碑跋 癸卯

此碑殘缺難讀。首行「大唐故開府儀同三司、尚書右僕射、上柱國」，字尚可辨。其云「大都督、太宰、假黄鉞清河昭武王」者，乃其祖嶽也。舊唐書以爲太尉，不言其謚。又云：「父勱襲爵清河王，改封樂安。」舊書「勱」作「勵」，當以碑爲正。云：「于九嵕山之南趾，墓而不墳。」今碑在醴泉縣之劉洞村，當即其地也。集古録以爲貞觀二十一年立，許敬宗撰文，趙模書丹。案：碑稱文皇帝，又云太宗廟庭。考士廉配享在高宗即位之初，然則此碑之立亦在其時，不得言貞觀明甚。

唐贈太常卿褚亮碑跋 癸卯

此褚登善之父也，與瀛洲學士之列，致仕後，年八十八而終，贈太常卿，謚曰康。碑殘闕，許其中完整者二百四五十字而已。八分書。書者與撰文者姓名皆不見。亦無歲月。亮卒於貞觀時。碑云：「遂賢撫瞻霜露，永懷罔極，歲月緜遠，淒涼荒壟。」則碑之立當更在其後也。額曰「大唐秩卿之碑」，篆書。其秩字之左，爲一下木，右旁作者而省其中閒之匕。此字不見説文。太常卿，古之秩宗。余初以意定爲「秩」字。後見錢詹事説乃「褚」字，褚字是也。昭陵石刻記疑是殷仲容書，謂與馬周碑如出一手。余諦視此書之點，多圓如粟粒，而馬碑似此者甚少，其臣郭亦不全肖也。銘有云「纂祩承業，昭鈞枍宇」。不得其解，當問之。

武周夏日遊石淙詩石刻跋 癸卯

武后以久視元年夏，行幸嵩山，賦石淙詩幷序。太子及羣臣和者共十有六人，皆七言四韻。薛曜正書，刊於平樂澗之北崖。十六人者，皇太子顯，相王旦，梁王三思，内史狄仁傑，奉宸令張易之，麟臺監張昌宗，鸞臺侍郎李嶠，鳳閣侍郎蘇味道，夏官侍郎姚元崇，給事中閻朝隱，鳳閣舍人崔融，奉宸大夫薛曜，守給事中徐彦伯，右玉鈐衛郎將楊敬述，司封員外于季子，通事舍人沈佺期也。朱竹垞於康熙己卯跋此，謂漫漶者僅三字，惟張易之、昌宗姓名爲人擊去，然猶可辨識。今年乾隆癸卯，余得榻本，漫漶已多，除二張姓名外，其全損者計四十有五字，相去僅八十有五年，便已如此。曜書如瘦藤，其頓折處如腫節，在書家又別一體。其字率依武后所造。竹垞謂此碑難榻，兼睿宗及狄梁公之詩搜輯者均未之及，今余晚歲猶獲見，此未必非幸。

武周珍州榮德縣丞梁師亮墓志跋 癸卯

梁君名師亮字永徽。先世自河汾遷於秦。其云「安定烏氏人」，乃其族望也。唐人重族望，作史者往往亦相沿襲。稱王曰太原，稱許曰高陽，不知以地著爲斷。後之地理書志人物者，更無從考覈矣。若梁君實安定人，胡爲先塋乃在終南山而梁君亦葬於其地乎？其人由醫生起家，軍興，以輸粟功，授上柱國，修乾陵，補隱陵署丞，謫授綏州榮德縣丞，秩滿言歸，卒於益州蜀縣。梁君官甚卑，生平無所表見。其家殆饒於貲，故能户庭不出，韋甲匪疲，而遂獲轉輸之賞。及其殁也，猶能乞工文善書者以貞諸石。然書撰人皆不署名何也？豈意有不屑耶？唐初諸功臣將相豐碑鉅刻，迄於今摩滅過半，而此志勒於武周時，獨完然無恙，何其幸也。中多用武后新字。以𠡦代年，蓋取万万千千之義。此万字省從上畫，亦有中作力字者，唯石淙詩中則作兩万字，然亦省者多也。又𠀑代天，埊代地，㉠代日，𨲢代月，石淙詩又作𠥱𠥱。圀代國，𨲢代聖，𥠢代授，亦作稐，𡔈代初。石宗詩作𡔈。石淙詩𠁈代君，𢘑代臣，生代人，〇代星。鄭樵六書略論變更中載武曌所攺字，傳寫多譌，今以所見者正之如此。

唐紀國先妃陸氏跋癸卯

妃河南洛陽人，其諱與字，碑皆空而不書。父爽尚書庫部兵部二曹郎中。隋書亦有陸爽，非其人也。貞觀十七年，册爲紀王妃。麟德二年六月，薨於澤州館舍，靈轝還京，陪葬昭陵。碑文今不全。然其可讀者甚華贍，稱妃有七德云。書法秀麗，爲明文待詔之所從出。凡「華」字皆缺末筆，豈即妃之諱與？

唐于惟則建陀羅尼經幢跋癸卯

此建於唐宣宗大中二年正月者。書法與小歐爲近，其模糊者已太半矣。後有記，乃處士王鉉譔。中有云「于公稱惟則，本河南人也，家贍，温恭人稱英亮」云云。乃關中金石記誤以爲惟則撰文，則不應自譽如此，蓋由其文剥泐難讀，故失之不審耳。又案文，是幢本在長安縣城之艮隅，今乃在西安府學學中，似此者猥多。余謂學乃孔氏之宫，明皇孝經、開成石經之在其地宜也。彼二氏之言，胡爲乎亦置於此。當以道流諸刻歸之道觀，佛教諸刻歸之僧寺，庶乎各得其所。

唐濟度寺尼惠源和上神空誌銘跋 癸卯

惠源俗名蕭氏，唐司空宋國公瑀之孫也。瑀好浮屠法，捨宅爲沙門，比丘尼法願，其女也，而惠源又繼之。其曰神空者，非塔也，而又別於常人之墓，故立爲是稱也。誌述其遺命云：「於少陵原爲空，遷吾神也。」又云：「以某月日從事於空，遵理命也。」空讀如「窆空旁出」之空。此二字頗新異。誌銘楊休烈撰，姪定書，真行相雜，頗有渾樸氣象。開元二十五年九月二十有三日鐫。中間空四字，蓋言受戒於某寺尼也。「某寺」下空二字，「尼」下空二字，不能審知，故闕而不書。捨此則無一字闕者，甚可貴也。

唐王居士塼塔銘跋 癸卯

此銘一字不損，蓋近時重摹者也。居士姓王名公，其人篤信釋氏，但未出家耳。其歿也，遂從浮屠之法，曰收骸起塔，蓋火化也。其文則上官靈芝所製，敬客正書。中間「早標先覺」，於「先覺」上空二字，不解何意。塼字從「専」，誤。又煩惱之惱作「惚」，臆撰無理，不可以誤後人。

唐義興周夫人墓誌跋 癸卯

誌云：「夫人義興人也。漢真將軍勃之苗裔，晉輔國大將軍處之孫，皇明通之女。姻不失媛，當是「援」字之譌。晉以匹刻作「疋」字。秦，適爲太原王府君静信之妻。」蓋其父與夫皆非顯者，敘其夫亦舉遥遥華胄爲言。後云「以茲吉晨，赴杜城東郊之禮也」。余初疑句有脱字，及觀大曆閒光禄卿王訓墓誌，亦云「遷厝萬年縣滻川鄉滻川原之禮也」，則當時自有此文法。志不知何人作，但有「岳也匪才，忝爲敍述」之語，岳則其名也，而不著姓。銘亦甚率略。此石舊在長安農家。畢中丞云：「近爲山西汾陽某氏攜去。」今此搨本模糊者僅三字，不知是元刻抑翻本也。

唐顔魯公書東方曼倩畫贊跋 癸卯

魯公守平原時，謁東方先生祠下，見夏侯孝若所爲畫贊，乃開元八年刺史韓思復所刻，歎其字形纖靡，將四十年，漸不可識，魯公於是更作大字，以貞諸石。余得此本，體勢嚴正，風力凛然。天寶十三載至今已九百八十餘年，而字皆完好。魯公謂字大可久，其信然邪？乃廣川董彦遠在宋宣和日，已謂其石今已刓剥，後世復爲摹搨以傳，乃書院待詔人所書耳。即如是，亦已歷五六百年，而石何以不壞，豈此又爲近代所摹勒邪？雖然，優孟似叔敖，虎賁似中郎，要必尚有相近者。近且令人起敬，況其真乎！此本尚是三十年前所搨，上有陵縣之印，是時國書猶未改篆體也。其一二破損處，乃爲人釘壁之所致，非本然也。

唐内侍李輔光墓志跋 癸卯

右碑崔元略譔，巨雅書。巨，姓也。後漢時有漢陽巨覽，爲梁商掾吏著名。碑云：「門吏晉州司法參軍巨雅以元略長兄嘗賓於北府，以元略又從事中都，俱飽内侍之德，將命録實，見託爲誌。」是元略自言因巨雅之託而作也。關中金石記乃云「巨雅，元略之弟，巨雅曾爲晉州司法，元略又官於中都，故撰書此志以記功德」。大誤。碑文自明，亦不待辨。碑中用「仕君子」，士仕古通用。至「宫掖」作「官掖」，筆之誤也。局字户下著勾，訊字言旁作丸，皆破體。碑元和十年四月立。今剥落者僅十六七字，餘尚完然，何其幸也。

唐清淨智慧觀身經銘碑跋 癸卯

此唐美原縣永仙觀主田名德所撰，并集晉王右軍行書，文甚剥泐，其標題尤不易辨識。關中金石記名之曰「永仙觀主田尊師碑，蕭森文，名德集書」，非也。蕭森所撰乃永仙觀記，亦集右軍書，同在一碑。森稱「尊師集王羲之書，勒清淨智慧觀身經，銘碑刻石，實邁古今」云云。今以其言諦視碑之首行，「智慧觀身」四字隱隱可辨。其下云：「三皇内景弟子永仙觀主兼檢校奉先等縣威儀田名德，集晉右軍王羲之書。」蓋名德即尊師之名也。美原今爲鎮，屬富平縣。又有一碑，篆額曰「大唐檢校兩縣威儀兼永仙觀主田尊師德行之碑，惟光行書」。上一碑大曆六年十月立，此碑先後相去殆亦不遠可知。

唐太常丞贈諫議大夫温佶神道碑跋 癸卯

此碑字可辨者無幾。其文牛僧孺所撰。其署銜云：「淮南節度副大使、知節度事、管内營田觀察處置等使、金紫光禄大夫、檢校尚書右僕射、同中書門下平章事、兼揚州大都督府長史、上柱國、奇章郡開國公。」至姓名則已磨泐矣。書者裴潾銜及姓名尚全，額未之見，其銜名亦皆不可辨。温佶者，温造之父也。舊唐書造傳載父輔國太常丞。新唐書附造傳於温大雅傳下，載佶事爲詳，云佶字輔國，以字行。碑載依顔平原、李臨淮，而文多爛脱，新書具詳之。碑敘興元之亂，李絳被害，宰相泣於上前及遣造往誅叛卒，文亦多斷續。又云「唐制，位三品者，父祖得以刻石記神道，僧孺於尚書」云云，下闕。敘中稱佶爲諫議公，銘中則稱先生。後年月闕。以舊書造傳及僧孺傳考之，造爲檢校户部尚書、東都留守、判東都尚書省事，在大和五年七月；僧孺之出爲揚州長史，在六年十二月。今文中稱造爲尚書，則碑之立當在大和七年冬以前。以其年十一月造入爲御史大夫，其轉禮部尚書以九年五月，逾月而造遂卒矣，故知當在七年無疑也。

唐西平郡王李晟神道碑跋 癸卯

此近時所榻，然字蹟尚不甚模糊，唯其間有爲妄男子增益者。如「具以狀聞」，聞字上本空一格，今本作「具以狀以聞」，既無此文理，而次「以」字全乏端重之容，與前後以字無一相同者。又唐文宗年號大和，本是大小之大，今本於大字内增一點作「太」，與碑中所有太字相較，其點略小，亦後人妄加也。魏明帝與北魏孝文帝年號是「太和」，而文宗則是「大和」，他碑版咸可據，舊本新唐書亦然。今人皆一例作「太和」矣，安知不反執此碑以爲左證乎！

宋穆庭秀穆伯初二墓表跋 癸卯

二穆，父子也。庭秀名賓，其子伯初名端，皆不仕。本河南人，徙居章印，相繼在熙寧年間卒，葬女郎山之陽。至政和三年，庭秀之曾孫涘乃請洛陽王壽卿爲文，兼爲之篆以表之。字大如杯，嚴整有法，殆鼎臣之流亞也。文亦簡淨可觀。壽卿字魯翁，黄魯直稱其書法非章友直輩所能管攝。抑其人品亦高，嘗被召至京師，使篆字説，辭以與王氏之學異，後以命李孝揚，而壽卿終身布衣，則其篤信古學，不隨俗尚爲可見矣。

宋龍泉山普濟禪院碑銘跋 癸卯

碑在汧陽，知隴州閻仲卿撰文，沙門善儁行書，自署「廣慈禪院文學沙門習王右軍書」。關中金石記云：「古有集書，無稱習書者。習書應是依仿爲之，筆畫雖近，却甚拙陋。如閻字作門內陷，右軍時必無此體。」余案：碑中譌字尚多，如虔字似度，門右似冈，迎字从卬，馱字左胄右犮，奢字从夫，範字从凡。至「冠絶」作「貫絶」，容可通用；「樊籠」作「煩籠」，殆不可通矣。閻字內左作卩，右作丆少下日，似陷字而亦非也。

元重立開化瑶巖閣記跋 癸卯

石晉時劉知遠爲北平王、河東節度，重修蒙山開化寺瑶巖閣。判官蘇禹珪爲文記之，支使蘇曉書丹篆額。今碑乃元至正八年重立者，後署御史郭方亨謄書，字甚醜惡，且多謁别。文云「謬塵郄桂，獲廁庾蓮」，今作「庚蓮」，元本當不如此。蒙山在今太原縣西。記云：「開化寺爲北齊天保末所建，唐高宗及晉王李克用皆重修。」文於前代帝王，亦皆提行，其用意頗近厚也。

元少中大夫梁天翔碑跋 癸卯

右題元故少中大夫、西蜀四川道肅政廉訪使梁公神道碑銘，李源道撰文，趙孟頫真書，元明善篆額。少中名天翔，字飛卿，汾州平遥縣人。世爲武弁，獨以文階起，年十八即爲本縣尹，以民事詢邑老，皆曰可而後行，禱雨有應，民爲之勒石以頌。後爲禮部侍郎，遣賑高麗饑還，授少中大夫、成都路總管。未幾，改授廉訪使，命下疾革，卒於都城，年五十五，至元癸巳年也。夫以縣人爲縣尹而年又最少，元之用人可爲奇矣。乃能克自振勵，詢於老成，如子賤之治單父，豈得以其少少之歟！碑在今平遥縣城中其後裔所居之内，厭椎拓之煩也，爲複壁以隱之，必不獲已而始啓焉。余今所得者，乃昔所榻之餘也。

近刻隨姚恭公墓志跋 癸卯

此志真本不可得而見矣。都氏金薤琳瑯所載其缺文，皆注缺若干字，亦有不能定其缺幾字者，此似見其真本矣。然細案之，亦是據翦裁黏貼之本，非元榻也。蓋其所不缺者，亦多有不聯屬處。其所注缺一字二字者，就其文義，必不僅止於是。乃有妄人者，即就其數而補之，讀之多不可通。都氏本有「大象」字，周静帝年號也，則不能續，因并去此二字。其末「謚曰恭公」以下，脱文必多，今本補「乃爲之銘銘曰」六字，揆之文氣，必不應爾。且并不知銘之有韻也，於「逝川」下補「何既」二字，與「徽猷永遠」句不相叶，其謬妄一至是。但觀前署名兩行，實都本所無。一云「内史侍郎虞世基撰文」，一云「太常博士歐陽詢書丹」。又别有「廪軍」二字，乃補篇中所誤遺者。蓋篇中有「莫不家實食」句，「食」上脱「廪」字；又「將之泉又竭」句，「將」下脱「軍」字。都本則作「食廪」與「將軍」，文竝不缺。而近人刻金薤琳瑯者，乃以「廪軍」置「内史侍郎」之首，更大誤矣。又近本銘後又别出「祀」「掩」二字，蓋因篇中「方陪祀岳，遽掩佳城」二句，「祀」誤作「紀」，又「掩」字脱，故補正之耳。觀此，則近本亦非竟全然無據者，但不知闕疑而妄作以欺世，爲可恨耳。唐太宗祭比干文近亦翻刻，然其位置一仍其舊，所缺幾何字可得而指數也。使仿刻者盡如此，又何譏乎。然此書法實秀整，不可謂不微有得於率更者，余是以亦不棄焉。

抱經堂文集卷第十六

跋九

漢廬江太守范府君碑跋 癸卯

余年來頗嗜金石文字，頃晤長山司訓曲阜桂君未谷馥于濟南，言及此。桂君曾見城南某秀才家，有漢碑本二：一爲范式，一爲元丕，皆世所不多見者。及余訪孔君葓谷于闕里，則范碑居然在焉。無意中忽經余眼，可謂快事。元丕碑，葓谷嚮榻一本，又有元氏近年所得漢永初四年祀三公山碑，皆出以示余。小說家謂京師人有眼福，余一日而得見世所不易見者三焉，亦可謂雙童慶所遺矣。乾隆癸卯良月廿二日。

漢瓦當字跋 戊申

同里趙君洛生魏篤好金石文字，自秦中歸，篋中儲漢瓦當凡若干件，摹其文得四十紙以詒余。其尤罕見者，一瓦十有二字，爲小篆三行，曰「維天降靈，延元萬年，天下康寧」。中若星之列布者十，旁有若藻形者四，匡郭皆完好。審厥形製，其爲漢時物無疑也。考瓦之著於録者，始宋敏求長安志，所得僅五而已。畢中丞之撫陝也，所得乃三倍之，載其文於關中金石志。吾鄉朱排山先生裒，更得二十有餘種，亦云夥矣。今洛生所得又倍蓰之。好之深，則其精誠所至，鬼神若有以相之。此非若鼎彝壺鑑之屬之必待破冢而出也，不貢於朝，不登於貴人之筵，爲物之所不争，兹洛生所以得據而有之，窮居之士亦得相與摸㨶而縱觀之，其可寶貴安在其出鼎彝壺鑑下也！夫瓦之爲質，土也，火燒之而後成，而乃能歷千百年而不壞，則當日埏埴之工，良非後世之所能及。然吾聞漢武起神屋，以銅爲瓦。銅之爲物，不爲燥溼寒暑所變易，宜若更可久矣；然爲人所資以爲用，故反不若此瓦之無用得以壽於今也。夫銅尚不能久，而況夫金鋪玉瑱之炫曜一時者乎！噫！當日之崇基傑構既已蕩爲寒煙，而此片物獨尚出世間，吾黨之士有與洛生同好者，其必因之而發懷古之幽情可知已。乾隆戊申開歲二日，七十二叟盧某書。

豳州昭仁寺碑跋 庚子

此碑在明正德時都南濠所榻本，缺者僅三字。今此本在嘉靖以後，全缺者廿餘字，然猶未至如近榻之剥泐更多也。金薤琳瑯中載此文，亦尚有可疑者。如云「得兵鈐於玄教，吞戎韜於黃石」，今碑中「教」字已莫辨，而起筆猶在隱見之間，則疑是「女」字之首。又云「軒轅五十一伐，殷后二十一征」。案碑「二十」實作「廿」字，而讀爲二十也。又云「豈止菌鸖短獨、西鶼東鰈之貢而已哉」。案：「菌鸖短狗」見周書王會篇。今碑「狗」字已全缺，意元敬時其匡郭尚在，故誤以爲「獨」也。又云「杖錫四禪之林，攝齋三朗之路」。今「朗」字亦唯「月」字尚可辨。余意必是「三明」，用彼家語也。凡此皆都氏傳録之誤也。若碑有云「坐玄扈遊翠嬀」，則「翠嬀」也。「置璽陳謙，避河爲讓」，則「撝讓」也。此或皆可省文。至於「詳觀郡帝」，則「羣帝」也；「高烽罷昭」，則「罷照」也；「白梃」作「挺」，「僧祇」作「秖」，得無筆誤有不及檢者乎！書法端重而無板滯之病，剛健而無險峭之失，乃唐初正書之佳者。以爲永興，則未必然。乾隆庚子在京師，金氏出此見示，臘月六日乃爲題而歸之。

同州聖教序跋 庚子

此書風神俊逸，而後記尤爲豪縱。余友金賢村藏此舊榻本，今在其從孫所。出而觀之，有諸草廬先生跋，以碑後題龍朔三年，在褚河南已卒之後，疑史或失其傳。余細審之，後所題十九字，雖形模相近，而神氣絶不相類。兩朔字，一月字，與碑中「日月」「二月」「明珠」「恆明」等字，其相去乃天淵。後所書者拳曲累墜，斷不可以混真。當併後題褚公書十一字，俱爲後來所加無疑。蓋作書不自署其名，古亦多有。後人知其出於誰氏，因爲之補題，重其人則尤欲其名之昭著也。若此者非歟？所缺者共十八字。榻手之善，近亦不可多得云。庚子嘉平月七日書。

松江曹氏所藏淳化閣帖書後 甲午

閣帖刻於宋太宗，榻用澄心堂紙，李廷珪墨。大臣之登二府者乃賜之。仁宗時板燬於火。或曰尚在，但不賜耳。歐陽集古目録兩載其説。而趙文敏謂元祐中，親賢宅尚借板榻百本，分遺官僚。文敏書名冠一世，又宋宗室，所稱宜不妄。世之言閣帖者，主銀錠紋。李莊簡言板完好時不用，破裂乃用之，則固當以少爲貴。此本神采奕奕，古色斑然，自是宋榻中之佳品。又第五卷末乃有一銀錠紋，則去完好時未遠，更爲難得。但診其紙墨，微爲不類耳。其本每卷皆有雲閒名輩印識，一曰「陸氏子淵」，乃文裕公深也。曹氏相傳云：「本文裕家物，祖某爲陸所自出，故得之。」余桉文裕著儼山書輯，言閣帖火後已亡，今有者翻本潭絳耳。以爲文裕家物，似乎考之未詳。且家有神物而無一語及之，豈未嘗以此爲真本耶？然陶南村述劉潛夫之言曰：「今人不識閣帖，某家寶藏皆非真本。」即非真本，而宋元閒人已貴之如此，何況又在數百年之後邪？曹君其善守之。

書黄長睿題跋後 戊戌

余借得廣川書跋凡數本，有一本似爲妄庸子所塗贅，引鼂之脛，接貂之尾，故篇幅加多焉。佗日余將卷而還之，其人未去閒，聊復一觀，見中閒有三十三葉，多署「長睿父書」，蓋會稽黄伯思也。其所著法書刊誤三卷，余既録之矣。此則雜題書畫簡策，而不著書名，疑即所謂東觀餘論。余插架適無其書，不能取以比對。然餘論有二卷，此尚有不盡者。余愛其鑒别精審，意辭方雅。但鈔本多誤字，又有一條乃複見，余爲訂其誤、刊其複而録之，以附法書刊誤之後，即目之爲長睿題跋，他日得餘論，改正之未晚也。長睿自云：「勤於校書，丹鉛不去手。」余於此殆庶幾焉。

東觀餘論跋 戊戌

始余得雲林子題跋數十則，無首尾，意其即所謂東觀餘論者也。今年夏，歸杭州，就鮑以文氏借得是書，乃宋四明樓攻媿爲之訂正，以付其子訥所開雕者。卷分上下。其上卷則以法書刊誤兩卷置諸首；其下卷之末，則幷他人之文爲長睿作者，皆聯綴之，不别標以附録之名。余謂法書刊誤當别出，餘者乃爲東觀餘論。其閒或記一時與友朋評論之語，或爲辨，或爲論，或爲説，或爲序跋，大抵審正金石，考核藝文，頗班駮可喜。攻媿閒爲指瑕，然不以掩其瑜也。書中多用古字，其商山觚圜觚説有云「與圭㽞相爲用」。㽞，古笏字，見説文，又見穆天子傳。傳寫之誤離㽞爲二，又以下曰字爲日字，川本遂去此句。此本不然，但注其下云：「姑留以待知者。」此深得闕疑之義。凡傳古人之遺文者，當以此爲式，不可以己所不知，而遂謂世無知者。使去其文，則雖知其文義之不接續，亦不能以意增矣。余前所鈔録者，目爲長睿題跋，今既灼然知爲東觀餘論，但以物力之不裕，不復棄前之所鈔，而就爲補其首尾，使成全書，雖小不整齊，無害也。乾隆四十三年十月既望後二日書。

書金石史後戊戌

華州郭宗昌嗣伯，與盩厔趙崡子函同時人，此書是其所著，然未可與石墨鐫華方駕也。書僅六藝之一，考訂金石文字又書之末焉者耳。古人說苟未當，出所見正之足矣，何至動出惡聲，閒又雜以嘲笑，可謂無忌憚之尤者矣。朱子通鑑綱目凡一年中再三易號者，皆以後一號爲定。此在一君之時斯可耳，若繼世易代之際，誠有不可拘此體例者，故昔人已指其誤。今謂紫陽不當去漢獻帝延康年號是矣，遂謂其黷亂不經，名不正，言不順，非所以爲紀載，以一失而掩其全美可乎？夫己既譏彈古人之失，亦當思不以失貽笑後人，乃今觀其書，則紕繆正復不少。如「周冢穆天」四字，此成何語！以爲出自元美，即不當述之，述之而稱其善，可謂知言者乎？漢孔宙碑陰，洪氏隸釋所載門生四十二人，門童一人，弟子十人，故吏八人，故民一人，合之正六十二人。今不據此，而但引用脩謂四十二人，今所收反六十二人，以此爲疑，是昔人之失當駁正者，彼反不能察也。華山碑郭香察書。昔人謂察書者，察莅他人之書也。東漢時尚少二名者，此則相沿成俗使然，非必猶遵莽制。雖閒亦有二名者，然殊寥寥，見於容齋隨筆者，祇可屈指數。今乃引莽孫宗坐罪死，莽曰：「宗本名會宗，以制作去二名，今復名會宗。」是當莽世亦有二名，且謂往牒二名不可勝紀，謂無二名爲瞽說。無據可笑，此又不足與之辨也。後魏張猛龍字神囧，既讀囧爲呼骨切，則是篆之回字。說文作曶，出氣詞也。下从曰。今乃云「日出氣也」，此說別無所據。余頗疑猛龍當本字「神囷」，於名相配，不知碑誤書耶？抑傳本者失之耶？字書中不見有囧字，故疑之，然亦不敢遽定爲然也。其文筆拙澀沓拖，姑不具論云。乾隆四十三年十月二十三日書。

跋桂未谷所藏何義門評庚子銷夏記 庚子

予昔在曁陽，鮑君以文新槧是書，寄予索序。匆匆應之，未暇閱也。後至都門，於黄崑圃先生所，見退翁後來改定本，於卷首所云：「隨意讀陶韋李杜詩及韓歐曾王文者，易之以宋儒之書。其大指可知也。」近年又從楊文定公家見一本，與黄氏本略同，中閒比今刻本尚多數條。今未谷所收者乃其元本，有義門何氏手評。兩公所見不同，苟元物不可得見，雖有精鑒，亦惡從定其是與非乎？元王惲秋澗集中所載元破臨安所得故宋書畫目，此本附録於七卷後，在退翁甲申以後所著寓目記之前，位置良是。楊本亦有之，鮑刻缺如。後或補槧，斷不可移其次第。至書中所云資暇，是唐李匡乂著，後人始加録字。義門所云洞天清禄，乃宋趙希鵠著，其自序正作「禄」字，義門不誤，而今俗閒本概改爲「録」字矣。予於書畫無所解，聊以所知者附書之，以釋觀者之惑。

海剛峯墨蹟跋 辛丑

忠介産自炎陬，登朝直聲震天下，至今猶重其名。世因謂其書可辟邪，以故贋作者亦不免。金陵談茗村孝廉家有此册，爲公草書近體詩七言二首，五言一首，後題「隆慶元年花朝前一日剛峯海瑞」十三字。茗村與其鼎彝圖書諸珍物寘置一所，乾隆戊戌之冬，不戒於火，盡熸焉。既而掃除餘燼，獨得此册於瓦礫中，四緣皆焦，其中閒字獨完然無恙。噫！公正直之氣，耿耿不可磨滅，即其遺蹟，亦有鬼神陰爲之護持，故能若是。書法神采秀發，光豔動人，後來董香光頗近之，未嘗見有峭厲不可犯之色，當與魏鄭公之嫵媚，宋廣平之賦梅花作一例。觀彼贋作者，多爲粗硬奇崛之態，以求肖公之爲人，豈可與此同日而論。吾疑祝融回禄亦自具有精鑒，故因是以顯其奇也邪？昔趙子固有落水蘭亭，寶之逾於性命。今談君之寶此燼餘，更出子固上遠甚。尾舊有圖記曰「子子孫孫鎮家之寶」。此洵爲談氏鎮家之寶也。乾隆辛丑開歲五日在京師觀，即題於元册之餘紙。

題茅鹿門示子卷後 丙子

鹿門先生因其子令章邸，爲手書訓之，前後凡若干紙，皆老成閱歷之語。且欲其「爲善無近名」，而美一歸之上。其所稱引，必本經訓。更勖其讀兩漢循吏傳，歷代名臣言行録，真西山所著二經，與近代何元朗語林中德行、方正二卷，以爲出治之本。先生嘗令青陽、丹徒，皆有聲，今書中猶以炫才揚己爲憾。其商賦役一條云：「於我意不盡然，然南北異宜，不可即以我言爲是而爾言爲非也。」其言藹然可掬，後其子果以循卓聞。先生是時年七十有三，書初不經意，而姿態横生，良可寶愛。今歸其從裔孫霞客所。先生子名國縉，書中亦稱其文可傳世，惜乎今未之概見也。

楊忠愍與鄭端簡牘書後丁未

余家舊有鈐山堂集，友朋見者輒命燬之，何令人之深惡痛恨，越數百年而猶未平，一至於斯也！椒山先生獄中家書，向於其集中見之，復有專爲之版行者。近年保定臬使代州郎君若伊詢諸容城後人，手跡猶在，爲鈎摹而勒諸石，余得其本而珍藏之。今此片楮，亦楊公在獄中寄海鹽鄭端簡於南都者，端簡復識數語於後，其家亦世寶之。乾隆壬寅，乃歸於余友海寧吳槎客齋所，新舊題跋甚夥，其視此敝紙與夏鼎商彝等。嗚呼！孔雀雖有文章，而人終畏其毒，裒然鉅編，徒足供後人唾駡之資，余之不燬，人之欲燬，其異也將無同。今槎客得此零墨，復爲之裝潢而什襲之，其欲爲壽諸貞珉之意亦豈有異哉！夫非楊、鄭之子孫而猶若此，足以見公好之與公惡皆出於自然而毫不容强，人亦可定所從已。聞楊公二疏稿亦尚在其後人所，於戲！亦豈可不謂之賢子孫乎！

周忠介墨蹟跋丁未

隱汀絶望舟，鶩棹逐驚流。欲抑一生歡，拚奔千里遊。日落當栖薄，繫纜臨江樓。豈惟夕情斂，憶爾共淹留。戊午夏日，書於崇忠堂，蓼洲老人周順昌。

右周忠介草書五言古詩四韻。後題戊午，乃神廟之四十六年也。越八年而緹騎之禍作矣。委鬼作威，羣小逞毒，芝生於獄凡六，而六君子遂拚命焉，公其一也。嗚呼！國事至此，明之社欲不屋也得乎？余向於吴中見一小幅畫，亦公筆也。老樹丫杈中危坐一人，非如釋家所畫羅漢相，不解其所用意，豈如古巢父之流歟？今此書法宛與後來董香光相近，而更加蒼勁，正氣鬱勃，自流露于行墨閒。爲吾姻家孫静川宏智所藏。假如不工，猶將寶之，而餘事況又過人如此。静川盍慎守寶焉，萬勿爲蟫蠹所齧蝕也。乾隆丁未之歲重陽日，杭東里小生盧某跋。

蕉隱亭記書後 庚子

古今富貴人所爲園圃臺榭何限，其能令人僂指數者幾何耶？揚子雲禄位容皃不能動人，而能著書以傳於後，則草玄一亭，亦自千古。吾鄉和靖處士，逸致清機，詠吟自適，其所居百世下人猶增葺之。若雲龍山人，則又託於坡翁之文以傳不朽者也。國初，長沙廖次裴先生，名元度，富於著述，兼有能詩名其所居息機園，有水竹之勝，中有亭曰雪蕉，此其寓意於物而不留意於物之微意歟？其友劉裘客名友光，爲之撰記而手書之，去今百有餘年矣。問其園則已屬他氏，而此記猶在其後人湘渚孝廉所。文與書俱瀟灑不羣，見之者如親見二賢之高致，即與夫斯亭之在廖氏何以異哉！湘渚其善什襲之。

荼毘羊記跋 辛丑

太原傅徵君於書各體皆工，而尤長於篆隸。聞有石刻四大册。今其石在太谷段氏，或云在太原縣人家，分析零落，其榻本不可得見。李生德中得隸書荼毘羊記石本一紙以餽余。文亦徵君所爲也。前題真山書。事既新異，文亦有致，以真書寫之，文曰：「方山門未闢時，陰竇窈窕，生客未繇也。日衆經行，見羣狗子直竇嘷，睨之，一羊規竇入，羣狗子格之，噍齧不退轉。僧慈悲，揮狗子去，引羊入，羊如少安隱，謂逸諸牧。翌日，有尋羊來云：『潘氏役塗次，大恐怖，幸生還，許賽羊關帝。明日且賽，忽逸出，迺至此。請牽羊。』僧曰：『是羊逃死來，道場有放生，無殺生，請贖之。』役曰：『柰得罪關帝。』僧曰：『關帝在伽藍，共禱而鬮之。』擘赫蹏，寫一殺一不殺，役鬮得不殺，僧衆念佛，役亦念佛，如是願留羊常住去。於是羊得大安隱常住，芻豢月餘，一夜無故殂。大衆曰：『羊來，有緣羊。』佛子普請律衆爲羊轉呪，荼毘附普同。」後三行真書：律師海潤説因緣，行師自聞煮茶，居士高肖柴磨礱韻，僧圓璧辦齋，居士任復亨、張敏同鐫。隸蒼勁，無近代人姿媚態，可寶也。六畜中，羊似獨有知者。嘗見類書中載王克、王固、黃載等事，皆稱其跪拜求生，而此更投佛地以幸免，豈不異甚矣哉！

書傅長芳臨歐陽率更化度寺碑後 辛丑

太原傅青主先生，於書各體無不工。其子眉，字壽髦，亦善書，觀其以行草跋乃父重隸郭有道碑尾可見已。壽髦之子名蓮蘇字長芳，逮事乃祖，亦有祖風。青主筆傍時，往往令其代作，署己名，非故舊具精鑒者，亦莫能辨也。今此卷乃臨大歐化度寺碑，似不經意之作，文多遺落，而結體與歐亦不相似，末亦署名曰山。然其骨格勁峭，形皃樸拙，益見其妍，政所謂粗服亂頭皆好者也。昔子敬自負書過其父，嘗拭去逸少所書壁，而以己書代之。逸少見之，但曰：「昨真醉邪？」子敬乃慙。今二傅之作，不知於青主優劣何如，而家風要爲不失。曹生敘五之得此紙也，寶之與青主先生真跡等，誠不爲過。乾隆四十六年十二月十八日，在三立書院須友堂書。

劉文正公自書手記跋 壬子

劉文正公手記一小册，蓋以備隨駕木蘭行圍之用，其亦古者笏記之遺意歟？公在朝，介然獨立，嶃然不滓，人多憚其嚴正，而延接士大夫，又未嘗不藹然其可親也。歲壬戌，公考試中書，文弨倖中選。壬申，入詞館，公爲教習師。在上書房日，亦常陪侍履綦。及官罷南歸，而公未久即乘箕天上，音容遂邈不可即矣。今覩遺蹟，儼然如對古儀形。昔司馬公作字必端謹，公以暮年居政地，兼數任，尚能作此蠅頭小楷，無一筆苟如此，何相似也！將由得聖賢持敬之力耶？頃薄遊白下，方訒菴觀察見示此册，勉識數語於後，實不勝吾誰與歸之慨。

跋梅二如所藏徐夔州墨蹟 乙未

近代以書擅名者多矣，大率取法於唐，更出入宋元明諸家，其能溯而上之者蓋鮮。此卷，徐夔州爲中書舍人日所書也，蕭灑閒靚，如其爲人，而運筆結體，實有二王神韻。長安歲晚，人各有營，乃獨泊然閉户，爲此冷淡生活，其品高，則其書安得不妙絕時流哉！文弨於先生爲後進，罷官後，往還益密。别來三年，於金陵見此卷，乃梅子二如所珍弆者，并言先生已成古人，昔共遊處時，有善繪者貌得先生及其長君之容，開篋見示，宛然如生，欲并裝置卷首。噫！本一時偶然唱酬之事，而羣賢相繼有作，若不勝豔羨者然，先生肅而書之，梅子又從而乞之，此皆與晉人風致爲近。余既追和其韻，又綴數言於其後，以爲若梅子者，知先生之爲人，則珍貴其書自當更倍於餘人也。先生晚名良，號又次。卷中所署名字，在未改之前云。

又跋梅二如臨徐又次太守手卷丁未

文弨十二年前曾爲二如題所藏徐公手卷，并屬二如臨一本畀余，竟不虛所請。未幾，二如下世。余重是故人之筆，且張徐二老一時韻事，而得諸老先生爲之咏歌歎賞，其事足豔千古，因裝成一軸，請二如之弟石居爲識數言於其上。石居亦重出前卷示余，卷中有文穆公詩，即石居昆弟之先大人也。憶余乾隆初方從師日下，身亦爲童子師，未能造大人先生之門，然於邸鈔中時見公之奏章。公是時於卿列中未爲甚崇，而敢言無所遷避已若是，小子私竊宗仰者實久。歐舫前輩，爲龍眠鉅族，是時宗袞方在朝，而蕭然無異寒素。武進錢文敏與余同鄉舉，同選中書，其登第也先於余，既貴顯而不忘舊好也。新建裘文達公爲壬申殿試讀卷官，余以是年登第，以師禮事之，有燕會必招余在座，其卒也，相傳爲江神主江寧之燕子磯云。桐城王中涵户部，丁丑會試，與余俱爲詩經分校官，坐聯席，相與浹洽者一月，識其人朴誠君子也。徐又次前輩，乃書此卷者。書既絶倫，且兼精岐黄術。猶憶甲戌之春，余長男慶詒方三歲，患豆創，醫皆以爲結痂可待矣。時余七歲女久病，請徐先生入視，先生見余男亦在牀，出謂余曰：

「君男之豆，醫者以爲何如？此證有吉，有險，有凶，君男在險法中。」余始皇急就先生求良醫。先生因命其長君鳳鳴旦旦來視，毒然後大發於外，爲手製善藥，護其裏，散其外，又逾月而始愈。今余男年三十有六矣，向微先生，安能至於今也。今先生喬梓與五公皆不可復作，而余以衰齡尚得撫遺墨而追舊游，情景了了尚在目中。誠知筆墨荒穢，然實有不能已於言者，略識其概，使來者得考焉。余本不善書，今更艱於捉筆，因授余表姪王嘉客士玉爲書卷後。時乾隆五十二年良月之六日也。

題方訒菴昂會試朱卷後　壬子

凡鄉會試之有朱墨卷也，墨卷乃士子所自書，朱卷則鈔手所重謄，送内簾考校以定去取者也。中式者，取兩卷比對，相符而後填榜，又待磨勘訖，而後歸之禮部藏焉。所司未有復料檢者。其人後官禮部，閒取其得舉之卷攜以歸，而未有以示人者。吾故雖聞之而未嘗見也。今訒菴乃取其會試中式之朱卷而裝潢之，吾得見之，因以歎訒菴之大有異於常人也。自德行道藝之書廢，上之求士也以其言，而士非言亦無由以進，此其爲拜獻之資也重矣。顧士當釋褐入官之後，轉不自貴重其言，視之無異土苴然，俗閒相傳，至喻之以「敲門磚」。噫！其於修辭立誠之道何有！殆不過揣摩勦襲、徼幸弋獲而已。志得意滿矣，其言本無足重輕，至己亦不欲復觀。夫以終身之發名成業、顯榮赫奕之美報，一追溯其際遇之關鍵，所取者唯在其言，而猶不自愛，是其於言也先已不誠，而他又何望焉。訒菴乃於其遇合之文，珍重之如此，此非遠異於恆流乎？然訒菴何不併取其墨卷而亦裝潢之，將無重襲雜沓中無可檢尋耶？抑已爲識寶者攜之去耶？吾聞廷對之卷亦皆在禮部，其人後登端揆，例當取其卷歸之，謂其向所言者今舉以見諸行也。訒菴大用必有日，吾安得及見其敷奏而更以豁吾目也。歷來闈中書手，不能無恡惲，其甚者至不能以句。舉子畏其然，常以利啖之。以訒菴之貧，亦不得免焉。非然，安能書之端謹若斯也。向來分校者用藍筆，十數科來，始改用紫筆；主司之用墨筆，則新舊一也。此卷流傳日久，後人或有欲知典故者，故復覼縷及之。

德隅齋畫品跋 丁酉

德隅齋畫品一卷，宋濟北李方叔廌之所作也。東坡嘗稱其文瀾翻不窮，有飛沙走石之勢。知貢舉日，自佹必得，而竟失之，坡有詩自責，見集中。又哀其窮，以玉鼻騂相贈，今所傳馬券帖，是其事也。方叔所著名玉巖集，李端叔之儀爲序，今不傳。此帙乃評畫者耳，能知名手用意處。雖無題識，而摩挲放像，有以知同物而異時，同形而異勢，摹寫曲盡，令人如將遇之，誠善於言者也。後言能畫不害爲貴人，爲賢士。是則固然。然思唐中官傳呼宣畫師閻立本時，則有藝又不如無藝之爲善矣。此與圖畫見聞誌皆從金孝章俊明手鈔本傳出，中有脱字及避諱缺筆，一一仍之。

圖畫見聞誌跋 丁酉

一藝之微，莫不有法。藝之精者，亦可以取重於當時，傳名於後世。今名爲士人，而束書不觀，游談無根，悠悠忽忽以至終老，不大可哀也哉！畫亦六藝中書之流也。余不善書，而書之形聲，略略能溯之。余更不解畫，而畫之雅俗，亦略略能判之。使持是以蘄名於世也，吾固知其必無幸矣。雖然，舍此而求所以立者安在乎？余甚自危，而又何暇唯人之責也。觀此誌中所載諸人，其能事必不可以假借。孟子云：「五穀不熟，不如荑稗。」必有其進乎此者，而後可以不屑乎此也。此書爲宋郭若虛撰。常熟毛氏有刻本，余未之蓄，從友人處見吳門金孝章俊明手鈔本，託友人爲傳寫，以備插架之一種云。

書格古要論後 丁酉

此書特游藝之資耳，觀其辨器物之真僞，的然不淆若是。噫！豈獨物爲然哉！其所以審善否、考情僞者，果何具也？身也者表也，學也者鏡也，表端則曲直見，鏡明則好醜分。不知務此，而逐逐於物，無乃適蹈喪志之戒乎？雖然，有卞和之璞而不之寶，有干將之劍而不之奇，不能盡物之理，即不能盡人之情。雖曰識小，君子亦不謂其無益而可廢也。今所傳本，云是吉水王功載所增輯。以余觀之，大率坊賈鈔撮以射利者耳。重複錯雜，已疑非學者所爲。而今所刊本，更全不讎校，字體惡俗，甚且一篇之中，首尾貿易，不相聯貫，豈非書之一大厄乎？余以暇日，依文尋之，略得其讀，爲校正之如右。然余以衰白之年，而乃爲此不急之務，政恐後人不嘉余之勤，而轉得誚余歲月之空擲也，余其何辭以謝。

書五曹算經後 戊戌

五曹者，田曹、兵曹、集曹、倉曹、金曹也。題李淳風等奉敕注釋。然所釋者，五曹次第之序而已，疑當日尚不止斯也。宋元豐七年，與孫子輯古兩算經同雕版。毛子晉謂其端楷精工，真希世之寶，欲翻刻而未果。今鮑以文氏縮爲小字版行之，屬余爲校讎。唯覆月田衍一字，及方窖受粟之數，其奇分有誤，雖宋本亦爾，然正不當沿習其誤也。聖祖仁皇帝時，欽天監推測互異，争執所見，朝臣不能定其是非。聖祖於是殫思研學，精析毫芒，遂有歷象考成等書，以爲天下後世之圭臬。而宣城梅定九，於是時伏處草澤，亦復能薈粹古今中西之學而推闡之。數學至今日，舉天地人物精粗大小萬有不齊之品，而罔有不該矣。此區區者，直淺以導夫初學者耳。然唐時以算學取士，故算書易以流通。今之士，習四子書外，守一經有餘矣，遑問此哉！朝廷鉅製，卷帙重大，既不能家有其書，而此五卷者，簡約可循，椎輪爲大輅之始，誠哉不可廢也。鮑子從若滅若沒之餘，依仿宋本，盡爲表章，其用意真絶人也，故余樂道之。乾隆四十三年孟冬二十有五日書。

又跋 辛丑

乾隆戊戌，曾爲鮑氏校此書，即就改正矣。今見館中本，復取而閱之，余所校果不謬。唯倉曹有一條，其元本云：「今有方窖，從一丈三尺，廣六尺，深一丈，問受粟幾何？答曰：四百八十一斛四斗奇七寸八分。」余以斗法只一寸六分二釐，若奇數有七寸八分，則又成四斗有餘矣。當爲奇一寸三分。今館中本尚仍其舊。余乃更加覆審，則奇七寸八分實誤也。若七寸八分不誤，則「四斗」二字爲誤衍明也。此書與孫子算經皆得汲古閣影鈔宋元豐七年祕書省所進本，故行款爲近古云。首卷内腰鼓田、鼓田兩條，館校謂其術頗疏舛，爲更定其法，此當取其説以繫於後。乾隆辛丑七月十三日，在太原記。

抱經堂文集卷第十七

書一

上桑弢甫先生書 戊辰

文弨再拜。楊許州至，得先生書，蒙示中州遊草一帙，喜甚，急欲知道途間事，粗讀一過，覺情景了了在目。虎竹年少，詩之工已若是，霖潦彌塗，更唱迭酬，興不少減，有以知先生之樂也。文弨自聞先生之教，私願杖履所到，必往從焉。乃不意八年之久不得一覿，事勢阻格，不能自拔。每至昔時講習之地，思師友聚處之樂，邈不可得，未嘗不徘徊歎惋，自傷年日以長，而不能竟其所學，若何而可以自立也。自先生之至中州也，道里近，音問可速達，然知先生之於文弨望之深，必將知其近所從事若何，所得力若何，其見於議論文字又若何，而文弨之所大慙，正在於此。昔孔蔑嘗言仕有三亡，而子賤獨否。文弨今日不幸與孔蔑之言適相似也。繕寫官書，計字爲率，日當得一千五百，敝敝於此，何暇爲學。且古之爲貧而仕者，蓋將以禄養也。今文弨力不能迎養，是以居常少歡。文弨行能無似，無以動人，又不能求當世賢士大夫而與之周旋，孑然寡合，以是益增其孤陋。即有一二志趣相近者，又皆爲職事所羈束，不得朝夕見。夫既無爲學之時，又爲境所累而不能自力於學，更無人焉共勉於學，是則終於失學而已矣。此文弨之所以内省瞿然不能自寧者也。近日略得閒，可讀書，然不能如古人專讀一書之法，讀經亦兼讀史，先爲之分句讀，正譌脱，偶有筆記，非其大者，以俟再讀然後求詳焉。内府校定經史善本，非力所能購，亦無從假諸友人。至耳目所觸，未嘗無勃然於中而欲宣者，而弗工於辭，不能達吾意之所欲云，展轉移時，旋即銷滅。昔歐陽子嘗歎言之不可恃，是固然矣。然傳不傳雖不能自必，獨不可藉以自娱乎？其上焉者不可驟幾，其次又以爲無益而不爲，未見計之得也。文弨竊有意於此，而能厲其氣使弗餒者，唯先生願終教之。

與桑虎竹繩簏書戊辰

承示新詩若干首，鋒鋭如干將、莫邪，何可當也。持與此閒知詩者共讀之，雖足下進而未已，無急於名。然有美不彰，吾之意有不安者。非夫人之能重足下也，實至而名自隨，有不可得而終辭者矣。夫詩之爲道，非彫琢曼辭以取悦於世而即可爲詩也，殆必由乎至性之所發而後乃爲真詩。今足下之至性，吾見之於詩矣。足下之侍親來河南也，遇雨相失，徬徨達旦，此時豈有意爲詩，而詩乃自然流出。先生亦嘉子之勤，而見之於詩者又彰彰焉。然則子之爲詩，皆發於性情而不能自已焉者，固宜渢渢乎其可誦也。文弨八年於外，不能事吾親，又不能承其家學，勞擾困踣，幾無生人之趣。雖欲諧聲律，工字句，以自列於作者之林，亦難解於至性之薄矣。年來自傷貧窶，無以爲養，呻吟大息之作亦時有之，然以視朝夕在膝下，其幸不幸爲何如？則其言之工拙，固有不必較者矣。吾是以甚慚於足下。且常人之親，願其子富貴而意已足也；足下之親與吾之親所以願其子者，雖得富貴，意殊未慊也。今吾獨營營衣食是急，而不能盡力於古人之所謂學，工爲文章，時出一篇以爲親娛，亦不可得，足下其謂我何哉？嘗竊思之，富貴，命也，學問則人所能自力耳，然亦必藉師友之助焉。吾欲於明年請假來河南，既得聞先生之教，又兼以足下自勵也。

與薛瀫山洪書戊辰

文弨頓首瀫山足下：自隔音問，三年於兹矣。足下具過人之才，而復奮志於學，得友朋之樂，且不爲職事所羈，則時皆我之有也。足下之於學也，其成矣乎！嘗慨聰明有志之士，世故不乏，或爲外物所牽，又無明師良友爲之助，往往中道廢，不克自振，以可爲之時，擲之無用之地。其後雖欲勉自收攝，求爲炳燭之明，而精力已銷亡，耳目已敗壞，不能復有所爲矣。文弨自少時即知學之可貴也。足下從吾父遊，吾父時時爲文弨稱説足下之好學，則益自激發不已。足下與我相識，意亦似可與共學。時方汲汲於科舉之名，私以謂吾姑取此，而後從事於學，乃無分吾志。然古人之爲學，豈有是也。此念一誤，録録十年餘，屢躓於有司之試，一第曾不可得，而學荒矣，時已去矣。足下前與我書，教我讀書之道當動静相調，此朱子之説也。吾受而謹識之。乃今所處，有萬不能行者。蓋人以讀書爲動，而以静坐時爲静也。吾則以應事爲動，而以讀書爲静，静坐時安有乎！足下又盛稱田、傅二君之爲人，而樂與之友。然則足下既得爲學之方，其時又可爲，又得同志之友相引翼學之成也。吾爲足下信之矣。懷土之念，人情不忘，況此地二三好友，逝者電滅，在者星散，吾安從得益乎？與足下相見當不遠，幸於諸君子前先道我願交之意，他日談道論藝所與數晨夕而共遊處者，必於是乎取之矣。道遠情長，不盡覼縷。

答陳徵唐一傑書戊辰

文弨頓首徵唐足下：令兄來京，得讀所惠書，慰誨兼至，足下之關愛甚深也。文弨之試於禮部，至是而四矣。初不敢懷一僥倖之念，以冀其或有遇也。固亦嘗肆力於是，而求正於先達，卜所業之中繩墨以不，其視昌黎之自謂可不學而能，固大有閒矣。今年所試之文，頗小稱意，而友朋亦雜然同聲許爲必售。榜發被黜，人或疑余之不能無慍。然此之得失，亦何足道，余固不以是介介也。有謂余者曰：「子之言不慍，妄也。子有親在，而名不成，仕不達，將何以爲親榮，其焉得無慍？」是則固然。然僕亦知其不必慍也。何也？凡售而驟躋於顯列，不過數人而已；其或不幸而旋降罷以去者，比比也。文弨不得進於是列，職業易稱，得安享其禄之所入，且不至如古者鎖廳之法，一試不中輒去官。是文弨今日所處，正吾親所得免於慮也，而又何慍焉。抑吾聞之荀子，良農不以水旱輟耕，良賈不以折閱廢市，學所以爲己也，非爲人也。如不得於名而不學，是兩失也，竊有所未安焉。近者稍得暇，取經史兼閱之，以經爲律令格式，而以史爲案辭，此文弨近日之所爲學也。然則謂僕遂無意一遇，此亦不然，要之固不足以是爲憂喜矣。文字之敝，近來爲甚。夫文將以言聖賢之言也，而今乃以兒童駔儈之言雜入之，而恬不爲怪。夫兒童騃儈之言與聖賢之言豈待辨而知哉！而世且寶貴之，大可怪也。昔曾子固不中而歸，歐公爲文送之，稱其不非同進，不罪有司，思廣其學而堅其守。今僕非敢非同進也，罪有司也，恐後生狃於聞見，且將爲人心風俗之蠱，朱子所謂文字亦極有關繫者，此也。故願與有識者共明之。非足下吾亦不輕以語之也。

與張東之弟孟陽書 戊辰

僕在京落落寡交，所敬事者，惟長民舅氏一人而已。自其以葬事歸，復來京師，過從益密。方增益我之所不知，而督我之所不逮，不圖天不假年，中道摧折，其爲痛悼若何可言。舅氏生稟異資，讀書能得古人之意，爲文雅潔有法，詩宗盛唐名家，中晚以後纖佻修染之習勿屑也。舊歲爲老親在堂，思博一第，與僕偕二三友人共攻應試之文。而獨善僕之所作，嘗曰：「文有俗韻，雖工不貴也。今吾與若，庶幾免是乎？」同年王君立齋每見僕，必云：「爾舅清羸如是，而子與之爲文不休，是速之死矣。」僕時以謂何遽如君言，今不幸其言中。然舅氏之死，固不可謂死於文也。其始病也，貧爲之祟也。其病之至於亟也，醫爲之酖也。舅氏善爲議論，縱橫揮霍，率嘗屈其座人。與僕同居日，常談至夜分不休，母夫人遣婢傳教止之，乃散去。閒嘗與舅氏語：「相者謂甥年殆不滿四十，倘其言信，則爲期不遠矣。」舅氏笑而語僕：「吾與甥縱自知不及期頤耄耋，猶當過强艾耳。」今憶斯言，不自覺其驚痛之交集也。將試之前月，在同年祝君豫堂所會文，既成，色慘沮不樂，曰「此不祥之徵也」。遂內其文不出，而評騭諸人文字某甲某乙，而謬賞僕文爲最。未幾，又集同人爲文。是日僕苦思致不屬，自知文不佳；而舅氏之文先成，狂喜自矜，以爲絶調。然僕視之，實不逮他日所作，因即爲掎摭其利病。舅氏頗不以爲然。相揞拄不少下，旁人幾疑其失歡。然亦可見余兩人唯親厚無閒，故若此也。中閒遊從之樂頗多，不能詳說。舅氏爲人，略見僕所作行狀中，已寫一通寄歸，想見之也。近者老幼八口，煢煢京師，南方無室屋可棲止，勢不得不暫寄於此，賴舊交世好之力，稍可支吾目前，過此則不可知也。嗚呼！舅氏之道誼學問，蓋非獨張氏之良而已。儒林中咸惜此人，則羣從子弟其惋痛當更何如也。人必聞正言，見正事，然後可成其德則。如舅氏者，方將以爲後生小子之所則傚，而柰何其遽死也。後起者爲誰，東之可不自奮耶？文弨與舅氏親洽之至，故即一二瑣屑談諧之事亦有不能忘者。舅氏既自知死徵，則日前之所以語僕者，其毋乃故謬其辭以相解歟？死非僕之所懼，但懼無可以死者耳。悢悢之懷，言不能罄。十一月七日文弨白。

與備三大兄壽朋書戊辰

弟年來苦無暇日，親知往還之書，絶少精神，疲於酬應，遂不能强之復作。人但知京官事簡，外官事繁，不知京官所治之事，無有不躬親者，非若外官之有佐助者也。至若往來慶弔，雖視其人爲繁簡，然即至簡亦有不能盡絶者，此亦何異於上下奔走之僕僕也。故昔之爲仕者，往往反致羨於山林隱遯之士，爲之流連贊頌而不能已。豈故爲是言以相謾哉？彼實有所苦，而其勢又不能毅然舍之而去，乃不得已而宣之於言，則皆其情也，非僞也。以大兄之才，久困於鄉，而不才如弟，反得竊升斗之禄於京師。以世俗觀之，鮮不以弟之所處爲勝於兄。然平心絜之，弗如也。兄未嘗處弟之境，當不知弟之此言爲誠然。近者以久次之故，稍就閒地，值纂脩玉牒，得與於繕寫八人之列。弟書不能工而能速，以此獲少暇，得以讀書。昨歲聞喪嫂氏，知兄何以爲情。嫂氏之賢能，以弟耳目所覩聞，未有能過者也。兄之廉介清苦，而嫂氏安之，以故不損兄之高。兄之剛直易忤，而嫂氏順承之，無有違言之達於外。以一人之身理中饋，治女功，兒女林立，緝紉補綴，敝而能完，此豈世閒閨門弱質之所能獨任者，而嫂氏爲之綽有餘力。其安貧食淡，盡罄其嫁時之匳而絶無幾微怨尤之色，且不志非分之得。至使童穉皆率其教，人或與之果餌，則慚，此尤爲難能也。文弨大母在日，嫂氏時以飲食相遺，行步則爲之扶持。大母念文弨在遠則哭泣，又賴勸慰以解。此更文弨所切切於中不能一日忘者也。聞喪之日，弟與弟婦俱痛悼累日，盛德之所感如是。念諸子皆幼，其小者更難提攜，相去三千里，弟婦不能爲任撫育之勞，常用内疚。然諸子中後必有興者，天下報施善人固不爽也。

與從子沂州守石林憲觀書戊辰

信至具悉，近況甚慰。遠念公事倥傯，自倍於京朝官，愚雖非履之而知，然實信其難爲也。曩者咸謂京官貧而事簡，外雖繁而禄入之數稍優，差相當也。今也簡者未必簡，而優者亦豈優乎？愚奔走殿廷職業之外，無分豪裨益國家，誠不如得一令丞簿尉，尚可以及民而爲效於國家也。今石林所處則既尊矣，而其及民之廣，非復令丞簿尉之可比。所以爲民者，即爲國也。知石林之心亦惟知有民而已，必不屑屑計及於祿食之多寡與憚其任之勞也。汲長孺薄淮陽，而欲爲天子拾遺補過之臣。今日居長孺所欲爲之職者，每多卷口結舌，曠月逾時，始摭一二瑣屑不急之事以塞責。天子既已薄之，而舉世亦竊相笑也。既不可爲名，而又無以固乎其位。吾意今之欲得淮陽者必比比也。石林前以試當得御史，而出外居郡，若左遷然者。然今則御史之能者乃得爲郡耳，不可與前時概論也。勉盡職事，餘無他屬。

與從子掌絲世綸書戊辰

九月十六日得書，知眠食無恙，良慰余意。書中具言近日讀書勤苦，尤吾之所樂聞也。但精神難支持，亦不必勉强，以掌絲平日善病，恐過用，難爲繼耳。所疏不知出處及疑義若干條，具荅在別紙，此士安所謂遭人而問少有寧日者也。掌絲之虛懷而勤力也至矣。雖然，吾竊以爲更有進焉者。蓋人之爲言，皆曰學問，將學焉而繼之以問邪？抑問焉而即以是爲學也？夫寡聞寡見之蘄至於多聞多見也有道焉。得其道，則耳目可以不勞，思慮不至厖雜，而其爲功也易。近世類書頗多，又諸文集亦多有注釋箋解，然則讀書之易宜莫如今日。然吾以爲殫見洽聞之助，不在是也。蓋已經翦截割裂，於事之始末，語之原委，必有不能通貫曉析者矣。今以掌絲之資性日力計之，吾不必訹以高遠難行之事，六經之外，如爾雅、說文、史記、漢書，皆所當讀也。然後博覽羣書，其不解者鮮矣。此言初聽若迂，然吾爲掌絲細審之，事無有捷於此者。且不必遽爲程限，但日日讀之，一卷畢則此一卷之事與言見於他書者，自一覽而得也。推而數卷至數十卷，莫不然。初可以省問之一二，繼可以省問之五六，又繼可以省問之八九矣。苟若是，則其用安有窮哉！然此猶爲記誦言之也。若夫以之明理，以之處事，則所得者益不可以數計。此事逸而功倍之道也。不然，則掌絲數月以來所不知者，豈盡於此乎？吾所縷析以荅者，能一一記之後不復問乎？同一事也，而出於人之所援引者又各不同，其能明乎此而即無惑於彼乎？吾是以深嘉掌絲之好問，而尤願掌絲之好學也。掌絲果從事於吾言，則其於問也亦必有更進於此者矣。

與金崞縣天來澬書 戊辰

天來足下：別後久不得書，事定劇也。京官雖不若州縣塵勞，然得閒亦絶少，吾輩佔畢習氣至此皆不能不少損也。此時冬寒日短，從玉牒館抵家，大率已曛黑矣。飯訖稍處分家事，即取舊所讀書就燈下讀。日力有限，不能泛濫羣籍。近來性亦厭雜，聊温故使不遺忘而已。婦抱幼女在旁，女半歲，略識眉目，向予嬰婗欲語。予取置諸膝，女似喜讀書聲，謂若予與之語者然，久之漸不耐，跳躍轉側，不可抑按，乃抱之徐徐行，覆誦所讀書，有不接續處，即開卷正之。腕力倦則還其母。兒早睡，予讀書至寢以兒醒索乳爲候，則夜已過中矣。偶有所見，隨筆記之。惜良朋在遠，不能是正耳。僕之仕不可以爲仕，故第區區以其學爲學。若天來所處，則仕中即有學，不必更求其所爲學。吾於天來交最深，相別幾一年，寧無所以爲天來告者？然以未嘗經歷之事，憑臆揣度，勦襲陳説，指畫其如此如彼，非所謂强不知以爲知乎？且天來明達果斷，其於政體亦何待告也。然則僕遂無一言乎？僕之所欲言者，欲天來爲所當爲，而毋瞻顧牽制以入於揣摩之習而已矣。蓋仕之通塞，命也，非人智力之所能爲也。知其爲命則不足以縈擾，而唯盡吾職分所當爲之事。吾未見世皆以軟媚進而以正直退者也，未見世皆以武健進而以循良退者也。且觀天來已事之驗，可以知命矣。諸兄咸以甲科顯，而天來曾不得一第，豈其文之不若耶？又嘗兩就榷鹽之職，皆在選中。親朋惜君之才，咸以説沮君。君前則以病辭，後則吏部業以名上，次日當引見而適遇改期，乃又以病自免。當是時，人咸私相指目謂以君之才，寧有不以文學顯者？又有謂君於外吏第不就，就則取之如寄耳。君言語動作皆有矩度，屢當主選者意，他人皆不及君也。會選人往浙江，天來樂其山川風俗之美，欣然就選，期在必得。既與矣，復不得命，視天來意若不釋然。其時吾亦爲天來曲解當必爲文學待從之臣 故且靳之於此。以今觀之，則凡人之所料，卒無一當。得失之際，能自爲乎？命之説，夫人而知之而能言之矣，然安之者絶少。吾無暇援引古義，即以天來之往事思之，安得不信吾言。力從事於其所得爲，而毋敝敝焉以所不能爲者自役，則政之成也，非天來所難矣。迂愚之論，謹以爲良友告，幸垂采擇。

與侍讀申笏山甫書辛未

文弨趨走内閣，忽忽已十年，每欲撰舍人録一書，恨見聞淺陋，又鮮同志之助，久而未就。近始見真定梁慎可所著内閣小識，差可見明末及國初制度。不知如此等書，世復有幾，當訪求而彙輯之。博洽如笏山，當有以益我所不逮也。文弨之爲是書，祇就見在職分記載，且録今昔凡爲是官者之姓氏，其行事可考者幷附著焉，固不敢旁溢一語於其外也。雖然，必使後世循其文而考之，可以見政治之得失焉，相臣之優劣焉。其一時風會俗尚與其人品行之高下美惡，皆可燭照而數計，則其書乃不爲徒作。

歷代之設是官，皆稱清選。諸曹簿書期會日不暇給，而此官尚不爲吏事所拘，得以餘閒誦說先王之詩書，參稽國家之典故，以益厚其所植而爲有用之器。夫官位中無事而食禄者，莫如詞臣，而人不以爲非也。居其官者，亦未嘗見其有不安之色。即君相亦不以事之不當爾，而欲以職事縻之。然則職事之閒劇，惟其所處，固不能一槩也。今舍人之官，幸處於閒劇參半之閒。然以今較昔，業已稍稍繁猥。苟職事粗舉，似不必一切以吏道繩之，至使國家養士之優，待士之寛，百年來相傳之厚意，一朝而澌滅殆盡，則其所傷者實大。僕又聞之，舊章者，不可改也。昔之所行，今亦踵而行之。即人主不得以其意輕易變更，而況其下乎？故事，殿試執事止八人，今科忽增二人，又易其次序。詰其故，則曰「中堂之意，將使壯者任其勞焉」。夫凡百差遣，皆擬議而後上，何獨於此稱中堂之意乎？夫勞逸之次，先後以序。曩吾與筠山僇直之時，亦勞甚矣，未嘗求助於前人，今亦不當爲後人任其勞。夫苟以朋友之情言之，亦何所不可；然於國家之事體，則非所宜也。事無定準則趨避生，趨避生則争辨興而雅道壞。苟推其所由來，咎不得不有所歸矣。筠山達於大體，必知非僕一人之私言，如其未是，尚明教之。

抱經堂文集卷第十八

書二

上黃崑圃先生書 庚午

士之能自守者，莫不以有求於人爲病。雖然，此但謂不當爲流俗人之所求耳。若士亦有士之所當求者。如必以無求斯可爲士，此蓋狷狹之行，非宏通之道也。文弨弱冠來京師，三年而歸，歸而復來，迄於今且十年矣。官司之長及舉主，歲時隨例往投刺而已，未嘗一進謁於其庭也。其餘王公大人之門，未嘗有文弨之迹焉。此非敢薄當世之王公大人爲不足事，而故以偃蹇爲高也。流俗之所求，固斷然不爲；然使見之也不以事，請閒而進，欠伸而退，其所言非性命之理，非當世之務，非有掛解之獲而疑義之析，若此者，雖不爲流俗人之所求，吾猶恥之。若文弨之所求，則有在矣。家貧不能得書，自來京師，卷軸益少。讀班、范之漢書，欲求荀、袁之紀以證之，而不可得也。讀歐、宋之唐書，欲求劉昫之舊本以證之，而不可得也。借之友朋，皆相笑以爲不急之務。此其所憾一也。家君在南方，師友亦皆遠隔，每有滯義，輒錮於胸中，積日不得豁然。見前人議論之未是者，竊欲更張之，深懼不知而作，所謂見螳螂之在前，而不知黄雀之隨其後，苟不就正於有道，終不可信。然竊觀士大夫間，類皆勞勞於職務，而無暇爲審定焉者，此其所憾二也。若是，則文弨非無求也，患其不得所求也。先生以高才早掇巍科，復從師問學，無絲豪自矜意。既而歛歷中外，爲朝野所共欽。懸車歸里，猶日以友朋書籍自娱。好奬引後進，客至不留於門。文弨懷企久矣，而以無介紹之故，不敢以褻見。今者猥辱令子侍御君之下交，而又示以賢孫之文。夫交其子孫，則必登堂而拜其父祖，禮也，況先生更文弨之所願見者哉！夫少而不事長，賤而不事貴，古人以爲大戒。碌碌於世而不爲有識者之所知，亦士之恥也。以先生學行聞望，何可不見，且里居則既無職事之勤，文弨雖數踵門，亦可無流俗人之嫌，是以一旦舍其狷狹之行，有此請焉。謹先獻所爲古文若干首，漢書續考證三册。幸先生不棄而辱教之，且出其藏書以示之，則文弨之所求，庶幾大慰。

復秦味經先生校勘五禮通考各條書 甲申

日承尊諭，以所著五禮通考雖已刊刻完竣，未即行世，恐其中或有參錯不及細檢處，須及今改訂爲善。文弨學識短淺，誠知不足以副諈諉。然先生之虚懷爲已至矣，繙閱之勞，所不敢辭。謹就愚見，似其中尚有可參酌者數事，輒疏左方呈覽，伏乞恕其狂瞽，或有一二采擇，不勝幸甚，主臣！

尊案云：「鄭氏注經文天帝，名目錯出。一天帝也，曰北辰耀魄寶、天皇大帝、皇天上帝、昊天上帝，一天而數名。又謂皇天、北辰耀魄寶，上帝、太微五帝，一號而二神。二五帝也，曰五德帝、當方帝、感生帝。一感生帝也，曰靈威仰、赤熛怒、含樞紐、白招矩、汁光紀。隨文而屢變。」

文弨謹案：康成六天之説，雖參錯屢變，然約其旨歸，不過北辰耀魄寶及太微五帝二者而已。上所識一號而二神者是也。至五帝之名，則東方蒼帝靈威仰、南方赤帝赤熛怒之屬，蒼赤黄白黑即木火土金水之五德，主東西南北中之五方，異名而同實者也。唯感生帝則隨代而易。周木德，蒼帝之精，故以靈威仰爲感生帝。殷則以汁光紀，禹則以白招矩。五德各當其方，而當代祇一感生帝，是不可謂之屢變。

書：「類于上帝。」蔡傳：「其禮依郊祀爲之。」尊案云：「類之名義，諸解皆不若鄭注之確，故朱子書集傳取之以授蔡氏也。」

文弨謹案：下文又有尊案云「經言類祭，不外陟位、行師、巡守諸大事，皆義類之正大而不可以已者。然則類之爲名，或亦正其義類而告之之謂乎？若以類爲依倣郊祀，則旅亦未嘗非依倣爲之也」云云。據此，則此處尚未可遽以鄭注爲確也。

禮志：「壇每成高二十七尺，三成總二百七十有六，乾之策也。」尊案云：「乾策二百一十有六，七爲誤字顯然。分之爲三，當作每成七十二尺，亦刻本誤也。但三成共二十一丈六尺，何乃太高，亦不可考。」

文弨謹案：每成二十七尺，此似非誤，意此下或尚有脱文。考前後制度，多言十二陛，陛七十二級。三成陛級之數合之，適得乾策。然則非言每成有七十二尺明矣。蓋每成二十七尺，已比舊之高加倍有餘，舊每成高八尺一寸。無遽加至七十二尺之理。但當以爲文有脱誤可耳。或「總」字誤，當本是「級」字。

後漢書祭祀志「立春之日迎春於東郭外」一段，至「三時不迎」。尊案云：「此永平以前舊制。劉昭以其不成禮典，故祭祀志中列永平迎氣五郊之禮於前，而附此於下卷之末。」

文弨謹案：祭祀志末所載靈星、先農、風伯、雨師及此迎春一條，皆縣邑之事，故不備禮，且不言郊而言郭外。若天子國都，則永平以來即有迎氣五郊之制，本之禮讖、月令，又采元始故事爲之，則知非永平創造可知矣。迎春一段，不紀年月，不可即斷以爲永平以前舊制如此而後乃改易也。今州縣亦止有迎春一節，此即古法之猶在者。又案：後漢書附見諸志，皆晉司馬彪續漢書中之志，梁劉昭注以補之，故題曰「注補」。毛氏汲古閣本猶然。近乃改刻作「劉昭補并注」。此大誤，不可承用。

周禮大宗伯：「以實柴祀星辰。」注：「星謂五緯，辰謂日月所會十二次。」疏：「辰即二十八星也。」尊案云：「星兼經星緯星而言。辰，天之無星處皆是。是以日月所會大略分之，則爲十二次耳，非即指二十八宿也。」

文弨謹案：二十八星皆日月之所經，一歲之中凡有十二會。故疏又云：「不當日月之會，直謂之星。若日月所會，則謂之宿，謂之辰，謂之次。」蓋專言星則可以兼經星緯星；此以星與辰對，故注一主緯，一主經也。若邵子言「天之無星處皆是辰」，此別一義，而以施於祭祀則不合。何則？

太虛之中，坱兮無垠，既祭天矣，又祭其無星者，此何義也？若謂大略分之爲十二次，則舍二十八宿之外，不聞又立娵訾之祭、降婁之祭諸名目也。又尊意以北辰、辰之最尊者，竝無星象，亦不在二十八宿之内爲證。竊疑北辰雖無星象，然天之樞紐，確然有可指處。鄭氏既以北辰耀魄寶爲上帝，故此不具列耳。若日在營室、日在昴，即已確指其星爲日之所在，而猶不謂之辰，轉求之杳冥之處，恐未然也。餘星不謂之宿，而唯此方面各七者謂之宿，宿即次也。次十二而星二十八，以所會包所經也。若過泥無星一語，則水星又何以謂之辰星，大火又何以謂之大辰，中庸日月星辰何以總謂之繫於天乎？此猶儒者以天爲即理也，而要不可以理爲所祭之天，所謂言各有當也。觀下條尊案所云「取附近之星以相識別」，是已洞悉其故，而猶引無星謂辰一語。竊謂當并去之爲是。

尊案云：「太歲之祭，或以爲木星，或以爲十二辰。若云木星，則即五緯之一，而非別有一神。若以所行之次每歲一易者當之，是即十二次，是已在二十八宿之中，而又非別有一神也。」

文弨謹案：周禮保章氏「十有二歲」。鄭注云：「歲謂太歲、歲星與日同次之月，斗所建之辰也。歲星爲陽，右行於天，太歲爲陰，左行於地，十二歲而小周。」又互見太師注。假如玄枵子，星紀丑，析木寅，大火卯，壽星辰，鶉尾巳，鶉火午，鶉首未，實沈申，大梁酉，降婁戌，娵訾亥，此十二辰之建，乃左旋也。若子爲星紀，丑爲玄枵，寅爲娵訾，卯爲降婁之等，則右旋之辰也。馮相氏既言十二辰，又言二十八星，疏以辰爲子丑寅卯之等，是又與十二次之爲辰者別也。太歲之祭，雖始近代，然考之於古，太歲實非歲星，又非二十八星明矣。敢獻其所聞。

王舜中、劉歆。

文弨謹案：漢止有王舜，無「王舜中」。考漢書王舜下接以中壘校尉劉歆。陳氏禮書誤以「中」字屬上，其實當時尚少二名也。

尊案云：「夾室之制，孔仲達謂房與夾室實同而名異。鄭康成又謂房當夾室之北。」

文弨謹案：鄭在孔前，文勢似不應爾。竊以實同名異之語，雖見孔疏，而實創於孔安國，陳氏禮書所引可證。然則仲達改作安國可也。

周禮天官凌人：「祭祀共冰鑑。」注：「不以鑑往，嫌使停膳羞。」

文弨謹案：周禮「祭祀共冰鑑」下云「賓客共冰」。此注九字單釋下句，非釋祭祀也。祭祀共冰鑑，何云不以鑑往？祭祀自有主者，何云嫌使停膳羞？此注應删去，并下疏二十七字亦當删。

蕤賓又下生　大吕又上生　夷則又下生　夾鍾又上生

文弨謹案：蕤賓係重上生。此卷内後所載鄭康成語不誤。此處四字上下俱當互易。朱子鍾律篇及徐氏萬卷堂周禮本皆不誤，可證也。

尊案云：「蔡氏以九起算，非止得太史公之法，實黄鍾律度爲萬事根本之妙藴也。黄鍾以九爲本，以三爲用，神明自然，乃造化之奥機。其所謂九寸者，不過假尺度之名，以紀損益乘除之數，而與尺度之積十爲分、積分爲寸之寸截然不同。朱子謂爲假設之權制，可謂得其意，而與史記注合。但此稱其數整齊簡直，過於鄭法之難記而易差。不知黄鍾自然之數，妙合天成，是以生律生聲，極其所至而無不通。若鄭以分寸審度之法，拘泥推測，不但與律度之本旨霄壤懸殊，即其算數已難記而不可行矣。嗚呼！黃鍾之蘊，朱子且未能盡窺，何怪算數家紛爭執礙、揣摩擬議而成萬世不决之疑也。非大聖人孰能冥悟神會而與於此哉！」

文弨謹案：朱子謂十二律之數鄭氏與太史公説不同，且謂鄭法難記而易差。竊嘗求鄭氏之法，止是三分之數與史公合，未見其積十爲分、積分爲寸與史公異也。何也？南吕長五寸三分寸之一，則是以三分爲寸也，姑洗長七寸九分寸之一，則是以九分爲寸也；應鍾長四寸二十七分寸之二十，則是以二十七分爲寸也。推之至於中吕，長六寸萬九千六百八十三分寸之萬二千九百七十四，與史記生鍾分酉之數合也。無射之分數，即史記申之分數也；夾鍾之分數，即史記未之分數也；夷則之分數，即史記午之分數也。其他莫不皆然。鄭何嘗拘審度之法而以十爲分積分爲寸乎？夫史記自子而亥，極於十七萬七千一百四十七分六萬五千五百三十六，數亦可謂多矣，而不患其難記者，其法不過三之而已，其實則倍之四之而已，又何獨於鄭而以爲難記而易差乎？史記卯二十七分十六，與南吕長五寸三分寸之一合也；三爲一寸，十五爲五寸，尚餘一，故云三分寸之一。辰八十一分六十四，與姑洗長七寸九分寸之一合也。九爲一寸，六十三爲七寸，尚餘一，故云九分寸之一。以此推之，莫不皆然。則史公、鄭氏一以貫之，朱子此論恐尚未可以爲然也。

史記：「古者天子七廟，諸侯五，大夫三，雖萬世世不軼毁，今始皇爲極廟。」

文弨謹案：此段史記各本皆然，其實誤倒。案「雖萬世世不軼毁」，當在「今始皇爲極廟」之下。

觀下文云「自襄公以下軼毀」，便知此句之爲誤倒，明矣。

宋史禮志：「至道三年，孝章皇后宋氏祔享。有司言，孝章正位中壺，宜居上室；懿德追崇后號，宜居其次。詔孝章殿室居懿德下。」尊案云：「孝章祔享乃祔於孝惠賀皇后之別廟也。太平興國元年，太宗懿德符后已先祔其廟，故孝章祔時，有司以居室之上次爲論。但孝章乃太祖之繼后，懿德乃太宗之繼室，以兄弟之序、君臣之分而言，俱宜以孝章居上室，今乃易之亂其序矣。」

文弨謹案：以太祖之繼后，降居太宗繼后之下，其爲悖禮，夫人而知其不可。乃當時後世俱無議論及此者，竊以真宗朝決不應有此事。禮官趙湘請以真宗本生母元德太后祔太宗廟室，真宗曰：「此重事也，俟令禮官議之。」又越三年，始因羣臣表請而後從之，則其必不以私情而黷禮之大分可知矣。然則禮志何以云爾乎？曰：禮志之文殆有譌誤。若懿德先祔孝惠之廟，則以孝惠之未嘗一日居正位者，而懿德且爲之屈矣，何獨不屈於孝章乎？若懿德先已居孝惠之上，則其失已在前，不待至此有司始議其先後之次也。兩者俱無所處。竊意禮志之文當云「有司言孝章已正位，宜居上，孝惠係追崇，宜居次，詔以孝章殿室居孝惠下」。兩「孝惠」俱譌作「懿德」者，蓋轉寫者見下有「懿德居上」及「懿德居淑德之上」之語，文相附近故譌耳。且即以「懿德居淑德之上」一句考之，若如禮志譌文，則孝章居懿德下，居淑德上乎？抑并居淑德下乎？不應止以懿德爲言也。如此大舛錯而無一人言者，有是理乎？故知兩「懿德」字皆兩「孝惠」之譌。觀後文所引神宗紀及玉海等書，皆以孝惠、孝章、淑德、章懷連稱，即可知當日之次矣。

尊案云：「斬牲之禮行於京師，都試之法行於郡國。」

文弨謹案：劉昭注續漢志云：「漢承秦制，三時不講，唯十月車駕幸長安水南門，會五營士，爲八陣進退，名曰乘之。」是都試不但行於郡國也。晉書禮志載魏國有司奏，漢西京惟十月都講。亦其證。此「乘之」之名，似不可不載入。又案晉書禮志雖與續漢志相同，然「以賜武官」下，當疊「武官」二字。「六十四陣」下續志有「名曰乘之」四字，尤詳備。唯天子下車一段當仍之，亦見續志注。

尊案云：「夏小正『緹縞』傳末有『何以謂之小正以著名也』十字，殊不可解。朱子儀禮經傳移在夏小正篇名之下。戴氏震考正，以爲北宋大戴禮本無之，乃爾雅疏之文，校書者誤編入此。其説極確，今芟去。

文弨謹案：此係戴君初説，曩曾與論及此，殊不敢以爲然。即朱子所更定，亦有未安。既而戴君精思之，乃知舊本非誤，其讀當於「何以謂之」句斷，「小正以著名也」六字爲一句，此於本書亦有例。因爲歎服。前人之不得其解者，止坐句讀未明耳。今新刻大戴禮即從戴君後説。此條亦宜改正，「緹縞」注下應增入十字。

寄孫楚池師書 丙申

日承手示，論近今人士學不如古者有二弊：一則貧窶所累，不能不以衣食分其志；一則爲學使者不能衡鑑惟允，取通經學古者以風示之。夫士也既處不能專精之勢，而所以應上之求者，又可以幸而得之，此所以績學能文之士，蓋千百人中庶幾一二而猶未可必也。茲言可謂切中近時之弊。夫伊古以來，士之能自立垂名聲於後者，惟貧士爲獨多，其當大任而著勳績者尚已。即以文士中求之，傭賃、樵牧、織簾、鬻畚、然荻、照雪、聚螢、抱犬者比比而是，安在貧之不可以益厲所學耶？竊謂近今之弊，尤在乎志節之不立，風操之不振，故中材以下以貧爲病而墮其守者有之矣。蓋不獨役役焉惟治生之是急也，亦由上之人不能貴士而遇之以禮，偶有微忤，輒欲借之以立威，而摧折之唯恐其不至。於是士之自處也亦日賤，所憂不徒在學之不專、文之不工而已。既不知學，則益不知古聖賢之志節而冥冥以行。不得志，猶未甚害也，使其得志，其害可勝言哉！至於學使者之於士，未能如古者教之之法也。所衡者，文而已。而文實可以見學，學非徒記博而誦多也。理則昭昭然，法則秩秩然，其辭氣温温然，浩浩然，皆不可以襲而取也。今父兄之望其子弟，鮮不務爲速化之術矣。然以其文與老成積學者較，蓋如朱紫玉石之不可以雜糅也。乃或貴紫而賤朱，寶珉而棄玉，速化者有效而積學者無功。嗚呼！於此有人焉，迪後生以窮經研理之事，鮮不以爲迂矣。更抗之以聖賢誠正修齊之法，則卻行而退耳。其弊蓋非一朝夕之故也。若文弨所業，則在鷄鳴之三章矣。在鍾山幾五載，幸有一二同志，信而從焉。至於漸染俗學已深者，殆終不能變也。始文弨初至時，肄業者百數十人，今則倍之矣。每課必卷卷而評校之，但苦年力漸衰，精力不及，而實不敢以慢易處之，是以幸免於愛憎之口。每思人當中年以上讀書實難，唯童髫穎秀者可教之以五經爲根柢，庶有異於俗學之陋而不貽終身之悔恨。與前學使者言之，因選得四五人，皆年十四五新入學者，送院受業。每月定期考校者六次，爲之析疑陳義，且察其成誦以否，而究竟能副所期者絶少。雖至今羈縻弗絶，然窺其意念，似終不若時文之可悦，高者亦不過諧聲厲對，爲詩賦之用而已。所謂學者如牛毛，成者如麟角，不信然乎？文弨家貧，唯仰束脩所入，故不能辭講席而不居，然亦非徒食也。所梓書院諸生課義二册呈覽，其於吾師公正論文之旨，未知有合焉否耶？

與趙敬夫曦明書辛巳

僕自來暨陽，兩年於兹矣，於今乃得覯足下之面，豈非篤於實學、不求人知之士哉！觀足下所注徐、庾諸人集，皆能直探事始，深究詞源，本隱以之顯，睹指而知歸，元元本本，殫見洽聞，於此服足下之學。既又讀足下詩古文辭，皆有法度。其志節超夐，風規清峻，脱然自出於塵壒之表，千百世下當想見其爲人。詩格矯健有風骨，書義山詩後七截句，闡幽發潛，議論特精，當不可易。序記根極理要，能肆其醇。駢體文清麗流轉，佳處於宋人爲近。夫此數體者，或不能皆工，而足下又能兼擅其長如是，則豈流輩中所易得乎！然而足下名不出於鄉里，學使者未聞改容而禮焉，邑長無有過而式其閭者，猶復聚二三童子而課之業，脩羊之所入，不足當上農夫，其處境之困如此，此在常人宜何如感槩者，而足下獨守之益堅，養之益充，閉門絶跡，不交當世，唯以著書自娱。然則足下固不求千百人之知，而在乎一二人之知，且不汲汲乎當世之知，而庶幾古人之我知，因以卜後千載下之必有以知我也而何憾焉。昔歸熙甫以一老舉人與弟子講學於荒山之濱，世固未之奇也。後得一有力者推崇之，而人始信焉，至今無異論。以當日之才華氣燄如王弇洲者，猶且自以爲不及。由是觀之，禄位容貌，及身而盡，士固當爲其不可盡者耳。雖然，足下自爲計則得矣。世有足下其人，而不爲之延譽於四方，豈非吾黨之過哉！先以書通於左右，以明區區傾倒之私云爾。

與程致堂以道進士書戊寅

貴鄉戴東原兄，僕重其學問，與之定交。今聞其因祖墳事，與賢從兄弟將生嫌郤。此固戴氏不肖子孫爲之，然其羣子姓中苟少有人心者，自不容見其先世百餘年藏魄之所，一旦受侵削震驚之患，亦漠然袖手緘口不一校計，此在常情尚不出此，況於賢者。在貴族初買之時，必不知爲戴氏祖墳之地，今則已知之矣。卜地以葬，求其安吾親也；今如所卜之地，恐吾先人亦將不安。夫利他人有不肖之子孫而吾得乘其閒而取之，使吾亦有如是之子孫而人亦得乘其閒而奪之，一彼一此，其情有異乎？否乎？賢者愛其親以及人之親，其必不肯陵人之親以爲孝也明矣。今之堪輿家，動以福利啗人。僕素不明此，然第以理觀之，人方銜哀茹痛，積怨含怒，不量其力之不敵，而必欲起而爲難，以求伸其爲人子孫之志，事儻不濟，而怨毒之氣愈不能平；是在我方欲求福，乃反以之招怨，而犯怒訐訟由之而起，釁隙由之而深，恐亦非貴族之利也。年兄天屬相關，誠宜及早調處。如其昭然遠見，舉地相讓，以安兩家之先靈，此其於仁智孝慈之道兼備無憾，戴氏子孫宜何如感戢也。若其勢萬不能已，亦慎毋相逼太甚，期於兩安而已。年兄亦度其所能行者而盡誠以相告焉。譬之啟竁而遇水石蟲蟻之害，亦將不改卜乎？吾之爲此言，誠私於戴君，然自年兄言之，則亦可謂忠於貴族矣。佇望覆示。

與彭允初紹升進士書壬午

去歲得手書，見所著傳記雜文四篇，命意高遠，毅然以古人自期待，不以目前之得失爲欣戚，此固與流俗之見殊矣。又聞將盡研諸經，首先致力於詩。以年兄之才之年之境，固所優爲，第恨不能合并，無由共相劘切耳。鄭氏詩譜本有圖，今所見者，歐陽氏所補者耳。然歐公既自爲書於後，乃自謂於絳州得見鄭氏本，則圖固未亡也。周、召、邶、鄘、衛、檜、鄭、齊、魏、唐、秦、陳、曹、豳、王，此鄭氏詩譜次第也。有明刻本俱各置當篇之首，今本合而集之爲一卷，皆今詩之次第，而非鄭譜之次第已。此何異朱子易本義元依古本，與程傳之從王弼本者本判然不同。後人既以本義散附於程傳之後爲一書已，又復抽出本義單行，其次第仍依程傳，無復區別。凡此皆鹵莽之過，亟當正之，勿使疑誤後學。鄭氏圖於今可得見否？江南多藏書家，幸爲訪之何如？

荅彭允初書丁酉

年兄以「擬傳」二字無本，欲改爲「行狀」。前愚作此傳時，私念爲大臣作傳，乃史官之職，非某所敢僭也。湯潛菴先生有擬明史稾，其書首署姓名擬。此雖近時人，然文正乃大賢，其所行即足以爲世法，是以用擬字。且古今文中所用甚廣，不獨擬古人也。如朱子有擬上封事矣，封事可擬，傳胡爲其不可擬也？則愚之爲此，亦非徑屬杜撰，蓋終愈於僭云爾。然年兄有言，亦不可虛雅意。考唐之經籍、宋之藝文志，皆有爲名臣撰傳而稱家傳者，此外又有别傳、外傳等名目，今愚因其子姓所請而爲之，則當標家傳無疑也。年兄精於古人行文義法，彈射不少假借，誠余亮直之益友也，則所自爲文必矜慎可知已。乃去年寄來二林居制義一册，開卷見自序，即有大不愜意者。夫年兄之深於禪學，夫人而知之，即己亦不自諱也。僕自相識以來，至今已二十餘年，交情益熟而未嘗與年兄論禪，亦未嘗砭年兄之爲禪。誠以造化之奧，鬼神之祕，未能研究洞徹，而於彼家之言又素未嘗參討，夫人之質性固有各適其所適而不能自反者，古來禪學中之爲忠臣爲孝子者亦復何限，不必槩行抹殺也。吾但取年兄之恬潔直諒而已。今者以時文詮孔子、孟子之言，而序乃託於夢中之二境以標明旨趣，固已褻越而不尊矣。乃一則夢爲老師擁皋比，闡羲文周孔之教，圜而聽者百千人，而樂之已；又夢爲衲子，空山趺坐，六根蕭寂，五蘊廓然，則又樂之：何年兄此中之紛而不静也！夫夢成於因，年兄有自賢之見，而以爲百千人皆莫己若也，是以夢之中有此一境也。若衲子，殆似所云夙根者，今但未祝髮耳。使於斯而詮金剛、釋楞嚴也者，吾又何責，乃今以冠四書義之篇，豈其倫哉！援儒而入於墨且不可，況抑大聖大賢而使之皆出於西方氏之教，則得罪於名教甚大。今年兄書來，乃以爲「此衹指點文境，顯出虚實二機，不可以實爲是，以虚爲不是，至其自得之實，一且不立，安得有二」云云，則愚更所未喻也。夫吾儒有吾儒之虚實，彼家有彼家之虚實，吾儒非執有，彼家亦自謂非頑空也。今年兄乃如鴻溝之截然畫界，而以實歸儒，以虚歸釋，無論儒不任受，即彼家恐亦非正諦也。聖人曰「吾道一以貫之」，既以詔曾子，又以喻子貢。吾人爲學，自當於萬事萬物之理，即身體驗，而尋其所爲一者何在。今云「一且不立，安得有二」，則明明是彼家所爲萬法皆空之説，而義仍未了，更當於此句下又進一轉，才許悟徹耳。僕在鍾山不得已而看時文，講時文，實非性之所樂。以年兄之才，沈潛於義理之中，以輔經而翼傳，何不可自成一書。既幸而早離場屋之累矣，及髮將頒白，顧復頫首以效舉業家之面貌，何屑屑也！如欲自喻所樂，則吟風弄月亦何在不得「吾與點也」之趣，而必爲是乎？年兄欲兼有其樂，政恐坐是交喪也。文凡若干篇，實不能偏讀，但首一篇題爲學而時習之文，則既見之矣。夫必先知所爲學者何在，因而時時習之。今年兄但有見於時，無見於學，衹「欲教人常惺惺耳，中閒唯不可離」一語，似少近之。然云「不可離者時也，而吾以不可離者習之」，則仍然捕風繫影，專一玩弄精神而未有實地。且其後自記云：「開宗明義，不應以小儒臆説參之。」則太倡狂無忌憚矣。「開宗明義」四字，梁皇侃始以標孝經之首，而唐人即因仍之，亦由當時習釋家之言久，不復知所持擇，聖賢安有所謂開宗也。學以明倫爲主，自書契以來，未之或改也。而言語動作，自幼儀以至於動容周旋中禮，無時而可廢學。朱子集註自是顛撲不破。今年兄所云「小儒」，所云「臆説」者何人乎？是明明指朱子而已矣。朱子大儒，古今駁難不一，其於朱子無傷也。而年兄乃肆筆逞臆，不顧所安如此。即以前輩而論，意見各殊，尚當婉約其辭，寧謂朱子而可橫詈若斯也？首篇如此，是以未及偏觀，蓋雖有他作之合理者，而亦無救於此之離經而畔道矣。及得年兄書，自舉數題，謂朴實説理，正發明洙泗之傳，程朱之奧。僕因取而覆閱。如自古皆有死篇後自記云：「惟此一事實，餘二即非真。」案此二語本出法華經，「事」本作「法」字。所謂一法，彼蓋即指趺坐而坐，引而不發，爲學徒作指點語。今改「法」爲「事」，列之文後，便令人百思不解。齊景公篇從聖人老於匹夫不得一民寸土説起，聖人豈有此胸襟也。夫作四書義，代聖賢語氣，細意體認猶恐粗而不精，有負當代文明之盛，乃年兄駁雜而堅於自信，加之貴公子，有才學，友朋閒非素直諒不撓者，孰肯以言賈人之怒。僕觀所載評語，皆仿年兄詞意而爲之，安知非陽是而內實不然。既不欲因此取憎，又恐言出而爲士林中所責誚，故作此種筆墨，使見者皆曉然於有所不得已而出於此也。今爲年兄計，莫若擇其大害理者亟火之。能決然舍其舊習而唯吾儒是從，斯大勇也。否則，慎無爲騎牆之見。詩有之，「涇以渭濁，湜湜其沚」。知言者自能辨之。惜年兄以有用之財，災梨禍棗，爲此不急之務，而轉取不韙之名，是以面晤時微露其端，而不欲著之於文字之閒。今既見詢，不可以不盡所懷，故輒陳之如右。

抱經堂文集卷第十九

書三

荅錢辛楣詹事書丁酉

方今學博而行醇，蓋未有出閤下右者，每以不獲常奉教爲憾。自聞讀禮家居，道里差近，而文弨徒爲廪粟所縻，不獲走唁，寸私缺如。大著金石文跋尾，願見久矣。今承見示，欣喜疾讀，歎考核之精，實有前人歐、趙、董、洪及本朝顧氏、朱氏之所未逮者，文筆雅健，持論極純正，皆有益於世教。文弨見聞寡陋，一旦獲此，幾如貧兒之驟富矣。頃讀左氏傳，見陸氏釋文熒陽竝從火，且明辨之云「從水者非」。而今本太半從水，學者雖見釋文，究亦莫知其何以非也。今得尊跋熒陽太守元寧記，而始了然矣。古一字有數體，如紱韍芾三者實一也，而易書詩各異，句文固有不盡畫一者。石經「叔」亦作「尗」，「孺」亦作「穤」，而今本皆祇作叔字、孺字矣。宋張淳儀禮識誤燕禮內「宴」字，淳從監本定作「宴」，後來校者復議淳爲非是，今觀唐張琮碑亦以宴爲宴也。五經文字宴宴二字竝載，云上説文，下字林。説文大段當遵，而亦不可過泥。然如據之爲據，泰之爲泰，又不得以古碑刻有之爲解矣。勅字古多作「勑」，韓勑碑或讀如賚予之賚，而尊刻徑從説文作「勅」，莫當仍依碑刻書寫否？高植誌跋云「渤海滌人」，後又云「此碑以蓨爲條」，如後所云，則「滌人」似當作「條人」也。至以蓨爲條之語，以前後較之，例亦似有異同。如衡方碑跋云以寬慄爲寬栗、聲香爲馨香之類，與洪氏隸釋語勢正同。至司馬紹誌跋云以驃爲⿰馬尌、以休爲烋及高植跋中語，似皆變例也，莫亦可兩通否？他如召邵、哥歌、克尅、贊讚之類，經典及諸史類多通用，似不必以爲異文。此詹詹者，何當於尊書之輕重，而少有見及，不敢蓄疑。如其非也，幸有以教之，毋以莛扣之微而不爲發聲也。且尚有欲求教者，韓勑碑「什言」，向誤釋爲「斗言」，尊跋以爲即十言之教，可謂精確，無與易矣。近讀左氏定四年疏，亦引十言之教，而有疑於疏之所云焉。疏云：「乾坤雖是二字，亦一出口乃得言之，故謂之一言。」所云乾坤是二字者，將謂伏羲時已有重卦故云爾耶？抑別有説耶？至楊大眼造像記中⿰亻⿰方依字，江都汪容甫以爲即旅字，以字形審之，良然。愚於金石文字，向來殊未留意，不過從薛尚功、董彦遠、洪景伯諸家涉獵耳。然其書傳寫多譌，與本來判然懸絶者有之。吳門朱氏有隸釋寫本，較勝於刻本，乃爲一妄男子所塗改，以一二石本證之，始知其大謬也。此地有樊君軫亭者，聚古碑版甚多，身殁之後，盡爲有力者取去矣。溧水有漢校官碑，以閣下搜羅之富，續得中必當有此。以前書中未見，故附呈。外先君子詩集一部并呈覽。令弟精小學，如鼎臣之有楚金。以逼近秋試，不敢數過相溷，尚冀異日領教也。方言郭景純注，而今本與音切相雜廁，且顯然有後人語附益者。觀爾雅音不混注中，則此亦宜有界隔。其音以指物指事爲喻者，當出於景純，與山海經之音政相似。其加翻切者，恐皆後人所爲，不知曾爲釐正否？

與辛楣論熊方後漢書年表書 己亥

文弨拜白辛楣先生閣下：友朋來自金陵者，咸云閣下之於僕，曲相推飾，人有異論，輒拄其口，使不得發。此自是謙德厚道之所形，聞之彌用自愧。閣下品如金玉，學如淵海，國之儀表，士之楷模，得師若此，允無閒然，深爲一方士子幸矣。讀大作熊方後漢書年表序，校正精核，指摘彌復切當，源流異同之故，數言瞭然。於後復丁寧於元文之未可輕改，此不欲殁著書者緝綜之勞，而幷慮後人紛更之失，致揜其前美，誠凡傳述舊人文字者皆當若是。即僕向來持論亦然。然於此書反覆攷核，瑕舋甚多，若遽流傳，深恐疑誤學人，有不得不與閣下商之者。如前表於侯封之下，閒係以所在郡邑之名，此自是當時文簿可徵，確乎不謬。今若欲仿斯例，自當求之本傳。如濟北惠王壽傳云「分太山郡爲國」，則當係以太山，而熊氏則署云兗州。又河閒孝王開傳云「封樂成、勃海、涿郡爲國」，則當竝係三郡之名，而熊氏則署云冀州。夫州之爲境也遼矣，今不切指其所封之地，而舉一州以相函蓋，何所當乎！且攷章懷注中引據舊書，亦自有明係所屬者。如武邑侯耿植，注云屬信都，而熊氏署云安平。不其侯伏湛，注云屬琅邪，而熊氏署云東萊。蓋熊氏但知以續漢書郡國志爲據，而不知事實之有不符也。其最不可通者，如淮陽王玄之下署云陳州，即郡國志竝無此州名，閣下知其誤而省去「州」字。若以愚見揆之，「陳」字亦不可留。蓋淮陽之在前漢本爲國，後漢章帝章和二年始改爲陳國。今玄之封在光武時，以斯知其不可也。至於鄉、亭之侯，但當係其本縣，其鄉、亭之名固有與縣名同者，不可混也。范書中有明著其爲某縣之鄉侯者，如抗徐之爲烏程東鄉侯，楊茂之爲烏傷新陽鄉侯，烏程、烏傷皆會稽屬也，二人所封皆其縣之鄉也。今熊氏於異姓諸侯表，一則但書東鄉侯抗徐，不係以烏程而係以南陽，蓋誤以爲南陽之東鄉縣也。一則兼書烏傷新陽鄉侯楊茂，下係以會稽，又係以汝南，是又誤以茂曾爲兩縣之侯也。夫既明曰鄉侯，而可曰縣侯乎！即二人之體例，亦自不畫一。愚以爲不若并州郡而盡去之，亦未見其必不可已也。蠡吾侯翼一段，閣下校勘極細，足以正熊氏之謬，然猶以爲當仍其舊。愚意頗似有所未安。蓋翼爲河閒孝王開之子，出後平原懷王勝，建光元年，貶爲都鄉侯，遣還河閒，則此以後事，仍當以翼係於河閒之下，本末方得具明。所受蠡吾之封，則父開請分國以與之者也。於後其子爲桓帝，追尊翼與開而不及勝，以非所承也。即後桓帝封兄顧爲平原王，但云奉翼後，不云紹封。熊氏之云紹封者，妄也。使桓帝以其父終爲勝後而以其兄紹封，則桓帝獨非勝之孫乎？而追尊顧何以不在此而在彼也？夫倫類典禮，所關匪細，後人將於此置喙焉，而可輕徇乎？至若始封之君當列於首，其追尊者止當於注中附見，不得以冠始封之上。乃齊武王縯、魯哀王仲，皆非始封也；建武二年，封縯子章爲太原王，興爲魯王，以興嗣仲，二王乃始封也。熊氏一則書太原哀王章嗣。夫嗣者，嗣王也，史不載先封縯爲太原王，何嗣之有。於興則書曰紹封。攷建武十五年，方追謚縯爲齊武王，仲爲魯哀王，皆依其子之封也。而熊氏之所謂嗣與紹者，非其率意妄造者乎？又魯王興後徙封北海，子孫訖於漢末不改。若依前書之例，雖有始封而以後之定名爲準，則此當大書北海靖王興冠首，庶乎得之。異姓如壽張敬侯樊重，非始封，亦不當冠首，以於實事皆不合故也。更甚有謬者，異姓諸侯表中有桃鄉侯福、當塗鄉侯亢，熊氏既皆明注云「以任城王安母弟封」，而又係其下云「姓闕文」。夫任城王安者，東平憲王蒼之孫也，福與亢亦憲王孫行也，而乃不知其姓，置之於異姓表中，使後人舉而正之，則吾輩亦當與熊氏分過矣。又有安衆侯劉宣，卽安衆侯劉崇之從弟襲封爲侯者，又愼靖後劉隆，本傳明云南陽宗室，而熊氏竝置之異姓，其用意不可曉也。盧芳於建武十六年封代王，以其稱武帝曾孫，則不能不載之於同姓，但於注中明著其詐，亦自不没其實，不宜徑削之也。他如濩澤侯鄧鯉、曲成侯劉建，皆光武時封，見寒朗傳，而熊氏竝遺之。若按章懷注所引及水經注、唐宰相世系表，亦尚有可補者。至其世系相承，位置殊舛，如魯哀王之曾孫一行，凡敬王睦之子，如威如毅，皆綴於其叔父之下，此類更不可枚舉。若一切因循，不但爲無用之書，反慮其足以惑亂視聽。質之鮑君，其意亦欲仍舊，而附駁正於其左，如集解、索隱注史記之例，既完然爲熊氏之書，而又不以其誤誤後人，洵兩得也。但如同姓入異姓之類，不識可改歸否，閤下尚有以明教之。

荅汪容甫中書丙申

九月八日，文弨白容甫足下：今世可與道古者極尟，足下年方壯盛，而專精古義，此已能不囿於流俗矣。惜相隔百里而遥，不能朝夕見，以策我之頹墮，意常缺然。承示儀禮逸注一條，并以所録孟子章指全本見寄，使得補足以成完書，誠大快也。在辛巳歲，從吴友朱君文游處，借得毛斧季所臨吴匏菴趙注孟子校本，獨末卷缺章指，於意終未慊也。今相距十有六年而始得之，幸目力無大減，尚可一手謄寫，不假他人，晚境之樂，無過此矣。夫子加齊之卿相章「公孫丑問伯夷、伊尹何如」。案：注但云「丑曰伯夷之行何如」，下又云「言伯夷之行不與孔子、伊尹同道也」，似正文不當有「伊尹」二字。上舉諸賢以爲問，以其同出聖人之門，固無嫌竝舉也。若伊尹之與伯夷，則有辨矣。如復雜然竝舉以爲問，不漫浪乎？其爲後人所增入明矣。其他如西子章注「惡人醜類者也」，趙氏必本是「醜貇」以形近而譌爲「類」也。滕更之在門也章注「宜荅見禮」，定當是「宜見荅禮」，而倒其文耳。此皆斧季本所未校出者。足下之本尚有遺漏一二處，則以墨筆識其旁。斧季過信宋本，於其子之沿俗體者，亦復規規然從之，此誠可不必也，足下之見韙矣。孟子全册今先奉還，其儀禮尚欲細看一過再寄上。聞近著小學，一本古訓，補蒼之亡，作雅之翼，拭目以期蚤覩也。

荅沈南雷世煒禮部書丙申

歲前接手書幷錢鵲雲觀察書，皆索僕所校查初白先生蘇詩補注，云香雨太守欲會合王施兩家共成一書，此正人人意中所共欲其如是者，不可不慫恿成之。弟前主北平黄崑圃先生家，見有此書底本，實勝今所梓者。如昔賢名甚著者，大率舉其官封邑里，或字或號，而不直斥其名，如杜稱少陵、韓稱昌黎之類是也。今本乃一一名之矣。此在館閣奉命編纂，例當畫一，若私家所著，政不當爾。又其校對踈略，譌脱甚多，而本所援引亦閒有誤者。不揆荒陋，輒爲通部校正。其義可兩通，自當從長。鄙説列在簡端，可具校也。然掃塵之喻，深歷而知其信然。今因索觀，復稍稍檢點，遺漏尚多，安敢即自信爲善本。向於施注，不過涉獵而已，今觀其中所引，亦有甚失本文之指者，恐此書亦大須商榷。若王注，則向未曾儲，昔人訾謷已多，但當精擇其善者耳。噫！自著一書固難，即會通，良亦不易。僕嘗欲取史記三家注而加整理之，使同異不相淆。蹉跎至今，竟不能就。今聞初白翁賢後人有此舉，喜而躍躍欲觀其成。僕雖恐以疎駁貽嗤，何敢靳而不出，但此間別無副本，兼朝夕更欲檢尋，今寄在舍弟處，令親可令一人就鈔之，不至稽遲，是所望也。

荅朱秀才理齋縉書己亥

讀來書陳義甚高。夫雜學不如經學，而窮經之道又在於研理。理何以明？要在身體而力行之，時時省察，處處體驗，即米鹽之瑣，寢席之褻，何在非道，即何在非學，正不待沾沾於講説論議之爲功也。姚江勞餘山先生，性行誠篤，所學一本程朱。布衣無尺寸之勢，而鄉人望而生敬，薰其德以勉爲善良者比比也。先師桑弢甫先生，少年豪邁，不可一世，而獨折節於餘山，以所著示先徵士敬甫府君，府君署其後自稱私淑弟子。府君弱冠之年，著有勸行篇一通，悼時之易失而行之不可不自力也。其言剴切深至。當先師設教大梁之日，嘗寓書以倡明理學相期，亦如足下所以命僕者。然愚意則以爲講學之名不可居，而要其實，則惟視吾力之所至而有以自盡。即今之課舉業者，亦不可不謂之講學也。以之博一己之富貴，則不可；以之求顯揚，謀禄養，行義利物，舍舉業何以哉！學固有自源而達流者，亦有自流以泝源者。今讀四子之書，詮四子之理，知吾之管窺隙見，亦未嘗不可以見天，則以知聖賢去人其閒亦邇，不致驚爲高遠難至，而循循然庶有以相入。若置舉業不講，而號於人曰吾講學，吾講學，其不譁且笑者幾何也。故與其駭之，莫若馴之。果有同志之士，遺祿利而志道德者，自不必復勸之以舉業，然此固千百中之一二，不可概望之於人人矣。文弨早離父師之側，雖有一知半解，不能闡明勞先生之學而大發揚之，竊用自愧。今足下讀其遺文而欣欣然有得焉，則餘山之傳人，非足下其誰哉！僕向聞前輩語云：「閱人文字，曲爲周旋，此便不是修辭立其誠。」此語銘之不敢失。至於親疎貧富，一無異視，此自課童蒙時即然，所謂視吾力之所至以自盡者也。昨在西湖書院見諸生有不衣冠上堂者，嚴訓切之。蓋士習之輕侻囂浮久矣，變之非一朝夕事也。足下所印餘山遺書，必擇其人畀之而後可；若分給諸生，令各償紙墨之費，恐煩言嘖嘖起矣，於人己兩失之。意待吾力稍裕，印數百部，散之人閒，以俟聞風興起之士，庶淵源得以不墜，此誠與足下有同契也。欲過面談，因一城遠隔，不能亟前。終當造門奉訪，一慰願見之誠耳。

與理齋書 己亥

大著中君子小人論三篇，窮源徹流，剖析既明，處置亦甚平允，千古有國者之蓍鑑也。此爲世閒不可少文字。餘持論多正，然或圭角尚有未融，亦有辨其所不必辨者。若肅宗靈武之事，宋儒已有苛論。然實未嘗審度當日天下之大勢，設坐視宗社之淪喪，而退就匹夫之小節，相從奔竄，能保胡越不起於轂下乎？即以身殉，亦復難以言孝。故責肅宗以後來之不孝，則誠不能爲之辭；若其前則天下安危去留之機，閒不容髮，固當以其身繫屬海內之望，鼓舞羣英，共圖恢復之略，使鐘虡不移，玉步無改，而若考得終，免播遷之患，言孝之大，孰大於是。昔楚平王執伍奢以召其二子尚與員，尚知往必俱死，令其弟適吳以圖復讎。若以後儒之見相例，員固當負大不孝之名，而尚縱其弟使逃父之命，亦當幷蒙惡聲矣。論事如此，如之何其可乎？彼宋高宗亦是後來失策耳，若其先不正名定位，則幷偏隅亦恐不能爲宋有，足下於此宜再審也。言子一書，纂訂極好。敬叔載寶一事，尚當闕疑。又評鷺徐青牧先生惜陰録數條，亦極是。謂先生此書尚在中年，後來進境恐不止此。此論殊然。前日當道試書院，以「可以爲難矣」命題，見一二朋友作，頗以「難」爲不滿之詞，謂其根株未盡，容易萌牙耳。僕曉之曰：「論固如是。然天理渾然，自無四者之弊。此是從容中道之聖人。即顏子之克己復禮，聖門亦不見有幾顏子，所以聖人只說先難，只說用力。中庸曰：『或勉强而行之，及其成功，一也。』勉强自是好。若以仍然乘閒竊發爲慮，則是尚未能不行也，詎便許之以難乎？」青牧先生正從勉强入手者，纔有失，不肯自諱。如此把捉過去，久之亦自會得純熟。此書尚須選擇，以從精約，而先録其全文者，欲不没其實耳。去取之閒，尚欲與足下面商也。曩丁丑分校禮闈，得山左一卷，決其人必正氣，薦後不爲主者許可，將次開牓，猶抱其卷上堂力爭，竟不能得。近數科中，未曾有此事。因此通國傳聞，且謂僕爲之墮淚者。後其人來見，乃昌樂閻君名循觀，果道學君子也。再進再黜，即僕亦勸其姑少變文格以諧俗，而此君瞿然正容，以不能對。至丙戌，始見賞於識者，置之高列，得官考功主事，三年告歸，卒於里中。友人爲刻其困勉齋私記。又僕當日於闈中録其四書義三篇，今一幷呈覽，可知因言考行，古人良不余欺。黃陶菴先生文，光明磊落，凜凜有生氣。彼仲昭、介生輩，纖碎雕巧，自立不住脚跟。故昔人云：「舉業何能壞人，人自壞舉業。」至言哉！又切近編者，乃先師桑弢甫與沈椒園先生同輯朱子、陸清獻、張楊園、勞餘山四先生語也。觀此，可知先師晚年所詣之平易切實，案上一筆一硯之外，并書册亦不置，惟默與義理相涵泳，少壯豪氣詞章宿習，刊除幾於淨盡。文弨無似，不能發揚其道爲媿。又所著夜炳録，尚未得見，其中必多見道語。若見之，當爲傳之，庶使外人不僅見先生前半截，便謂如斯也。俟面時罄悉一切。

再荅理齋書己亥

承教皆金石至言，敢不佩服。吾友眉菴，亦嘗以此相規。近年來，精力遠不如前，亦思稍減雜學，求息正途矣。遠異録述正論以闢異端，足爲吾道干城，然異之待辨者，以其似是而非也。今之習，病在無廉恥，不講辭章，不求功利，不歸釋老，而公然無忌憚而不顧聖賢，處此不知，更何以救之。閻懷亭困勉齋記中所云「束脩宜從古訓」者，謂約束脩謹，漢人皆如此用。色斯舉矣節蓋謂翔而集，時也，既集矣，因共而復作，亦時也。但下段亦在「色斯舉矣」中，而閻君分之，故語驟閱之覺難曉耳。齋戒不問疾，謂可不問之疾。此語析義頗精。設若至親而有疾，自當廢齋而往問之。大夫之祭，有齊衰大功以上之喪，尚爲之廢，況其在齋限内乎？愚見如此，未知然否。江陰楊文定公，亦南中之學者也，其言行略見於僕所爲傳，今呈教。其著作只易詩兩種爲門下士所梓。嘗見其以中庸解呈安溪，安溪細細爲之點定，今士大夫有如此暇豫乎？外雜文數首并附覽。

理齋，君子人也。相與不數年而遽死矣。無後，遺文不知誰爲傳之。哀哉！

與周林汲永年太史書壬寅

文弨再拜林汲館文閣下：起居甚適。書言處境之艱，此文弨夙所飽諳者，殆於不堪回想。前見示孔子世家補一書，因校左氏傳未畢功，久置篋中，今始得一讀。其考訂歲年行事，以正史公之誤，誠有足多者。又所引左傳昭廿五年「萬者二人」，謂當作「二八」。魯自隱公考仲子之宫，始用六羽，其後羣公之廟必皆用六佾可知。季氏，卿也，無用四佾，今又取襄廟之四佾而爲八佾，故唯有二八在耳。又引鄭賂晉悼公女樂二八，而悼公分一八以賜魏絳；秦之遺戎王，亦以女樂二八。是知樂無問雅俗，皆以八人爲佾也。此段「二人」之誤，學者亦多疑之，而未有若此之剖析明而證據確也。又昭廿九年傳：「趙鞅賦晉國一鼓鐵，以鑄刑鼎。」謂「鐵」當作「鍾」，鼓鍾皆量名。一乃齊壹之義。毁其不齊者，更鑄以給焉，又取其餘以爲鑄刑鼎之用也。古人鑄鼎皆以銅，未聞以鐵。杜氏不考古制，乃云鼓爲鼓橐。凡鑄鍾鼎，誰非鼓橐者，何必以是爲文耶？斯言當矣。至若「太宰問多能」，則據列子、家語斷其爲宋太宰。「鄭人謂夫子其顙似堯」數語，謂假相人而隱其辭以曉子貢。其語頗辨。此書誠當版行，以垂示久遠，不可任其湮没也。文弨見識淺陋，其中亦尚有疑焉者。論語乃孔門弟子所記，比之他書爲可信，而此書閒有不用者。如衞靈公問陳而孔子行，置之魯哀二年；在陳絶糧，則置哀六年。接輿歌而過孔子，謂歌於孔氏之庭。「與之庾」謂當作「與之廋」，廋與籔同，季孫使冉有問田賦一節亦云然。不知鄭康成注聘禮記云「藪或爲逾」，則與庾音正相近。考工記作「斞」，莊子作「鍥」，其字皆從「臾」，則安得改從「叟」以合於「藪」之音素口反也。行不由徑，謂徑爲正直之道，以不由徑與非公事作一例，且取證於「夫閒有遂，遂上有徑」與夫列子説符之所言，以爲徑者譬自東而中行直達於西也。然獨不思夫祭義樂正子春之所言，「道而不徑，舟而不游」乎？老子云：「大道甚夷，而民好徑。」此亦謂徑非正道也。且就其所言以徑爲直，以東西爲喻，亦未盡其理。假如欲由東而南，或由東而北，則必方折而後可，惡能取必於徑直哉？漢書載童謡云：「邪徑壞良田。」易林噬嗑之未濟云：「徑邪賊田。」行不由徑之徑，指邪徑而言也，非必路之小者也。邪徑必小，而小路未必皆邪。陋巷尚可居，小路如之何其弗可行乎？文弨嘗觀乎齊魯燕晉之郊田之成隴畝者，亦既耕且種矣，而人之取捷者穿田而過，以正道爲回遠而不肯置足，夫是以有壞田賊田之云也。滅明則不由是耳。更謂舊館人之喪乃顔濁鄒也，南宫敬叔非孔子弟子。此皆不敢信以爲然。其最謬者，乃取莊子漁父之寓言而全載之，何其卑視吾孔子之甚也！今當付彫，亦不必爲之改訂，唯俟讀者之自爲取舍焉耳。此書見示只五册，尚未見「夫子曳杖之辰」，應尚有一册在閣下所，此閒未移置他處，不宜有遺失。今粗校一過，仍送上，刻成時見賜可也。

抱經堂文集卷第二十

書四

與王懷祖念孫庶常論校正大戴禮記書 庚子

讀所校大戴禮記，凡與諸書相出入者，竝折衷之以求其是，足以破注家望文生義之陋。然舊注之失，誠不當依違，但全棄之，則又有可惜者。若改定正文，而與注絶不相應，亦似未可。不若且仍正文之舊，而作案語繫於下，使知他書之文固有勝於此之所傳者。觀漢魏以上書，每有一事至四五見，而傳聞互異，讀者皆當用此法以治之，相形而不相掩斯善矣。此書尚有管見所及欲請正者。如夏小正：「五月，初昏大火中，種黍菽糜。」傳云：「大火者，星家諱改也。星中，種黍菽糜時也。」竊意經於「種黍」句絶，「菽糜」當作「菽糜」，下所以云菽糜已在經中又言之也。其傳之「菽糜」，當爲衍文。蓋星中可以種黍，見於尚書考靈耀及尚書大傳等書，所言相同。若菽則非五月所種，不可以「種黍菽」連讀而去「糜」字，傳此處於菽糜蓋無釋也。或云當作「初昏大火中，種黍，大火者，星也，星中，種黍之時也」。下以「菽糜」二字作經，以「記時也」三字作傳。亦可備一說。保傅篇「工誦正諫」，正當如詩「正大夫離居」之正，蓋大夫之長也。故注於此句下先釋工誦，即云「大夫諫之以義」，後於瞽史幷釋正諫也。似不必依漢書、白虎通改「正諫」爲「箴諫」及增「大夫進諫」一句，古人作文亦知避就之法，未必疊用兩諫字爲句也。又「行雖有死不能相爲」，漢書作「行有雖死不能相爲」。竊意此較漢書爲勝，蓋「有死」二字是成文，左氏傳「有死無二」、「有死而已」，此類不一。作「行雖有死」，語勢較健，似不當反改從漢書也。曾子事父母篇中有云：「諫而不用，行之如由己。」足下疑此語有誤。此不必致疑也。行之者，從之也。從父母之過，如己實爲之，而非出於父母之本意然，所謂引慝也。少閒篇「君曰足，臣恐其不足，君曰不足」，此下脫一句，方本補「臣恐其足」四字，竊所未安，前者已略論之矣。蓋君曰足，則有過於自信之意，而臣之進辭也當婉，故可以云恐也。若君曰不足，則但謙讓未皇而已，其臣之進辭也當決，施恐字則爲不當。故注於上二句云：「未足而君謂足，則臣恐未足，告以不足也。」於下二句云：「實足可行，而君曰不足，則臣云足，所謂可不也。」一有恐字，一無恐字，注可謂善體語意矣。此愚向所以欲補以「臣則云足」四字也。然不敢即入正文，附見之而已。方本專輒改易古字古語，多不可信。注中引詩節南山但稱節，左氏昭二年「季武子賦節之卒章」，已有此例矣。若伏之與服，本可通用，本命篇「婦人伏於人也」，即其證。采地之采本作「菜」，音注疏中多有作「菜地」者，不可謂誤。文王官人篇「醉言悴也」，「言」疑是「猶」之誤。少閒篇注：「言有可同不可同也。」「不可」二字疑誤倒。足下其爲我更審之。既觀足下所校本，因幷求官本觀之，其中復有鄙意所未愜者。以東原之博雅精細，與衆人共事乃亦不能盡其長邪？曩日曾共校此書，其中是者亦棄而不錄，何邪？今摘其當更定者數條於左，與足下共商搉之。

夏小正：「來降燕，乃睇。」傳云：「百鳥皆曰巢，突穴又謂之室，何也？操泥而就家，入人內也。」案語云：「突穴，即燕之所爲似穴而突出者也。『入人』或作『人入』，今從闕本。」文弨案：「皆曰巢」下本作「室穴也與之室何也」。蓋經「乃睇」下必本有「室」字，故傳作如是解。今乃從別本作「突穴」，而所釋者頗失之於鄙俚，大不可解。「與之室」，作與字爲古，與猶許也，不當改作「謂」。下當作「操泥而就家人句入內也」。家人猶今言常人家耳。哀四年左傳：「公孫翩逐蔡昭侯而射之，入于家人以卒。」漢書中類此者尤多。云「入內」正以足「與之室」之義。若作「操泥而就家」，語頗不足。既言家，又言人，參錯複疊，亦不成文理。似不當從闕本。竊疑「室穴也」亦當本是「室內也」，與末句正相應。穴與內形近致誤。

「菽糜已在經中，又言之是何也？時食矩關而記之」。案語云：「上『初昏大火中，說曰星家諱改中，種黍菽糜時也』，謂種黍與菽糜二事，皆以星中爲候。此民事之常，記星中，則二事自見，故云『已在經中，又言之』，非經重出此文也。矩當爲巨。夏時以菽爲糜，乃時食之大關。」文弨案：上文「大火中」下本有「種黍菽糜」四字，或脫去耳。今仍其脫而又曲爲之說。君子之於幽也不言。審經文本無「菽糜」，而鑿言之云已在經中，斷無是理。以星中見種黍之候，容可通，此種黍必當在此月也。以星中見菽糜之候，將非此月即無菽糜者乎？「食矩」本作「食短」，「關」本作「閔」。是月也舊穀行盡，新穀未升，農民於此時常苦食短，故以菽爲糜。菽以佐食之不足，非常食也，何大之有？記言啜菽飲水，史言半菽不飽，菽是穀之粗者，故用以爲況耳。小正閔而記之，故辭之重如此。然則上文本有「菽糜」二字明甚。下「隕糜角」亦再見。若「食巨闕」，從未見他書有引用者，於複舉之意亦不顯。

保傅篇：「有司齊肅。」案語云：「各本譌作『參夙』。今據李彪傳改正。」文弨案：「參」乃「亝」字之譌，今即作「齊」，亦無不可。唯「夙」字斷不可改「肅」。注云：「齊夙謂三月朝也。」夙訓爲早，與朝義合。若齊肅而直訓爲三月朝，不太遠乎？

「燕度地計衆」。案語云：「『度』各本譌作『支』，今從方本。」文弨案：「度」本作「支」，故注云「支猶計也」。後世尚有度支之官。若正文本是「度地」，則是常辭，可不加注，即注亦當以度量爲義，不當轉以計字相比況，蓋計字之義不顯於度字故也。此亦失之。

曾子制言中：「無忽忽于賤。」案語云：「忽忽各本譌作『勿勿』。據立事篇：『君子終身守此勿勿。』注云：『勿勿猶勉勉。』今從方本。」文弨案：立事篇「君子終身守此悒悒，君子終身守此憚憚」，與所舉勿勿凡三言。此篇言「君子無悒悒於貧，無勿勿於賤，無憚憚於不聞」，正與前三言其辭同，其所指則異。前則憂其所當憂，勉其所當勉者，故曰終身守之。若貧賤則在天，不聞則在人，於君子何與而何所憂焉，而何所勉焉？今獨改「勿勿」爲「忽忽」，殊不可通。

曾子天圓篇：「龍非風不舉，龜非火不形家諱改。鳳非梧不棲，麟非藪不止。」案語云：「各本脱此十字，今從永樂大典本。」文弨案：此好事者妄增入也。本文「龍非風不舉，龜非火不形」；下即接云「此皆陰陽之際也」。注云：「龜龍爲陰，風火爲陽，陰陽會也。」今以鳳麟梧藪閒其中，其於陰陽之義何所當乎？此之謬妄，顯然易見，柰何信之。

武王踐阼篇：「王齊三日，端冕奉書而入，負屏而立。」案語云：「各本作『王端冕，師尚父亦端冕』。學記疏云『師尚父亦端冕』，大戴禮無此文，鄭所加也。」文弨案：唐人所見大戴禮偶脱此一句，遽斷以爲鄭所加，於文義全不考究，竟似王奉書而入負屏而立，與下言「王下堂南面而立」皆成齟齬。果古本脱去而鄭增成之，亦當從鄭，況漢人所見本在前，唐人所見本在後，烏知鄭之時必無此一語乎？曩時但以學記正義之説附於後，於本文卻不敢遽删，不知何以不見從也。

「以仁得之，以不仁守之，其量十世」。案語云：「各本『以不仁得之以仁守之』。今從禮記疏。」文弨案：「以不仁得之，以仁守之」，正所謂逆取而順守也。若創業之君既能以仁得天下，安有忽反而爲不仁者。如有之，則始之仁也亦僞耳，可曰以仁得之哉！且未見夫開創不仁之主之可以待至十世者也。不斷之以理，而惟誤書之是信，夫豈可哉！

衛將軍文子篇：「終日言，不在尤之內。」注：「在尤之外。」案語云：「此四字各本譌作正文，今從方本。」文弨案：立事篇亦有此語，無「在尤之外」四字。今以爲衍文可，以爲申殷勤亦可，唯以爲注則大不可。鄉學究作此語以曉童蒙尚不爾，況作注乎？

勸學篇「於越、戎貉之子」。文弨案：舊本「於越」竝作「于越」。荀子作「干越」，字形相近。前不依荀子而仍作「于越」者，以漢書貨殖傳云「戎翟之與于越不相入」，孟康曰：「于越，南方越名也。」師古曰：「于，發語聲也。于越猶句吳也。」皆作于字。若荀子之作「干越」，莊子、淮南亦有之。説者或以爲漢餘汗等地是干，亦音寒。然則各仍其本文可矣。今以春秋有「於越入吴」，遂改「于」爲「於」，所謂知其一不知其二也。凡舊本作「於」者，官書普改爲「于」，獨此又改舊「于」字作「於」。

文王官人篇「志殷而湥」。注：「殷，盛也。湥蓋深也。」文弨案：舊本作「志殷如浚，注，浚蓋深字」。今檢字書無「浚」字，或古有之而字書失載，要爲傳寫已久，故注有此語。抑或校書者所加，後來誤併入注中。今既改正文作湥字矣，湥與深有古今之分，實則一字，作注者寧此之不知而猶疑其辭曰「湥蓋深也」邪？竊以爲當作案語云：「湥，舊本作浚，注末有『浚蓋深也』四字，或校書者之辭。」斯爲得之。「而」與「如」古通用，今竝從方本改易矣。

他如四代篇「睪然」，睪卽皋字，亦見莊、列、荀子，今誤作「罣」。朝事篇不補「侯伯於中等，子男於下等」二語，亦不加案，皆不可曉。偷墮懈墮卽是惰字，乃以爲譌。其他脫句武王踐阼脫「於戶爲銘焉」。脫字公冠「立於席北」，脫「北」字。及注中脫誤之處，非本校者之失，固可以共諒也。

與陳立三以綱上舍書 辛丑

去年來京師，聞友朋閒盛道足下之名，卽思得一見論著爲快。時足下方館於圻外，今正始相晤於翁覃溪太史所，歡然如舊相識。會足下行急，文弨亦俶裝將往山西，所懷仍未由得遂。別之明日，足下惠然留一文以寵我行，見豹一斑，嘗鼎一臠，縱未卽大快夙願，以視求一見一嘗而不可得者則固已遠勝矣。求益之云，辭何謙也。文弨少無彊記之功，老而遺忘更甚，卽欲効一得於吾子，何有哉！承示大戴記諸條，凡所證引，俱一一可桉不虛，足下之於此書，功良深矣。然區區一隅所見，亦不敢爲足下隱，謹條疏如左，惟爲我審正之，以盡切磋之誼，幸甚。哀公問五義篇：「窮爲匹夫而願富。」李善注文選引此作「不願富」，楊慈湖從之，足下遂謂當增「不」字。文弨竊以爲窮而不願富，此少知自好者優爲之，何必賢人。夫子之所謂賢人，蓋進於士與君子之上者也。顏子一簞食，一瓢飲，在陋巷之中，可謂窮矣，而以爲邦問，則知其有志於治天下之道，此非願富乎？孔子栖栖皇皇，目營四海，故其言曰：「苟有用我者，期月而已可也，三年有成。」蓋聖賢當其不遇時，則贍一身而猶不足，然其具固在我，實足以拯一世而有餘。唐詩人杜子美亦似微見此意者，故處破茅中而即有大庇天下寒士之想。所謂願富似當作如此解。若夫以多財爲富，此亦非賢者之所甚惡也。富而得行其所欲爲，如之何不願？孔子嘗謂顏淵，使爾多財，吾爲爾宰。至喪欲速貧，則有爲言之。有道而貧賤，方且以爲恥，故貴而不願富可言也。卽下所云「貴爲諸侯而無財」是也。窮爲匹夫而不願富，此正易所謂苦節不可貞者，天下安賴若人爲？聖人亦安取若人爲？故愚竊以願富之爲義更精也。夏小正「四月莠幽」，幽之爲葽是已，莠之爲秀，與王萯莠之莠同，與莠雚葦之例亦合，此無可疑者。足下不引豳風「四月秀葽」爲確證，而顧遠引廣雅「莠葽」、戰國策「幽莠」以證莠葽是一物，莠不可改作「秀」。信若此，則於四月之下但空舉一草名而已，毋乃太不辭乎？盛德篇：「外水曰辟雍。南蠻，東夷，北狄，西戎。」太平御覽所引「南」上有「列」字，今據此增之，義自較顯然。卽不增，而南則蠻也，東則夷也，北則狄也，西則戎也。此東西南北自從明堂生義，與他處本其地以爲稱者固當有別。至公冠脫文，當以家語博物記增補。夏小正「俊風之爲東風」，據山海經以駁傳言南風爲非是，「五月鳩不辜之時」，不字爲衍文，凡此所見皆極是。易本命篇王懷祖太史亦以淮南參證，與足下所見符同。王太史所校，是者極多，而愚意不敢即據以更改此書者，則以校書之與著書不同。今足下既有意欲自下注，則於正文審擇而從其是可耳，何必拘拘就盧氏之範圍哉！若但校盧注本，惟可於注末略加辨證，而於正文定當一仍盧本之舊。又古書中有本來稱引譌錯者，正復不少。即如保傅篇以齊威王置簡公之前，此或是本文之誤，向疑威王爲威公，猶不過一字之異同耳。若如他書引下句作「而湣王以弒死於廟梁」，則迥非盧氏所見之本，殆後人覺其誤而爲之更定，亦不可知。觀其於「弒」字下又贅以「死」字，文筆頗似不古。念足下意惓惓，不可不爲報，非敢强爲説以求勝，希亮察，不備。

與孔葓谷繼涵書庚子

令姪叢伯所梓鄭志極佳，在諸本中最有條理，且點畫亦致不苟，幾與相臺岳氏所刻諸經相伯仲。今欲奉求一本，務爲我致傾遲之意。古書之流傳者稀矣，全賴好古有力之士摹印流通，嘉惠後學。若復過於吹毛，令人意怠，非樂與爲善者所可出此。唯是古大儒傳注亦不能一無可訾，而校書之難則又如掃落葉，瑜多瑕少，轉不妨略獻所疑。如書中定之方中荅問，乃指左傳「水昏正而栽」兩言，今以毛傳爲緣起非本意矣。常棣一詩，趙商因魚麗之序而發問；舜葬蒼梧之野，張逸因堯典三危乃西裔而致疑。此必須注乃明。又如七月「鳴鵙」，但云「幽土晚寒亦晚温」，義頗不亮，其問之原委，似亦不可不詳。它本頗有以唐人正義之文羼入者，此本已多刪薙。然如月令「昏火中」一段，自「如此言中」以下，亦是正義之文。又「脯非食殺」，內則正義所引唯此一語爲鄭志，餘者皆非也。其沿注疏中譌字俗字，如「酒正轉寫益澄字耳」，「益」誤作「盎」；「喪服目其家之爲宗者」，「目」誤作「自」。泠剛之姓不當作「冷」，陳鏗之名不當作「鑑」。至如「梁」本從「刅」，今誤從「刃」，「厚」字之首，混與「原」同。此當一併改正，方全美也。又書中疑「相覺」二字有誤。案：「相覺」即「相校」，趙岐注孟子富歲子弟多賴章及中也養不中章、春秋無義戰章皆有此語。又宋書天文志云：「斗二十一，井二十五，南北相覺四十八度。」皆可證也。「白虎」自見王會篇，今本但缺「黑文」二字耳。又昭三十一年左氏傳，服虔云：「十一月，日在星紀。」據下問荅，則「十一月」當是「十二月」。餘尚有小增減處，不盡詳也。

與丁小雅杰進士論校正方言書 辛丑

方言一書，戴君疏證已詳，愚非敢掩以爲己有也。然疏證之與校正，其詳略體例，微當不同，亦因其中尚有未盡者，欲以愚見增成之，故別鈔一編。今不能即寄，聊舉一二，乞足下審正之。大凡昔人援引古書，不盡皆如本文。故校正羣籍，自當先從本書相傳舊本爲定。況未有彫板以前，一書而所傳各異者，殆不可以偏舉。今或但據注書家所引之文，便以爲是，疑未可也。如卷一內「延，長也」。又云：「延、永，長也。凡施於年者謂之延，施於衆長謂之永。」案：「延長也」已見於上，似可不必復出。蓋此自爲下文，各見其義，故先竝舉之於上，揆以文法，斷當如是，考之宋本，亦無不同。今或但據李善注、嵇康養生論引作「延年長也」，便謂此書作「延永長也」爲誤。夫善此注，特隱括施於年者謂之延意耳。爾雅疏始誤以爲即方言本文，此不可以「稺年小也」相比例。夫使云「延年長也」，下即當云「永衆長也」而後可。不然，兩句復沓，於文義殊未安。方言此語，亦衹大判而言，其實通用處正多也。又卷二「秦晉曰靡」。注：「靡，細好也。」亦因李善注引作「靡靡」，遂補一靡字。不知善但順兩賦之成文耳。長門賦「夫靡靡而無窮」。魯靈光殿賦「何宏麗之靡靡」。今必强此注以從彼，拘矣。且王逸注招魂云：「靡，緻也。」李善注文賦引薛君韓詩章句曰：「靡，好也。」皆以一字爲訓，而義正相同。故凡此類，皆不敢從。正文如卷六：「掩、索，取也。或曰狙。」注：「狙，伺也。」宋本如此，不誤，俗本始誤作「狙」。今因卷十有抯取也，音相黎，遂移彼以易此，不知狙伺而取，正與掩取義同。又「闓笘，開也」，因廣雅笘作「苦」，遂從之。夫苦之訓開，他書未見。竊疑當是苫字。苫蓋雖皆所以覆屋，而蓋亦可以爲户扇，見荀子宥坐篇「九蓋皆繼」楊倞注。又案説文：「蓋，苫也。」周禮夏官圉師「茨牆則翦闔」，康成注：「闔，苫也。」然則苫與蓋、闔義皆同，而此則訓爲開。夫字固有反覆相訓者。余以爲與其從苦字之無義，不若定從苫字，此因形近致誤耳。又「厲、卬，爲也」，亦從廣雅改卬爲印。夫印之訓爲，亦未經見，而卬與昂通，激昂正振作有爲之意。不可因曹憲音爲於信反，遽棄方言而從之也。又卷十：「誺，不知也。誺音癡眩。」戴本改作「𧩯」，引玉篇：「𧩯，不知也，丑脂、丑利二切。誺，同上。又力代切，誤也。」戴謂以六書諧聲考之，𧩯從言桼聲，可入脂至二韻。誺從言來聲，應入代韻，不得入脂至韻，作「誺」非也。竊以爲不然。姑無論古讀來爲梨常與思協，即與癡同一部，如素問云：「恬澹虛無，真氣從之，精神内守，病安從來。」又漢柏梁臺詩武帝云「日月星辰和四時」，梁王云「驂駕騑馬從梁來」。又廣韻從來之字，如犛、庲、倈，皆與斄同紐，竝在之部。今必謂從來得聲者應入代韻，其可乎？卷十一：「蠅，東齊謂之羋。」俗本羋誤作「芊」。案：蠅似黽，其聲蓋與「閔」相近，楚姓之羋其聲亦相近，故注以「此類皆不宜别立名」是也。今若作牛羊之羊，雖與蠅亦一聲之轉，而究不若蠅羋之轉之尤切。況蠅，微蟲也，羊，家畜也，皆有定名矣。而云蠅亦可呼羊，羊亦可呼蠅，不亂名乎？而反譏郭氏何也？卷十二：「嫣娗，嫚也。」舊本「嫚」作「婸」，乃俗優字，舊音薄丹反。注云：「爛優，健狡也。」雖與今之「爛漫」義不相近，而其音正同。顧乃改「優」作「僑」，讀爲孄媥，有何據乎？又：「蒔、殖，立也。」以殖爲誤，云「當從曹毅之本作植」。案周語云「以殖義方」，韋昭云：「殖，立也。」與此訓正合。即左氏襄卅年傳，鄭輿人之誦，殖與嗣協。釋文「殖，是吏反」，與蒔聲亦相近。何必植之爲是而殖之爲非乎？至注中之字，如卷三：「軫，戾也。」注：「相了戾也。」案：軫與紾同，了有樛曲之義，作「了戾」方切紾字義。考酉陽雜俎云：「野牛高丈餘，其頭似鹿，其角了戾，長一丈，白毛，尾似鹿，出西域。」正與考工記「老牛之角紾而昔」義合。又導引經云：「叉手項上，左右自了戾不息復三。」又字亦作「繚戾」，劉向九歎云：「繚戾宛轉，阻相薄兮。」詩魏風葛屨毛傳云：「糾糾猶繚繚。」朱子即以繚戾釋之，於古義有合也。今又因李善文選注之誤字，而改作「乖戾」，則與正文「戾也」之義殊遠，并注中一「相」字亦賸矣。楊倞注荀子脩身篇云：「擊戾猶了戾也。」宋本、世德堂本俱作「了戾」不誤。元時本誤了爲孑，今俗閒本亦改爲「乖戾」矣。卷九：「矛骹細如鴈脛者，謂之鶴厀。」注：「今江東呼爲鈴釘。」案：説文鈴字下云「令丁也」。方言俗本皆作「鈴釘」，尚仍其誤。卷十一：「姑蠻謂之强蚌。」注：「建平人呼羋子，羋即蚌也。」足下謂强蚌當讀强芈，良是。乃俗閒本竝誤作「芈即姓也」。爾雅疏又因誤本而改作「芈楚姓也」。唯陳隅園方言類聚本作「芈即蝆也」，且明其説云：「今吳會閒通呼爲芈子，作即姓者誤。」是皆當改正也。卷十三：「姚娧，好也。」注謂「娃悦也」，正與卷一「好或曰娃」，注言「娃容也」合。俗本誤作「謂姘悦也」。夫姘變婦人污也，其誤甚顯，不當猶仍之。又「憚怛，惡也」，注「怛懹亦惡難也」。俗本「懹」竝誤「懷」。案卷七：「憎、懹，憚也，陳曰懹。」今據以改正。至於舊來之音，有出郭氏者，亦有後人附益者。其所音，閒與今世所讀不同，如謾之有莫錢反，凡兩見，豈可删乎！「抱娩，耦也」，卷二俗誤作「抱嬎」音「追萬反」，一作嬔」，又於「耦也」注下有「音赴」二字。戴本乃移「音赴」於抱字下。案：「抱」一作「菢」，同音暴，後云「房報反，江東呼蘆乃音央富反」，則抱字本不音赴。嬎字宋本作「娩」，從女兔聲，廣韻與赴同一紐。乃玉篇音爲孚萬切，産娩也，又出嬔字，云「同上」。案：産免俗始加女作娩，與婉娩之字混。玉篇於娩字音無遠、亡辯二切。若從兔，則與孚萬之音迥異，只當音嬔下爲得之，故今少有更易。又案正文「耦也」與抱娩義不近，疑有錯簡，或是「敵耦也」，故注云「耦亦匹互見其義耳」。抱娩下或有「孚也」字，孚亦音赴。故臆測如是，然無左證，未敢即以爲然也。又蠲有圭音，詩「吉蠲爲饎」，三家詩作「吉圭爲饎」是也。舊本「音涓」下誤作「又一圭反」，乃「又一音圭」之譌耳。見卷三。又「蟒南楚之外謂之蟅蟒」下，宋本「蟅音近詐，亦呼蚝蛨」。卷十一。玉篇：「蚝蛨，蟅蟒蟲也。」正相合。俗本方言誤作「吒陌」，此必當改正。又下「春黍謂之螢蝑」，注「江東呼蚝咟」，舊本皆不誤。廣韻蚝字下云「蚝蛨蟲」，蛨字下亦同。今必據詩釋文而改爲「蚝蜢」，似可不必。文弨又竊疑上蟒一條竝不指食苗之蟲。郭注云「蟒即蝗也」，蓋即依爾雅「蟒王蛇」生義，故於蟅蟒下云「亦呼蚝蛨」，加一亦字，亦春黍之呼蚝蛨也。於「或謂之螣」音滕而不音特，意亦可見。但於「宋魏之閒謂之蚮」尚未有左證。然舊亦音貸，不音特，蛇之文固有如玳瑁者，當因此名之耳。此須足下爲更審正之。又「抒、瘛，解也」，卷十二。舊本抒音「抒井」，誤也。宋本作「抒渫」。考之廣韻：「抒，渫水，俗作汿。」則渫乃渫之誤字。若抒井，義甚僻。詩大雅生民篇毛傳云：「揄，抒臼也。」胡不引此爲音，故知亦必非「抒井」也。至正文之義，亦尚有可通者。如卷十三「魏，能也」。案周書謚法解：「克威捷行曰魏，克威惠禮曰魏。」此非魏訓爲能之證乎？又「懼，病也」。案：凡人性怯者多苦畏，非懼即病之訓乎？且懼又可轉爲癯，亦病容也。又「攋、隓，壞也。」案：太玄經度之次三：「小度差差大攋之階。」測曰：「小度之差，大度傾也」。范望注云：「事之骩攋，故傾危也。」此非攋訓爲壞之證乎？但彼攋字从木，字書所無，定傳寫誤耳。又「賦，臧也」。臧當作古藏字，訓賦斂所以爲收藏也。至於字畫，亦有不可盡依說文者。如娥𡣍，卷一。說文「𡣍从女，𡣍省聲」，遂據以改𡣍作𡣍。案𡣍乃力爲切，音不近，或當是贏省。說文於贏字云「從貝𣎆聲」，𣎆字下云「或曰獸名，象形，闕，郎果切」。郎果之音本不出於許氏。𣎆音訓本爲闕，或元有盈音，未可知也。故與其作𡣍，不若徑從說文作嬴爲猶愈矣。又「餳謂之餦餭」。卷十三。說文止有餳字，从食易聲，徐盈切。遂從之。案：劉熙釋名：「餳，洋也，煑米消爛洋洋然也。」此諧聲爲釋，不更出从昜之餳字。廣雅本亦然。陸德明音周禮小師注云：「餳，辭盈反，李音唐。」是一字有兩讀。今謂辭盈反者當从易，音唐者當从昜，於古未有聞也。又如，䙴字不當改爲僊，古字少，一字可兩三用，漢書律志、地理志遷字亦省作「䙴」，可證也。家字不當改作「寂」，𪗉字不當改作「齘」。漢人作隸，已不能如篆法之嚴。此等字縱出自魏晉以下，然相傳已久，在今日不猶有古意乎？至郭注引書微與本文不同，亦不可改也。如引外傳「余病喙矣」，本書喙作「喙」，引漢書「初陵之橅」，本書橅作「橅」，此皆不改。獨引左傳「餬予口於四方」，則改予從本書作「其」字。此或郭公偶爾誤記，或因與昭七年傳「饘於是，鬻於是，以餬余口」文相涉致誤。此類古人多所不免，正不必爲之彌縫也。余又疑正文卷二「碩沈巨濯訏敦夏于大也齊宋之閒曰巨曰碩」下便當接以「陳鄭之閒曰敦」，至「于通語也」止。中閒「凡物盛多謂之寇」四十九字當别是一條。足下細審之以爲然否。戴君通人，在日，文弨敬之愛之，情好甚摯。今此書若無戴君理之於前，使文弨專其事，紕繆當益多，決不止於此區區數條而已。今戴君已没，寧忍爲之吹毛索瘢乎？然念古書流傳既久，其考訂必非一人精力所能盡，戴書之善者已盡取之而著之矣，安知他人所見不又有出於文弨所見之外者乎？願足下先爲吾斷其是非焉。如有新得，乞即録示是望。

抱經堂文集卷第二十一

書五

荅孔㒶谷書 壬寅

日望足下惠音，久不見到，固知中閒必有阻滯。今八月杪，始領手教及佳刻各種，如餒人之得食，喜極不可言喻。鄭氏詩譜及張丘建算經，僕有校出兩紙，今寄上。戴君方言疏證即校於其書上。又去年曾與丁小疋書，論及此，亦附請教。惠定宇、沈果堂二家合校五經文字、九經字樣，云據宋元鈔本校，於項氏所梓本上改正，字畫極細。惠氏無説，沈氏僅有一兩條。今皆依樣録於尊刻本上寄轉。其所據鈔本，避宋欽宗桓字嫌諱，如「欑，才丸反」，作「昨官反」。貫下注「毌，公丸反」，作「公歡反」。完音丸，作「平官反」。貒，他丸反，作「他官反」。觀此足明所據猶是北宋以來相傳之舊本，而非臆撰可知已。然宋人既以避諱之故，不難改易本文，則安知其中不有以意爲增損者？如「壟壠」下注云：「二音隴，方言曰：冢界埒壠。」案：其文殊不似，此當云「二同」，不當云「二音隴」。其下所引，無論删節不明及埒字作埒之誤，即其舍周禮、禮記而取方言，已開明人王堯惠舍經而泛引佗書之謬之先矣。馬氏所梓，亦似據鈔宋本，不全據石經，故石經闕處，馬本補之，計其字數，閒有不能盡合。要石經之脱誤處，正復不免，今當擇其善者而從之可耳。石經之字不盡依説文，張氏、唐氏之書唯石經是從，故校者不當以説文繩之。且張參於小學殊不精，故於夲本、陜陝、汜氾等字，其説多混。至足下所譏夂夊二字之互譌，尚爲筆畫微誤，可以歸咎於轉寫之失，以其下義訓及所從之字，固未有誤也。馬氏本幸部有脱行，項氏本木部有錯簡，此特小疵耳。其點黼太半依石經，絶不艸艸。今足下校正此書，於馬本所補亦不肯輕徇，寧闕所疑，慎之至矣。然繡梓時，一以委之剞劂氏，彼俗工但知世俗所行之宋體字耳，於廾廿、日曰、弓ㄋ、舟丹、月月之辨皆不能審，古意寖微。而於唐時避諱之闕筆，僅有一二留者，至偏旁，則皆寫全矣。若明人所補之謬，挾欺塞責，彼於世人習熟之經文可以一檢而得者，尚且以青易素，以鹿爲馬，憑臆妄竄，但求闕處有字，便可適觀，其於此二書，益復何所顧忌。今足下固已灼見其謬，不以滓穢本書，別爲五經文字疑、九經字樣疑一卷，舉其説一一從而辨之。其於馬本所補，亦致疑焉。愚謂王所補，直不足置辨；若馬所補，可信者多，即有一二字數不合，如石經本以十字爲行，亦有縮而爲九、溢而爲十一者，政不可執此亦疑其鑿空妄造也。石經所注重文，或脱或誤，足下既補之正之矣，唯危部下石經注云「壹字重文」，足下以無重文而删之。愚竊疑詭字下當有「恑」字，如春秋書「晉侯詭諸卒」，公穀作「詭」，左氏作「恑」，所謂重文或指此。但危部凡陸字增，此則多一字，或因脱去恑字，遂只就現在之字計之耳。此雖不敢即以爲然，要亦可備一説。然則此四字石經所元有者，毋寧不删爲是。

與鮑以文書 壬寅

熊氏後漢書年表今已録出清本，可以授梓人矣。所以遲至今日者，實以此書紕繆極多，若徒校訂一二傳寫之譌，未便即稱善本，仍然留後人指摘，何益？前與錢宮詹書中已略道一二。今書中凡改正增删之處，俱有校語繫於其下，可無庸委悉具述，姑撮其大段言之。侯表中功狀不明，紀事失實。或以更始時事入之建武，或以主將之官加以偏裨。置臨邑侯復於王威之上，而其子騊駼之嗣侯反遺之。本傳竝不言國除，故文獻通考載騊駼嗣。錫光封鹽水侯而但稱列侯，又没其不從王莽之大節，而泛稱曰降。征羌侯來歙爲光武祖姑之子，而以爲甥。宣城侯孫美襲其兄之封，而以爲隨父。鄧騭諸弟竝未受封，而書其子皆曰嗣。袁逢嗣侯，其謚曰宣文，而誤以爲宣父。與鄉亭名一例，宣城、漢壽皆書叛，曹操所殺亦云誅。百官表中何苗本不與何進同意，而乃以謀誅張讓幷歸之。虞詡代陳禪爲司隸校尉，而反謂禪實代詡。袁敞代劉愷爲司空，而敞之拜反在愷未遷官之前。又遺漏甚多，今於正史所見年代可考者補之，其年代疑似與見於劉昭、章懷注中者，亦於校語内附著之，視元本爲少詳贍矣。范史紀傳互有參差所，當擇而從之。至如北海哀王基、濟南孝王香、東平懷王忠諸人之年，熊氏實沿本傳之誤，今俱加以訂正。然而猶有不能盡易者焉，如宮詹之所規者，但仍之而著其誤，則以此固熊氏之書也。如欲別加撰造，又似不必，故未免依違於其閒，而前後致有未盡畫一之處，然猶愈於襲譌沿謬云爾。足下其覆審之。

與翁覃溪論說文繫傳書 癸卯

説文繫傳一書,向無力傳録,未得細閲。今承以汪氏新雕本見貽,乃始受而卒業,惜乎殘闕之已多也。此書在宋時固已推重。近閲爾雅疏及項平甫家説,亦多引用其語。僕何人,敢於輕相呰詛。惟是粗覽一過,意實有不能盡愜者,不敢以聞於人,而私求正於足下。竊以爲解説文字,惟當約文申義,義明而止,無取繁稱侈説也。楚金所解,大致微傷於冗,而且隨文變易,初無一定之説,牽强證引,不難改竄經典舊文以從之。如掄與棆不同也,而兩引周禮掄材,一則從手,一則改從木。釋與釋亦有別也,釋本訓漬米,而此復贅云猶散也,引釋旅爲釋旅,以爲從米之證。若㮄欜兩字,皆引易之擊柝,不引周官之聚欜,此固未爲甚失也。旨字下,改内則「調以滑甘」爲滑旨。㡛字改國語「戎車待游車之裂」以裂爲㡛。袳字下,則引詩「好人袳袳」。案:王伯厚詩考所載異文,止有作「媞媞」或「姼姼」者,今之從衣,果何所本乎?曆字下,則引晉書「郭曆」。案:晉止有郭黁,見藝術傳,而非「曆」也。脟字引子虛賦「脟割輪焠」,則云「脟借爲臠」,於膞字下又引此,復云「脟當爲膞」,是其説無一定也。説文無幗字而有簂字,簂即幗也,乃指槶爲巾幗之幗。説文有亲字,兼有榛字,乃云説文無,而指榗爲榛栗之榛,皆失於不審。至於「徐」,則以其得姓所自,而張大其辭,上泝顓頊,以及皋陶,伯益後封爲徐,徐在東海,東方爲仁,方有君子國。而且盛推偃王之仁,爲諸侯所歸。周穆王自西荒逃歸,王不忍鬭,以太王之義而去之,使周穆不失國,偃王之力也。又云:「徐者,舒緩之名也。後雖爲武,未嘗無君子之風,徐宣立盆子是也。」又於稃字下引徐孺子爲證。案：此書本爲説文而作，而乃侈陳家乘，可謂得著書之體乎？又其引書，多不契勘。如引揚雄甘泉賦「日月纔經於柍桭」，改「桭」爲「宸」，注宸字下。張衡西京賦「突荆藩」，本作「棘藩」。左思吳都賦「畛畷無數」，此三賦皆以爲班固之西都。甚且人人所誦習者，而亦舛互相仍。以檀弓仲尼之守狗及「其言訚訚然如不出諸其口」，皆以爲論語。尚書「鯀陻洪水」，則以爲詩。左傳「敢不承受君之明德」，則以爲書。論語「奡盪舟」，則以爲羿。左傳齊侯「余姑揃搣」，則以爲楚王。又稱巫馬期行不由徑，陳仲子捆屨而食，且引詩云「匪面命之，言示之事，匪口誨之，言提其耳」。此等乍讀之，未有不疑其有所本者，而實皆憑臆空造，毫無左證，深足以疑誤後生。許叔重在當時，四家之詩具在，書有古文今文，各家師授又各不同，故其稱引，時與今所傳不合，此豈後代人所可放效也。其分疏音義，亦有可疑者。賈字，許氏云「襾聲」，則當以價爲本音，乃不引聘禮之賈人及納賈、待賈，而專引公户反之「賈區服賈」，即云增成其義，寧不當少有區分也？又賑字本訓殷富，乃惑於後人振贍、振濟之亦作賑，而遂以振起解之。農字中從囟，囟與囪皆有聰音，而乃謂囟當爲囟乃得聲。獮，秋田也，本見犬部；乃於示部增一禰字，亦訓秋畋，且爲之説云「獵者所以爲宗廟之事也」。夫一歲三田，惟君用鮮，何時不爲乾豆之用，而獨於秋云爾乎？考鼎臣本，則禰與祧、祆、祚皆爲新附之字。今皆收入許氏本部中，而又增一𥜽字，訓爲祝也。不知言部中自有詛字，許氏訓爲詶，詶即祝耳，何必又贅一𥜽字乎？又火部中出一炙字，鼎臣本所無，此蓋炙與灸之譌文耳，而曾莫之辨也。許氏本書各部中，元有彼此複見之字，若此草部中苗字凡兩見，則未之有也。至其所引經史，亦多失其本意。如貲字下引史記「張釋之以貲爲郎」，而爲之説云：「即今州縣吏以身應役是也。貲錢即今庸直也。」此説謬甚。夫漢時之以貲爲郎，猶近世職財貨者之舉身家殷實耳。景帝後二年詔書：「舊貲算十以上乃得官，今令訾算四得官。」訾與貲同。楚金於此殊憒憒也。又衮字下，許氏云：「天子享先王，卷龍繡於下幅，一龍蟠阿上鄉，去聲。從衣公聲。」楚金「上鄉」作「上卿」，初疑是轉寫之誤，及讀其説云：「春秋傳諸侯死於王事，加二等，於是有以衮斂，謂以上公禮也。然則慎所謂上卿，即用刻本誤「周」公禮也。」據此云云，則非鈔胥之過矣：此於文理若何可通！部敍一卷，如易序卦之體，亦多有難通而强爲之説者。鼎臣本采用鍇説，俱極純粹。或彼有而此反遺之，其中脱漏之字甚多，并部首亦有脱去者。閒以鼎臣本攙補一二，而不明著其所補。其第二十五卷，則全用鼎臣本矣。至若兩部而并爲一部，有重文而反無正字。「亦」與「夾」、「𡿧」與「囟」，注皆互易；脱去黜字注，而以黔字注注其下。若此者頗多。許氏一部中字，亦皆以類相從。此則或前或後，參錯不齊，并慎元注亦有漏略不全者，則此書之紛亂難理，世無善本久矣。容有爲後人所竄易殽亂者，不可全歸咎於楚金也。初閲此書，以爲不過字畫閒小小譌錯，欲并爲足下校出一本，以荅厚意。今既不可勝摘，則非僕之力所能任矣。淺陋之見，不敢自隱，冀足下恕我之狂也。

後來聞通人之語云：「鼎臣於許氏本文有難曉處，往往私自改易，而楚金本獨否，故是書終不可得而廢也。」此言良是。善讀者必能別擇之。丙午長至月望前一日，文弨記。

荅秦西巖問母在爲妻杖否書丙午

日前承詢母在爲妻制服，俗閒有杖者，有不杖者，幷有因生母在不制杖者，其是非安在？文弨案古今禮文，夫爲妻未有不杖者也。父在不杖者，唯嫡長子而已。儀禮喪服「疏衰裳齊牡麻絰冠布纓削杖布帶疏屨期者」條下，其一曰「妻」。傳曰：「爲妻何以期也？妻至親也。」又「不杖麻屨者」條下曰「大夫之適子爲妻」。傳云：「父在則爲妻不杖。」疏云：「父爲適子之婦爲喪主，故適子不敢伸而杖也。」禮記喪服小記曰：「父在，庶子爲妻以杖即位可也。」正義云：「男不主庶婦，所以庶子得杖。」以此觀之，古禮衆子爲妻，雖父在亦杖矣。乃禮記雜記曰：「爲妻，父母在，不杖，不稽顙。」正義云：「此謂適子爲妻也。父殁母在，爲妻雖得杖而不得稽顙。范宣子云：『在有二義，一是生時，二是在側，謂在母之側爲妻不杖。』」此說雖亦有疑之者，然竊以「父在庶子爲妻杖」之文推之，豈有父殁母在，而爲嫡子者已無避喪主之嫌，爲衆子者又本皆有得杖之理，乃於此反羣然去杖者乎？又考之通典，其載古今喪服之制，爲妻一條在齊縗杖周下，而不杖周則無文。其開元禮亦同。又考之司馬温公書儀，以至明史禮志，亦無不盡同，竝不著父母在否之異。則自當以儀禮所言爲斷。然如古者七十則老而傳，傳者，傳重也，則於父母之喪尚或不盡如禮，唯衰麻在身而已，而謂其尚主適子之婦之喪乎？竊意此時父雖在，不爲喪主，適子亦自可以杖即位。此則古人所未言及，文弨竊以意度之，而謂其必如此也。蓋婦人天夫，故移父之斬於其夫。夫之於妻，義亦不可薄，上以承宗廟，下以緜嗣續，故以爲母之服服之，不爲過厚，豈與夫旁期者可相爲比例哉！雖然，上所陳者，正禮也，而事或不可通於今。如世俗父喪稱孤子，母喪稱哀子。繼母在，則不敢遽稱哀子以訃告於人，而必標明其上云「奉繼母命稱哀」，否則，繼母之黨必有起而成釁者。此亦豈古來如此分別乎？然而不可違也。今父歿母在，或生母在，如妻死，訃於人而書杖期夫，吾知必有挾其短長而責其忘母爲不孝者。則莫若遵乎杖之實，將至母側則去之，而訃詞則不書杖字。此既不背古又不違今，則庶乎兩得之道也。禮，應杖者亦有去杖之時，如父之喪以杖即位者，適子爲後者也，庶子則不以杖即位，則與喪妻而至母側去杖事正相同，況有范氏之說可據乎！前荅足下書中，因涉他事，遂爾漏略，今輒舉所聞而弁附愚見如右，惟足下裁之。

荅袁簡齋書 乙巳

承問宋人集中有婦人無主議，此不知何人所作。考之於禮，婦人之有主明甚。喪服小記云：「士大夫不得祔於諸侯，祔於諸祖父之爲士大夫者，其妻祔於諸祖姑。妾祔於妾祖姑，亡則中一以上而祔。」又云：「妾無妾祖姑者，易牲而祔於女君可也。」又云：「婦祔於祖姑，祖姑有三人，則祔於親者。其妻爲大夫而卒，而後其夫不爲大夫，而祔於其妻則不易牲。妻卒而後夫爲大夫，而祔於其妻，則以大夫牲。」據記所言，微獨嫡妻有主，繼妻亦有主，妾之有子者亦皆有主，有主而後可以祔廟，安得謂婦人無主也。又案：穀梁文二年「作僖公主」，疏云：「麋信引衞次仲云：宗廟主皆用栗，右主八寸，左主七寸，廣厚三寸。若祭訖，則內於西壁埳中，去地一尺六寸。右主謂父也，左主謂母也。」是以漢世帝后皆有主，非創也。漢舊儀云：「皇后主長七尺，圍九寸，在皇帝主右旁。」蓋本周制而爲之可知矣。然則婦人無主之說，空撰無實，不足信也。

與謝金圃學使書

日來爲足下校荀子付梓，至王霸篇有云「箸之言語」，箸字从竹，宋本實然。來教當作著字，說文艸部無「著」，蓋偶脱耳。字林因之。玉篇著字注云「味莖著」，似但指爲艸卉之屬。廣韻則釋爲明也，處也，立也，補也，成也，定也，陟慮、張略、長略三切，則既有明著之文矣。徒以其下箸字注同著，此又廣韻之誤。說文箸訓飯攲。五經四子書中無有以箸爲著者。唯國語「日恪位箸」从竹，蓋亦刻本之誤。今定當从艸作著。文弨案：作「著」則人人易曉，向來拙刻數種書內，著字亦竝不作「箸」。凡以舊本相傳，苟非譌繆大無理之甚者，固未嘗輒以說文易之。若舊本有合於說文，自不當反弃之而用世俗之字。如著字，說文所無，而古書之以箸作著字義用者，不第如足下所舉之周語爲然。列子仲尼篇云「形物其箸」，此則箸明之義，當讀中恕切。趙策「智伯曰，兵箸晉陽三年矣」，此則傅箸之義，當讀張略切。若位箸，則陟慮切也。六朝人所撰世說新語尚有箸無著，如「超超玄箸」，世人罔不知之，更爲明證。此蒙之所以從宋本而不疑也。蓋說文音訓甚略，所賴有假借一門以通其窮。若一字必止一義，則何以周用。如校訓云木囚，而亦通於計校、比校，不必信佩觿之說而別立一挍字也。柰訓爲果名，而亦通於柰何、無柰，不必信同文舉要、甕牖閒評而又增一奈字也。他如此類正多，豈可執一字定爲一解乎？考說文木部有櫡字，石部有礍字，皆云「箸聲，張略切」，竝从竹不从艸。公羊傳有「躇階而走」，而亦不見於説文。其踟躇則作躇，無有从著聲者。以爲偶脱，何以他部竝遺之邪？説文箸只有陟慮、遲倨二切，而他部之以箸爲聲者，乃有張略切。夫知陟慮、遲倨之不足以盡箸之聲，則亦知「飯攲」之不足以盡箸之義矣。自有隸楷以來，竹艸、木手往往混用無别，此箸之所以有从艸者。後人又不細考，而以爲二字之用有異，於是箸專爲梜，而飯攲之外，舉皆不可借用。若先秦以上古書，其作箸字必多，當不僅國語、國策、列子、荀子數書爲然。後人以所習見從而改之。今幸而尚留此數字，吾願足下之勿改易也。足下深於六書之學，精研細討，欲自成一書，而猶多方購求昔人之成書，以資别擇。文弨是以將近所鈔唐沙門玄應一切經音義送閲。其中所引小學諸書，多有近世所不得見者。即所引説文，亦閒或勝於近世版行之本。在彼則自爲彼教用，而在我亦得取以爲吾教用。語曰：「禮失而求諸野。」孟子大賢，乃亦引陽虎之言，豈以是損賢哉！足下衛道之嚴，疑僕莫年頹唐而有弃儒從釋之意，不憚大聲疾呼，以相振捄。此誠良友見愛之意。不知僕素性與禪門絶不相近，今取其書之資小學者耳，他何知焉。正歲年者不非一行，審波磔者不遺智永，三十六字母固從西域而來，舉世無有欲毁弃之者，何獨於此書遂視若毒蟲猛獸而亟遠之也！昌黎與大顛往來，斷不至如後人僞作三書之瀾倒，則昌黎之爲昌黎自若也。吾輩亦未嘗不與緇流狎處，豈曰昌黎可，吾則不可，而惴惴懼爲其所染哉！深荷見愛之意，然區區本懷亦不可以不白，冀足下之亮我也。

與弟文韶書

愚碌碌在外，不能事二人以與吾弟相聚。前以弟年尚幼，故未嘗有書與吾弟。今弟已十有五矣，離幼志而即成人，在此時也。吾弟兄只二人，比聞吾弟年來多病，殊爲憂念。今年已長，當能自爲調攝。念吾房恆不利於長子，其成立者每在於次。今吾年三十三，尚無子嗣。雖竊祿於朝，曾不能備吾父母一夕之膳，深疚隱痛，難以言喻。又近時頗覺志氣頹靡，不能自振，鬢髮早已有數莖白者。承先啓後之事，茫無端緒，且慙且懼。吾少時性情直戇，不耐委曲，又讀書不多，益友亦少，至今不能研求義理之精微，補我之闕，繩我之非。誠不能無望於吾弟。吾意中所欲言者，亦不可不爲弟盡也。吾高曾以上，世有隱德，年代久遠，雖無從詳悉其行事，然觀其所以命字者不取美稱，而顧以庸以呆自號，則其行蓋可想而知矣。昔者吾高祖行之第六房無子，其妾懼或利其貲財而求爲嗣也，乃詐取他人子子之。後吾宗人知之，相率爲文以告於祖，明其爲異姓也，不許與吾宗齒，懼瀆姓也。然聽其妾子之，而不更爲立後，示皆不利其所有也。處置如此，可不謂仁至而義盡乎？吾祖少即喪吾曾祖，家徒壁立，不忍見寡母之勞瘁，獨身走四方，辛勤節嗇，盡贖歸祖遺之產。無所師授，而能自力於學，精於歌詩，所交皆當世知名之士。書得鍾、王楷法。曩家中尚藏有習字紙一大簏，朱墨重迭，大小交互，其勤學如此。吾少時無知識，以爲廢紙無用而焚之，使吾弟不及見，大恨事也。吾祖嘗從人借銀若干，其人之出也微，執禮於吾祖甚恭，後復折券棄負。吾祖既貧不能償，感其意，署券尾以示子孫。今其人之後，亦登甲科而爲縣令矣。吾雖不與其人深交，然未嘗於人前言其所出也。欒郤胥原降在皁隸，白屋之後多出公卿，天下事寧有常哉！況有德於吾祖者哉！吾鄉一輕薄子，在京曾以此事見質，吾謝不知。此語若出自我家，無論非忠厚之道，亦甚違吾祖之意也。父親績學工文，屢困場屋。然世閒得一仕人易，得一通人難，彼徒富貴者其奚足羨也。吾生時正值家中匱乏之際。四五歲時，祖父母親撫養之。稍長，於猥賤之事無所不爲。嘗糴得官米，吾晚從學堂歸，恒自舂也。薪有數等，唯莊柴易斯，若松柴刀柴難斯，吾爲之，故知也。晨起，温宿粥一甌食之，進學堂，歸家午飯，或值未炊，即爲佐炊。夏閒則日昳又歸家飯，乞糕鋪湯一盂，取餘飯和之以食。物有定價者，常至市買之。此皆吾所甘爲。獨意有所甚苦者二，緩債與取租而已。蓋吾素不工於語言，故唯此二事爲難能也。父親處館於外，不能自教子。吾時讀書，不知門徑所從入，好鈔書，亦非世閒希見之本，徒費日力於此，而不知務乎其所當務也。吾將來雖得富貴，亦必念夙昔艱難，不敢稍自佚樂，況不能養吾父母，而吾顧忍持粱而刺肥乎！曳絲而履縞乎！辛酉來京師，行裝蕭然，裋褐不完，書籍亦不能攜。初時借金氏書以讀。此時金氏兄弟外任者，分攜書卷以出，遂無處可借，又無錢以買書，及今熟讀强記亦恐不能堅牢，況并此無之耶？吾弟當知得書之難，則家中所有零篇斷簡，皆當寶之。此皆吾祖手所置者，好學人不必整齊書方始可看可讀也。吾舊時妄自期許，若得志必先賙卹宗黨之窮者。今即二親尚不能盡菽水之養，又何能及他人，又何能辦他事。諺云：「樹高千丈，葉落歸根。」吾之在此，豈遂爲北平始遷之祖乎？要必歸于杭州矣。吾弟不日即有家室之事，住屋本少，又棄其半，何以相容，棄之甚易，復之甚難。今日欲如吾祖之贖歸祖產，豈易言也。詩云：「詒厥孫謀，以燕翼子。」又曰：「我躬不閱，遑恤我後。」此二言者，吾弟奚志哉！吾宗衰微已甚，并黄口兒計之，亦不過三十餘人。其中年而無子嗣及貧不能娶者，又往往而是。吾力雖不足以振之，而愛護之唯恐其有傷，固情之不能自已焉也。人安得盡大聖大賢，孟子謂不中不才，亦宜養之而不宜棄之也。人至清則無徒，假如吾家有慶弔大事，宗族親黨咸懷嫌怨，至者殊寥寥，其何以備禮而達情乎？自天子以下，皆當合歡心以祀其先，寧云愚不肖者其歡心可不必得也？則敬宗收族之義，乃吾所重望於吾弟者也。人不可不自立，祖父之賢不可恃也。所謂甘棠猶愛之，況其子者，固由德之入人者深，亦當由子弟之不肖未甚，或其時世風猶厚，故不忍於遽背也。吾家宇安，族之正人，予舊亦受其飲食教誨之德，族子弟有干犯者，非不能告官懲治也，而不爲，但擯斥之而已，卒亦未嘗不復之也。今宇安死未幾，而其子不肖，人亦何暇念其父哉！天下好者難見，而醜者易見，亦其勢然也，可無懼乎！蘇洵作族譜引，言其族之俗昔美而今不美也。然未嘗斥言其人，則言者無傷於忠厚，而見者足以爲鑑戒。至於死者之失，既不可以追改，而吾明言其人，直書其事，獨不慮傷孝子慈孫之意耶？吾弟異日戒之慎之。如近日互争墳地一事，可以見今昔之異矣。睿符公能以其地讓人，然不與欲得其地者，而獨與宇安，則非爲勢屈可知也。今一則不能保其父之所有而轉售，一則必欲奪其父之所予以自利，其將謂宋之禍宣公成之乎？可慨也已。吾與弟相隔三千里，會面不知何時，胸中所欲言，猶恨其不能盡也。意緒雖多，總之積德培福爲本。德者何？忠厚是也。前人之可法者多矣，吾所言十之一二而已，然可類推也。吾事多，不能常寄信。吾於他人固不若是之煩言也。弟其思吾意。

與梁曜北玉繩書甲辰

世德相承，家聲克紹，吾於老世兄不勝企羨之至。別幾兩載，展轉於懷，想近日高明光大，更令人不易窺測也。向見示漢書古今人表内，有未詳所出者二十三人。今就所知者言之。逢於何事見晏子，亦見禮記檀弓上「季武子成寢」正義中。又羊魚即左氏成十七年傳中之夷羊五也。晉語但稱羊五。今本作「陽五」。五或可爲吾，吾讀爲魚，如左傳「西鉏吾」，釋文音魚。又如晉語「暇豫之吾吾」，漢溝洫志之吾山，皆同。故羊五亦聲轉而爲魚也。又司馬篤，即左氏昭廿二年傳之司馬督也。杜注云「司馬烏」，左氏於昭廿八年兩舉司馬烏，故杜云然。蓋「督」與「篤」古亦通用。書微子之命曰「篤不忘」，左氏傳王命管仲謂「督不忘」，則表之作「篤」亦非字誤。昨因見繹史作「司馬烏」，不考而遽從之，雖篤之與烏實即一人，然可不必改也。又晉陽罕，乃外傳之晉陽畢也，見晉語卷八。表以「晉陽」與「罕」離而置之，故不易曉。「罕」之與「畢」，或以形近致誤，或當各如本書，不能遽定也。又燕子干者，將毋晏子所稱燕之游士泯子午者，即其人耶？弟愧少年時見聞甚狹，中年雖喜博覽，而記性便易遺忘，故所能舉者止於是。老世兄近所得必多，幸以告我。僕子身於此，事甚叢猥，然一隙之閒亦不離卷軸。近讀左氏傳，得嘉善浦氏鏜之正字，日本國山井氏鼎之考文，元和陳氏樹華之考正，三家本皆有可觀。今不勞而坐享其成，覺天之予我亦太優矣。令親孫侍御向欲借我左傳本，今番乃可信爲善本，歸來當與共快讀也。

荅臧生在東鏞堂書 庚戌

疑經，自是近世學者之病。生於論語謂齊魯不過字句之異，非或有或無，齊論不及魯論也。所言誠是。然門弟子各記所言，其才質不能無高下。其出於有子、曾子之徒者，固皆醇矣，或亦有不盡出於二子之徒者乎？論語記曾子啟手足之言，則書之成，去聖人時已久。儒者所稱孔子之言，荀卿即已疑其不實。孟子曰「盡信書不如無書」，此亦通人之論也。管仲一匡之功，舉世所豔稱，當孟子時猶有稱道弗絶者。記者因夫子有許之之言，而遂推崇太過，以致辭氣之閒抑揚過甚，誠難免後人之疑。若非有器小一章在前，則是聖人於管仲竟無絲毫之訾議矣。且即以管仲之事跡論之，始也不能擇君而事，逮射鉤之後，晏然無復他慮，使小白得先入國，何其見事之遲也！子糾之死，仲實死之矣。江人黄人素屬於楚，苟度吾利澤不及焉，則不當受其贄。乃始也侈服遠之名，卒之楚滅黄而不能救，天下以之病桓公，斯時管仲安在？王子帶，周之亂臣也，召戎伐王，王討之，奔齊而齊受之，且欲言於王而復之。管仲能以包茅不貢聲楚罪，今戎之罪更浮於楚，乃不能致討而平戎，於王如敵國然。蓋其志滿意得，淫三歸之樂，侈反坫之制，而已無經略天下之意矣。且人臣之忠其主者，莫大乎以人事君。世不乏才，以齊國之大，而謂無人焉，其誰信之？而管仲獨無所舉，故孔子稱人臣之賢，舉鮑叔而不及管仲以此。夫以豎刁、易牙、開方之倫在桓公左右，不於柄政之時早去之，何也？豈見不及與？抑力不足與？趙之公仲進牛畜、荀訢、徐越於烈侯，而歌者之田自止。此由無人乎桓公之側，故邪佞小人得以盤互而不可拔；顧於垂没之際，始爲君言之，庸能必其君之聽乎？故孟子直斷以功烈之卑，非刻論也。夫以孟子誦法孔子，寧於論語一書有不盡見者，而其議論獨與器小之言合，則其所棄取亦約略可見矣。否則，以孔子所甚推崇者，而乃貶斥之不遺餘力，夫豈苟相反乎？生又謂子産之才不及管仲，亦但以功烈言也。不思子産之所相者鄭也，鄭之國小，不及齊之大，又新造之國也。其上世未有賜履之命如太公者，故不能爲管仲之事耳。以子産之智識，且行事一出於正，如使之相齊，其所成就當必在管仲之上矣。史公之傳管晏，於管仲亦未過推許也。其論曰：「將順其美，匡救其惡，故上下能相親也。」管仲之隱，史公實洞燭之，不過將順已耳，匡救已耳。所謂匡救，亦止如傳中所言隱伐蔡伐山戎之失，而假託之正義已耳。故獨於晏子忻爲之執鞭，此其衡量不昭然乎？子路死出公之難，所謂食亂君之禄，又焉得治君而死之。此但失之於前耳，不可謂其死爲不義也。管仲事糾有年矣，視其君與友之死，漠然如途人焉，喜己之有奥援而欲疾行以至齊，爲御者歌，使之忘倦，其嗜利無恥一至於此，曾少有須臾之愛於其故主乎？聖人立言，爲萬世人道之防，不宜抑揚如此之甚。彼前六朝、後五代之臣，皆以社稷無常主，君臣無常奉而輕爲去就，獨非藉斯語以爲固大聖人之所許乎？生謂死於溝瀆，不指召忽。吾亦不必援笙瀆即句竇即溝瀆以爲實指召忽也。然嫌疑之際，聖人慎焉。豈若後世文士但逞其一時議論之快而不顧其或有所涉哉！明明召忽死子糾之難，而今爲此言，意雖泛指，文實有嫌，焉得人人而解説之以吾斯言之爲泛指也？故應劭奏議以爲召忽死難，而孔子曰經於溝瀆，人莫之知，顔師古、司馬貞諸人咸亦謂然，似不得專咎讀者之不審也。顧袁二氏之論，實出於天理人情之正，聖人復起，必將有取焉。有子親受業於孔子，聞「喪欲速貧，死欲速朽」之語，以爲是非夫子之言。如不得子游之解，而執此二語即爲定論，可乎？且「多聞闕疑，慎言其餘」，固聖人之所訓也。食肉不食馬肝，豈爲不知味哉！生姑置此而信其可信焉者，斯可矣。

與友人論無服之殤書

承示所論無服之殤三條。其一條云：「無服之殤，經不言其喪之節，傳謂以日易月。乃以哭之日易所應服之月，如期親之殤，十三日卒哭。不識此十三日中，衣服冠纓何若？用凶則違禮，從吉則非情。」文弨案：吉凶相變，此十三日中必非吉服可知。羔裘玄冠夫子不以弔，弔且必爲之變，況此所殤者固當爲之服期者乎！經雖無文，或當如深衣練冠之制可也。文弨又以是推之，假如父若夫有喪未除，其爲之子若妻者，既終喪，遂偃然純采可乎？然則無服者，固不謂其皆可以吉服也。抑古之人施之有其等，其必由厚且重者，等而下之以至於輕且薄者，亦不患其恝然不足以相及，否則於此何有焉。又一條云：「古者士逾月而葬。其在期殤，十三日卒哭，必不葬以逾月，而不言其期何也？」文弨案：葬可以月計，而不可以日計，日計則已蹙，謂夫天時人事之或有不齊者，不可以壹切也。然無服之殤，瓦棺而葬於園，事約而易舉，必不葬以逾月，旬之內外可也。又一條云：「延陵季子之子，死於齊，葬於嬴博之閒。韓文公葬女商南，既而歸葬河陽之墓。夫二子皆習於禮者，今將奚從？」文弨案：季子殆有爲爲之也，以君命使，而以子之喪入，可乎哉？觀其左袒，則用吉禮也。且既言「骨肉歸復于土，命也」，而又重諄然申之曰：「若魂氣則無不之也，無不之也。」蓋既不得以其喪歸，故但冀魂氣之得以隨己而偕反。其慘痛之情，千載如見。今使無季子之事，而煢煢稚弱，死不得歸骨於其父母之丘隴，以生恕死，情何可安。然則當以文公爲常法可也。瞽論如此，尚冀足下有以教之，幸甚。

抱經堂文集卷二十二

議 附論辨證解

駁堯冢在平陽議 庚子

堯冢之在濟陰成陽，千百年無異辭。若河東平陽之亦有堯冢，古傳記所未嘗言也。呂氏春秋云「堯葬穀林」，穀林實在成陽。劉向云：「黄帝葬橋山，堯葬濟陰，丘隴皆小。」班固漢書地理志濟陰郡成陽下注云：「有堯冢靈臺。禹貢雷澤在西北。」此二言者，乃固所自注。固之此志，必非一己所能憑空撰造也。自蕭何入秦，收丞相府圖籍文書，於是天下地形阨塞户口之數，皆有可徵。固實本之以作斯志。晉司馬彪續漢書郡國志於成陽大書「有堯冢靈臺，有雷澤」，一仍班氏之舊。此本是細注，與地里志班注一例，因梁劉昭更加注以補所未備，遂進彪之注作大書耳。鄭康成作曹詩譜云：「昔帝堯嘗遊成陽，死而葬焉。」今之獻議者，欲以堯冢移之平陽，以呂覽爲不可信；以劉向意主薄葬，而非必考地志；以班固自注爲顔師古取郡國志之注以爲注；以司馬彪之郡國志爲出於劉昭；以竹書紀年所載帝堯八十九年作游宫於陶，九十年游居於陶，一百年陟於陶，爲出於晉世，不足憑；以吴皇象等所著皇覽、晉皇甫謐所著帝王世紀、唐魏王泰所著括地志，凡言堯冢在濟陰成陽者，一切以爲沿譌，以爲附會。不知數千百年以來之通人學士，何厚於濟陰而必欲與之，何薄於河東而必欲奪之。且平陽，大國也，曹參之子孫，世守此侯封，非荒陋僻左、難自達於漢京者之可比也。其地之顯者，如霍光、尹翁歸、張敞之倫，仕於中朝者當不乏人，何皆喑默不一置喙於其閒而辯正之？夫呂覽之作，招致天下之士，使人人著所聞而成之，如平陽果有堯冢，諸侯客子寧不聞之，顧乃舍近而就遠，强無而爲有，以歸之穀林，是誠何所利焉？當時懸之市門，一字不能增損？猶曰畏秦相之威也；子政、孟堅去之一二百年，何所畏而猶不敢有異辭乎？子政校理羣籍，博極羣書，乃謂其非必考地志。夫子政以前之地志何書也？毋亦即班氏之所本者是乎？地理志河東平陽下但云「韓武子玄孫貞子居此，有鐵官，莽曰香平」而已。師古注引應劭曰：「堯都也，在平河之陽。」未嘗有堯冢一字也。郡國志亦但云「平陽，侯國，有鐵，堯都此。」劉昭注引「晉地道記曰有堯城」，亦未嘗有堯冢一字也。合前後之地志，皆未嘗有堯冢在平陽之語，而以爲古之地志必有之，向特未之考耳，不亦誣乎！又其所據者，以司馬遷史記之書法爲言：凡都於其所而葬於其所者，例皆不書；必若黃帝之橋山，舜之九嶷，禹之會稽乃書之。堯都平陽，即葬於平陽，故史記不書也。此言似是而非。五帝紀中，如帝嚳所都在河南偃師，其冢乃在東郡之頓丘，此何以稱焉？湯都亳葬亳可不書，而伊尹之葬亳，何以反書於殷本紀中？然則史記之作，難以畫一之例相繩，而議者乃欲於無字句處鑿然指以爲證，不已疎乎！且其所引證者，謂王充云「堯葬於冀州」，此語見宋羅泌路史，其子苹注語中以充之言爲謬，不知其實確也。案王充自有所著論衡，其書虛篇中有云：「堯葬於冀州，或言葬於崇山。」舉此兩言，則仍未有實指。且冀州大矣，河東一郡尚不足以盡之，而謂其必在平陽乎？議者又云：「北魏酈道元注水經，備引成陽有堯陵，有堯母陵，有中山夫人祠，然於後結之云『考地驗狀，咸爲疎僻，蓋聞疑書疑耳。』道元父酈範，孝文所任用。孝文嘗脩祠於平陽，道元仕宣武、孝明之時，作水經注，於濟陰已云聞疑書疑，則平陽之蹟猶自昭灼，而濟陰之蹟固已渺茫矣。」案議者此語，又似未嘗見水經注之全文而妄説者。水經注瓠子河「過廩丘縣爲濮水」下，道元注云：「瓠河又左逕雷澤北，澤之東南即成陽縣。地里志曰『成陽有堯冢靈臺。』道元以此爲班固本文可知，非師古用郡國志之語以爲注矣。今成陽城西二里有堯陵，陵南一里有堯母陵，於城爲西南，稱曰靈臺，鄉曰崇仁，邑號脩義。皆立廟，四周列水，潭而不流，水澤通泉，泉不耗竭。至豐魚筍，不敢採捕。前竝列數碑，栝柏數株，檀馬成林。二陵南北，列馳道逕通，皆以磚砌之，尚脩整。堯陵東城西五十餘步中山夫人祠，堯妃也。石壁階墀仍舊，南西北三面，長櫟聯映，扶疎里餘。」以上皆水經注之文。今者，道元自謂當時也。其言歷歷可按，若斯非身所親見，必不能如是之詳悉。今乃曰「濟陰之蹟固已渺茫」，使其見道元之注而猶作爾語乎？若道元之所謂疎僻者，自指郭緣生述征記而言。記言堯陵在城南九里，中山夫人祠在城南二里，東南六里堯母冢。此與上所親見者里數方位皆不合，故云「考地驗狀，咸爲疎僻」。道元蓋實嘗考其地、驗其狀如上所云云者，而後知郭記之爲疎僻，否則所謂考驗者，復何所指乎？又考水經汾水「過平陽縣東」下，道元注云：「平陽縣故城東，晉大夫趙鼂之故邑也。應劭曰：『縣在平河之陽，堯舜竝都之。』」又云：「水側有堯廟，廟前有碑。魏土地記曰：『平陽城東十里，汾水東原上有小臺，臺上有堯神屋石碑。』」道元之於平陽，其言止於此，無一言及堯冢。議者乃云「平陽之蹟猶自昭灼」，欲誰欺乎？且其曲説猶未已也，又謂考北史魏孝文本紀，太和十六年，祠堯於平陽，此當祠於廟。二十一年至平陽，遣使者以太牢祭唐堯，此則祭於陵。唐高宗顯慶二年，帝在雒陽宮，遣使者以少牢祭漢光武、後魏孝文帝陵，蓋凡書祠者是廟，書祭者是陵。案：此言祠祭陵廟之分，不知何代始有此例。考之前史，殊不盡然。今姑以其所言太和二十一年之事而悉舉之。三月，次平陽，祭唐堯；四月，幸龍門，祭夏禹，又幸蒲坂，祭虞帝。充議者之意，亦將移會稽之禹墓而歸之龍門，移九嶷之舜墓而歸之蒲坂乎，否乎？紀又云「詔脩堯舜夏禹廟」，亦同月事，可知上所祭者皆廟也。又云「遣使者以太牢祀漢帝諸陵」，此何以不書祭而書祀乎？是即一年之中而其説已難通矣。且其言矛盾者非祇一端。又引後漢章帝紀元和二年東巡狩，使使者祠唐堯於成陽靈臺，謂自劉向亦嘗據呂氏春秋，班固雖未之采，以班自注爲顔師古注，已大謬誤。此又云然，豈并忘向傳即附楚元王傳後載有此語邪？然其説之行閲二百餘年，度其時濟陰成陽已起堯冢。又閲三十九年，安帝延光元年，遣使者祠唐堯於成陽云云。此兩祠者，固亦不能不謂其祭陵矣，而猶欲以祠祭定陵廟之分，何其進退無據一至於此。當明章之時，石渠、虎觀引經據禮，議論大明，今乃謂漢之君臣皆不學之人，一惟流俗是徇，而致敬盡禮於僞冢之前，以成今日之笑端，此其命意深，不知其何居矣！於是凡古來傳記言堯冢在成陽者，疾之如讐。謂皇覽之書多至百二十卷，必侈必濫，今指其一條云：「呂尚冢在臨菑縣南，去縣十里。以某所見，太公墓實在周之畢原，文王陵左，周公墓右。且禮記言太公封於營丘，比及五世，皆反葬於周。以此思之，皇覽之言，未可盡信。」案：此語又殊不然。古有衣冠之墓。不知太公實葬於周，而子孫封齊者爲儀墓以思之歟？抑不知實葬於齊，而周人以太公元功與周公竝，故爲之虛墓以陪葬歟？今謂太公墓必不在臨菑，抑何其專斷若是果也！至五世反葬之說，昔人已言其難信，乃於難信者而偏輕信之。齊爲守土之君，則信其念本而還葬；堯當攝代之後，反不得以傍母而近陶，有是情理乎？謂爲天子者，必終其身在所都之地，不得出國門一步，則舜亦不當至蒼梧，禹亦不當至會稽，天下更無可信之書矣。若其疎漏，更不能以偏舉。如引洪适跋成陽靈臺碑云：「郭緣生述征記：『成陽有堯陵，南一里有堯母陵，稱曰靈臺。』據此，則與碑合，靈臺非堯冢明矣。」以上是景伯跋語。彼則注其下云：「案今後漢書本注云，郭緣生述征紀曰：『成陽縣東南有堯母慶都墓，上有祠廟，堯母陵俗亦名靈臺大母。』竝無『成陽有堯陵，陵南一里』之句，不知适所據者何本。」觀此言，益知其未嘗見水經注全文也。以水經注之文爲述征記之語，此适之誤。又曰：「适云靈臺非堯冢，蓋信章帝紀之成陽靈臺，而直闕郡國志之大書『成陽有堯冢靈臺』也。」此言更不可解。章帝紀云「使使者祠唐堯於成陽靈臺」，書法固當爾，寧得云「使使者祠唐堯於成陽堯冢靈臺」也？适見碑與郭記而後知靈臺之非堯冢，若漢人則無不知之。今謂适信章帝紀之成陽靈臺，則將改紀爲「使使者祠唐堯母於成陽靈臺」耶？又與其前所言「度是時成陽已起堯冢」之語兩不相顧，其紛亂顛錯，不可究詰，實爲從來論古者所未有。又引「隸釋濟陰太守孟郁脩堯廟碑云：『聞帝堯陵在成陽，遣户曹掾具牢牽祠。』是因祠廟脩廟，而先以虛詞敷佐而照耀之，故曰聞。若其有陵，即其地，敘其事，何必曰聞。」此又懵於當日之情事而闇於行文之法也。成陽非郡治，乃濟陰之外縣也。濟陰郡治定陶。孟郁時未親至其地，不曰聞而何哉？今以書聞之故，斷其無陵，將無遺户曹掾亦子虛烏有之比乎？以行文之法而論，若其有陵，即其地，敘其事，直書曰遣某官往成陽祠堯陵，而不書其緣起可乎？凡所言，適足以見其堅僻自用之私而已矣。其論易窮，則又佐以形勝之説，謂「今曹濮閒之堯陵，略無山川形勢之結構，竊計非帝堯諸臣皆大聖人之所營建。若平陽堯陵，乃是地中有山也。在平陽城東北四十里，從山口入，不啻入於地中，乃大轉大折於高壁大峽中始見陵，山上平如地，後擁五峯，垂下結爲翠阜，蓋此一百五十尺天然之土，安於平地之山上也。」夫古卜葬日，不卜葬地。形家之言，上古未有。就如所言，勞人特甚，亦與唐虞簡易之道相左。今禮官已力闢其説，不行。余恐世人不察，且從而惜之，又慮後之人復有起而噓其燄者，將使帝堯藏魄之所，數千百年帝王之所敬禮封護者，一朝而夷於平壤，并堯母、堯妃之神靈，亦皆無所附麗，慢神之咎，莫斯爲甚，是以復私議之。

後議 庚子

初獻議堯冢在平陽者，禮官既力闢其説矣，繼又聞其再申前議，竊疑其必有左證，乃得其牘觀之，則唯辨駁言堯冢在濟陰成陽者之皆虛，而於平陽仍未有一實據。其言曰：「某祇辨堯陵之有無，竝未嘗敢一字涉及改祀之處。」此無理之遁辭也。既無陵矣，尚從而祀之，此何禮乎？其謂辨駁濟陰成陽之無堯冢，莫詳於水經注。水經注非僻書，今就其所引，條疏之於左：

一稱，水經注引帝王世紀曰：「堯葬濟陰成陽西北四十里，是爲穀。」此沿俗本缺「林」字。某謹按：「此即皇甫謐之牽三説而合之也。」以呂覽、劉向、班固爲三説。其下接注云：「墨子以爲堯北教八狄，道死，葬蛩山之陰。山海經曰：『堯葬狄山之陽，一名崇山。』二説各殊，以爲成陽近是堯冢也。」某案：「云近是，則猶未見爲確。」又云：「余按小成陽在城陽西南半里，俗諺以爲因堯城，士安蓋以是爲堯冢也。」某案：「因堯城本屬竹書之荒唐，況以是爲堯冢，則道元之意，深非皇甫謐之説。」

今案：此水經注之前一段，所指乃小成陽，道元本不信謐之説，未可即以此爲堯冢不在成陽之證。蓋此乃濟陰句陽縣下之注也。墨子、山海經二説，亦謐所引，皆所不信，唯以成陽之堯冢爲近是。道元知其所指者在小成陽，其地俗諺有因堯城，謐所指堯冢，殆即此地。小成陽與成陽不可混而爲一，議者於此尚茫然莫辨也。案謐所言誠爲模糊影響，然河東平陽即求其如是者而豈可得也耶？使古人有言之，謐亦必引之矣。

又稱，今成陽有堯陵，有堯母慶都陵，有中山夫人祠，俱詳里數。其所謂今者，州縣之所興設，有此現在也。

此段水經注言之甚詳，正即今濮州之地，已具録前篇中。若謂道元之時州縣始有此興設，則東漢章帝、安帝何以先遣祠於此？且古之州縣，雖甚好事，安有憑空起一堆阜，指爲古帝之冢之理？既云有此現在，則前牘中所云渺茫者，亦自知其不可通矣。此不引成文，故知是道元所親見。

又稱，水經注引郭緣生述征記所言成陽堯陵、中山夫人祠、堯母慶都冢，俱詳里數，以見今與古里數參差不合。夫祠可移徙，陵豈有移徙者，何以今與古里數乃不合？於是其結束云「考地驗狀，咸爲疎僻」，則并郭緣生亦概斥之矣。

案：疎僻乃專指郭緣生説，已見前篇中。然此亦衹在里數之參差耳。傳聞易譌，自不如現在親見者之確。且道元於緣生之説，亦不全棄也。引述征記云：「自漢迄晉二千石及丞尉多刊石述敍堯即位，至永嘉三年，二千七百二十有一載。」此段道元不駁。又引記（即述征記）於堯妃祠見漢建寧五年五月成陽令管遵所立碑，此段亦無駁。「又云（亦是引述征記之語，今本譌作「文云」）。『堯陵北，仲山甫墓南，二冢閒有伍員祠，晉大安中立一碑，是永興中建』，（記語止此。）今碑祠竝無處所」（此道元語）下，始引其言堯陵里數之參差者。蓋道元於皇甫謐、郭緣生二家皆未之信，所信者即目耳。如議者之意，竟欲一概抹摋而後已。里數小差，尚知陵無移徙之理，乃一旦而欲徙之千有餘里之外，反有此理乎？使隋唐以前有一人以爲在平陽，起而助之，猶可説也。今必以獨見盡革數千年之所記載，違舉朝之公論，不甚可怪也哉！更引明碑之徹唐太宗像，不令其配帝堯以爲證，夫唐太宗亦正是配堯廟耳，而可以爲配堯陵乎？總之，可一言以爲斷曰：傳記無有言堯冢在平陽者，則一切謬悠之説，庶乎其可息喙矣。

其他支離之説，本不足辯。然不辯，彼且以爲漏也。如稱「黃帝葬橋山，堯葬陬山，黃帝諸臣，帝堯諸臣，皆大聖人（此四字見前牘中。）之所經營相度」等語。案：舜既攝位，禹皋稷契咸在朝，烏有廢其職事而從事於丘隴之閒以爲恭者？其所云皆聖人，果誰屬也？又云「陬山靈境，鴻蒙氣象，春氣尚在」。此語更謬。太和元氣，在宇宙中無處不有，今惟指陬山一區爲春氣，抑何隘也？其言甚難通矣。

論辨證解

歸奇於扐以象閏論

閏也者，積奇日奇分而成者也。天道有奇而歲功成，衍數有奇而卦爻立，此理數之同，適相脗合，非必規規焉比擬而爲之也。故閏之理本於天，而聖人之作易也，隱然同符而無參差之迹；奇之數生於蓍，而後人之推筴也，又因以取象而無豪髮之差。蓋歸奇於扐者，求爻之法也；歸餘於終者，正時之道也。簭人之所掌，與疇人之所司，無異理也。朱子本義謂奇者，所揲四數之餘，扐者，勒於左手中三指之兩閒。而横渠張氏則謂奇者，所掛之一，扐者，左右手四揲之餘。其説乃異乎朱子。今將何以斷其是與非乎？夫以歸奇爲歸掛一之奇，其説倡自虞翻，而宋儒郭兼山復堅主之，以與横渠相應和。從其言，則是以掛象閏也。若朱子之意，則象閏者，蓋以扐而不以掛。其説亦本諸唐人之義疏。此其不同明甚。後人安可依違其閒而爲兩可之論乎？夫奇，有以奇耦言者，有以奇零言者。以奇對耦，則一爲畫之始，而亦可名之曰奇。由整得奇，則必在數之終，而後可加以奇之名也。今始掛一，胡爲有奇之名乎？凡人所以致疑於朱子之説者，以經云「歸奇於扐」，則奇與扐似是兩物，而併歸一處，朱子則奇與扐一而已。竊以爲不然。奇與扐非兩物，實兩時耳。當其揲始畢而所餘未歸也，則無從遽得乎扐之名，而祇可名之曰奇。及其既歸也，則不必復沿乎奇之名，而直可名之曰扐。名以命事，夫豈苟而已哉！且扐可以象閏，而掛不可以象閏。閏者歲之餘，扐者揲之餘，兩相等也。一蔀之首，必其年十一月朔旦冬至大小餘分皆盡，而後可以爲首。古今史官無以閏爲蔀首者，若之何其以始掛當閏也？夫一掛再揲，當其不閏之年，而再扐當其再閏之歲，故此經下文云「五歲再閏，故再扐而後掛」。而張氏又謂第二第三揲不掛，是六扐而後掛，益與置閏之義相違反矣。啟蒙已詳辨之。學者當以朱子之說爲正可也。

名諱辨一 丁巳

諱之興也始於周，生則名之，死則諱之。自周以來，未之或改。近臨川李氏獨反其說，謂生則諱，死則不諱。豈有見於春秋諸侯不生名、死則赴以名之例故云然？信若是，誤矣。諸侯不生名，而盟會載書則亦名之。然則死未葬而赴同盟之國以名，禮固當爾。記曰「卒哭而諱」。赴在於未葬之前，則猶未諱也，何不可也。李氏之意，又因檀弓有「舍故而諱新」一語，謬以故爲故君，新爲新君。攷之先儒之解，皆謂故者，親盡之君，高祖以上是也，新即新死之君，豈有若李氏之所解哉！位有尊卑，則諱亦有遠近，故曰「逮事父母則諱王父母，不逮事父母則不諱王父母」。此非所論於天子諸侯也，天子諸侯祧而後不諱也。魯以「獻」「武」廢二山，而後之來聘者，且以犯其先君之諱爲恥。釁夏之苔哀公，諱宋爲商，皆死而後諱也。此皆昭然易睹者也。曰：「君前臣名，必君前而子乃得以名其父，然則諱之久矣。」曰：豈以爲諱，不敢也。「父母之名可得而聞，不可得而稱」。古人言之矣。豈有爲人臣、爲人子而顯斥君父之名以爲安者乎？曰：「不敢名，亦何異於諱？」曰：此固有異。父生前之名，獨其子不敢稱耳。他人及之，其誰禁。至於諱，凡入其門者，皆兢兢焉不敢道。自周以來皆如是。李氏博學人，其議論宜有據，獨是說余未敢信，故爲之說以辨之。

名諱辨二

李氏既云「生則諱，死則名」，而又云「生死皆諱」，是兩説者皆非也。而生死皆諱之説，於理差近，始亦將信之，又平心折衷於古人之説，知其言之無徵，而不足信也。晉唐之世，君在併其嫌名亦避之，然亦不敢名耳，非諱也。夫生不敢名，與諱有別者，非吾之臆説也。杜預解左傳，於「周人以諱事神，句名終將諱之」，則曰：「君父之名，固非臣子所斥。然禮既卒哭，以木鐸徇曰『舍故而諱新』，謂舍親盡之祖而諱新死者。」孔氏正義亦云：「終將諱之，謂死後乃諱之。」然則謂不名即諱者，殆未考諸此矣。蓋古人於死生之際，禮各不同，名亦不苟。如生曰父，曰母，曰妻，死則曰考，曰妣，曰嬪，此亦無甚大異，而且斤斤焉辨之。今以考妣嬪之名加之未死者，於心安乎？乃儼然在室，而遽謂諱之，諱之是死之也。故爲子而名其父母，不安也，不敢名而後其心安。而以不敢名之故即謂之諱，則尤不安也。且不名而即可謂之諱，則古者天子遇其所敬禮之臣，入朝不名，亦將謂天子而諱其臣乎？夫生名死諱，數言可決。諸侯不生名，尊爵也。諸侯而下，不盡然也。失地名，滅同姓名，朝弑君者亦名，變禮示貶也。同盟稱名，薨則赴以名，欲其不忘好也。卒哭乃諱，以諱事神，不通於生前也。謚曰易名，名將諱也。子蒲卒，哭者呼滅，子皋譏其野，蓋狃於生前之所稱也。且言諱止於門內者亦非，諸侯之諱通乎國中，故曰「大夫之所有公諱」。大夫之諱，君所亦諱之，故曰「士於君所言，大夫没矣，則稱謚若字」。常人之諱亦不獨一室之人諱，故曰「唯大功小功不諱」，又曰「入門而問諱」也。後世之事既不可爲據矣，禮制具在，而亦不可據乎哉！

外傳周語昔我先王世后稷證 甲寅

吾在京師日，嘗從紀君曉嵐昀處借得影鈔宋本國語，與今本多異同，宋公序每謂之俗本，今之所傳皆公序之補音本也。舊宋本周語「昔我先王世后稷」，今本無「王」字。案：左氏成十六年正義所引有「王」字，以證杜注后稷先王，是舊本有「王」字，是也。或因韋氏於下文「我先王不窋」下，始注云：「周之禘祫，文武不先不窋，故通謂之王。」似上文「王」字無釋，遂疑有「王」字者爲衍文。余案「世后稷」三字當連讀，譙周已如此讀，見史記索隱。即韋注亦云：「父子相繼曰世，謂弃與不窋也。」是韋氏亦以「世后稷」連讀也。使其上但云「昔我先」，於文不足，古人寧有此文法乎？況「世后稷」下文云「以服事虞夏」，韋注云：「謂弃爲舜后稷，不窋繼之於夏啓也。」是明明以繼后稷解上「世后稷」，更不當以后稷專指弃爲言矣。下注「通謂之王」一語，若通字連文武爲言，則文武之爲王久矣，何必以文武與不窋竝舉？且通之爲言，所包者廣，自祖紺上溯之，以至后稷，皆可稱王。王子晉所稱十五王、十八王，皆自后稷起，安在后稷反不得蒙王稱？韋注下又云：「商頌亦以契爲玄王。」正以契與弃同事虞舜，故以證后稷之得稱爲王。若但以證不窋，殊不相當。夫韋注有失，尚當舍注以從本文之是。況注又明白如此，左氏正義所引，正宋公序未改本也。吾是以篤信舊本之爲得也。

佳兵者不祥解 己亥

佳者，以爲嘉美而憙悦之也。刑可爲祥，兵不可以爲佳，佳兵之人，是天下之至不祥人也。下云「兵者不祥之器」。古之所謂兵者，弓矢劍戟之屬，是器也。後人因亦名執此器者爲兵，春秋傳所稱徒兵是也。此溯其本而言之，故曰兵者不祥之器。若「佳兵者不祥」句下，古本元無「之器」二字，俗本有之，蓋因下文而誤衍也。佳兵字不經見，然古人多自造語，如曰「覿武」，曰「老師」，豈亦有本耶？況此下文云：「勝而不美而美之者，是樂殺人。」曰美，曰樂，此即佳字之正詁矣。下又云「凶事尚右」，曰「喪禮處之」，「悲哀泣之」，其非可佳之事明甚。而或佳之，其爲不祥也孰甚焉。凶事、喪禮，用兵之常道也，非以此爲不祥也，喪師覆國乃可爲不祥也。軍禮近凶，而佳者則近吉，是反常矣。反常之人，是天下之至不祥人也，固不待喪師覆國而後知也。或曰「佳」乃「唯」字之文脱耳。「唯」古作「隹」，故譌爲「佳」也。曰：是不然。老子之文，凡云「夫唯」者衆矣，其語勢皆不若是也。今一一而數之，曰「夫唯不居，是以不去」；曰「夫唯不争，故無尤」；曰「夫唯不盈，故能敝不新成」；曰「夫唯不争，故天下莫能與之爭」；曰「夫唯道，善貸且成」；曰「夫唯嗇，是謂早服」；曰「夫唯病病，是以不病」；曰「夫唯不厭，是以不厭」；曰「夫唯無以生爲者，是賢于貴生」。凡九見矣。今曰「夫唯兵者不祥之器」，類乎？不類乎？上章雖言兵，而此章義本不相屬，文又不相類，不得謂之承上文也。承上文，則語勢當緊，而此下乃云「物或惡之」，其節舒緩，與上所引亦皆不類也。若云「佳」爲古文「唯」字，豈九處皆從今文，而此一字獨爲古文乎？

經典中若佳兵之新創者多矣，今不疑祥刑而疑佳兵，何也？試熟復本章反正兩義，則佳字有確詁，斷然不可易矣。

抱經堂文集卷第二十三

策問

廣東鄉試策問五首 乙酉

問：經學昌明，莫盛於我朝。欽惟世祖章皇帝御注孝經，敦本培風，提示親切。聖祖仁皇帝御纂周易折中，繼有春秋、詩、書三經傳説彙纂之輯，重經世宗憲皇帝正定頒行，莫不深醇美備，廣大精微。我皇上道協唐虞，思通洙嶧，欽定三禮義疏，探制作之大原，正諸家之異説，積疑聚訟，一旦豁然以解。士欲通經，其可舍周行而遵曲徑乎？今試舉其畧，用以覘所習焉。易更四聖，旨何以不盡同？辭占象變，廢其一，豈全易乎？舜典合於堯典，後人何以析之復增之？性道之奥，多見於古文，乃有疑其文不類者，至王魯齋併今文亦疑之，得無謬乎？六義分三經三緯，而或以爲南本不繫風，又因豳雅、豳頌而謂風雅頌亦可隨篇求之，然歟？否歟？春秋魯史不傳，於何知聖人所筆削？三傳敘事與斷制孰優？周禮一壞於歆、莽，再壞於安石，寧可即議本書之失？井田溝洫其異安在？儀禮爲經，禮記爲傳，遷廟、釁廟亦皆孔壁之遺，禮運、明堂或議漢儒之駁，楊信齋之圖，衞正叔之解，學者尚有能參考者歟？經之深者，非可以約言盡也。宜就所問者，各條舉件繫以對。

問：大學一書，備天德王道之要，盡綱領節目之詳。自程、朱表章，而後西山真氏爲衍義一書，論議正大，條理秩如，自來每以之進講。顧其書於八條目獨闕治平，此瓊山丘氏所以又從而補之也。夫。德脩於身，舉而措之，天下無難。語其功則較易，舉其數則綦繁。真氏之書主於理，理足以兼該，而本無疏漏。丘氏之書主於事，事欲其考鏡，而非務鋪張。將毋所補在治平而所助乃在格致歟？真書以崇敬畏、戒逸欲二者爲誠正之要，而丘氏又益之以審幾微，則尤爲正本清源之論。真書格致之要有曰審治體，而丘氏又有正朝廷一門。其首總論朝廷之政，似若複而非複者何也？有明宦寺之禍，不減漢唐，而書中引古獨未之及，僅於正綱紀之常引朱子之言近習者以微見其意，豈有所畏避而不敢頌言歟？抑當化、治兩朝，璫𢘅尚未如前此後此之甚，故可畧也？至其相業，亦果能即坐而言、起而行歟？丘書之後補之者，又有湛氏之格物通，孰爲勝耶？我皇上敕幾宥密，廣運健行，治功之盛，亘古未有。丘氏所言聖神功化之極者，正於今日覩之。多士將欲黼黻太平，贊襄盛治，亦未可以無具應也，其必有以爲拜獻之先焉。

問：揚粤奥區，人文蔚起。自漢以來，陳元、士燮輩，闡明經訓，啓迪鄉人，五嶺之閒，彬彬嚮學矣。唐韓昌黎氏，蓋因文見道者。初宰陽山，後官潮海，此邦人士，樂從之遊。其時身領學事，排異端而宗孔氏者，孰爲得其傳歟？有宋理學昌明，濂洛之書，傳於嶺表，其潛心誦復、踐履純熟者何人？朱子集諸儒之大成，粤人克自樹立、聞風景從者，約凡幾輩？他若服象山之教，及南軒之門，其行誼皆可得而詳歟？明儒推白沙陳氏學有淵源，而江門風月，自得之趣爲多，所謂静中養出端倪者，與先儒主静立極之旨果有合歟？湛甘泉爲白沙高弟，講學之盛，與餘姚王氏幾分左右廣。一以隨處體認天理豎義，一以致良知、明宗别户分門，彼此互相排擊。而通兩家之郵者，又謂説有不同，理無二致。然歟？否歟？至如瓊山之朱子學的，東莞之學蔀通辨，均爲有功正學。楊起元晚出，請業近溪，所著天泉會語，論者謂近於禪宗。然考其行己立朝，亦何愧儒門實踐歟？我皇上聰明睿智，學貫天人，重道崇儒，表章往哲，其於理學真僞，判若黑白。爾多士務悉去黨同伐異之見，盡徵文考獻之長，孰正孰歧，孰優孰劣，素所切究，備著於篇。

問：官先事，士先志，衡門伏處之日，功業尚未見端，而規模本可素定。故入學離經，即觀其辨；行義達道，必始於求。聖人每使羣弟子各言志，夫志學、志道，其所同也，而有異焉者，將學有淺深而於道固莫之外歟？抑士各有志雖同師聖人而不必强爲似歟？孟子言尚志，而大人事備得志，則澤加於民。聖賢本懷無不期於用世者，春風沂水與老安少懷一也。乃或有言志於道德者，功名不足累其心。道德功名有異致歟？且古所稱志士，又何等也？所稱肆志，又何爲也？濂溪云：「志伊尹之所志。」苟欲以古人爲圭臬，即三代而下，如正誼明道，澹泊寧静，先憂後樂，若斯之流，亦有爲生平所嚮往而必欲企及者歟？抑將追攀屈宋、頡頏淵雲而以爲不朽之盛事也？聖天子振興士習，樂育羣才，以爲器使之地。多士涵濡於教澤深矣，豈徒志於温飽，沾沾以決策發科自囿哉！其勿誇勿飾，各抒所藴，毋隱。

問：從來圖治，必首安民，安民必先擇吏。周官使民興賢，出使長之，使民興能，入使治之，凱以强教，弟以悦安，如此而後可以爲民父母。子産憂尹何之傷，聖人責子路之佞，誠慎之也。我皇上子惠元元，澄清吏治，慎簡於入仕之初，考績於既任之後，賞不踰時，罰必當罪。聖天子求寧求莫之至意，中命不啻再三，所以循名而責實者，其可不豫爲講求歟！嶺南利兼水陸，物産多奇，仕是邦者，故以不貪爲寶。若孟嘗珠還合浦，吴隱之酌飲貪泉，李勉盡棄犀珍，包拯不持一硯，勁節清風，至今彰彰耳目。夫猷爲必要之以守，能善所上者曰廉，然民之所望於上者，正不止此也。漢之循吏宦斯土者，則有衞颯、許荆，其後政績卓越者何人？至如羅友之政舉大綱，陳堯佐之治稱清簡，其亦撫綏安輯之善道歟？是故江海之濱，水利宜興也，治之不得其道，則塞故瀆，開新渠，荒地未及墾耕，而熟田已憂旱潦。山嶺之區，樹藝宜亟也，勸之不以其漸，則督里胥，疲父老，奉行徒循故事，而擾累已在民閒。以至嚴盗賊之課，則外洋與内地各異其宜；偹化導之方，則俚傜與齊民各因其俗：是皆在良有司隨地變通而不可以膠柱鼓瑟者。語曰「有治人無治法」。將何道而使明作不失之擾，寧静不失之弛歟？諸生學古入官，有社有民，匪異人任，通達治體，方無虞學製之譏。況桑梓之邦，見聞最悉，其以平日之盱衡抵掌者歷陳之。

湖南科試諸生策問九首 丁亥

問：聖人之道，載於六經。自漢唐以來，代有詮釋。於微言大義，亦各有所得歟？至有宋朱子，可謂集諸儒之大成矣。其所著如論孟集註、大學中庸章句、或問、易本義、詩集傳，多不沿用舊人之説，而獨闢新義。其精粹切當遠勝注疏者何在？諸生講求有素，盍備陳之。永順問：選舉之法，代各不同。漢制，郡國舉士，約有三途，其猶有古鄉舉里選之遺意否歟？魏晉以來，名目漸繁。至唐，有曰生徒，曰鄉貢，曰制舉，其目有秀才、明經、進士諸號，其制科又各因事立名，皆可詳述歟？漢有對策、射策，唐初亦用策試，後來詩賦之試起自何年？又有州府試、省試、館試、監試、吏部試、翰林試，名目不一，臚舉其源流以對。長沙

問：河圖洛書相爲經緯，八卦九章相爲表裏，其説云何？十翼，孔子所作，而或以説卦等傳爲經師所爲，果有證與？詩序不可無，而書序可不必有，其故何也？堯典繫以虞書，二南兼有平王以後之作，頌之取魯與誓之取秦，皆有説與？三傳經文不同，二戴增損各異，能臚舉其概與？我皇上聖學淵深，欽定三禮，邇復頒周易、詩經、春秋於學官，大道昭揭，洵日月中天之會也。多士研習有資，其各以所得對。寶慶

問：學校之設，所以教育人才，使德行可以式鄉閭，功業可以經邦國，凡皆由此選焉。其制昉於何代？詩、禮、左傳、王制、孟子所言三代學名同異，可一一臚舉之與？五教、四教、十二教以及周師氏、保氏、大司樂之所教，詳畧各殊，何也？漢唐以下，有盛有衰，試言其故。州縣有學與教官之命於朝，起自何時？其教之法以何者爲最善？我朝德化翔洽，文教盛興，内外學校既有專官課督，而又有書院之設，與夫苗傜溪峒之地，皆建有義學，賜金發帑，於古未有倫比。爾諸生宜何如鼓舞奮興，以稱聖天子作人之雅意與？其各言爾志，毋隱。靖州

問：制義代聖賢立言，其體創自何代？有明用以取士，初尚簡質，自化、治以後，日趨於文。其一

代盛衰之變，試衡論之。王唐瞿薛與夫歸胡金陳諸大家之文，其所師法何在？自餘諸名家可爲之羽翼者何人？西江、雲間各樹一幟，孰優孰劣？我朝文教覃敷，儒風丕振，百餘年來作者，幾於指不勝屈。聖天子加意作人，多方訓迪。以文章關乎運會，欽定四書文，垂示正鵠。猶復誥誡頻頒，慮好尚之不一，致流弊之復萌，特申科場磨勘條例，凡字句之不雅馴者，分別停罰示儆。爾多士涵濡聖化，更當争自濯磨，使文與行竝軌於正，固無患其多而不揚也。功夫何在？宗仰何人？其各舉以對。沅州

問：力役之征，自古有之。周官小司徒頒比法於六鄉之大夫，以行徵令，而施舍之仁亦竝著焉。其法别其地之美惡遠近，校其齒之盛衰，均以歲之上下，至爲詳備。漢有口賦，率人出錢，而田之租反薄，蠲免之典時行。唐有租庸調之法，役多則免調，更或并租俱免。其與周官之法同異若何？或亦師其意而不襲其迹歟？宋時民苦役累，後定爲顧役之法，又有謂其不便者何也？明初輪甲承直，後乃行一條鞭法，民稱其便，乃未幾而里甲之費如舊，豈非姦胥蠹吏之爲害歟？至我國朝，丁糧之外，竝無雜徭。欽遵聖祖仁皇帝諭旨，滋生人丁，永不加賦。我皇上念切閭閻，不肯輕用民力，計役給直，人忘其勞。但各直省相沿舊例，不能盡同，賦輕者差繁，賦重者差薄，殆亦因地制宜之道歟？召之役則往役，義也。優免之恩出自上，而急公之義在乎下，乃有嘵嘵不平者，此豈得其道歟？湖南通省歷來役法若何？其各以所知對。辰州

問：經以明道，傳以翼經。孔子作十翼而易道興，後人人彖、象、文言於卦爻中，次第果無失歟？詩書皆有序，後人畧書序不道，詩小序出於子夏，或以爲衛宏所作，或以爲出於國史，然歟？春秋三傳，

左氏紀事，公穀解義，乃習春秋家近宗胡氏，而三傳束之高閣，何歟？禮記有夏殷之制，又有秦官，删小正而載月令，其何以説？周禮致太平之書，或云草創未行，其官制與他經不同者何在？冬官之屬亦尚有可考者否？其條舉以對。常德

問：古之所謂士者，周禮之上中下士，皆有職事者也。王制之選士、俊士，皆次第拔擢而升之者也。非此二途，有能束身脩行誦習詩書者，則亦號之曰士，其分則未離乎氓也，庶人也。君知之則宜以道自重，君不知則宜以分自安。孔子謂貧賤不以其道得之，不去也。孟子謂往役義也。士之自處，固當如此。聖門諸賢有在縲紲者矣，有與卒三百人之列者矣，踰溝用矛，不避鋒鏑，此獨非士之所爲哉！而爾等幸生聖朝，享太平之福久矣。事三如一，爲士者正宜率先爲四民倡，方無忝乎讀書明理之實。而乃小有不平，動輒告訐，深仁厚澤一毫無所報效，此則莠民也，惡可爲士！其試陳士之所以爲士者若何？歷代士習之淳澆，士氣之盛衰，可以爲法戒者何在？亦具言之。澧州

問：史之與經異用而同源，尚書、春秋，聖人之史也，進乎經矣。後世祖之，分爲二體，可得而析言之歟？編年可以見歷朝之盛衰，紀傳可以綜一人之本末，則編年優矣，而古今皆以紀傳爲正史，何歟？史、漢、三國，史家之圭臬也。乃自范蔚宗後漢書以降，名爲沿襲，實乃變更，一人一傳，竝無通貫錯綜之法，此豈遷、固、陳壽之舊歟？史有成於一家者，有成於衆手者，其得失若何？温公通鑑，朱子綱目，年經事緯，法戒昭然，固當度越諸史，而小小舛譌亦多不免，將無上下千古固非一人精力所能求其盡善歟？我皇上萬幾之暇，博覽舊文，特命儒臣仿編年之法，統加纂輯，一事一言，悉經睿定。此當與六經

竝垂不朽，雖涑水、紫陽，咸謝不敏矣，又焉論其餘哉！爾多士有志欲窺天禄、石渠之盛者，盍姑就所聞於古者以對。岳州

擬策問一首 癸酉

問：書者，六藝之一，天地閒道器，罔不該焉。易曰：「百官以治，萬民以察。」記曰「書同文」。書之爲用綦重矣。自古文變爲大小篆，篆又變爲隸楷，隸楷又變爲行草，其遷易之故，可得言歟？秦程邈爲隸書，而閣帖中乃是小楷。衞恒稱上谷王次仲善隸書，始爲楷法。晉書稱王羲之善隸書，其子獻之工草隸書。將無隸即楷歟？歐陽永叔以八分當隸，然二王八分不槪見，而楷書世多有，本傳所稱究何指歟？我皇上多能，天縱道藝，兼該八體，六書無不洞晰，萬幾之暇，親灑宸翰，神明變化，動與古會，非屑屑臨摹可比。頃出内府所藏，自鍾王以下諸名家墨蹟，鉤勒上石，以垂永久，名曰三希堂石渠寶笈法帖，洵藝苑之大觀也。至若睿鑒之精，聖斷之允，尤爲亘古未有，其視宋人淳化閣帖豈直倍蓰過之。夫閣帖之初刻也，論者謂當時奉詔集帖之人，苟於書成，不知研考，頗有僞蹟濫廁其閒。今能一一辨之否歟？觀其首列漢章帝書，何以所書者乃梁周興嗣千文也？梁武帝評諸家書，可能舉其畧歟？有謂書學盛於魏晉，至唐漸衰；又有謂唐以書取士，故士多工書，何其說之異耶？少陵論書貴瘦硬，東坡不以爲然，何歟？宋以蘇黄米蔡竝稱，蔡京書，人弗之貴，或乃以君謨當之，豈非藝亦以人重歟？公權筆諫之言，朱子作字甚敬之旨，可得而闡其義歟？多士其勿視爲小學也，願以通乎大道之指歸焉。

抱經堂文集卷第二十四

荅問

荅董生教增問

問：詩之作，由來久矣，未有知其所自始者也。周之盛時，有採風之使，有太史之官。至於天子巡狩，又必陳詩以觀其風俗，因以行黜陟之典。於是詩之爲教，遂爲聖人之大法。故朱子詩序中據之，而惜其昭穆而後，寖以陵夷，至於東遷，遂廢不講。第周之極盛，當在何時？則成王、康王之閒非耶？説詩者謂文王雖已稱王，教化未洽，武王克殷，未遑禮樂，故頌聲之作，斷自成王之世。夫頌聲之作，在成王之世，則列國太平之風，可以被之筦弦，達之郊廟，亦當此時爲多；而今十五國風，自周南、召南、豳風而外，皆東遷以後之詩，何也？或者孔子删之與？删詩之説，始自司馬遷。其言曰：「古詩三千，孔氏删之，留三百五篇。」後儒咸尊用之。但春秋以前，人習於詩，士大夫以詩相贈荅，見於内、外傳。大抵今經中所有，其稱爲逸詩，如「翹翹車乘」、「我無所監」之屬，十中一二耳。以此求之，馬遷之説，未可信也。況孔子删詩於變風之世，政教乖繆，男女淫奔，一切譏刺怨誹之作皆留不删，而獨全删周室太平之風，殆不然矣。又或以爲年久失傳，其説抑又不通。夫周南、召南，在武王未得天下之先；豳風之作，在成王莅政之始，今篇章具在，何緣在其後者獨先亡耶？後閲詩疏孔氏之説，則曰：「太平之世，天子有雅，則諸侯無風，故國風無西周之詩。」然細思之，亦未然。何則？國風之作，非徒文字之謂也。先王移風易俗，用此以爲樞機，故太師掌之，巡狩陳之。今太平之世即已無風，則太師之官爲亢員，巡狩之陳徒具文耳，先王何取此有名無實之爲哉？至於衰亂之世，王者之政教不行，正朱子所謂東遷而後遂廢不講者，又安得而採之？安得而陳之？此數説者，皆所未安，蒙之所以反復思之而不知其故者也。

禮樂本諸天地，與生俱生者也。自唐虞以後漸文耳。上古之世，禮質則樂亦質，蕢桴土鼓，安必無詩？文字未興，流傳不廣。其萬一傳者，如古孝子「斷竹續竹」之歌，不得等諸娥皇、帝子，亦謂出自後人之僞撰也。陳詩觀風，當與納賈觀好惡一例，百貨在市，而貴賤殊焉，風詩流傳，而取舍别焉，豈必皆新製哉！即當時宴享所賦可知已，聽所賦而知其人，聽所陳而知其俗，其義一也。抑孔子曰：「先進於禮樂，野人也；後進於禮樂，君子也。」然則聲音節奏之閒，亦有古今不同者矣。故鄭聲之淫，殆非其初而然也，末流之失也。太師陳詩以觀民風，太師，掌樂者也。以陳詩爲采詩，是康成之蔽也。以無目之人，而令其行閭里以採聽歌謡，其事之不便至易明矣。且閭里之謡，徒歌而已，不能皆以入樂。假如凡值所採，悉播於樂，舊者肄在樂官而不去，新者被之管弦而日增，如太史公所言三千篇之多，則太師小師之屬，力疲而亦有所不給矣。凡人之情，順則易忘，拂則易感。故當堯之時，其歌曰「帝何力於我哉」。即周初盛時，其言民之情，第曰「民之質矣，日用飲食如斯而已」。古者頌施於宗廟，非以媚悦在位之君也。而魯人乃及僖公在時而頌之，其辭浮以夸，當時已備在樂懸矣，夫子安得删，從而著之，亦因可以觀世變云爾。後儒微有見於此，而凡若關雎、若魚藻之類，莫不盡舉而歸之諷刺，所謂陳古以切今也。此雖未免求之太過，然亦足以見朝廷清明，海内治平，士安於朝，農習於野，無有驚喜過望之意，而何必相率歸美以爲導諛獻佞之具哉！其閒或歷十數君、二十數君，而始有一詩，非謂此數十君者皆賢也。苟無道不至於甚，在小民忠厚之意，豈微激之而遽怨哉！故一切採詩删詩之説，舉不足信。春秋時名卿大夫所賦，今人多習誦之，偶有逸者，固亦無幾。且有異其名而詩固在者，如采薺即楚茨，河水即沔水，新宫即斯干，鳩飛即小宛。王伯厚嘗輯詩逸句，十不及今之一二。凡謂淫奔之辭，人喜誦之故傳，及與夫年久者多失傳，更鄙淺不足破矣。

問：古禮之放軼也久，後儒即見在之文，尋其蹤跡，大率三禮而外，徵之三傳，以其時猶近古，先王之制未盡泯也。媵女之制，禮無見文，左氏言媵者多而不詳，其制獨公羊氏有之，其言曰：「諸侯一娶九女，二國媵之，皆有姪娣。」其媵女之國，説者或以爲同姓；而考之春秋及左氏，往往不然。成之九年：「伯姬歸于宋，衛、晉、齊三國媵之。」解者以爲伯姬賢，諸侯争來媵，而齊固非同姓也。此異姓之來媵見於經者也。至後晉將嫁女于吴，齊侯使析歸父媵之，以藩載欒盈及其士。此時齊莊之志固不在媵女，然使古無此禮，晉其有以拒之矣。此又異姓來媵之見於傳者也。此一疑也。乃又有大可疑者，蓋同姓媵之，特諸子之論耳。至於姪娣之媵姑姊，不獨見於春秋者然。其在易曰：「帝乙歸妹，其君之袂不如其娣之袂良。」彼所據者，殷禮也，是其由來久矣。考之經傳，更無以姑姊媵其姪娣之文。而邶風泉水之詩，首章曰：「變彼諸姬，聊與之謀。」集傳曰：「諸姬謂娣姪也。」次章曰：「問我諸姑，遂及伯姊。」集傳曰：「諸姑伯姊，即所謂諸姬也。」上章以爲娣姪，下又以姑姊當之，於文義微見舛誤。然此特其小者，或臨筆時少失檢耳。至顯然以姑姊媵其娣姪，則説有難通矣。不知朱子果何所據而云然也？

諸侯一娶九女，娶於一國，則同姓二國媵之。正夫人自有姪娣，兩媵亦各有姪娣，故九女也。正夫人最尊矣，其次兩媵以國之大小爲尊卑，其姪娣之序亦以此。用何休説。不從左氏。或疑晉齊皆大國，而何以不恥爲媵？且宣姜之女，有爲許穆夫人者，有爲宋桓夫人者，不適一國，安在其爲媵也？然考之古禮，大抵重適而輕庶，其爲適夫人所生者，必歸之他國爲夫人，其庶生者則往往從其姑姊以適人，不足怪也。春秋多變古，即如左氏開章云：「惠公元妃孟子，孟子卒，繼室以聲子。」此禮也。乃宋武公又嫁其女於惠公爲魯夫人，則非禮也。又齊景公使晏嬰請繼室于晉，非媵而繼室，亦非禮也。若據此以疑諸侯不再娶之不足信，可乎？然則廁同姓以異姓，增兩國爲三國，舉爲變禮也。若言禮之正，則同姓二國媵之，異姓則否。左氏有明文，固確不可易矣。晉嫁女于吳，此失禮之大者，且無辭爲之。而謂「使古無異姓來媵之禮，則晉且有辭以拒齊」，是何異放飯流歠而問無齒決乎？賢過信後事，反以疑古初之不然，此大不可也。姑姊之於姪娣，有常尊矣。桓三年傳云：「凡公女嫁於敵國，姊妹則上卿送之，公子則下卿送之。」其等差秩然如此，焉有姪娣爲適而以姑娣媵者乎？泉水之詩所稱諸姬及諸姑伯姊，當依鄭箋，以爲預擬歸寧後之詞，最是。蓋女子之所不能忘者，其同類耳。婉孌然未嫁之諸姬，我將與之謀婦人之禮，國有變故，恐其未得所歸，故思爲謀之。若以爲謀歸寧之事，此則當就保傅，如葛覃「言告師氏」「言告言歸」之比。保傅皆老成人，不得加以變然之稱。如諸姬爲共適人者，將與之謀歸寧，而美以變，彼義無所取，不幾爲賸文乎？凡問之爲言問訊也，問遺也。諸姑伯姊，在其父母國者也，故君子曰禮，謂其姊親而先姑也。若偶然咨諏，而謂必以其序，禮豈如是之譾譾拘拘者哉！大儒之説固不可輕輒翻異，然當其難通，自當準情酌理以求至是之歸，乃爲善讀書者。

問：詩有美有刺，故曰「言之者無罪，聞之者足以戒」。衞至宣惠之世，變易三綱，濁流四海，人道盡，天理滅矣。爲之臣民者，愴懷疾首，欲隱之而不能，於是乎詩以刺之。此正民彝天理之所以著，而集傳於鶉之奔奔之下，反以衞詩至此爲人道盡、天理滅者，何也？當時有獻議乞經筵不以國風進講者，其識誠陋，而楊氏之説謂淫亂之君，自以爲密，故特取而著之，是聖人亦有時披抉人之閨門以爲教也。漢治梁王之獄，谷永以爲閨門之事，中冓之言，非帝王所宜聽聞，況可彰之後世乎？故嘗讀而疑之，以爲楊氏之説甚深，然特有似於法家之言，恐非聖人忠恕之旨也。

衞詩至此，人道盡，天理滅者，本非謂作詩之人，此不可以辭害意。譬之説春秋者，謂春秋至此三綱淪，九法斁，豈得謂其歸咎於孔子哉！梁王之獄，黷昧未明，推親親之誼，尚可得而掩也。若衞之宣惠，其情狀亦已暴著矣，垂之簡編，足爲懲戒，若唐之武后、楊妃，雖其嗣主亦不得而覆蓋之，而謂宣惠之醜，其尚可諱哉！「淫亂之君自以爲密」云者，特欲爲後人作戒，故推而極之，以言事無有隱而不彰者，欲禁之於未然也。人之情態，固不一轍。築臺衷衵，宣著如此，此其人豈尚有廉恥哉！匹夫匹婦會於牆陰，明日國中已有傳播者，此則自以爲密，而卒不可掩，楊氏之言，固其理也。唯詩人刺之，夫子從而著之耳。左氏傳所載淫亂之事，豈惟此數君，而不見於詩，安得疑披抉人之閨門以爲教也？以楊氏爲有似法家之言，不倫之甚。

問：十五國風言王者凡五，何彼襛矣言「平王之孫」，或以爲平治之王，或以爲即平王宜臼，先儒未有定說，今姑可置之不論。其在邶風，則北門之詩言「王事適我」，衛風伯兮之詩言「爲王前驅」，唐風鴇羽之詩言「王事靡盬」，秦風無衣之詩言「王于興師」。此四處，詩傳或有講解，或竝無講解。竊意此雖一字之微，然名分繫焉，蓋有不可忽者。集傳於邶風王事，剖晰詳明；於伯兮、鴇羽，槩從率畧；而於秦風，獨引蘇氏之言，謂秦本周地，故其民思周之盛而稱先王。其說殆不可訓。秦居周地，遂可稱王，杞宋爲王者之後，脩其禮物，以賓王家，不愈可以稱王乎？果其臣民援引失據，孔子删詩時，便應削之，無容取草野不稽之言，列之於經，疑誤後世也。詳檢毛鄭之書，於伯兮據從王伐鄭之事，孔氏於「王于興師」之下，又偏解前經，雖時近穿鑿，然似有不可已者。意謂治經者於此當博觀而詳爲之說，不得樂集傳之簡易而遽從之也。

不聞北山之詩乎？「溥天之下，莫非王土，率土之濱，莫非王臣」。諸侯之事，皆王事也。閒王政，敵王愾，何莫非王。即春秋時，諸侯之於周，亂則定之，難則城之，戍之。若殷之諸侯，其民從王所役，而有赬尾之詩，周之時未之有改也。則凡所謂王，皆周王也。朱子於秦風引蘇氏之言，謂「秦本周地，故其民思周之盛而稱先王」云者，以備一說耳。其正解固云「王于興師，以天子之命而興師」，自無可議爲也。且即蘇氏之說，亦未可厚非。謂秦民有懷舊之思，如漢之東，則西土耆老冀上之睠顧，其情一也。

當其時，周王固在也。若杞宋爲夏殷之後，社已屋矣，雖許其得用前朝之禮樂，而其臣民安可以王稱之？安可冒生今反古之咎而轉思先王，此比喻失倫也。朱傳與注疏所訓無大異同，學者正可以參觀而得之。抑古人亦有文可上下相通者，如祭王父曰皇祖考，父曰皇考，夫曰皇辟。祭法大夫有王考廟、皇考廟，適士有王考廟。禮曰適爾皇祖某甫，適其皇祖某子，此當世之所公行者，固不可謂之僭也。何彼穠矣之稱平王，似當屬平王宜臼，此東周之詩而繫之召南，以見文王后妃之德化，雖久遠而肅雝之風未衰也。平爲平正一說，乃毛公創解，而或以寧王爲例。夫武王定天下，寧之爲義美，而顯平之爲義泛而晦。故愚見以爲似不若朱子之後一說可從也。

問：文姜淫于其兄而魯桓被殺，其爲國之大恥，百世不可掩。魯于是時未甚衰弱，不能聲罪致討，僅除彭生以爲名，後文姜乃數如齊，終復如莒。以禮義之邦，陵夷若此，雖天之禍魯，亦以莊公之非人故耳。集傳于猗嗟之下引趙氏之說，言子有可以制母之理。其說旣美矣，而第其所謂哀痛以思父，誠敬以事母，威刑以馭下，猶有不能釋然于懷者。春秋書夫人如齊，在桓之十八年春；書夫人孫于齊，在莊之元年三月。公羊傳曰：「夫人已在齊矣，其言孫于齊者何？思母也。」何氏注曰：「是時莊公小祥，憂思少殺，思及其母，故春秋緣其意而書之，其實夫人在齊未歸也。」其言穿鑿支離，故爲難信。左氏傳無文，杜氏注曰：「文姜與桓公之喪倶歸，歸而爲魯人所尤，故復孫于齊。」此說雖無所據，然以情事論之，有當然者。今云「誠敬以事母」，爲將迎而歸之與？夫國君與國爲體，制喪服者，父在則降其母，以明尊無二上。今迎而歸之，是迎其君之仇與其國之賊也。傷死父之心，絶臣民之望，不孝莫大焉。且文姜亦無可以歸魯之理。河廣之詩，宋桓夫人所作也。夫人生襄公而出歸于衛。襄公即位，夫人思之，而義不可往，故作是詩。文姜之罪，較之出母，孰重孰輕，又何以歸。哀姜淫于二叔而殺其子，罪較減于文姜，齊桓殺之，以其尸歸，公羊以爲得伯討之義。然則世有明王賢伯，所以處文姜者當何如耶？朱子於此殆必有至精至大之義，惜末學無以知之而願有以窺其狀也。

父以爲妻者，子以爲母，父所不廢，子亦不敢廢也。文姜淫於其兄，桓既知而讁之矣，而猶覥然以受齊襄之享，其爲隱忍可知已。公薨於車，魯人雖知其所由來，而不能明言之。姜猶然桓之妻也，則亦莊之母也。趙氏所謂「哀痛以思父，誠敬以事母，威刑以御下」。此三言者，聖人不能易也。其謂子可以制母者，亦制其從者而已。敝笱之詩云「其從如雲」、「其從如水」。此何人哉！文姜必不能以孑身適他國，此則莊所能制而不制，故魯人嗟而惜之。文姜未嘗親剚刃於其夫，則其事隱，子無讐母之理，惡得不迎而奉之？人倫不幸之遭，莊唯有盡然隱痛而已，其能如母何哉！記曰：「臣弑君，凡在官者殺無赦；子弑父，凡在宮者殺無赦。」獨不云妻殺夫者當如何。假令閭巷之閒或有此事，有司者治之耳，曾謂妻殺夫，子亦可殺其母哉！至如宋襄之不能返其出母，重父命也。父不以爲妻，子亦不敢以爲母。若文姜則固未得桓之命者，兩事正相反，何得以此例彼。昔齊威王使章子將，章子之母爲其父殺，而埋之馬棧之下。威王曰：「勉之，還必更葬將軍之母。」對曰：「臣之父未教而死，若更葬，是欺死父也。」章子之不更葬母，與宋襄之不迎出母，皆非魯莊之可得援以爲比者也。雖有齊桓，又何自伸其伯討哉！蓋文姜之與哀姜，其迹固不相似。如欲逆刺隱匿之事，離閒母子之恩，則誣衊之端、陵暴之患從此興矣。即今官府治不孝者，亦必親告乃坐。子之生殺繫於父，妻之去留繫於夫，無古今，一也。今桓死不及斥其妻，莊立不敢廢其母，爲伯主者固不能妄與人骨肉事矣。賢讀書能疑甚善，而析義未精。且當就古人之論而熟思之，毋輕議爲也。

問：古人稱謂之閒，簡質而等級分明。天子曰王，諸侯曰君，卿大夫曰子。在春秋時猶未混淆。至孟子而稱其門人爲子，故後人謂世變所趨，賢者不免。此言雖戲，亦紀實辭也。無衣之詩，首章言「不如子之衣，安且吉兮」，次章言「不如子之衣，安且燠兮」。集傳謂其倨慢無禮，誠有然者。夫武公負篡國弒君之罪，欲假王靈以爲重，而言語泄泄，若甚不急此者然，誠王法所當誅也。至首章之下注曰：「子，天子也。」則武公雖云倨慢，而顯然降天子之號而從大夫之稱，殆未敢矣。若以子爲同後世爾女之辭，則自春秋之世未嘗有焉。小序曰：「武公之臣請命乎天子之使，而作是詩。」其說至爲詳到。朱子於此特注此句，豈有説乎？

小序謂「請命乎天子之使」，玆言當矣。然章服非使者所得專也。探其意而言之，則子固謂天子矣。文詞所施，固當有所避就。假如曰「不如天子之衣」、「不如王之衣」，則幾鄰於偪上亡等。以王自有王之衣也，故因有使者之可藉，從而子之，此行文之體當爾也。古人於所尊，皆不敢斥言。晉韓起聘周，而曰「將歸時事於宰旅」。宰旅，冢宰之下士也。即列國相交，其辭命之閒，有稱「下執事」者，有稱「從者」，莫不皆然。漢制之不斥皇帝而稱陛下，亦猶是也。故此於嫌疑之際，不敢斥王之衣，而婉約其辭，以爲不如子之衣，於義固無所失。當是時，武公方欲得周天子之命以爲重，而唯恐其不得也，焉敢倨慢無禮。觀其次章云「豈曰無衣六兮」，降七言六，若不敢要王之必遂其所請者。六既爲謙辭，而稱子乃疑於倨慢哉，不然明矣。

抱經堂文集卷第二十五

記

吴江嚴豹人二酉齋記 戊申

近代藏書之家，蓋莫盛於吴中。如楊君謙，朱性甫，吴原博，閻秀卿，都元敬，金孝章、亦陶父子，皆著名於勝國者也。流風遺韻，至於今不衰。然非徒慕前人之美名而襲蹈其迹也，此實關性情焉。苟性情不在是，父不能必之於子，兄不能必之於弟。縱或慕美名而誇豪舉，挾千金入書肆，連箱累櫝，捆載而歸，錦帙牙瞟，縹緗溢目，而其中之簡脱叢殘弗之補也，形似聲誤弗之正也，善本俗本弗之辨也。彼書賈者又工於爲僞，以今爲古。如以震澤王氏之史記，四明陸氏之吕東萊讀詩記，崑山徐氏之尚書詳解，而皆以爲宋刻。此猶可言也。至以劉改之爲斜川，吴正夫禮部集爲蘇子美滄浪集，舛謬不已甚乎？而其傳録以行世者，又爲鈔胥暗減其篇頁，則終不爲完書。故夫鄴侯之架雖富，君子不許其能蓄書也。余往來吴門，知朱翁文游者，藏書甚精，繼交吴子枚士，皆常與之通書，無所靳。今又得吴江嚴子豹人焉。其家去郡城百里而近。自其少也，即以書爲性命。友朋知其然也，往往以祕本假之傳鈔。故自尋常所得外，往往有前人録目中所未具者。散置之慮不便於檢尋也，於所居之右得爽塏潔静可以爲精舍者三楹，乃遷廿年已來之所著録，庋閣其中。以昔人相傳藏書之處有大酉、小酉也，遂顔之曰二酉齋。既自爲之記矣，而又來乞余言，知余之有同嗜也。吾聞昔人所傳二酉之藏不過千卷，今嚴子所儲已遠過之，乃意方慊然，且冀幸後之所得容當有倍蓰什伯於今者。是則誠然。然余以爲藏之多也，不若其精也。精矣而復求之不已，安在其能無多乎？臘前余過平望，去嚴子所居僅十里，欲順訪焉而叩其齋中之所藏者，舟人誑余以一舍之程，有難色，故不果然。嚴子所校之左傳正義及所梓之左氏賈服義，則既見之而伏其精矣，虎豹之異於犬羊，不即一毛可辨乎？顧余之好雖同於嚴子，而業已頽然老矣。然見一異書，眼猶爲之明。思古昔聖賢若孔墨猶未嘗須臾廢書，而余何人，顧可棄秉燭之光而不自力乎？楊儀部嘗有句云：「豈待開卷看，撫弄亦欣然。」此真愛入骨髓語也。又曰：「自知身有病，不作長久計；偏好固莫捐，聊爾從吾意。」余今白首鈔書，矻矻朝夕，亦正有自不可解者。因嚴子臭味之同而縱言及此。更欲就嚴子假一二祕笈而鈔之，其庶幾許我乎？

杭州重建機神廟記 乙未

乾隆年月，吾杭重建機神廟。成里人求文於余，以記其事。杭爲禹貢揚州之域，厥篚織貝，實與兖之織文、徐之纖縞、荆豫之玄纁纖纊竝進。由周而來，齊有紈，魯有縞，楚有練，吳有紵，而越亦以羅著。迨河南諸公有裔孫名載者，盡得機杼之巧於廣陵，而歸以教其里中，自是吾杭所出，更兼擅衆地之長而爲天下冠。宋至道元年，始於杭置織務。沿及本朝，因而弗改。享其利者圖其報，杭人之祠褚公舊矣，既又推而上之，思報其始爲機杼者，於是復立機神之廟。其神則厲徵君之記據淮南鴻烈以爲黄帝之臣伯余是也。廟建自國初，在城之東北隅。雍正中，里人稍稍增拓其制，閱四十餘年，日就頹陊。有吴君通海者，䁥焉以爲己任，謀諸同業，率費得六千金，撤而新之，再閱春而竣，不戒於火，燬焉。又謀所以興復之，衆喻其誠，輸者畢集，鳩工庀材，聿成壯觀。正殿五楹，中祀軒轅氏，而以伯余、褚公左右配焉。軒轅爲伯余之君，始制衣裳以大機杼之用者也。其後爲會館，同業祭享之日，飲福於此。又其後，祀西陵氏。西陵，軒轅之元妃，始育蠶以開機杼之功者也。其前有廡有門。又有臺，以奏樂而娱神，此今時所重，以爲不如是不足以昭事神之虔者也。廟之晨昏啟閉，朔望香火，以道士主之，其教之所祀者，别有室使祀之，而更及於土穀之神，開其爲彼而後可責其成於此，凡爲機神計，且可以廣福也。嗚乎！杭人之爲是舉，核以三代制祀之典，雖不必盡符，然於先王教民美報之指，可謂周詳而篤摯矣。要非朝廷之仁漸義漬，有以返斯民於惇龐忠厚，不至此，則神之所以佑吾杭人者，豈有既哉！說者謂淮南稱伯余始爲衣，手經指挂，成猶網羅，後世始爲之機杼，則作機杼者當别有人。詩刺「婦無公事，休其蠶織」，則織本婦人之業。不知機杼不用，衣裳何由而成？織之所出，上供國家服物采章，而下被之士庶，非婦功所得專。所以周官典絲主之以下士，而工有内有外，此久爲男子所有之事。且天地之閒，陰主質而陽主文，女成布而男成帛，以目驗之可信也。斯前記所未詳，故并及之。是役也，肇自往年某月，歷若干旬訖功。首事之勇於義，與同業之樂於輸，皆不可以不著，因誌其始末而備列諸氏名於碑陰云。

旌德縣建登瀛橋碑記丁酉

旌德有梟溪水，源出梟山，西南流合於徽水，經縣城北十里，則車徒四達之地也。溪中巨石錯立，舟祔不能徑度，梁以木。當春夏盛漲時，不勝湍激，輒傾欹壞墮不可治，取道者必回遠而後得濟。迨霜降水涸，居人累石爲渡，劣容一人迹，猶復惴惴恐陷焉。往來者病之久矣。邑黄氏天一、以三兄弟家去溪旁甚近，本先人子裕府君志，爲創石橋。經始於乾隆三十七年，閱四碁而落成。其長三百尺，廣二十尺，高倍之，翼以石欄，寬容堅緻，由是東西行以適四方者皆便之。更以餘力，於東岸建亭以憩行者。其西又有一溪，源出楂嶺，亦建小石橋其上，施功視梟溪三之一焉。費皆黄氏兄弟任之，不求助於他人。梟溪之橋，命曰登瀛，爲其東直柳山，西接正山之麓，習形家言者有取焉。橋成逾年，而天一之孫朝俊舉於鄉。當其爲是，匪以私子孫也，而食其報獨先，可不謂天道歟！朝俊學於余，請余爲之記。因考其實，書之石，俾出其塗者，咸知化險爲夷之所自。且以告邑中諸英雋，當思其名之甚美，奮然偕黄氏子弟，相與從此發軔以達王路而翔天衢，無負兩翁之斯舉也。

重修紫陽書院碑記甲寅

吴越書院之以紫陽名者三，蓋皆祀朱子而因擇士之雋異者，使習業其中，欲其學朱子之學，而後庶幾於所言所行莫不循循然有法度也。新安爲朱子之鄉，其地有紫陽山，故宋淳祐六年，理宗御書「紫陽書院」以賜江東之崇祀朱子者，而吾杭有紫陽山，即沿爲稱。禮記曰：「凡釋奠者，必有合也。」康成釋云：「國無先聖先師，則所釋奠者當與鄰國合。」案：今蘇與杭，皆近新安，以祀朱子，實與古禮合。杭爲大府治所，敷文書院，中丞領之；而紫陽與崇文，皆前任鹺使之所倡建，鹺商相與踴躍以襄厥成。蓋鹺商多來自徽郡，實古之新安。其子弟又許其別編商籍，與土著者一體考試，故皆樂於順上之指而不由於强勉。我朝康熙四十二年，鹽法道岑溪高公熊徵始建茲院於紫陽山之麓，初名紫陽別墅，後乃正名曰書院，至於今八十有餘年矣。中閒雖小小補苴，而費約工省，馴至敝壞不可治。文弨以乾隆己亥忝主講崇文，越明年遷主紫陽，覩危樓之將壓，常凜凜焉。去之一周星，以爲必改作矣，乃僅交午枝柱，苟且目前，以儌幸於一旦之可無事。上之人以無與乎考成，而未嘗一留意，即或慨然有興舉之思，而慮請之容或不得，又鰓鰓慮經費之無從出也，以故玩時愒日，遷延以至於今，往來觀者徒歎息於前人有美政，而後人莫之繼爲可惜也。迺歲在癸丑，長白阿公奉聖天子新命，來爲兩浙、江南都轉鹽運使、司鹽運使，蓋改舊鹽法道而正以使名。并特設督理鹽政一員，與兩淮埒，即移兩淮長白全公以莅之。全公素知公强幹有爲，故於所請無不聽。公之居是職也，實能仰體上之德意，清以律己，勤以莅事，緝私平征以卹商，而循名責實以造士。覩兩書院之久不治也，請於全公斥幣餘若干金，大爲修葺。不歸之縣有司，而專委屬吏之能者日往監之。公亦不時至，以察工之勤惰而董其成。於是腐者易，欹者正，缺者補，隙者完，磴道之犖确者爲平治之，相其高下爲之欄檻，使無失足焉。若門若窗，皆可以啓閉矣；若庖若湢，皆足以容受矣；堊者，黝者，丹雘者，咸得其宜。於是望之巍然，即之焕然。士之來肄業者，咸欣欣然有喜色，罔不亟思振作以仰副樂育之盛意，蓋士氣亦爲之一新焉。蓋嘗論之，內與外實相因而互資者也。故衞武公之爲懿戒曰「洒埽庭內」，斯干之詩言「殖殖其庭，有覺其楹」，君子乃可以攸寧焉。昔子路之治蒲也，夫子入其境，而見草萊甚辟，入其邑而見牆屋完固，亟稱其善焉。蓋即此可以驗衆事之不苟類如斯矣。兩公不以文弨爲不肖，聘主紫陽教事，樂觀盛舉，思有以紀載，而監院車君向榮又率諸生以來請，安敢以不文辭。爰即進諸生而告之曰：「爾等之來學於斯者，既足以安其身矣，亦知所以治其心乎？夫屋之傾欹，徑之榛塞，夫人而知其不可矣，獨於心而顧可安於不正不濬乎？今諸生中能文之士不乏也，然或狃於佻達之習、慢易之風，而不知變革，其有害於虛靈之體實甚。今公之有斯舉也，豈徒爲美觀哉！蓋即教以治心之學也。夫朱子，集諸儒之大成而德性問學兼優者也。諸生勉勉焉是則是效，體斯立而後用有以行，安見醇儒名臣之不由斯出乎！余非能言者也，朱子所爲學記者具在，舉皆切要之論，盍反而求之可乎？」是說也實推廣公所以造士之意，而公之盛美乃益彰。吾知崇文亦必有願爲紀載者。文弨在紫陽故第，就紫陽以爲之記云。

麗景校書圖記 辛未

乾隆丁卯之夏，天子居圓明園，命選翰林十人，中書十人，校録唐李善所注昭明文選，以備清燕之覽，於是即張相國園而開館焉。麗景者，園之軒名也。厥構宏敞，通流環繞，匯於軒前而成池。池多植荷，時方花。架木爲橋，通南北道。橋之南，山徑迴複，樹木蓊雜。園故名也園，康熙時明相國之所築也。後獻諸朝，賜文學近臣退直居之。園之勝尚未能徧觀也。所選二十人者，校書軒中。上命大官具食，尚方給筆札，頻遣中貴人攜瓜果及荷囊香佩諸物，分賜諸臣。上所賜唯瓜果爲非常賜，非大臣及親近者不易得，而今咸以小臣拜賜，且訖事月餘，賜凡四五，斯亦遇之至榮者已。前輩錢赤岸先生，性慎密而多聞識，褎然爲中書領袖，選與兹事。文弨時亦從諸君子後，移席近先生。先生校勘精審，孜孜不倦。然諸人或各行其意。先是，中使宣上旨云：「爾等俱是有學人，若書内誤處，皆當改正。」而大臣恐或蹈妄改之咎，又私相戒約，非灼知其誤，萬不可輕改，以故明達之人多務更正，慎重之士憚於改爲。予因知事無大小，總其成者爲要也。大官年高事繁，必不能復究心於文墨之事，安得如先生者合衆長而折衷之歟！書成，又録考證二册進呈，上命分置各卷之後，并書校寫者銜名。其冬，又召諸臣入乾清門，至懋勤殿，令各鈐小印識之。上自爲之序。其書已裝潢成帙矣，書之前貌聖容焉。先是進呈之日，又人賜紗葛各二端。文弨欲爲文記之，尚未成也。今先生榮君恩，寫之爲圖，以文弨之亦與其事也，屬爲記。嘗考古者有寫書之官，校讎之司，其事曠而弗舉，於今乃復見之，禮意加優渥焉。先生適當其盛，將之以勤恪，譌則正，疑則闕，不牽於異同之論，可不謂賢乎？自是役後，有謂細事不足煩聖慮者，於是凡有校寫，皆開局於武英殿，大臣監理之，外饔供其食，書成請旨賞賚而已。文弨亦一再與焉。迴思昔日與先生在軒中散衣帶，時水風清暑，花香襲人，珍賜頻仍，中使絡繹，此景何可多得？況四五年來，此二十人中已有化爲異物者，其仕於四方及歸其鄉者又有之。今先生又將歸矣，撫卷之下，不勝悵然。他日從先生於明湖之濱，縱談舊事，再出此圖，其感歎又將若何也？因具録其姓名於左。翰林十人：王錦，改外。王居正，休致。朱佩蓮，丁憂。湯大紳，休致。王際華，丁憂。歐陽正煥，蔣元益，徐開厚，故。許葵，改外。馮秉彝。告假。後又益一人，曰溫敏。中書十人：張敬業，劉大佑，故。祝維誥，眭朝棟，程燾，龐廷驥，告假。金燾，毛永燮，先生名在培，與文弨共爲十人。收掌則待詔吳自高也。乾隆辛未除夕前一日書。

張荷宇大任夢母圖記 庚午

始余未識荷宇時，有客持一卷文示余，即荷宇自敘其夢母事。其言悲，悄乎不忍卒讀也。異日有介友人來余門請受業者，識其姓名，即曩之夢母者也，因又見所爲圖焉。自當世公卿大夫下至韋布之士工於言者，咸嘉其至性冥感，相與詠歌其事，荷宇悉取而綴於圖之後。余亦五歲失母，此情人所同也，感荷宇之事而因爲記之。荷宇生十月而喪其母，及有知，即時時念母不置，彌久彌篤，哀其身不能一日事乎母也，哀母之言語動作亦未能識也。荷宇香河人，嘗南遊而反，至乎錢唐夢母來，前夢中即知其爲母也。既覺，乃噭然以哭曰：「此真吾母也。母胡爲乎使我至今日乃得見也？母又何去我之速也？母其可使我繼此而得見也？」於是即夢所見爲之圖，此圖吾不之見也。今之圖吾見之，則其夢母之境而已。余因語之曰：「夫人精誠所感，無幽明死生之隔，此理之可信不誣者，況子之於親，其喘息呼吸相通，本無有閒之者乎！人死則形亡，形亡則氣散。而有不散者，在其精神即附麗於其子孫之身。故先王爲之立廟以聚之，祭祀以事之，笑語嗜好以思之，於此於彼以求之。又非但此也，一出言而不敢忘，一跬步而不敢忘，故孝子之事父母終其身，非徒終父母之身也。今子之母不幸蚤歿，然子在，固不可謂亡焉。夫自香河以至錢唐，三千里而遥，子之母生時固未嘗至其地也，而胡爲於此而夢？於此而夢者，子之所至，親亦至焉。然則子之身，親之身也。子求所以不死其母者，其必有在矣。」

蔡施秉守城記戊戌

雍正十三年，貴州古州苗作亂，諸苗響應，破黄平州及凱里、巖門諸城。乘勝東下，施秉縣適當其衝，遂蜂擁薄城。時平靖日久，兵屯多併省，今縣治乃故偏橋衞也，去舊治九十里許。先是，奉文清理苗疆大吏案舊地圖，不知縣移治本末，猶承前謂距台拱大將屯駐處道里近，遂議省舊所設遊擊員，并其兵盡撤焉，而施秉遂無守禦之備。雍正十一年，上元蔡君謹來知縣事，謂地荒遠，民苗雜居，備不可弛，言於大府，請仍設武員鎮守如舊制。大府韙之而未即行也。邑無城，君亟城之。至是而逆苗之亂作，民卒聞有寇，惶駭欲逃，君亟招集鄉勇，合家丁僅百餘人，授以兵練習之，令登陴固守。鄰邑民來奔者，内而安輯之，擇壯者令相助爲扞禦。夜然火，城上徹明。城有水門，賊使其黨潛入爲内應，獲之，得其謀。取大板布釘塞其處，苗人素跣足，乘黑夜入，輒爲釘所刺僨。賊射火箭入城，城内多草房，君有備，火不得熾。城西有半山，君恐爲賊所據，得形便，城必危，帥勇士先據之。苗女有習妖術者，佩符張蓋，舞鏢槍前衞，左右號端公者爲翼衞，禁矢使不相及。君取雞犬血厭之，設伏以待，大破之。黔地苗窟穴多，乘釁相挻而動。官兵分道勦撲，救不時至，自夏涉秋凡九十四日，大小三十七戰，逆苗始散走，城賴以全。總督張公廣泗以其功入奏，擢大定府通判。未赴，奉檄勘鎮遠等處災；道病，仍還施秉，以乾隆元年九月卒。民爲建祠立碑，君所建城及橋梁，民皆以蔡氏之。今上嘉保城功，賜子寶蔭國子監生。

舊史氏曰：余客金陵，君之里也。聞君之先本和州人，少孤，隨母育於外氏，遂家上元。令其習藝，謝不能也。見塾師課童子書，則聽之。少長，遂能文。勇力亦過人，通技擊之術，嘗手搏武人之害鄉里者，莫敢抗。雍正首科舉於鄉。君，文吏耳，而有武功，其兼材信素具也。抑古之儒將著名者多矣，尚不足爲君異。若乃糾率市人而與之共處危地，卒非素練，器非素習，岌岌乎不可終日，而卒能轉危爲安，民免糜爛之禍，則由君之見幾早，備事豫，堅城屹然，故可依以爲守也。最君之功，故當在此不在彼。君里後生顧淞學於余，能言君之事，君字經山。且云君之子今與其母居三山門外，屋數椽，以賣鍋爲生，則又可爲太息者矣。

記烏程袁孝子刲肝事 乙卯

烏程有刲肝以療母疾而愈者，邑有司與其國人咸稱曰袁孝子。孝子名昌齡。事在乾隆四年，距今五十有七年矣。當刲肝之時，孝子年已五十有二，其母年七十有一。夫禮，五十不毀。哀過而毀，猶爲不可，況可重自毀傷，蹈必死之途，而徼幸其或一濟乎！且徧攷諸方書，無有人肝可以愈疾之説，而孝子之事又相傳有神奇。恍忽之談，儒者難言之。然其事炳炳誠不虛，孝子深自韜晦，并其子亦不使聞知，乃事卒暴著而不可掩，嗚呼！豈可謂非天哉！今名已載郡志。其曾孫沂以志所書尚略。其父秉鈞在日，營葬其祖，撰有事實一篇，欲乞有道而文者以銘諸墓，終於齎志以沒。彌留之際，呼其子沂而命之曰：「必無忘而祖而父欲求所以表章其親之蓄念。」沂懷之又十有四年，家貧業醫，不能出而與士大夫遊，又諸老有盛名者皆已前死，倀倀乎不知所向。聞人言文弨尚能爲紀實之文不苟譽人者，介其友楊君傅九以請於吾友嚴子久能，而展轉以達於予。予雖不能繼諸老之後塵，然於發揚潛德，敦勵風化，亦竊有志焉，遂不辭而書之。方母之疾也，孝子婦已前死，常時煥寒飢渴之節及一切煩辱之事妾媪所任者，皆孝子親執之。至是，醫療百方，卒無效，病且殆，彷偟無措。昏悶中，若有告之者曰：「服龍肝湯，疾可瘳。」顧龍肝安可得，忽念己生之年歲在辰，辰，龍屬也，得非神命我刲肝乎？乃潔誠虔禱，夜半扃户，以刀刲胸之左偏，深寸許，以指剜取，中熱如沸湯，不得入，昏暈而僵。旋似有趣之起者，驚視創處，肝已突出，遂割之，作湯以進。疾良已，人無知者。越數日，近出過橋，失足顛於橋下，創裂暈絶。子宗耀亟往抱持歸，解衣，見胸次束以帛，血斑斑然漬其上猶新。請之，不言；又涕泣固請，始言之。子蒼黄延醫，用善藥敷治，莫效。夜又有若告之者曰：「服藕汁可痛。」如言而創始合，終戒家人勿洩也。然醫者已出語人矣，人人以爲異事，更相傳播。令甘泉羅君愫聞之，親式其閭，列狀聞諸臺，咸有優獎，唯格於例不得旌。他日，人有訟其子不孝者，有司訊於市，延孝子竝几坐，指以示其子曰：「此刲肝袁孝子也，居同里而不知所效邪？」杖之。孝子爲憮然不寧者累日。越十二年而卒，其母後一年乃終。子一人即宗耀。孫四人，長即秉鈞，傳其祖事實者也。沂能謹識其父之遺言，久而不衰，其人亦有足多者。今葬已久，無所用銘。沂以傳爲略，傳之體故不能詳也。余乃徇其請，而爲之記其事，庶辭不嫌於繁瑣云。

舊史氏曰：自明以來，刲肝割股之事，皆旌例所不及，以非事親之常道也。然閭里之民，天性篤摯，當其至誠激發，非有所慕效，而中情所迫，不自顧慮，更何有於區區之名。是雖不可以爲教，而君子亦必從而禮貌之，且樂稱道之，使人皆可以一自證其本然之良心，則何嘗不有益於風教也。烏程，一邑耳，百餘年閒，刲肝者有三人焉。康熙初年有閔茂元，越四十二年有陸國榮，又三十三年，而袁君復繼之：是皆不漓其赤子之性者也。嘗聞唯至誠爲能感神。傳袁君之事者，謂有鬼神以陰相之，其理亦不可謂無。今閔、袁之名，志俱載之，而陸尚遺，因并牽連書之，以告後之修郡邑志者。

抱經堂文集卷第二十六

傳一

楊文定公家傳 丙申

楊公名名時，字賓實，常州江陰人也。少嚴重有局度，不爲事物倉猝摇動。以諸生應鄉試，主司以性理書發策，未之習也。歸而求其書讀之，朝夕尋繹，由是得聖賢門徑所從入，篤志實踐，卒爲完人。康熙三十年，成進士，改庶吉士。座主李文貞公理學爲儒者宗，門下士數百人，獨深契公，常以正學相期。公每從質問，所得日益。進散館，授檢討，充明史纂修官。聖祖特召對，充日講官，起居注。旋命提督順天等處學政。先是居此任者，率宫坊以上大僚。聖祖用文貞薦，以公清介有學術，故特用公，實異數也。公每接諸生，必開誘以立志居敬、致知力行之道，不專文詞。見官屬一依儀制，不肯少假借。保定知府故違成例，不録。河間左衛童子送試屢矣，諭之不可，劾罷之。未期年，士習丕變。聖祖嘉之，賜以宸翰，擢侍講。會有以蜚語上聞者，謂公外釣公清名，實則與巡撫比，巡撫信公言爲黜陟，故屬員競致賂遺於公。是時直隸巡撫即李文貞也。將代，適有武生犯蹕事，聖祖不深譴，命往江南防河。公喜去家近，即迎親侍養。總河張公鵬翮知公實廉貧，唯委以往來稽察之事。公盡瘁不辭，連丁內外艱，服除仍往河工効力。五十二年，召還，入直南書房，時令陳説經義，修校御纂周易折中、性理精義諸書。逾年，命充陝西鄉試正考官。公雖蒙召，然未自陳吏部補官，例不與開列，此亦異數也。甘肅、寧夏地處邊，士子試卷別編聿丁號取中。是科佳卷多而限於額，特疏請加中一名，從之。直內廷三載，未請補官如故。五十六年，聖祖特用爲直隸巡道，諭曰：「欲試爾民事也。」時直隸尚未設三司，以巡道主刑獄兼驛傳，案叢事猥，吏因緣爲姦。公至，釐革殆盡。聖祖聞其政聲，謂大臣曰：「楊名時不特是清官，實好官也。」五十八年，遷貴州布政使。明年冬，擢授雲南巡撫。值西藏用兵，大師取道雲南，留屯以待進止，乃建屋百數十閒以處之，民用不擾。凡饋餉，皆計里給直，師還倍加優卹。馬道死者，兵當償，爲奏免之。滇民輸兵糧有遠運之苦，奏請兵少米多之處，折銀徵解。舊丁役久不均，戶絶田去，有歸併而無除減，故或以一人而兼數丁，名曰「子孫丁」，民不勝其累，多致逃亡。又民納糧之外，加派甚多，名曰「公件銀」，歲不下三四十萬，數反倍於正額。公請均丁於田，而減公件歲入銀爲十一萬有奇，勒石曉諭，民困大蘇。滇地多産銀，官收其課，久之礦衰而課如故。司事者以缺額罷官究追，多視爲畏途。公以礦有王有衰，請以道員一人總理各廠，使盈詘得以相補。若武定之獅子廠，楚雄之廣運廠，及臨安新開之華祝箐廠，皆費多利少，請封閉。在任凡七年，利民之事次第舉行，民苗罔不悦服。世宗嗣位之初，賜以聖祖遺物，且諭曰：「爾在官歷任有聲，朕所稔悉。」復御書「清操夙著」四字以賜，且止其入覲。雍正三年，加兵部尚書，復授雲貴總督。四年，進吏部尚書，仍管雲南巡撫事。先是，有旨不許公摺子奏事，既而諭公曰：「前因人有萋菲之言，偶失於舒究耳，今已釋然矣。」令摺奏如初。大理府洱海，滇中巨川，其尾爲沙石壅積，民數被水患。奏請疏浚，并立期五年一修，費皆官出，後人奉爲式焉。坐奏豁鹽課，疏内敘入，密諭削尚書職，仍管雲南巡撫事。六年，有人奏公與臬司江芑，通同欺蔽。世宗命湖南布政使朱綱來代，且遣刑部侍郎黄炳來會鞫。綱又以徇隱廢弛劾罷公職。訊鞫日，士民洶洶，數萬人集門外。綱雖吹求百端，亦終不敢加公以刑。既訊無所得，則以曾受鹽規銀五萬八千有奇，擬罪絞，其銀限一年全輸官。此蓋公於元年即奏明取以給公用者也。讞上，世宗特從原宥。公不敢遽歸，留滇七年，唯以研經講學爲事。今上初即位，述先帝遺意召公。乾隆元年二月，公至京師，授禮部尚書，兼掌國子監祭酒事。又命授皇子讀，兼入直南書房，此皆治化根本所在，公生平志學於是得展。五日一至太學，升講堂，就經傳中提綱挈領，示諸生以爲學之要。謂學以希天也，天德誠而無妄，一仁之流行也，故必純於仁，斯謂之誠。其功則在敬以直其内，義以方其外。蓋乾畫實誠之象也，坤畫虚敬之象也。敬以涵義，義以敬行。人本天而親地，故體坤，斯有以合天。其要必自闇然爲己，以爲默契天載無聲無臭之基。不易世，不成名，遯世不見是而無悶，樂則行，憂則違。此天德之藏於密，而聖學之所以成始而成終者也，故易爻、論語皆首發其義焉。有聖學，斯有王道。乾元始萬物，利天下，而相忘於不言，故論聖德以無名爲至，論從政以不貪爲美。公與諸生講論經義至多，其大指不出乎此。又薦經術之士莊亨陽、秦蕙田等七人分主教事。更請頒發經書，俾士子得肄習。監中舊所有經史版刻漫漶者，俱請修補。所奏多見施行。雍正末年，黔中苗亂，殺掠内地民人，連年用兵征之。公深知其弊，上疏陳綏定苗疆方畧曰：「馭夷之道，貴在羈縻，服貳之方，務彰誠信，從未有怨毒猜嫌而能長久寧帖者。貴州一區，多與苗疆接壤。生苗在南，漢人在北，而熟苗居其中閒，受顧直爲漢人傭，相安已久。若生苗則本在深山密箐之中，有熟苗爲之限隔，常聲內地兵威以相禁戢，故生苗亦絕不敢萌窺伺之端。自開拓苗疆之議行，於是生苗界上，咸屯官兵，欲漸據其土地，干戈日尋，而生苗始不得安其所。官兵屯營之地，多在高山，水泉渴乏，百物不通。民運糧至山下，官兵接運上山，尚有二三十里之遥，勞苦驚惶，妻孥隔絕，而官兵亦不得安其所。百姓改折色爲見糧，又責令運送，費用數倍，終年不息，且每被鈔刼，而百姓益不得安其所。至熟苗之苦，更有甚焉。無事則供輓運力役，用兵則爲嚮導前驅，軍民待之如奴隸，生苗疾之若寇讎；官兵勝，則生苗乘閒鈔殺以泄忿；生苗勝，而官兵又混行屠戮以冒功：此熟苗之所以愈不得安其所也。竊念開拓苗疆，本欲登斯民於衽席，而竟致官兵、百姓、生熟苗民人人有赴湯蹈火之慘，將何爲乎？其速禍激變，約有兩端。苗疆本未寧謐，而地方官遽言人盡抒誠，請加賞賜，生苗得賞者一二，不得賞者七八，失其本望，惡能無叛？加以熟苗勞重累深，全無賞賚，愈增怨憤，因而勾結生苗作亂，以至不可禁禦。又從前開疆拓地，止及古州、清江等處，而台拱地方，猶在化外。自有司迎合邀功，輒云『台拱苗民願獻其地，以爲官兵安營立汛之所』。上官不察，竟議駐兵，而台拱生苗遂將官兵圍困，經兩次遣兵救援，悉皆覆没，遂至侵軼內地。內地之兵，太半奉調移駐苗界，致使苗人得以乘虚而入，無處不被蹂躪。閒有就撫熟苗，又被武臣慘戮，賣其妻女，以入私橐。其脱逃者，歸告徒黨，賊志益堅，人懷必死，多手刃妻女，然後抗拒官兵，以致鋒不可當，敗衂屢告，百姓流離死徙，不可勝計。計今奏報者，必以苗民殄滅幾盡，難民復業過半，苗疆不日底定爲辭。然以臣計之，蓋有未可全信者。從來用兵之策，不過曰剿曰撫而已。今欲剿，則山勢陡絶，一線僅通，一人據之，百人難上。即或乘其不備，奪險而進，而苗人本無屯積，相率滚箐而走，官兵熟視其去，莫可誰何，此剿之所以難也。若欲撫之，則苗民積怨已深，且謂如前見誘，俱懷疑懼，加以有險可恃，非萬不得已，焉肯輕就籠絡，此撫之所以難也。爲今日計，唯有下愷切之詔，布寬大之恩，棄苗疆而不取，將重兵還駐内地，修垣築壘於要害處所，俾民有可依，兵有可守，賊來則互相應援，協力禽捕，賊去則分兵撲滅，勿事窮追。再明懸賞格，有能擒縛首惡投誠，及所犯本輕而率衆歸順，或鄰近苗人奮勇殺賊驗明首功者，皆給予土官，世襲分管其地。熟苗則加以撫綏，勿使爲生苗所刼掠，爲官兵所欺陵。如此調劑，生苗得所棲託，熟苗又苟生全，自當俛首帖耳，抒誠向化。若因循粉飾，臣恐兵端不能遽息，糜餉勞民，終非柔遠寧邊之善策也。」疏上，政府頗有異議，上獨是公言。時内廷翰林余棟丁母憂，給假六月。公奏請令其終喪，以盡子道，并言翰林梁詩正服尚未除，亦應緩其衍走。又奏請增定順天及江南、陝西三處解額。其造辟陳奏者，尚未由悉聞也。凡考試衡校之事，上皆以命公。其教習庶吉士也，命下於進士未選入館之前，公手定教規，排日至館，訓迪不倦。七月，充纂修三禮副總裁，時已嬰疾矣。入謝，上覺公顔色顦顇，諭加意調攝，出猶詣太學，偏歷六堂，敦勉多士。疾寖劇，上遣醫視，給葠藥。少閒，口授遺疏，以「治化方新，聖功惟健行不息，聖德必日進無疆」爲言，語不及私。以乾隆二年九月丙戌朔薨，年七十有七。上聞軫悼，賜白金千兩治喪，遣官祭奠，加贈太子太傅，入祀賢良祠，謚文定。公孝友醇正，其於聖學，實能以身體之，不徒見於辭説之閒。故自承學之士，以及武夫、隸人、苗童、夷婦，咸尊信悦服無異辭。即劾奏中，猶稱公爲科甲中之領袖，又云「姁姁嫗嫗以取媚於民，推問之下，猶稱引詩書，無異常日」。即此言亦可見公之爲人也。公於諸經，皆有講義。近詔求遺書，其家始録以進。門人嘗輯公説經之言，爲易義隨記八卷，詩義記講四卷，先已版行。其詩文雜著，尚未編輯。公無子，以弟之子應詢爲後。二品廕生，例當得部主事，家居不謁選。孫敦裕、敦厚，皆縣學生。敦裕謹飭好學，早卒。

舊史氏曰：公，躬行實踐人也，不以文辭名，然義理充溢乎中，凡所流露，自成文章。余嘗讀公序徐霞客遊記兩篇，而歎大儒之言，無在不引而之正，爲足以垂世而立教也。誠爲聖功之本，周子切指之，公從而演繹之。迹其出入内外，顯晦禍福，無一非誠，故能受三聖非常之知遇，積久而道彌光。今距公之殁已四十年，而所聞四方士大夫之口，猶翕然同聲曰賢。嗚呼！此豈有絲毫假藉耶？宋司馬公入相未久而殂，公登朝亦未及朞而殞，乃其誠亦極相似，然而公之學爲較純矣。

候選主事蒼毓楊府君家傳 庚子

君諱應詢，字蒼毓，常州江陰人，楊文定公之子也。先世，詳君考傳中。文定公以進士起家，敭歷中外，誥授光禄大夫、禮部尚書，贈太子太傅，予謚，入祀賢良鄉賢祠，當世所推理學名臣也。公艱於得子，康熙五十五年，聖祖仁皇帝垂問及之。公奏云：「臣弟廩貢生楊名世，今年可望舉子，即以爲臣後。」君果於是年生，命名蓋以此也。本生考聖翼府君後任泰興縣儒學訓導。君幼即隨文定公宦滇南，追公閒居行館，躬自訓講性理諸書，與安溪李文貞公之所著述，欲盡傳其學。君一生行己處事，實本於庭訓居多。雍正元年，覃恩授二品廕生，時方七歲。皇上御極，召公入覲。君奉母劉太夫人歸里。公卒於位，君終身以不及視含斂爲恨。乾隆四年，服闋，引見，以部主事用。因太夫人年高，乞終養。太夫人年躋大耋始卒，君亦有小患，訖未就選。然君雖未服官，其隱造福於鄉邦者事甚夥。當歲在乙亥，邑大饑。明年春，又大疫。令周君鳳岐倡議振濟，以其事屬之君。君悉意籌畫，凡平糶、鬻粥、施藥、施槥、皆井井有條，所全活者甚衆。督學李公因培振興文教，以舊澄江書院狹隘，於養士之道未備，以君衆望所屬，與相商搉，勸紳士有力者捐輸，且擇老成者董其事，於是增房舍，厚廩餼，購經史，學者彬彬稱盛焉，即今暨陽書院是也。漕米倉舊在城内，有圖改建以漁利者，誑縣使移建南關外。君聞之力争，謂倉建城内，官易稽察，近接水次，船便轉般，民居環護，啓閉謹嚴，四鄉輸納，遠近適均，官民相安，歷百有餘載。明季曾移城南，旋即燬廢，況地當潮汐之衝，農船每遭撲撞，於公私皆不便。當事韙其言，得不徙。令蔡君澍以棲霞菴爲明典史閻公應元殉節地，於其所立祠，并祀同時守城殉難之典史陳公明遇。後令劉君新翰又置有祭田。無賴子利其入，欲毁祠仍爲菴，凶勢甚熾。君激於義，與邑生員趙曦明并力訟官，幾爲所陷，而終得直。復念祠中尚有佛像，及今勿撤，則二公若寄，既非所以明虔，且後患亦未可杜。因并聞於官，俾僧移去，兼增祀訓導馮公厚敦，額爲三公祠，皆同時殉節者也。凡歷三政，而後大備，於是祠之門庭堂寢，焕然翼然，招道士守之，每春秋二祭，必躬造祠中，敬謹將事。其勇於爲義始終不懈如此。文定公研窮經籍，凡有所得輒筆之，然未有成書。君廣爲搜緝，成易詩四書劄記、講義、程功録等上之，録入四庫中。其家庭庸行，可無述也。乾隆四十四年十二月六日卒，年六十有四。娶劉安人，即太夫人姪也。子二，長敦裕，邑庠生，先卒；次敦厚，邑庠生。女四，長適太學生武進謝宸璐，次適府學生無錫華廷模，其二皆夭。敦裕無子，敦厚子玉衡爲之後，實承重云。

舊史氏曰：暨陽書院之新建也，余承學使鶴峯李公之聘，來主講席，見君之所規畫，咸中法程。君數過余，厚余甚至。後余續昏於君從兄之季女，亦君所爲慫恿成之者也。君容貌温温，至其析義利，辨是非，則侃侃鑿鑿，不少依違，一邑之正人皆倚以爲重，不愧文定公後人。乃其冢嗣，亦沈靖嗜學而先早折，君之病亦以是，悲夫！古人嘗慨居其位不得行其道者多矣。君雖不仕，其所爲實與古之循吏無異。余之傳君，亦庶幾無溢辭焉。

黄河同知蔣君家傳 丁丑

君蔣姓，諱祈年，字東郊，奉天鑲藍旗人。家世自有傳。父諱國正，鳳陽府知府，有治績。舉四子，君第三。鳳陽公卒官，放散官錢不能償，公弱冠，獨身任其事，留鳳陽五歲，事竟乃得歸。君素習吏事，以貲當爲縣令，乃請往河工自效。歷三年，以勤幹聞，總河故大學士嵇公深器之。初署山東管泉通判，旋實授泇河通判。又遷沂郯海贛同知，防修禹王臺竹絡埧諸險工，地處辟左，少車馬，運竹石不時至，前任率以是敗去。君訪知有小車裝私鹽夜來者且百數，不可制，制則出死力以拒，鹽又往往苦乏。君輒以便宜召其豪，聽其輸鹽，而藉其車以運。又夫役有受顧而役不中程者，君亦不急繩之，於是利得錢來受役者益衆，事遂集。逾年，換黃河同知。河出曹單閒，易潰決，君積精誠以爲民請命，水之溢而出者，疏成引河。憲皇帝特命致祭河神，荅靈貺焉。明年，水大至，民凶懼。君禱神願以身殉，立危隄上，隄震動有聲，水盛怒，如有神物助持，君踴身入河，見者無不驚泣，會救者衆乃免，水亦頓却。衆爲立碑，碑在今曹縣之望魯樓，即當日之投身處也。君行視隄厈之庳薄者與當水衝者，亟令修築。工訖而嵇公已去，後代者與君郤，坐擅用官錢罷，君於是時年三十有六，貧不能償，以故一斥終不復起，而君亦絕不介意。先是，望魯館舍後有隙地，切臨陂塘，西接平蕪，東環邨落，烟波雲樹，參差掩映，君樂之，增築小室其上，見者皆以爲若舟之行水也，因顏曰壺天一葉，而自寓其號曰虛舟。至是，以官錢未償不能歸，三年留之，吟諷歗傲，不知身世之阨塞也。君在鳳陽所交，皆知名士，年雖少，已學爲詩。罷官後，乃壹意竟學。嘗讀漢書，至王尊傳，與己事相類，感而賦之。君之誠心爲民，發於自然，固非規規襲蹈古人之成迹，於斯見之。君後又僑居滄景閒，卒於獻縣，年五十。在日官錢終未償，所司以產絕告，乃免。有六子，皆貧。其名錦者，爲諸生，從予遊，紀君事，於倫常之閒，亦多有可稱者。

論曰：昔傅炎父子，治縣竝著奇績，人稱其有治譜。君之父爲慶都，爲永安，爲鳳陽，所在著稱，以此知君之稟承也有自。然鳳陽治民而君則治河，其事不盡同，而君乃能使曹單之民久而戴君。方解組時，經單父城，父老擁車爭問起居，君亦自喜，以爲昔日車騎旌旄之迎不若也。越二十年，君之子過望魯，老人述君事，猶重大息曰：「公所爲利於民，不利於身。」然則職任雖殊，其誠乎爲民者未嘗少異，不然何以得此於民哉！

抱經堂文集卷第二十七

傳二

孫文定公家傳 辛丑

公諱嘉淦，字錫公，號懿齋，太原興縣臨河里人，姓孫氏。先世自代徙。曾祖諱守意，未仕。祖諱世蓋，以貢生知江西崇仁縣，縣有劇盜羅漢七，阻西山，聚衆數千人，設方畧禽獮之，境賴以安。父贈光禄大夫，諱天繡，生四子。公行三，家貧，耕且讀。嘗上山斧薪，值大風雪，斧落曾崖閒，緣跡手探之，幾至僵仆，卒不挫其志。康熙五十二年，成進士，改庶吉士，授翰林院檢討。聞母原夫人病，乞假，不待報歸，母旋卒。服闋復官。世宗憲皇帝即位，命臣工皆得上封事，公以言事見知。憲皇帝嘗指以示九卿曰：「朕即位以來，孫嘉淦每事陳奏，可謂直言極諫，朕不惟不加怒，而反加恩，汝等臣工當以爲法。」以國子監司業命提督安徽學政，遷祭酒，仍留安徽。年餘，調順天學政，奏革一切供應，蒙恩賜養廉歲四千兩，并賜西城官房七十餘閒，爲考校京邑生童之處。歲滿受代，莅祭酒任。公先爲司業時，即上言人才出於學校，而科目但取文藝，無裨於用，宜令天下學政選拔諸生貢太學，使九卿舉經明行修者任助教，一以經術造之，三年考其成，舉以佐用。時方急西事，未行也。至是，與同官鄂公爾奇復上言經術必可成，人才必可得，今入學者多，必別置學舍以居之，支帑金以贍之，教成，宜分等敘用以示勸。世宗允所請，令戶部歲給六千緡，賜官房三百餘閒，今所謂南學也。公嚴立課程，五日一會講，一時經術稱盛焉。署順天府尹，奏請立法以平米價。贈公卒於京邸，恩賜銀一千兩爲喪葬費，公欲長留君惠，乃竭家資營葬，而以所賜建宗祠，置祭田。服未闋，以順天府尹召。晉工部侍郎，奏請各工程宜定成式，以頒示天下，而天下之物價與輓運費，宜先令報部，嗣後核銷，遂無駁詰稽滯之患。遷刑部侍郎兼辦吏部侍郎事，府尹、祭酒皆如故。以引見國子監教習人員不稱旨，逮獄，世宗旋宥之。且知公不愛錢，命在銀庫行走。時果親王總庫務，意公既貴重，驟遭責降，或不視事，偵知不然。既又有人言公以輕兌邀譽者，公先以所兌別置一所，至是，王命取以比較，皆中程，以是益重公。河東鹽政有積弊，世宗命往署理，不數月陋弊悉除。今上即位，召至京，授吏部右侍郎，擢都察院左都御史，仍兼。公上三習一弊疏，其畧曰：「臣以至愚荷蒙皇上隆恩，畀以風紀重任，日夜悚惶，思竭愚夫之千慮。而每月以來，捧讀聖諭，剴切周詳，仁政皆已舉行，臣愚無可更言。所欲言者，皇上之心而已。皇上之心，仁孝誠敬，明恕精一，豈復尚有可議？而臣猶願有言者，正於心無不純、政無不善之中，竊鰓鰓私憂過計而欲預防之也。今夫治亂之循環，如陰陽之運行，坤陰極盛而陽生，乾陽極盛而陰姤。事當極盛之際，必有陰伏之機，其機藏於至微，人不能覺，而及其既著，遂積重而不可返。此其閒有三習焉，不可不慎戒也。主德清則臣心服而頌，仁政多則民身受而感。出一言而盈廷稱聖，發一令而四海謳歌，在臣民本非獻諛，然而人君之耳則熟於此矣。耳與譽化，匪譽則逆。始而匡拂者拒，繼而木訥者厭，久而頌揚之不工者亦絀矣。是謂耳習於所聞，則喜諛而惡直。上愈智則下愈愚，上愈能則下愈畏。趨蹌諂脅，顧眄而皆然；免冠叩首，應聲而即是。此在臣工以爲盡禮，然而人君之目則熟於此矣。目與媚化，匪媚則觸。故始而倨野者斥，繼而嚴憚者疎，久而便辟之不巧者亦忤矣。是爲目習於所見，則喜柔而惡剛。敬求天下之事，見之多而以爲無奇也，則高己而卑人；慎辨天下之務，閱之久而以爲無難也，則雄才而易事。質之人而不聞其所短，返之己而不見其所失，於是乎意之所欲信以爲不踰，令之所發槩期於必行矣。是謂心習於所是，則喜從而惡違。三習既成，乃生一弊。何謂一弊？喜小人而厭君子是也。今夫進君子而退小人，豈獨三代以上知之哉？雖叔季之君，孰不思用君子。且自智之君，各賢其臣，孰不以爲吾所用者必君子而決非小人。乃卒之小人進而君子退者，無他，用才而不用德故也。德者，君子之所獨；才則小人與君子共之而且勝焉。語言奏對，君子訥而小人佞諛，則與耳習投矣。奔走周旋，君子拙而小人便辟，則與目習投矣。即課事考勞，君子孤行其意而恥於言功，小人巧於迎合而工於顯勤，則與心習又投矣。小人挾其所長以善投，人君溺於所習而不覺。審聽之而其言入耳，諦觀之而其顏悅目，歷試之而其才稱乎心也，於是乎小人不約而自合，君子不逐而自離。夫至於小人合而君子離，其患可勝言哉！而揆厥所由，皆三習爲之蔽焉。治亂之機，千古一轍，可考而知也。我皇上聖明臨御，如日中天，豈惟竝無此弊，亦竝未有此習。然臣正及其未習也而言之，設其習既成，則或有知之而不敢言，抑或言之而不見聽者矣。今欲預除三習，永杜一弊，不在乎外，惟在乎心，故臣願言皇上之心也。語曰：「人非聖人，孰能無過。」此淺言也。夫聖人豈無過哉！唯聖人而後能知過，唯聖人而後能改過。孔子謂五十學易，可以無大過。文王視民如傷，望道如未之見。是故賢人之過，賢人知之，庸人不知也。聖人之過，聖人知之，賢人不知也。欲望人繩愆糾謬，而及於其所不知，難已。故望皇上之聖心自懔之也。返之己，真知其不足，驗之世，實見其未能，故常欿然不敢以自是。此不敢自是之意流貫於用人行政之閒，夫而後知諫爭切磋愛我良深，而諛悦爲容者愚己而陷之阱也；夫而後知嚴憚匡拂益我良多，而順從不違者推己而墜之淵也。耳目之習除，取舍之極定，夫而後衆正盈朝而太平可覩矣。不然，自是之根不拔，則雖斂心爲慎，慎之久而覺其無過，則謂可以少寛；勵志爲勤，勤之久而覺其有功，則謂可以少慰。此念一轉，初似亦無害於天下，而不知嗜欲、宴安、功利之説漸入耳而不煩，而便辟、善柔、便佞者亦熟視而不見其可憎，久而習焉，忽不自知而爲其所中，則黑白可以轉色而東西可以易位，所謂機伏於至微而勢成於不可返者，此之謂也。大學言見賢而不能舉，見不賢而不能退，至於好惡拂人之性，而推所由失，皆因於驕泰。驕泰即自是之謂也。由此觀之，治亂之機轉於君子小人之進退；進退之機握於人君之一心。能知非，則心不期敬而自敬；不見過，則心不期肆而自肆。敬者，君子之招而治之本也；肆者，小人之媒而亂之階也。然則沿流溯源，約言蔽義，惟望我皇上時時事事常守此不敢自是之心，而天德王道舉不外於此矣。」疏上，上嘉納宣示焉。遷刑部尚書，總理國子監事。河南鄭州有疑獄，命使往勘，仍不得實。上復命公會同總河白公鍾山審訊，得其冤狀十餘人，盡脱之。轉吏部尚書。乾隆三年，出爲直隸總督，鉏治豪强，穿濬溝洫，豁邪教之株連者，釋重囚之誣服者。時酒禁甚嚴，罹法者已至數萬人。公言以日用飲食之故，而令天下騷然，非盛治所宜。上即令弛其禁。環京師五百里皆旗地，旗人居京師，而以田召漢人佃。佃既熟，姦民即增租奪佃，先佃者多失利，以故多莫肯盡力，旗人租入亦不足。公爲酌定租額，官爲征給，而奪佃之風遂息。又奏旗人願就田者，人予二頃，房屋、牛種官給之。慮近畿所容有限，因巡邊見開平土地平衍，易種藝，可駐數萬家，即具規畫上請。議者以其地苦寒難居，遂止。今内地之民往耕者，獲利數倍。六年，調湖廣總督。楚人仰食淮鹽，不時至，價苦昂。公至，除陋規，令所司以鹽船啟行日先關白，禁其逗遛，而鹽價遂平。横嶺三峒，爲前巡撫馮公光裕所開，鎮守者因路險地僻，議欲棄之。公親自履行，從城步入口，路皆險峻，越嶺數十重，乃至長安，豁然開平，延袤數十里，土田肥美。公度若棄之，則羣不逞之徒，或且嘯聚於此，煽連鎮筸，而寶靖、城、綏之民無安枕日矣。乃奏設武員，益兵數千守之。尋以湖南巡撫許容劾驛鹽道謝濟世案内革職。九年冬，起爲宗人府府丞，遷都察院左副都御史。十二年京察，自陳休致。十四年冬，復以副都御史召，命在上書房行走。遷兵部侍郎，晉工部尚書，署翰林院掌院學士，恩禮日有加。十七年九月，以吏部尚書協辦大學士，又充經筵講官。因召對，自陳年老，請免所居官，惟在上書房効力，上優荅不許。公以易、詩、春秋爲聖人全經，而解説紛繁，欲秉受睿裁，講明要領，以垂教來世，乘閒進説，上納焉，令日進講義一章。於是先成詩義折中，次及易傳彖爻，甫畢而公遂病矣，以乾隆十八年十二月六日薨，年七十有一。疾之始作也，聖情冀其速痊，中使侍醫，駱驛於道，又特命三阿哥臨視。及遺本奏入，上深軫悼，遣大臣侍衛奠茶酒，賜銀一千兩治喪事，卹典如例，賜謚文定。居恒以八約自戒：一曰事君篤而不顯，二曰與人共而不交，三曰勢避其所争，四曰功藏於無名，五曰事止於能去，六曰言删其無用，七曰以守獨避人，八曰以清費廉取。在翰林日，讀春秋，患四傳互異，於是專精思經文，著春秋義一書，已版行。及蒙世宗憲皇帝訓飭，翻然悔曰：「吾學無真得，奈何妄測聖經。」遂并所著詩删、南華通一切毁之，後遂不復著書。以副都御史召之明年，有逆徒僞爲公奏稿，傳播遠近。逾年，罪人斯得。公深不自安，恐生平好名之累未盡，有以致之也。先後屢典文衡，總裁會試者二，典鄉試者五，分校鄉會試者四，教習庶吉士一，司成與督學皆再。三世皆贈光禄大夫、刑部尚書，妣皆贈一品夫人。娶原氏，繼娶張氏，皆一品夫人。子男三，孝懿，太學生，前卒；孝愉，蔭授刑部浙江司員外郎，擢直隸按察司使；此據其家行述。孫詒穀云，由刑部山東司主事擢。孝則，天津府河捕通判。女四人，郭冠恂、原宗湞、李念祖、陳箴，其壻也。孫六人：鎮，今庠生；鑾、銓，殤；鑄、鏞、銘。葬於邑之東鄉喬家溝。

門下士盧文弨曰：公粹然儒者，顧外人每傳公少年手刃仇人事，其詳不可知。今來公鄉，復細詢於人，始得其崖略。公伯兄楨淦爲同邑趙氏子所殺。其人既論抵繫獄矣，賄緣且脱罪。時贈公痛子死非命，而仇人顧安然得無恙，憤結幾不欲生。公時年十八，不忍痛傷其父，乘閒入獄，刃趙氏子，死。跳身出，與其仲兄鴻淦一晝夜步行三百餘里，至會城，門啓而入，遭貨瓿甊者，仆焉，盡碎其器，於是相與至縣庭。令某素知公，拒移逮者，謂殺人者實非公，事遂解。嗚呼！此亦足以見公孝弟之性矣。所謂仁者必有勇，非與？不辱其身，不危其親，其智又有足多者焉。文弨以乾隆三年舉於順天，公實爲試官。分校者慮語不盡醇，或未必當公意，公曰：「此本於經，何害？」遂置所取中。公之教人，一本經術。文弨雖無似，亦曷敢不以公之所爲教者教人哉！

四川布政使長芳李公家傳 辛丑

文弨與陽曲李公仲子觀察君天培同乾隆三年舉人，宦跡參差，不獲以年家子禮謁見公。及來公鄉，公已不可作矣。得觀察君所爲述，因畧識公之爲人，彊敏能任事，而一本於仁厚，使方伯連率皆如公，則宇下之民尚安有失所者乎？於是輒次第其事爲家傳，以備異日史官之采擇。公姓李氏，諱如蘭，字長芳。先世由山東臨清州遷山西之榆次。曾祖諱傑，人稱長者。祖諱登山。考諱寶，與其弟璽又遷居會城，故遂爲陽曲人。公少爲叔父所器，年十九，補學博士弟子員，試輒高等，而不獲舉於鄉。叔父助貲，令入太學，循例得澤州儒學訓導。公是時以暇日於民生利病吏治得失之故，已熟究之矣。世宗初年，以例當改主簿，與同輩三十六人入見，奏對獨稱旨，徑授江南高郵州知州。州當水驛孔道，使舟往來，用夫牽挽，以四人爲之長，歲斂民閒數千金爲顧募費，官吏因以爲利。所募夫率流匄水次，居民受其擾。公至，禁絕科斂，擇其便，令可飲食宿止，單騎上下巡歷，弊遂絕。州西甓社湖驟凍合，有客舟膠湖中，無可爲計，公用小舟二，剖竹編聯其底，行冰上如轉輪，遂得濟，今皆用其法。在州九月，積案悉清，吏無所容姦，擢浙江紹興府知府。世宗廉知公高郵之政，特換江寧府知府，使仍在江南。總督以公熟河務，先署知淮安府，稽覈一切工程，數月事皆辦，始莅本任。江寧無賴子恃拳勇，結死黨以害民，號曰「喇子」。公縛其首惡數人，斃杖下，餘黨始戢。同城有將軍，所屬兵素縱恣，不畏吏。公請於將軍，有犯者悉繩以一切之法，於是嚄唶相戒，不敢肆。經兩考，遷分巡廬鳳兵備道，兼榷正陽關，嚴禁苛索而税益裕。自懷遠至壽州數百里間，湖陂瀰漫，向爲盗藪，商民苦之。公欲絶其患，駕大舸僞若過客者，伏健役舟中。抵暮，有數盗援纜而上，縛其一。役請急歸，否則患且不測。公曰：「此去人家遠，歸安得至，且示之怯，益非計。」泊舟不行，令衆人皆寢息，獨爇二巨燭危坐。夜半，見火光隱約林莽間，又聞岸上人語切切，復有數十小舟劃波下上，窺公舟寂若無人者，卒疑怪不敢動。旦發，有跪而請者，謂昨所縛者良民，公命并縛之以歸。具得盗首從主名及窟穴，誅其魁數人。盗皆陽以漁爲業，公令漁船各限以地界，悉編記一二數，及誰某在其地刦掠者，即坐之。又增塘汛，責保甲，嗣是行旅過者始不爲畏途。改雲南督糧道，進四川按察司使。初至，羅重辟者以數百計，公一一平處，常達旦不休，訖無留獄。向發配人犯任自便，以故殷阜之區往往羣聚滋事。公上言請以打箭爐、松潘二廳，茂、會理二州等邊地處之。又奏秋審人犯定以期限，軍流加等不入於死，竊賊問罪不計人數，皆一一報可。嘗刊决獄近事比，以爲問刑之準。其命盗等案牽連婦女者，概免逮。有疫者皆給予善藥，因得免瘐死。在川六年，調江西。未幾，授四川布政司使。蜀人聞公來，歡迎載道。公首重農桑，以足其衣食；舉鄉飲，旌善良，以示之勸；重倉儲，使緩急有所資；鉛銅就地開採，以省遠運滇粤之勞費。乾隆九年，水，十一年，饑，以經理得所，民樂更生，而城郭倉庾之被水衝塌黴爛者，不以爲吏過，吏亦不至於困。成都、華陽兩縣民向領銀輸屯兵糧，準田科之，下户亦不免，公言於大府，均之近州縣。公所到，卹災興學皆有善政，而無若江南、四川之在任久，故其事爲尤著。會瞻對、金川相繼用兵，公督率饋餫無乏興。然常惴惴，慮不免悉索驛騷之累，日夜焦勞，馴至於大病，以乾隆十二年九月五日卒官，年六十有四。階通議大夫。父祖兩世誥贈如公官，妣皆淑人。娶曹氏，少公三歲，封淑人，逮事祖姑、繼姑，以孝謹聞。在高郵製葛衫一領，迨八十猶完。衣率手自澣，以嫗婢鹵莽爲之易敝也。子及孫既仕宦，時時以公遺訓訓焉。卒後公二十七年，是爲乾隆三十九年五月五日也。子天培既貴，遇覃恩贈公通奉大夫，封曹氏夫人。子男五：雲鵬，候選州同知；天培，進士，歷官廣西左江兵備道；永祺，舉人，今四川成都府知府；思訓、念祖，優貢生，候選儒學訓導。女六，劉充智、趙泰、賈毓賓、馮郁、黄景緯、閻秉升，其壻也。孫九：履謙，廣西潯州府知府；由豫，以潤附貢生；知臨，國子監生；德申，縣學生；兆恩，之炬，錫璉，鳴臯。曾孫十一。葬於太原縣許丹村之原。

盧文弨曰：才者，德之用也。有仁民利物之念，而澤不下究，功效不見於後世者，才詘也。公之仁政彰彰若此，非才之能充其德者乎！世宗早識拔之於未試之初，今上復委任之於已效之日，遭時遇主，位躋通顯，設施之大宜已。然公當爲學博士時，已不録録。嘗署陽城教諭，民怨其令甚，聚數千人郊外，謀揭竿爲亂，公聞變，即夜馳往，諭使解散，絶口不言功。向使公終爲小官，亦必有以善其職，決不至墮廢。昔呂新吾著明職一編，自公卿以至庶司百執事，莫不有職，莫不當盡其職。公之於職，可謂盡矣。漢之黄霸，唐之韋丹，其後皆至顯官，而史列之於循吏，舉所重也。今之操史筆者，儻亦用斯比也，有不以公爲循卓之選者乎！

抱經堂文集卷第二十八

傳三

浙江督糧道一齋金公家傳庚子

公諱溶，姓金氏，字廣蘊，順天大興人。父懷瑋，武進士，雲南援勦左協副將。公少師事秀水諸草廬先生錦，雍正八年，成進士，試刑部，授江蘇司主事，歷員外郎中。乾隆元年，主試貴州。四年，擢山東道監察御史，繼協理江南道，巡濟寧漕。八年九月，以言事罷。九年二月，復職，旋命往福建以道府用。十年，知漳州府。十四年，授臺灣道。十七年，回內地，攝知汀州府，丁母憂。二十一年，赴陝西辦理軍需，補驛鹽道，署按察司使者三，署布政司使者一，署潼商道、延綏道各一。丁父憂。二十九年，補浙江督糧道，又一署寧紹台道事。三十二年，原品休致。兩遇國家大慶，恩晉二品階通奉大夫。四十二年十二月甲午，終於家，年七十有三。公清正自矢，識治體，居臺中有謇謇聲，補外所至皆有利民事，而漳州以難治，故其績爲尤著。其傳奏傳於世者，有培養元氣疏，其略曰：「臣聞國之所恃者民，民之所賴者養，是以有天下、子萬民者，其道必以遂其所欲、給其所求爲最急。家苟寧矣，國亦固焉；人苟遂矣，君亦泰焉。是則好生以及物者，乃自生之方；施安以及人者，乃自安之術。民於今日，生齒日益繁，費用日益廣，財之流也不見其充，財之用也常苦其絀，養生之累深而有生之樂寡，救死之念切而畏法之情輕。京師者，天下士民之所樂趨也，今乃殷實不及於前時，規模大減於夙昔。推之各省，抑可知已。陛下臨御以來，綸綍之宣，無非國計，綱紀之布，俱關民生，以箴諫爲國華，以謙沖爲治本。當此時而富壽不登，治化未洽，追懷前修，實用內熱，此臣反覆思維而願直陳於聖主之前也。比者天災流行，亦甚頻矣。乾隆三年，陝西地震，爲害甚鉅。四年，河東、山東，咸被水災。今兹浙江、福建、湖北之地，亦有淹浸之患。從來外吏之弊，揣悦意者則侈其言，度惡聞者則小其事。災異之來，得達九重之上者，慮未必盡實。幸而實矣，而蠲賑之下逮者，慮未必無遺。故與其補苴於已然之後，不若保護於未然之前。書曰：「制治於未亂，保邦於未危。」已亂已危，則無及也。故今日所當務者，在乎培養元氣。臣愚不能周知治體，竊以所見及者六事，具陳於左。雖所以厚國脈而裕民生者不盡乎此，然千慮之愚，冀或一得。惟陛下裁察。一曰，開荒之地，免其升科；二曰，帶徵之項，宜加豁免；三曰，守令殿最，必以民事；四曰，關税額外，免報盈餘；五曰，京師鋪面門税，請免徵收；六曰，積誠以感召和氣。娓娓凡千餘言，辭多不載。末復言：「昔我聖祖仁皇帝，道冠古今，澤被無窮。人到於今，咨嗟歎息者，必以體仁長人爲稱首。散小儲以成天下之大儲，損小寶以固聖人之大寶，則所以養民生之元氣而縣無疆之休者，固可行之萬世而無弊也。我世宗憲皇帝遺詔內云：『凡各衙門條例有從前本嚴而朕改易從寬者，此從前部臣定議未協，朕與廷臣悉心斟酌而後更定以垂永久者也，應照更定之例行。若從前之例本寬而朕改易從嚴者，此乃整飭人心風俗之計，原欲暫行於一時，俟諸弊革除之後，仍可酌復舊章，此朕本意也。向後遇此等事，則再加斟酌。若有應照舊例者，仍照舊例行。夫張而不弛，文武不能也。弛而不張，文武弗爲也。一張一弛，文武之道也。』則所以爲國計久長者，其意可深長思矣。臣身值太平之盛，幸際無事之時，非不知緘默可以容身，苟且亦可塞責；但思知無不言之謂盡，事君以義之謂忠。國家之大政，未有重於民生，民情之厚望，要惟在於寬大。仰見我皇上有惠下之念而衆情未洽，有圖治之懷而庶績未乂，有堯舜聰明之德而未光宅於天下，有覆載甄陶之量而未溥被於無方：故臣每中夜靜思，展轉而不能自已也。伏願體天地之大德，法祖宗之寬政，事事以厚生爲基，時時以固本爲念，毋務於速成，毋怠於持久，將見資富能訓，化美俗醇，唐、虞、三代之風，不難再見於今日，固臣之願也，社稷之福也，萬世人民之慶也。」時翰林科道，輪日奏陳經史。公於經，首以易益彖傳損上益下之說進，謂「務鳩斂以裕籯櫝之積者，匹夫之富也；務寬惠以成盈寧之象者，天子之富也。損下益上，上固益矣，卦不名益而名損，則知下損上亦損矣。損上益下，上固損矣，卦不名損而名益，則知下益上亦益矣」。又以繫辭傳釋大有上九之辭進，謂「人君慶賞刑威，一一合諸天道，則君也而天矣。出身加民，一一孚於民隱，則元后也而父母矣。天人昭融，則天佑之也固宜。且信曰履，明當踐其實也；順曰思，明當反其衷也。又以尚賢所以質之簡在之臣，而爲信順之助也。當大有之世，治進升平，宜若可以少慰，而猶必兢兢若是，可知有大者不可以盈而獲福者，必有所自」。又以繫辭傳釋否九五之辭進，謂「當天下未安而求其安，其精神之奮發也恒易；天下既安而思其常安，其志氣之操持也恒難：故聖人於此諄諄以不忘致戒也。夫不忘，豈但虛縈諸念慮而已哉！必也有其實焉。敬以作所則其神常清，謙以受益則其氣常斂。無衆寡而皆可以勝予，則無可忽之人矣；無小大而皆凛於冰淵，則無可忽之事矣」。又以謙象傳之辭進，謂「先儒之訓謙者，曰『有而不居』。夫有而不居，亦且竝不敢自信爲有，而謙乃至。義理之精微，能疑似之必辨乎？功業之廣大，能措置之咸宜乎？始終之異，致能日慎一日而無須臾之閒乎？細行不矜，終累大德，履霜不戒，馴致堅冰，如此而復何所居乎？又何敢自信其有乎」？又以繫辭傳「聖人之大寶曰位」三言進，謂「天生民使司牧之，位緣人而有也。以庶邦惟正之供，財因人而生也。緣人而有者，非愛人何以守其位？因人而生者，非散財無以得其民。民也者，君之體也。財也者，民之命也。君者，爲民理財者也，非以財自封也。記曰：『貨惡其棄於地也，不必藏於己。』又曰：『君子不盡利以遺民，故仕則不稼，田則不漁。』此王居之所以貴於渙也，此損上之所以爲益也。有所渙斯有所聚，而渙者亦聚；有所損斯有所益，而損者亦益。計不出此，而孜孜焉惟賄之是患，甚非所以安上而全下也」。又以書大禹謨益之戒舜之言進，謂「君道莫先於敬，莫要於誠。倘謂無虞不足畏也，紀綱日弛而晏安是耽，則敬者怠矣。且有賢不能用，抑或陽用而陰棄之，有邪不能去，抑或暫去而仍繫之，則誠者僞矣。怠僞相乘，而欲其致治光美也，不亦難哉！以舜大聖，而益猶咨嗟告誡，若是則可知無虞之時最易萌可虞之機，而克艱之懷，無荒之戒，其難之吁，誠無時不當凛凛矣」。又以説命「非知之艱，行之惟艱」之言進，謂「聽言固難，而無若行之尤難。人主最親信者，莫過於近習左右之人。近習左右之人，未必人人皆知大體也。更其甚者，善政，則故遏之使不能舉；弊政，則故延之使不能廢；人之賢也，或多方以阻之；其不肖也，或設計以彌縫之。其中情僞曲直，千變萬化，欲灼然辨之真，信之篤，獨斷以行之而無一毫牽制之私，豈不誠難乎哉！善乎朱子之言曰：『知其爲是，則行之，行之惟恐其不力，不當憂其力之過也；知其爲非，則去之，去之惟恐其不果，不當憂其果之甚也；知其爲賢，則用之，惟恐其信任之不專，汲引之不廣，不當憂其爲黨也；知其爲不肖，則退之，惟恐其屏斥之不速，蟠結之不盡，不當憂其有偏也。』此深得『王忱不艱』之旨矣」。又以臯陶謨「同寅協恭和衷」之言進，謂「衷也者，中也。皇之所降也，本愚夫婦同具之理，而極之爲大聖人所不能外。能敬則無喜事亦無畏事，能和則不徇己亦不徇人，而後中乃可得也。舜博採衆論，以成一是，求中之道至矣。然聽言宜廣，用人則宜慎。其人君子也，雖氣稟學問之不同，如醯醢鹽梅，皆可以相濟而得其中。其人小人也，不失之愎，必失之懦，使之雜廁於君子之閒，必如薰蕕冰炭之不可以相入，欲其和，豈可得哉！故人君欲臣之敬且和，則尤以知人爲最急。抑有謂下比周則上危者，此衰世之言也。君子同道爲朋，師師贊贊，以共成國，是寧必告訐成風然後爲賢哉」！又以伊尹告太甲聽言之道進，謂「伊古以來，求言之主未嘗無也，而能收聽言之效者卒鮮，良以正言易逆，不期離而自離，邪言易入，不期合而自合。喜怒所發，猝不及持，以致覦望揣摩者，不從其令從其意，大臣持祿而不肯諫，小臣畏罪而不敢言，比比然矣。夫公耳忘私，國耳忘家，無所畏避，不爲迎合者，能有幾人？妻子之累深，富貴之念重，則不敢言；無剛直之操，無慮遠之識，則不能言。且言之切者，或類於沽名；言之激者，或指爲立異；防患於未然者，近於迂；圖慮事於幾微者，涉於瑣細：則言亦何在而可乎？若唐之李絳，謂人臣死生繫人主喜怒，敢發口諫者有幾？就有諫者，皆晝度夜思，朝删莫減，比得上達，什無一二三，益見進言之不易而聽言之不可不審也。惟以道立聽言之的，言之逆於耳者，不必盡於道有當也，必求諸道而道乃出矣，其非道者亦以道繩之而自見矣；言之遜於志者，不必盡於道無當也，必求諸非道而非道乃顯矣，其道者亦先以非道繩之而道始不爽矣。抑又有進者，容直非難，用直爲難。如慭置之耳，而姑以不罪者博寬大之名，更失進言者之所望矣」。又以詩大雅思齊之三章進，謂「天下之大，本在一人；一人之身，本在方寸。表端則其影必正，源潔則其流必清。朱子云：『天下之事，無一不本於人主。其觀感之閒，風動神速，蓋有不待於勸威者。』黄榦云：『虛靈知覺，我所有也。慢怠而無以檢之，則爲氣所昏，爲欲所亂矣。誠能惕然悚然，常若鬼神父師之臨其上，常若深淵薄冰之處其下，則虛靈知覺自不容於昏且亂矣。』故觀文王之德之純，則知文王之敬止矣。常敬則常明，常明則常定，焉有時地之或閒哉！此其所以下士式化而爲六州之所歸也」。又以表記「君子莊敬日强」一言進，謂「敬者，德之聚也。中非敬不能涵，誠非敬不能立。氣之決驟，軼於奔駟，敬則其銜轡也；情之横放，甚於潰川，敬則其隄防也。君子上達，達以此；日進無疆，進以此。不然，怠氣乘而不能自振，欲念熾而不能自遏。宴安娛樂之事多，則整齊嚴肅之意益少，不日强則日偷，其勢不甚可危哉」！又進史論三章，一唐高祖武德元年論止盜不在重法事，一唐太宗貞觀十年黜權萬紀言采銀事，一貞觀十一年魏徵上疏言待下未盡誠信事，不具録。其擬議而未入告者，亦不著也。值湖廣總督孫嘉淦因扶同撫臣事被議，奉旨派令修順義城工，公上疏言：「賞罰者，人主御世之大權。賞得其當，則人人知勸；罰得其當，則人人知懲。向來臣工有罪，於應得處分外，閒罰令出貲効力者。緣其在任之日，素無清名，但褫其職，猶不足以蔽辜，是以罰令出貲效力，使天下曉然，知所得者究不能爲子孫身家之計。明以開急公贖罪之條，默以寓禁暴止貪之意，法誠善也。今孫嘉淦歷任以來，其能否優絀，臣亦未敢深論，至其操守之不苟，久在聖明洞照之中，而亦中外之所共知。今亦令其出貲效力，似與用罰之本意有所未協，將於國體不無少損。且令天下督撫聞之，謂以嘉淦之操守可信，尚不免於議罰，恐一不得當，而已即踵其後，將必墮其廉隅，以豫爲將來之地。是一賞罰之行，即天下風聲之樹，誠不可不慎也。臣係雍正八年嘉淦爲會試副考官所取士，誼屬師生，臣不敢避師生晉接之微嫌，忘國家賞罰之大計，用是據理直陳，伏乞聖明採擇。」疏上，部議革職。其復起爲漳州也，州俗强悍好訟，胥役多至千餘人，其黨類盤據各上司衙門，勢力出長官上，藏納姦人，多耳目偵伺，捕之卒不可得。公至，汰去其有違犯者數百人。有吳成者，設局誘少年子弟入其中喫鴉片烟，縱博宣淫，無所不爲，而十數年無一犯。公具得其蹤跡，乘夜昏黑，率家僮開門出，召徼循三四輩執鋃鐺隨其後，步行至其家，姦狀乃畢露，桉法重懲之，其黨不及措手，繼又搜捕得數人，風始戢。一監生犯事，請褫革，上司不許。公知吏人實爲之奥援，不具官文書，而自爲稟以申上，乃始得請。龍溪縣之鄉有名華崶者，居民四五百家，商賈輻湊，去縣二百餘里，納租赴愬皆不便。自康熙四十四年即請縣丞移駐其地，至公爲守時，已四十年矣。更二十餘政，請者不已，率爲吏所格。公詢其故，則以縣吏之司征者分之則利薄也。公取塵積之案卷，手自料檢，得其肯綮，以言於大府。大府許諾，事旦夕行矣，適司藩者代去，藩吏復乘閒議駁，不敢由府轉，徑下縣。公聞之大怒，勾縣吏欲加嚴刑，乃具服交通阻撓狀。於是復重以請，大吏始具奏分駐如公言。公親往其地，營度建置，遂無敢梗者。民至今享其利，皆曰「非金公之威斷，莫能爲也」。府城内有河以通舟，且地氣疏泄，可以免白蟻之害，歲久皆爲民屋所占。公察其阻水道者，徹去之；稍侵岸旁地而猶不礙者，令出貲輸官，以爲疏濬費。不年餘，已復舊觀。於是修文廟之樂器，選民之俊秀，教以樂舞之儀。新芝山、丹霞兩書院，籌其脩脯膏火，師徒皆有資，學業大起。釐名宦鄉賢之合祀典者，約其行誼功績，各書於神位，親率其後人而致祭，教之以無忝乃祖。行鄉飲酒禮，擇鄉先生致仕工部主事王材以爲大賓，跪荷械者於門外，禮畢，諭罪人使知愧悔而量減其罰。賓興之禮廢久矣，公始復之。是日來觀盛禮者，咸詫以爲曠見云。明燕王之變，漳州教授陳思賢與諸生六人在明倫堂盡節而死，舊有專祠，廢爲民居，公令民納地價，因其貲改建於芝山書院之旁，并以明末黃石齋先生合祀焉。十三年，春旱米貴，上司檄開倉平糶。公計府縣所儲僅十五六萬石，去新穀登場時尚遠，糶盡而無以繼，民益失其所恃，乃先勸有穀之家出三萬石以糶，又給印紙，令商人赴糴於足穀之處，又請寬臺灣帶米入内地之數，日草履步禱於十數里之外。時催糶之檄屨下，而公不動。四月向末，方始開糶。至六月，新穀出，雨亦降，米價頓減，民情帖然。上司初怪其所爲，至是始備陳委曲，獲嘉獎焉。不輕准詞狀以息牽連之累，當准者即不使告者遠颺，速爲審斷，慮其言語不通而譯者移易其輕重也，書牘以示其人，懸牌以諭於衆，皆可爲來者法。娶龔氏，贈夫人。繼娶馬氏。子四人：克誠，瑞金縣知縣；克讓，國子監生，前卒；克俊，舉人；克傑，國子監生。孫五人：紹章、紹簪、紹綸、紹祺、紹聞。曾孫一人，軒。

舊史氏曰：余主公家最久。公謹慎周密，所爲章奏，未嘗示人。唯議耗羨歸公，上令九卿翰林科道人人各言其意，余乃得見公奏草。有云：「取之於正賦之外，而質言之曰耗羨，足以杜爲吏者之增額而重科；頒之於常禄之外，而明示之曰養廉，足以動在官者之顧名而思義。」余讀而亟善之。今來京師，公已下世，從公子索章奏觀之，歎公之於經術深矣，所謂既没其言立者，殆是謂乎？輒少加約省，以著於篇。若其治績，宜不獨漳，蓋由後政張君鎮請之而具告之，亦子文之忠乎？公督糧於浙，其清名與江蘇胡公文伯相埒，吴越之人蒙其福，咸相忘也，今去之久，更有餘思云。當時去公者，公之同年生也，欲徼不黨之名，使得優游於家十年，以壽令終，非正所以成就公乎？公子不以傳屬余，而余自欲爲之。余亦合河孫文定公所取士也，老而無所成就。若公者，始可謂無愧師門矣。

分巡松江太倉兵備道南村鍾君家傳 庚戌

後世以禮名家，再傳而能不墜者鮮矣。夫禮，非習其讀而通其義，辨儀文度數之詳，嫻俯仰揖讓之節如斯而已者也。禮以敬爲本，而喪則以哀爲本。六朝以前言喪服者，類有專家，其載在隋、唐志者，班班可考。今之人諱言凶事，率置而不講。獨不觀聖門弟子有父母在者，何嘗不進而考質耶？聖天子開三禮館，桐城方侍郎以淵通博雅之材爲總裁，與纂修者，皆慎擇其人。於是大興鍾勵暇先生名晼者，實爲首選。先生之於禮，匪惟通之，實允蹈之。其教於家者，非禮弗由也。故先生之嗣君南村觀察，亦兢兢一循嚴父之所訓，而不敢少越尺寸。其居父喪也，獨行人之所不能行，致瀕於死而不暇顧，於是先生之道乃益光，知其所以化於家者如此其至也。蓋先生之卒也，以南村之年，亦可不毁矣。顧卒不以此自解，寢苫枕凷不牀，隆冬不衣裘，事事皆合禮經。南村是時官分巡松江太倉道，治所實在上海，欲扶匶歸葬，而故里越遠，費不能倉卒辦，乃就近權殯，而身亦不離殯所。上海地卑溼，風潮往來，氛霧之氣易中人，雖鄰郡人處此猶所不堪。南村，北産也，乃竟以摧痛之深，不暇爲身慮，未終喪而末疾頓作，幾不省人事。其子瑍叩天求代，額爲之腫。歷旬餘始獲少蘇耳，猶褎如也，服既闋，亦不能復仕矣。於後瑍以微員謀養，候缺山西，不數年病没。南村喪其壯子，又連遭手足之戚，痛不可支，以乾隆五十四年七月二十七日卒，年七十。嗚呼！是豈古之道果不可行於今耶？抑數之適相值而致然耶？夫能恪守家學而爲言禮者之所宗，此真勵暇先生之肖子矣。南村名光豫，字剛志，南村其號也。先世自紹興山陰遷順天大興。父進士，禮部儀制司郎中，母某恭人。其宦蹟，由鄉舉充咸安宫官學教習，歷任江西之上猶、豐城、南昌等縣知縣，遷南康府同知，擢知江蘇之松江、蘇州、江寧三府事，洊至今職，誥授朝議大夫。凡其所居，率繁劇地，皆以廉能著績。大府始或以愛憎之口疑君，君處之自若，久而疑亦頓釋，且委任焉，故常以最聞。若其孝恭友愛之著於家庭倫紀閒者，不能一二舉，而自無不可信也。妻程氏，繼徐氏，皆封恭人。子三人：長即瑍，候補鹽場大使，先公卒；次琛，太學生；次瑛。女四人，長已適人，餘尚在室。孫四人，華淦、華泗、華瀛、華洛。孫女一。曾孫一，楫。

盧文弨曰：吾聞之孝子唯巧變，故其親安之。君之致孝養於其親也，允若斯言。與弟兄同財，且各爲之謀仕進。此皆常人所難，然不足爲君重。昔子羔執親之喪，三年未見齒，夫子以爲難。故觀人之大節，必於斯可以槩其生平矣。昔余官京師，親炙於勵暇先生最久。後先生官罷就養，余又一見於豫章，再見於雲間，三見於金陵，因并識南村。余至晉中，又與南村之子大使君通書問。及今而狀君之行以來請余文者，華淦也。南村死孝矣，乃其子亦孝子也，是皆可謂能知禮意者。家學之不墜，更不能無望於後起之人，華淦兄弟勉乎哉！乾隆五十五年端午月撰。

卹贈道銜中憲大夫孫君勖堂家傳 甲寅

君孫氏，祖籍浙江餘姚。族大，世有聞人。前朝死宸濠之變名燧者，事載明史忠義傳。君父業賈至京師，生君，名維龍，字雨田，又字勖堂，遂占籍順天之宛平。以乾隆二十五年成進士，選授徽州黟縣知縣，調繁鳳陽之鳳陽，舉卓異。以罰俸銀未全清，部議降調，引見，仍以知縣用。三十八年，金川用兵，命往軍營効用。君以五月冒雪輓粟，至木果木温大將軍福駐營所。未幾，降番煽黨夾霸，番語謂强劫也。或聞警，請爲備，而將軍不應。小金川之酋索諾木統領賊人肆劫殺，遂抵大營。事急，將軍以親兵百人搏戰，與提督馬全、牛天畀皆死焉。君出營門，路壅塞不可以騎，與家丁四人相扶挈，遇賊，且鬭且行，兩僕不能從，時六月十日也。夜半月落，賊火照林樾。君行至松林溝，力已憊，踞倚崖壁，脱帽付其僕福兒：「我死於此矣！汝持此帽歸報主母知之。」遂拔刀自引決。事聞，卹贈道銜中憲大夫，蔭子七品官。君無子，以姪永義爲嗣。君妻錢氏意在於姪永焕，具呈吏部，以格於例，遂不得蔭其後。同時死難者二十有五人，四川會城立慰忠祠，春秋祭祀，君與焉。君十四五時學於余，出入由房户外，視端行直，從不左右視，嗜學若性命。洎往金川也，余適在京師送君行，孰意其即爲死别也。句容令汪燾者，黔縣人，能述君治績。謂能以儒術爲治術，平訟寬征，民有過犯，僅予笞，未嘗以惡聲相加。公餘樂與士人談文論藝。邑志久不修，爲加意蒐輯，裒然成書，又博求精擇邑中自宋迄今人之詩，名樵貴谷詩選，皆版行。上司命修城垣，君親爲程督，堅固崇閎，役成，不妄費一錢。義冢地狹，柩之暴露者猶數百計，君出俸金爲倡，以義動人，人皆樂輸，遂得高敞地盡葬之。在黔七年，其調鳳陽也，黔之民如失慈父母然，咸洒涕遠送。其治鳳陽一如其治黔也。明鳳陽太守顏容暄死流賊張獻忠之難，賊焚其屍，血漬石成人形，民葬石於獨山，久失其處，君多方訪求，竟得之，爲修其塋域，自爲文勒碑以表其墓道，蓋忠義之相感也有如是。君可謂能上嗣其祖，而亦不愧於顏矣。今溯君盡節時廿有餘年，適理舊篋，得汪君所述事蹟，因亟爲之傳，用告於太史氏。

論曰：君文弱書生也，以文學致身，即其治縣，亦必以循吏傳，而乃以忠節顯，異哉！國家報忠之典厚矣，非若廣平死節而子不邀其澤者比。當妻求易嗣時，主者宜以大義責之，謂廕已定不可以私愛易，夫豈不當。或審所廕者果不足以承先澤，則改廕以慰忠魂，亦寧有非之者？乃俱不出此，以朝廷之渥恩，坐視其向隅而莫之恤，嗚呼繆矣。

抱經堂文集卷第二十九

傳四

四川安邊軍民府知府季章閻公家傳甲辰

公諱文爍，字孕華，一字季章，姓閻氏，太原文水人。先世自陝西延安來徙家，至公十二傳矣。曾祖慧中，明工部員外郎。祖雨霑，父太和，皆以公貴贈中憲大夫。公少穎異，爲世大父中丞公所器，與講聖賢實踐之學，一言動莫不有規法。爲仇人所誣，繫獄，讀書不輟。事白，即以是年應順治十一年鄉試，中式。越十餘歲，當揀選爲縣令，以母夫人楊年高，辭不赴。既十上春官不第，母楊夫人已前卒，公亦年逾五十矣，乃謁選，得四川敘州之珙縣。蜀當流寇殘破之餘，珙又處萬山之中，户僅百餘，賦之以錢計者纔十二三千，親知咸爲公憂之，公恬然就道。既抵成都，值滇藩吴三桂作亂，川西多爲逆黨所據，不能履任，奉檄署江安。王師之進勦者，道必由此。時秋水方盛，江流浩溔，當爲橋以濟，橋成，爲大雨所敗，公自劾求罷。大府知非人力所及，留之。既而赴本任，邑未有城郭，榛莽塞塗，猿虎縱横，有公廨而無内宅。公治事三年，招徠安輯，户口漸增，荒土漸闢。民力有餘，乃使之築城浚隍，開通道路。

民未知學，爲遠購經書以教之，而秀民漸知向學矣。民不習爲吏，示之律令格式，而愿民漸解行文書矣。猶有頑民未靖者，爲多方以誘之；不聽，然後加以鋤薙，乃皆畏法唯命之從。大府廉其能，更試以富順、隆昌、南溪，又再署江安，一歲中歷四縣，所至輒辦。於是舉治行尤異，擢敘州府分防建武同知。所轄二州十縣，緜亘五百餘里，供賦之民止千餘户，此外皆屯兵。公輯營伍，衈驛站，常騎一瘦馬，隨兩三傔從，往來巡閱。治東南岡嶺重互，姦民多嘯聚其中，公直入其巢，諭以禍福，賊感其至誠，投戈効順，悉出歸農。是時，親王統大兵征川西餘孽，又大帥之養馬於邊者，經過駱驛，守令皆儒吏，常懼獲譴，公從容應副，民亦不苦征調。大吏剡章入告，授安邊軍民府知府。舊制，軍民府以土司爲長官。經張獻忠之亂，土司殲焉。以流官爲之，實自公始。適奉令督採枏木，入深履險，與役人同其作息，而役人皆忘其病。有以蜀賦輕議增者，公持不可，乃止。復開荒地，成良田千餘頃。苟有利於軍民者，竭精力爲之。卒以此病，康熙二十九年請告歸，以四十六年六月三日終于家，年七十有九。凡三晉階，至中憲大夫。妻侯氏，繼妻張氏、姜氏，咸以次受封。子三：直埜，殤；直疆、直郵，皆附貢生。孫九，曾孫二十有七，具著於譜云。

舊史氏曰：士必安窮約，習勞苦，異日乃無不可處之境，爲能專壹精神，出其材智，以稱上所任使，而不曠厥職。如其委質方始，即計校缺之美惡，有所畏忌，惴惴然唯恐或得之，不幸而竟得之，神氣沮喪，蹙然幾無以爲生，烏乎！世豈少若人哉！公所居官，皆常人之所不能堪，而治行乃彰彰若此。彼但知求美官善地，以逸其四支、肥其身家者，得不聞風而顔汗乎！

拔貢生注選直隸州判張公佩家傳 甲辰

今山東膠州知州張君玉樹始成進士時，先府君即棄養，進士唯恐懿孅之不克聞於後也，汲汲求所以發揚之。既得當代賢士大夫之文，若表，若誌，若傳，若記，皆備矣，而意猶未已，雖以走之不文，跧伏里閭，亦介以爲請。余久解史職，立傳乃史官之任也，意者，傳諸家諜或可乎？按狀，君諱書紳字公佩，乾州武功興城里人。遠祖自光州固始再遷至今縣。在前朝，多以甲第顯。考諱錫爵，處士。君幼即開敏，受書若素習。家貧不能具十脡，幾欲廢業，塾師愛而留之，乃益自奮厲。廪冬單襦布屨，取筥盛稻稭，軟兩足其中以禦寒，或復繞屋蹀足行，且行且誦。經皆通，更請師授詩文義法。弱冠受知學使者，爲諸生，試輒高等，名譽日起。君志在經世，不欲但以文名，與里中孫君景烈同學相切劘，仿藍田呂氏鄉約行之，多有應和者。於後孫君入詞館，而君顧久躓場屋。乾隆十四年，詔書令封疆大吏舉才品優長者。制府尹文端公、撫軍陳文恭公欲以君名上，既復不果，僅一主本邑講席，多所成就，學者即所自號稱誠齋先生。嘗在榆林就見行二十四事，復推廣善政十餘條。時大學士高公方爲榆林副使，見而善之，悉取施行。三十年，歲在乙酉，當舉拔萃之典，君於時年已逾艾，洎然無用世志矣。學使海寧鍾公蘭枝擇諸士無出君右者，乃特拔君充貢廷試，注籍直隸州州判以歸。子玉樹先已登第，買田鳳泉山莊以娛君。君徜徉其閒，自號巽岡居士。鄉人欽其行誼，雖婦孺亦翕然丕變，無有訴誶治遊者。君又時時以救災分憂爲己事。三十五年春，歲薦饑，創率助米煮粥以食餓者，所活無算。事方竣，而君病矣。

遺言訓玉樹以臨民之道曰：「爲民父母當如吾之弗薄汝，汝能使民亦弗薄汝，始見汝之弗薄吾也。」以是年三月十日卒，年五十有九。君之事處士君也，玉樹幼，不能詳，但見君事母耿孺人孝。耿孺人一旦欲斷肉食，君捧豆以進勸過苦，致拂意，君長跪竟日，得釋乃起。初娶楊，繼娶喬，又繼娶楊，皆前卒。子二。長玉樹，乾隆二十六年進士，初知東昌清平縣，覃恩贈君文林郎，前楊氏，繼喬氏，皆孺人。調繁兗之嶧縣，今任萊之膠州知州。次寶樹，拔貢生，充四庫館謄録，出爲叔父後。

舊史氏曰：余往來京師，取道於嶧者數矣。歲在庚子，復由臺莊驛登陸，過陰平，見新樹豐碑五六，皆在嶧之境。漢之名臣若袁司徒、蕭丞相輩，皆大書深刻，令過者伏軾發懷古之思焉。時爲令者，即君之子也。觀於此，即知爲政之綽有餘裕而能使民用命矣。君懷蘊經濟不一試，而發抒於其子，飲流溯源，蔭枝尋本，子之賢，父之教也。治命數言，尤懇切深至。居官者孰不有父母，苟不忍人之怨詈詛祝其親也，其共當服膺斯言。

周君坦之家傳 丙午

昔人常言，出一傷元氣之達官，不如出一培元氣之處士。如吾表弟周君者，能以孝友之德，上承下啓，雖未嘗以文學致身，而迹其所爲，正足以愧彼禄利是營者。今孤子載棻等來乞余爲之傳。傳者，史官之職，非余所敢任也。若以載於家乘，則凡門人故舊皆可以爲之，余又奚辭。君諱世道，字坦之，又字復誠。先世自會稽遷杭，居仁和之東青里。至豹先公，以仁惠周於宗黨，至今猶嘖嘖人口，君曾祖也。父金門公，諱兆鑭。自金門公而上，志行悉具於家乘。君少英敏好學，年十七，因金門公以勞得疾，所遺鹺業幾折閱又無可委託者，不得已，以身肩之，節嗇諸無名費，於後始稍稍復振。弟敬之歿時，孤載章始周歲，君撫愛教篤甚至。年十九，舉於鄉。他若營先人窀穸，修祠宇、家乘等事，罔不竭力，以爲諸子姓兄弟倡。其訓子則曰：「居家以孝友爲本，處世以和平爲先。」嗚呼！君實允蹈斯言。憶余弱冠時，嘗得君家乘讀之，大率以孝友著，今君可無愧其先人矣。二子載棻、載崧，皆恂恂謹飭，載崧縣學生。君以乾隆五十一年閏七月十三日卒，年六十有五。娶沈孺人。

論曰：俗之衰也，有以同氣而争財鬩訟者，即其所得，業已盈千累萬，足稱富翁，乃以小有贏絀之故，不憚匍匐公庭，行賕於長吏，致賂於要人，市歡於羽黨，要以蘄一勝而後快，財一日不盡，則訟一日不止，彼貪吏之後更以此取禍者，未嘗無也。吾聞君臨財也廉，故能不失其孝友之緒。君之後必有達者，苟能行君之行，守君之訓，又何傷元氣之爲慮也哉！

瞰江山人傳丁未

瞰江山人者，常之江陰人也。邑之東南有瞰江山，距山人家一里而近，故以爲號焉。父死三月，山人遄生，母劉孺人辛勤鞠養。釁起家庭閒，幾有破卵毀室之患，母内藏其明，而外以柔道行之，故屢瀕於危而卒獲免。山人始就外傅，便知好古學。少長，就老儒車質齋學，其家多藏書，縱山人博覽。習舉子業者，羣相與非笑之。語聞於母，母召而詰之，則以如築室者必厚其基爲對，母曰：「誠然。任汝爲之。」山人益得沈酣其中，抵臘猶戀戀不肯歸，一生學殖之厚，實基於此。補郡諸生，其伯兄先入縣庠，有文名，常謂曰：「吾異日終不如弟，弟之文有根源故也。」山人素守母教，律身以正，待人以誠，值窘乏，益刻苦自厲。雖通曉世事，絶不肯爲人居閒排難，唯忍饑閉户讀書，曰：「吾懼此處一移足，便終身落坑穽也。」同門友貢息甫令建平，邀之往。邑多地訟，歲久不決，一案之牘，高幾盈尺。山人不憚煩，爲之一一爬梳，要領既得，先以曲直之大判明示之，而期日與質，兩造往往各自輸服，請無對簿，而願寢息者過半矣。諸欲爲姦鬻獄者，咸不便山人所爲，讒言繁興，而終不得閒，於是建平之政聲爲羣有司最。經再期，辭歸。先是，山人以故明殉難典史閻陳二公請於縣立專祠，後令劉君復捐俸爲之新廟貌、贖祭田有年數矣，無賴子乘山人之出，逐守祠者，奪其田而有之。山人歸，告於縣，乞復其舊。時凶燄張甚，縣官頗右之，山人以一身搘拄其閒，幾爲所窘。賴同里楊主事蒼毓、邢秀才象三咸相與維持之，事乃得直，還祠田，召道士守之。又邑之名宦鄉賢，故有專祠，教諭某私以其地畀學胥，而遷其主於大成門左右更衣之所，山人與教諭爭數四，縣置若不聞，終身以爲恨事。山人性剛直，其所不可者，終身不能强顏與之歡，亦不樂與顯達交。曩文弨之主講暨陽書院也，山人居邑中，不自表襮，故名莫得聞。逾年，邢君袖其所作詩古文辭并要與俱來，余一見傾倒，遂爲莫逆交。余官罷，主江寧之鍾山講席，身自請山人佐余所不逮，山人欣然許之。余有所述作，必取正於山人，能貢直言，無所隱。凡余所蓄書數千卷，山人校讎幾徧。有求文并質疑者，驩然應之，無少靳。余門下士咸知敬愛山人，閒有以私干者，率峻拒之。先後共朝夕凡九年，供給至菲薄，而山人不嫌也。山人詩文集外，著有讀書一得六十卷，其體例與黄東發日抄相近。注陶徵士集，凡數易稿。又注徐、庾、温、李、羅昭諫等集，并近代陸拒石四六各若干卷。著桑梓見聞録八卷。八十外，復注顔氏家訓，甫脱稿而疾作，始辭余歸里中。余今年寓書求其副本，欲爲傳之。山人欣然許諾，而力已不能自鈔矣。以乾隆五十二年八月二日考終於家，年八十有三。山人姓趙氏，初名大潤，後易名肅，字敬夫，意欲自警其頹墮也。晚復更名曦明。考雨若處士，余嘗爲著家傳矣。娶於吴，生子二，貴中，庠生；守中，出爲從兄後。妻與子竝前卒。孫一人，同華，庠生。

贊曰：先生，有用才也。雖不得位，一施其利濟之具，然已爲衆人之母、多士之師有餘矣。成人之美而不尸其功，實浮乎名，究有不可得而掩者。先生之嫉惡若過於嚴，然孔子稱惡不仁者之爲仁。不使不仁者加乎其身，身既潔矣，寧肯受物之汶汶乎！所爲詩若文，沖瀜演迤，不爲震盪險怪之音，此又其養之足徵者。顧今而後，誰相知定吾文乎？我有不可，誰余規乎？分首無何，頓失良友，此所以涕泗漣洏不能已於質亡之歎也。

族子天保縣知縣孚尹小傳 丁未

孚尹名鳳起，一字翽堂，仁和人，族系詳譜中。考諱壽朋，字備三，晚字息溟，邑庠生，贈文林郎。贈公受學於吾祖書畬公，與先考敬甫公暨吾外舅桑弢甫先生同讀書三益堂，交相得也。性介潔，寡所諧。一館於淮上，未半歲，即辭歸，終其身授徒里中。先娶汪孺人，生一女，早夭。繼娶李孺人，有賢德，能安貧，贈公意有不可，常婉順以承，無少迕。生四子一女。孚尹行第二，幼穎悟，贈公自教之。年十六，試補縣學博士弟子員，未幾丁母憂，時贈公年將耆矣。孚尹侍左右，聚一二童子教之，束脩所入苦無幾。贈公有僚壻朱君右璜，任山西澤州府同知，有書招之。戀其父，不欲行，父强之。及往，郡之英俊咸樂訂交，與今河東河道總督蘭公尤相契也。鳳臺王明府聘爲子師，慮歸浙鄉試道遠不能復來，爲援例入太學，就順天試。再舉而後獲雋，時乾隆二十四年也。明年春闈不利，即丁贈公憂，回里。服闋，考授咸安宫官學教習。三十三年，欽取内閣中書，未上，以教習期滿，選授廣西遷江縣知縣。其地民傜雜處，俗獷悍憙訟，夙號難治。下車，察蠹吏，去苛令，視民所疾苦便安而興革之，民用大和。上林有逆匪滋事，大府命往窮治，兼攝其縣事，僅三月，悉底定。又令攝歸順州事，復聘爲鄉試同考官，疾作，不果入闈。四十二年，調天保，邊地要區也，治之一如遷江。嘗有盜未獲，伍伯執一人并贓物以獻，其人至即自承。察其色，疑有冤，更慮贓物失主閒有妄認也，因以己物雜廁之，示失主，失主皆曰非也。乃研究得畏刑誣服狀，立釋之。退語人曰：「盜不獲去官，是吾分也，敢輕人命以規免考成乎！」吏議失盜降一級調用，有級抵，得不去官。四十六年，秩滿，大府方將剡薦，疾又作，竟以是年六月一日卒於官，年五十有一。娶北通州金氏。子一，學敬，國學生。女一，適國學生山西太平史克綱。孫一，纘武。葬錢塘北四十里横山。

系曰：五行之相生也，各一其性。以吾兄之介也，而孚尹以和承其後。和故入世無齟齬，友于兄弟，信于友，獲于上，仕駸駸顯矣。顧僅以百里之效見於時，而不獲大展其用，豈非命乎！乃其母李孺人之賢行，吾稔知之，亦將爲之傳，以繫於家乘焉。

姚君廣之家傳 戊申

君諱家勤，字廣之，姓姚氏，國學生。先世由休寧蓀溪遷杭州，著籍錢塘。本生曾祖首源公，諱際恒，邃經學，富著述，所交遊皆一時賢達，與同里吴徵士慶百、蕭山毛檢討大可尤相契。弟公射公無子，公篤於友愛，命次子房仲公後焉，君之祖也。生二子，仲爲邑文學王言公，君之考也。殁時，君年方十有一，上有兄醇之。母戴孺人在堂，兄常客遊以爲養。既冠，而憂家計之不支，且不忍兄之獨任勞也，乃輟讀書，佐治生常，廢著往來四明、東甌閒。家幸漸饒，而伯兄遽殁，繼即居母喪，伯兄兩子，長子與其婦相次偕殁，次子又蚤世。數年之中，壘遭大故，君獨身仔肩，備極憂瘁，一切殯葬咸如禮。兄遺一女，爲擇對，厚其匳贈而遣之。一再省祖墓於新安，漸夷者培葺而謹護之。與族人敍輩行，恤弱周貧，極盡敦睦之誼。姚先世多名人，家藏法書名畫甚富，中經世變，遂致散逸。君多方購求，一日於肆中見蓀溪草堂圖，爲遠祖琴泉公物，唐六如所贈者，大喜，亟予多金，攜歸寶藏之。所居扁署，率用先世舊題，其不忘祖澤類如此。娶汪孺人，曉園少宗伯之女弟也。君自奉儉而樂施予，孺人實有同德焉。三子皆同生，中淇，國學生；琎，邑庠生；中淮，國學生。孫四人：成、增、祥、森。君體素强，歲在丁未之季秋，忽感疾。他事無所繫懷，惟悼伯兄之無後，亟命以中淇子森爲兄長子德喻嗣。寢疾浹旬而卒，是惟乾隆五十二年九月十一日也，年六十有七。一女適同邑桑弢甫先生之孫廩膳生桑庭槱。

舊史氏曰：昔夫子見禾之穗垂而向根也滔滔然，曰「我其首禾乎」。至若范喬之泣硯，鮑德之治筍，魏薹之藏笏，張湛守其先人避寇過江所攜之列子而爲之注，惟聖與賢其重本也咸若是。迹君之行事，與若人何多讓焉？予聞之於桑文學者如此，乃亟爲之傳而發揚之。世有聞其風者，孝弟之思亦可以油然而動矣。

承文學應詔小傳 己酉

承姓之見於史者，後漢時有承宮，少孤，八歲爲人牧豕，過經師舍，因願留門下，執苦勤學，數年經明，當明、章朝，拜侍中祭酒。此古人所云「經苟明，取青紫如拾地芥」者，其言誠可信也。乃有孜孜好學而天不與之以年，其姓氏與侍中同而不能同其遇，相知者不能無深惜之。江陰趙瞰江先生，嚴氣正性人也，嘗主於東鄉之承氏。承氏有子曰寶鏞，字應詔，生而恬靜，嗜讀書。其師王秉政，亦端慤士也，誨之學，咸領解，閒習爲詩賦，亦苕發穎露。趙先生美其才，許其進而未已也。聞書賈船至，亟求佳本蓄之。每一書必依次讀終卷，不徒爲插架美觀也。書賈每載書來，必先就承氏，且爲之語曰：「澄江江水澄，揮錢買書誰著稱，西鄉殷，東鄉承。」入縣學爲弟子員，不一年，病鼓脹，不治，歿於乾隆五十二年九月，年僅二十有五。遺一女，以姪某爲之後。其師王秉政深慟之，收拾其遺文，請余審擇之，且告余云：「是子有遠識而用情恕。嘗讌某公家，坐客甚盛。有無賴子突入橫索錢，主人固不與，無賴子怒視而去。歸而道其事，謂某公今日真幸也，設無賴子衆辱之，將若何？縱經官懲治，所喪已多，且獨不慮後患乎？有陰陽家勸於屋後樹一表以懸燈，云可邀福祥。勿爲也。其不惑於雜術小數類如此。」嗚呼！是亦足以見其爲人已。趙先生後就余鍾山講舍，每稱承氏主人之賢，待我厚，且言承氏有令子。趙先生先應詔一月亡，如及見其夭也，不知更若何爲之痛惜已。余案閒叢雜，尚無暇次比其文，而先爲是傳以表之，毋使其没没焉。以其所師友皆端人，其言宜可信，固非漫徇其請也。使斯人而有年也，安知不可踵侍中之美乎？而胡爲乎僅若是也，不能不爲承氏惜矣。

國子監生丁君體曾家傳 己酉

嗚呼！今當登明選公之日，而士猶有力學不遇者，天又不與之年，使成一家言，以發聞於時，茲豈非命也耶？吾於丁君有慨焉。因其孤之請而爲之次其行誼，知其克上承遺緒而將貽休於後人也。君姓丁氏，先世自潭之醴陵遷常之武進。在宋與歐蘇同時者，名寶臣，弟兄同登第，邑人榮之，雙桂坊所由建也。代有聞人，詳於譜諜。考通議公諱廷讓，由進士起家，歷官至江西按察使。妣沈淑人，生三子，君其季也，名汝驊，字體曾。自始生迄壯歲，常隨通議公宦游，無須臾廢學，爲文，振筆數千言立就。先達昭文邵太史齊燾、海陽胡方伯文伯，咸深器之。暨隨秋賦，佹得之，輒復失之。年五十一，乾隆五十三年十月二日，以疾卒於所親之甌寧官舍。君銳精學業，每夜漏未盡即披衣起，雖旅次猶然。常以是訓其子曰：「讀書欲得清氣，吾於平旦時覺有領會耳。」事大母、父母，色養備至。族叔祖母張，早寡無子，聞有奪其志者，攜一女踉蹌來，因養之終身，爲禮嫁其女。伯兄將之官湖南，適前喪其二子，顏色甚戚。君不忍遽離，遂與偕行，爲佐治内外事。迨以試事歸，所親令閩中者又强邀之往。值海寇鴟張，羽書旁午，督軍需甚急，君勾稽擘畫，悉中程。迨事平，而君竟以積勞促其生，悲夫！君從宦久，深達治體，初不欲以之自試也，而事會所值，亦顯利器材。然文學致身之念，未嘗一刻忘，而竟不獲遂。友朋知君者，咸啃惜之。君娶於瞿，其家中微，遺孤方七歲，君撫之至成立，且葬其三世，又贖田以給之。他義舉，率類此。子四人，履泰，拔貢生；履益，國學生；履晉，縣學生；履恒，亦好學，從余游。孫一人，延季。

論曰：余主講常郡之龍城，與君家鄰。見君諸子咸雍容儒雅能文章。君負才鬱鬱不得志以歿，將收其報於後人。昔管寧渡海遭風，以一朝晏起爲己過。君一生常蚤起，其乘白下舟過黄天蕩也，值風濤大作，舟人咸色駭，而君執卷長哦，神氣自若，殆亦自信者有素也。清氣之訓，吾將銘君言於坐右，以警後生之不能蚤起者。

盧君靜夫家傳 辛亥

余宗人静夫君，寧波鄞之小江里人。考温州府學訓導敬亭府君，諱坦。祖考明村府君，諱兆晨。敬亭以父年高，早辭官歸養。余先贈公嘗館於鄞，與敬亭敍宗誼，甚相得也。後余至鄞，亦主君家。君時年方壯耳，與其兄皆待余甚謹。暇即就余談諧，無勸容。別後久不見。見君之子雲路於吴中，亟問眠食無恙，意甚慰。後不能數數見。既而雲路作縣鎮江之丹陽，今秋調任蘇州之昭文，過毗陵相見，出其所撰尊人行述見示，始知君已長逝，不可作矣。噫！余將何以寄余情哉！因揭其行事之犖而爲之傳。君名登秩，字武成，静夫其别號也。母周安人。家世習儒，叔父與其兄皆遊膠庠，不能以家事紛其業。君祖念門户所寄，以君有幹理才，家政一以委之，鉤稽擘畫，悉中程度，内外無閒言。迨司訓君乞終養歸，君奉事重闈，備極誠孝。弟兄羣處，融融怡怡如也。其訓子也嚴，雲路始服官，誨之曰：「官無小，當一以濟人利物爲念。家幸有薄田，足供饘粥，勿爲甘旨憂也。」雲路任上海日，值府君周甲之辰，迎養在署，聞僚友欲製錦屏，召樂人佐觴上壽者，堅辭謝之。未幾即歸里中，時上海許穆堂侍御、喬公子樸園，皆在鄞，素重君，相與遊從無虚日。盧氏在甬上族派繁衍，君有志修譜牒、建家廟，以明敬宗收族之誼，汲汲焉殫精力而爲之，靡顧其他，迨次第蕆事，而已勞瘁不支矣。其卜葬考妣與兄耐軒也，猶自力相度，督率衆工。位置既定，將遷匶，值天大雨，府君徒步，不避泥潦，衆皆以病體冒風雨非宜，固請乘肩輿，府君必不肯，匍匐哀號，感動行路。及窀穸甫畢，而病愈深矣。彌留之際，神氣湛然。念諸子俱已成立，遺命析産。且以書告雲路，令服闋必努力爲好官，方不虚吾生平教誨之意。常日與雲路言「汝在外遣信歸，於諸弟宜各致一書，亦友愛之一節」。蓋府君事無小大，俱計周慮密如是，是則可法也已。以乾隆五十年三月十一日卒，距生之辰爲雍正三年七月二十五日，年六十有一。候選州同知，例封儒林郎。兩娶皆范氏，早卒。又娶吴氏，贈封咸如例。子七人，長即雲路，次雲程、雲龍、雲林、雲剛、雲中、雲逵。女一，適太學生黄定基。孫五，孫女七，曾孫二，名俱具譜牒中。

論曰：以君之才，不及施於國，然觀其居鄉所施設，唯以根本爲先務，君子以爲得要道矣。禮言五十不致毁，六十不毁。君之葬其親也，不肯以權道拂禮經，不肯借偏辭以自解免，既老而猶爲孺子之慕，斯不亦古今所希覯者乎？君懿行雖多，即此一節，業足以傳矣。

陳祇園先生家傳 乙卯

先生杭州錢塘人也，名兆瑜，字發奇，晚自號祇園。與文弨居相近也，而未相識。乾隆三年，先生舉於鄉，而文弨亦以是年舉順天鄉試，爲同歲生，情親矣，而事境齟齬，亦不獲常會聚。迨先生解組歸來，僅得一二面。文弨亦常年客授於外，歲杪歸里，叩先生之廬，庶幾從容談讌，一補從前之缺陷，而先生已躋大耋，雙目失明，閉關謝客久矣。然文弨於先生蹤跡雖疏，而於鄉里朋好之閒，頗深悉先生之爲人，蓋粹然篤行君子也。乃今以乾隆六十年九月二十三日，考終里舍，享年八十有九。先生初官湖州之歸安訓導，勤於誘迪，識拔丁杰於諸生中，丁後成進士，官寧波府學教授，其人亦端人也。頃在杭州，於先生之没也，哀悼甚至，思有以不朽先生者，爲具事實以來求文焉。噫！近世禮教衰，學博士之於弟子員，非能講師生之誼也。諸生當其在庠序中，且有因小忤而致喧競者，一旦得志以去，視學師如路人，更有抗衡若平交者，士習之敝甚矣！然亦由爲師者不能以師道自重，故遂陵夷至此。今丁君誠能行古道，苟非先生克盡爲師之職，亦必不能入人之深如此。以丁君所親被之教澤，其言自無不可信也。先生在歸安六年，以本班當選知縣，初得湖北之應山，引見，特調廣東之大埔。慈祥化物，從不輕責人。甲午分校，得士陳文耀等八人，士論允服。繼因目疾，力辭歸里。先生仕雖不顯，而居其官即能舉其職，大概可見矣。庚子年南巡，接駕，蒙恩賜大緞一端。先生内行修篤，手足之誼甚摯，里人稱焉。勅授文林郎。初娶畢，繼娶施，贈封咸如例。子三人，長元鑑；次元鐘，江西撫州府東鄉縣縣丞；三元炳，杭州府學生員。孫四人，汴，肄業國子監生；萬清、文瀚、基，皆業儒。曾孫二人，福齡、昌齡。

抱經堂文集卷第三十

傳五

浙江紹興府知府朱公涵齋家傳 壬子

公諱昫，字育資，別號涵齋，系出新安朱氏。明初，安五公爲吏部左侍郎，寄籍江南揚州之泰興。時守常郡者，與安五公有舊，其屬縣江陰江中有新漲沙，名馬馱沙，人不利有之，守因以歸於公。蓋揚與常雖隔郡，而由泰興至馬馱沙道甚近。公於是闢草萊，治溝塍，招貧民，給籽種，歲餘得腴田八百畝，生聚因以益盛。至成化七年，遂建爲靖江縣，仍屬常州，故少宰之子孫，世爲常之靖江人。其顯名者甚衆，具載邑乘中。公祖諱沐，廩貢生，候選儒學訓導，未仕，所著有竹牕詩集行世。考諱懋德，歷知直隸完縣，山東夏津、長清。以公貴，竝封贈中憲大夫。公幼誠篤，不苟言笑。以國子生就順天試，見器於諸老前輩。旋丁母聞太恭人憂，居喪哀毁致疾，踰年始獲痊。時長清公以疾辭官家居，有三子，公居長，年幾壯矣。長清公欲其展力國家，以補生平未酬之志，入貲如例，乾隆二十年選授刑部貴州司員外郎。無錫秦尚書綜部事，留意人材，以公爲能，凡有現審案件，率以委公。公詳慎研鞫，悉得其情。先是，凡旗主以家人酗酒滋事送部者，準例概行發遣。公視其所下狀，質之於庭，不能指實，因稟堂官拘集録供，乃其主私僕婦，欲遠其夫，故以此坐之，事遂不行，而舊例亦重定。在刑部三年，轉户部江西司郎中，兼現審處，又兼督催所。二十六年，京察一等記名，以道府用。值浙江巡撫番禺莊公入奏，以紹興郡大事劇，急須幹員爲請，遂特授紹興府知府。是年九月至任。越地多姦民，其俗習於刀筆，以健訟爲能，每駕詞以聳聽。逢放告期，多至二三百紙。狀内多引條例以爲言，謂如是可以挾制也。公一一閲之，情僞畢露，擇其尤不合於理者，即予杖懲。又少年無賴者，擾害里閭，且詭立名字以自標異，如九尾狐、小羅成、賽秦瓊之類，俗所謂綽號是也。其所到，人皆畏之，或雖被害，亦不敢言，蓋其結爲死黨者衆也。亦有身列衿士，而結交吏胥以誣詐傾陷人者。公皆廉得其實，案名捕治。於是受其害者，咸得以狀上訴。擇其爲惡甚者，流之遠方，餘亦議罪有差，地方爲之一清。士民咸額手稱慶曰：「今而後得以安枕矣。」乃以「驅惡綏良」四字扁聽事，以頌公德。其於審斷命案，少有疑竇，不肯即據縣申完結。屬邑諸暨有賈人陳姓者，其父夜出，以其子守店。晨歸，則店中之銀一空，尋其子已死於宅東之隙地，身負刃傷者三。縣方懸緝，有鄰人駱文達者，曰殺人者某某等也，指證似實，縣已成招，解犯過府。公覩其狀類冤，抑且思殺人爲下旬五日之夜，於時月色甚微，去死所約六丈有餘，駱文達登樓遠望其行兇先後并各人所著衣色，焉能了了至此。於是亦如其期夜中，令駱文達立舊處，擇其鄉鄰素所習者三四人立死所，令駱辨其某色衣者爲誰某，竟語塞。加以嚴訊，始得其挾嫌妄攀之實，而負冤者卒得昭雪。郡中蕺山書院，爲教養英俊之地，非明師不足以造士。公訪得烏程孫太史名人龍者，品端而學優，即以幣禮延至。向諸生中亦有一二不馴謹者，及孫至，士皆帖服無異論。是年登賢書者五人，明年中進士者二人。公既歸，而後政尚挽留孫不令去，後竟卒於越，其子遂入籍山陰。此固見衆士事師之誼，而公之爲士求師，與父兄之爲其子弟何以異，宜乎至今而不忘也。二十七年，翠華南巡，凡所承辦，敬謹無誤，蒙賜賚甚優。五月差竣，即派同杭、台、寧波三府修建海寧塘工。又因塘石俱出紹興之羊、大雨山，撫軍令三府應採買者，俱解銀交紹興代辦。公於尺寸一稟成規，日往監採，絕需索之弊。凡在工之宕户石匠等，無不踴躍急公，塘工自始事以至告竣，不扑一人而事集。明年秋，大雨，越地四面環山，外爲大江，内多巨湖，雨大宣泄不及，泛溢成災，八邑中諸暨尤甚。公親往察勘，近江者導之入江，近湖者導之入湖。又確核成災户口應振卹者，乘小艇，以胥吏各一自隨，其淺灘難達處，坐大木盆，四五人扶曳而行。村民往往竊指曰：「此太守活我命也。」亦聞有不火食之時，唯食果餅充飢而已。勘定後，詳請賑濟。大吏入奏，奉旨如所請。皇仁浩蕩，使數十萬生靈不致填於溝壑，而公之盡瘁奉職亦可謂無絲豪遺憾矣。是冬，念長清公年及七旬，唯季子依膝下，不可不急歸養。然非獨子，於終養例尚不合，遂以疾請告，時公年三十有九。大府不聽其去。公陳懇甚至，乃許。去之日，郡民涕泣攀追者以萬數。歸及一載，遂丁外艱。向使稍濡滯不去官，其抱終天之恨者將無窮矣。三年中哀傷慘瘁，幾至骨立。自是遂無意仕宦。既而患怔忡，因以四十二年四月終於家，年五十有三。公自出仕以來，謹持廉隅，公事方急，至自出家財以佐之，未嘗少有科率。公考嘗捐田七百餘畝以贍族人，公謹遵其制而復推廣之。家居十餘年，無一字入公門。人亦敬公長者，亦不敢以無禮忤。公律身勤儉，以是率其子孫，士大夫稱有家法者莫先焉。娶陳恭人，後公十六年卒。子五人：長垣，見署四川青堤渡鹽大使；次基綸，方略館謄録，候補州同知；次基縉，附貢生；次基繹、基綬，皆太學生。孫十二人。曾孫三人。

論曰：余祖貫餘姚，爲公所隸之邑。明之季年，始遷於杭。又早年服官居日下，是以不獲以部民晉謁。於後讀禮南還，一謁孫端人先生於蕺山。是日適課士，見諸生皆彬彬守禮法，無妄言笑者，即知公之造士有方，與孫先生之盛德感人，其美交相成也。鄉人之頌公者如一辭，今撮其大者著於此，亦足以見公政事之才矣。公之子基繹，與余有姻連，故又以知孝弟睦婣之懿行。然則循吏之名，猶不足以盡公矣。

廣德州學正孚堂朱君家傳 壬子

君姓朱氏，諱裕觀，字顒若，號孚堂。先世陝西鳳翔人。元末徙家江南之當塗，世系始可攷。有諱鐸者，明永樂時官南京江西道御史，立朝有直聲。嗣是數世，潛德未彰。曾祖爾昌，人稱長者。祖念山，嫻文章，能詩善書畫，以貧跳身從軍，以征兀魯特功，敘授江西瑞州府經歷，旋換武資，補山東濟寧衛守備。考蘭谷，甘肅高臺縣知縣，生三子，季即君也。少而力學，日有定程，不中程，輒引夏楚自責，且跪誦必精熟後已。體素弱，年十六，病中猶手不釋卷。高臺公以爲非攝生之宜，緘書禁勿使觀。君即專精八法，入歐褚兩家閫奥，晚歲風致，直逼晉人。性至孝，母病，有人能從乩請方，其所書必以沙盤，顧無所得沙何。君即往河畔取沙，時正凜冬，五指爲之裂。既而所書非佳語，君一見悶絶。迨居喪，哀毁骨立。以名諸生入國子監。乾隆庚午，應順天鄉試，中副榜，考取八旗教習，充武英殿校對。繼考職，在一等，當得州同知。癸酉，中式舉人，適教習期滿，引見，以教職用。君先往西陲省親，而高臺公已丁繼母憂，旋亦身故，君在途聞耗，幾不欲生，及抵喪次，困頓已甚。高臺距當塗五千餘里，扶櫬費重，宦槖無餘貲，正日夜焦慮，會大吏助之行，乃成行。時制府吳公留君辦奏牘，固辭不得，遂命子廷芝等扶柩歸。有姻家卒於臯蘭者，君計費尚有餘，卽爲經紀同返。君於次年亦遄歸營葬，畢，地方大吏俱知君有經濟才，多延致幕中無虛歲。迨庚寅，銓授廣德州學正。地居萬山中，俗質而少文，諸生有不衣冠而來謁者。君雖盛暑，必冠服見之，俗漸知禮節。有某生，素自愛，爲訟者妄相牽，長吏欲褫之，君審其無辜，爲力請，乃免。學宮傾頹甚，爲營葺之。丁祭樂舞久廢，請於學使朱公，録取佾生若干名，又捐置樂器，延善音律者爲教師，一年後，聲容燦然可觀，人士咸欣欣然以爲盛事。君中年以上，體氣漸強，近年偶患寒疾，繼以瘧，遽至不諱。病中念長子廷芝下血甚劇，諭季子廷葵謹視兄疾勿少離，以故屬纊時皆不在側。廣德諸生感君德化，不召而至者十餘人，治木製衣衾，一切如禮，哭皆盡哀。嗚呼！此可以驗君之教澤入人深也。君卒以乾隆四十八年正月初二日，享年六十有八。娶沈氏，其扶舅櫬先歸也，見兄公在袁江貧至不能舉火，乃約計歸費外，餘盡歸之，繼復僦屋同居，并婚嫁其子女，族黨稱其賢。子五人：廷芝、廷芾皆國學生；廷葵，邑諸生；廷薇、廷蓮。廷芾早卒，廷蓮殤。孫五人，長珏，亦邑庠生，餘皆詳譜中。

論曰：君儒者而通達世務，佐大吏皆有聲，使寄以民社，亦必有所報効。乃爲文學官，克自振作，不隨俗委靡。局於卑仕，故其所表見僅此。然觀諸生之能敦古道，非恩誼素結於其心，能然哉？如使之治民，則民之所以報君亦必視此矣。

李蠡塘先生家傳 壬子

詞館前輩中，余獨與蠡塘李先生親也，率月一會聚焉，倣温公真率之約而爲之。先生之爲人，外聲華，樂閑静，相見絶無世俗談，每就之，令人之意也消。方冀奉教有日，乃曾未三年而翩然賦歸矣。文弨自官罷後，鹿獨無寧居，久未悉先生近狀，年來濫席毗陵之龍城講舍，實先生之鄉，而先生已不可再見矣，爲悼歎者久之。歲辛亥，始識先生之嗣子慶來，庶幾能繼先生之志業者。以先生之素不棄文弨也，因出其詩集見示，并誌狀等而以傳見屬。追思平生交誼之厚，焉可以不文辭。先生諱英，字御左，晚乃號蠡塘。李氏系出宋丞相忠定公。中閒自晉陵徙宜興，故先生仍以宜興通籍，而所居則在武進之鄉云。幼聰穎，師友又皆一時勝流，早年文章即已成就。於書隸真行草，靡不以古人爲師法。出遊淮陰，諸名士一見傾倒。乾隆甲子、乙丑，聯捷成進士，入詞林，即乞假省親歸。父止齋公有疾，一切起居服食必身親之，更善於養志，有來告貸者，得止齋公一諾，即如數以應，未嘗以貧故稍有難色。止齋公病瘖，凡所指示，唯先生無一齟齬，他人則不能盡喻也。彌留之際，執先生手，喃喃不置，更聞笑聲而没，先生之於子道可謂盡矣。將營葬，人謂祖塋上有吉穴，先生以先人有禁碑，終别求地以窆焉。還朝，授職檢討，充鄉會試同考官，纂修三禮、續文獻通考等書，咸安宫官學總裁教習，丁丑科庶吉士。恩賜稠疊，贈封上兩世如其官。先生自童子試以來，凡遇合之文，無不以清見賞。及在館閣，所作詩賦，一主清新，如藐姑射之仙，不藉鉛華薌澤而始見妍也。臨池之學，久而益工，求者率滿户外，應之無倦容，人人各愜其意以去。歸而家徒四壁，主講海州六安，得稍稍資給。於從兄姊之無以爲家者，猶爲一一撫卹，使不失所。有私鬻其餘屋者，亦不少芥蔕於懷。生平無疾言遽色，即之藹然，而于以非義，則毅然不可奪。娶黄孺人，先卒。一女，適吴方慶。無子，以弟之子慶來爲後。謹守先生遺集，將有待於表章云。

盧文弨曰：先生，孝悌人也。内行不彰於外，故人但以清許之。夫榮名膴仕，人競趨焉，顧翛然若深山之老衲，何哉！意其充於中而無慕於外者歟？其立品清，其吐辭焉得而不清，言固心聲之所流也。然貞介自守而未嘗絶俗，人是以樂得而親之。嗚呼！九原如可作也，舍先生將安歸。

朝議大夫學南瞿公家傳 壬子

大凡豪傑之士，承先世所詒之業，未有不欲堂構無虧、弓裘善繼者也。而阨難或出於不虞，至於窮約困頓、艱難勞苦之備嘗，而能彊敏有爲，黽勉樹立，使緒將墜而復完，基欲壞而重固，且更廓而大之，益爲前人光，古今來國固有之，家亦宜然，此豈不由乎幹裕之才哉！然所重尤在乎其德。昔子張問行，而聖人教之以忠信篤敬；又問達，而教之以質直好義數言。夫唯如是，斯其所以攸往無不利，而困者於以亨，約者於以泰，固必然之理也。余往來吴中，每聞人稱道瞿大夫之賢，而未之識也。今歿已七年矣，得錢詹事曉徵所爲誌墓之文，始知大夫之果賢也。會令嗣太守君欲傳大夫之行事，以書來請文弨爲文，以繫諸譜牒，因不辭而爲之次敘之。大夫諱連璧，字璞存，號學南。先世居松江之上海。曾祖諱穎隆，力敦善行，設黄浦北義渡，至今行者稱便。祖諱有恆，貢生，任江南、直隸、和州學正，始遷太倉州之嘉定，所居在學宫之南，故大夫之號取諸此。父克振公，諱大定，先以子貴敕贈儒林郎，後以孫貴誥贈朝議大夫，學南公之封亦由此。大夫生九歲而孤，事大母孝，出遇所嗜物，必攜歸以獻大母嘗之而後快。瞿氏素以本富聞，迨祖若父相繼去世，兩叔父皆不善持家，同産兄兩人又皆早逝，孑然孤露，生計漸不支。雍正三年，江南彙徵錢糧積欠之案起，邑向以瞿氏任排年儒甲總户，往常催繳率如例，繼而經理無人，爲姦胥所侵蝕，令顧考成，唯責成總户，於是變産彌補，家遂因之而毁。大夫年方弱冠，謂徒忍飢誦經，其若堂上何？且祖宗數百年之基構，一旦陵夷衰微，必非僅守章句之所能驟復。昔人言儒者以治生爲急，度事勢亦不得不爾。思廢著之術亦多方，唯布之與粟其重相埒，其資於人也廣，於是始創布業，往來吴下，倍極勤苦。幾二十餘年，得漸有贏餘。舊居之損敗者重葺之，旁屋之出售者贖歸之，遠近祖塋之祭田墓田爲族人因貧質於人者，一一爲出資清釐以歸其主。顧故里雖可懷，而一區之廛已在吴，兼顧弗便，乃復卜宅於吴之閶門而盡室遷焉。同業者或有利不利，而大夫獨隆隆日起者，則以其性行誠實，動皆合宜，所謂德孚於人而人信之，大夫之謂矣。其事大母與母，生則盡敬，没則盡哀，葬則營高敞地，樹松楸皆成行。翠華閒數歲一南巡，大夫隨守土諸臣後，遵循迎鑾成例，而敬謹倍加焉。率常往來靈巖山麓，供頓悉中程。又嘗以私財佐公家之急，廣振施之惠，未易一二數也。嘉定地不産米，舊苦漕運。前明族祖仲仁公倡議折漕，請於邑令朱公廷益，因得改折，民受其惠，立祠以祀，仲仁公在附祀之列。久而漸湮，大夫倡興復之，至今得以不廢。大夫以乾隆五十一年九月二十五日，無疾考終，年七十有一。娶汪恭人，家正當中落時，執勤食淡，以養姑教子，不得寧息，其卒也亦於是年之六月，年七十。生三子：長兆騤，國學生，候選知府；次塘，廩貢生，勅授修職郎，歷任府縣學學官，最後得碭山縣學教諭；次兆麟，國學生，河南南陽府同知，署陳州府知府。大夫始以困阨，故舍百年詩書之澤以治生，意常慊慊，日望其後人以儒術顯甚切，延名師，嚴課程，無少須臾懈。今塘以文學爲師儒之官，孫中泌又食餼於庠，舉優貢成均，後起者森森，科名直待時耳，此殆所謂得則兼得者也。女三，孫男九，孫女八，曾孫男二，曾孫女一，其詳具在譜牒。

舊史氏曰：聖人之言，豈不信矣夫！觀大夫之行事可知已。孰謂大夫非儒者，其所操以應事接物者，慮無往而非儒術也。事固當審輕重，權緩急。在水火之中而冀久遠之效，其爲計也迂，而且不可以必得，迨至轗軻終身，而於後人益不遑恤矣。若大夫所爲，誠明於緩急輕重之數，故能復完其先世之舊，而子孫乃得從容以向學。之秦者先適楚，北征者宜向南，事固不可執一論也。語曰：「惜財者必重費。」以大夫之積而能散也，豈不更賢於攝緘縢、固扃鐍者遠甚，如此而不謂之豪傑，得乎？

文學朱梅友家傳 辛丑

君諱夏，字煥文，一字梅友，姓朱氏。先世徽人，與文公同祖。由始別六傳始遷於處州遂昌縣之奕山，至君二十二世矣。世以耕且讀爲業。君後以奕山地瘠，更遷居陳郈。髫年事大父、父，能順適其意，無子弟過。大父魯菴府君極愛之，令讀儒書，出就外塾。君雖耽學，每念餘力學文之訓，時歸家省覲，并代諸勞辱事，世務益以練習。既冠，以文受知學使者，補縣學博士弟子員，遂爲經師，遠近争相延聘。時父碧泉府君窘於生計，屢徙業而貧逾甚，貸子母日益多。君以所得脩脯爲償，無私用者。復念治末終不若務本，召佃客，講求田園之利，家計由是粗足。食必具甘旨，親未中年，已能享優游之樂矣。有母弟四人，女弟二人，皆以時婚嫁。親既没，而兄弟猶同居數十年。諸弟皆力農，君閔其勞，已有五子，唯令一子習儒，三子皆習農以分其勞，一子則尚幼也。没之前一年，諸弟以君年屆耆矣，而綜理家政勞勞不少休，意不安，固求分爨。君不得已而後聽之，猶語其子奎曰：「異日汝力有餘，今雖分，猶可挽使合也。」奎讀書有文名，君令之會城，就賢師友講習，乾隆四十一年舉拔萃科。君喜而復悲，以若考之愛此孫特甚而曾不及見也。其孝友之性始終亡閒若此。奎言君爲人解紛周急之事甚夥，然此猶小小者耳。娶琴溪王氏，有同德，舅姑嘉其善事妯娌閒，咸宜之，同居久而無閒言，以是益成良人之美云。先八年卒。君後補增廣生，卒以乾隆四十二年二月二十八日，年五十有九，所著詩文藏於家。

舊史氏曰：余始識君仲子於逆旅中，即以拔萃貢太學者也。觀其言語動作，類有養者，已知其稟承有自。居京師數月，益與之習。一日出所撰府君行述，求余文，且痛己之事親不及君之事親遠甚。余於是竊喜向所揣之果不謬也。夫世之讀書號爲儒者，往往徒墨守章句，力不足以服勞，智不足以治生，若是則其親何賴焉？君之命意，唯恐其力不爲父母兄弟用，勞身苦思以安其親。爲儒者而若斯也，其庶幾不爲腐儒之歸也夫！

國子監生洪君家傳 癸卯

君諱翹，字楚珩，常州陽湖人，國子監生。祖諱嶸，山西大同府知府。父諱公寀，字豐旅。大同君之卒也，官督減城工銀數巨萬，豐旅君壹不以累昆弟，獨爲償。又受託趙氏孤，耗其家，遂爲窶人。君倜儻尚義，有父風。娶蔣孺人，同邑臨安嶍峨縣知縣諱敷淳之女也。有賢德，安貧，孝於舅姑。君不憂內顧，常客外謀養。江行見溺者，亟募人拯出之。然志節高邁，不肯爲呴愉態，以故遊不得志，年三十八竟客死。孺人與君同年生，忍死代子職，撫其二子三女，咸成立。二子，禮吉、迪吉也。君没時，禮吉方六歲。自小學以迄通經，皆孺人親教之，正句讀，審音訓，故禮吉學有原本，一不染俗師之陋。凡行事，訓以恪守先世之舊，一製衣亦不聽隨俗。禮吉既能負米，客外久，衣或更其式，母怒曰：「兒曹一衣尚隨俗，卽他事何以自立？」禮吉學有聞，交游漸廣，貴人具禮幣聘爲子師，孺人必察其人信可者，許爲朋友賓主，否則戒其子亟遠之。娣婦余寡無依，孺人迎與共寢處，以次子迪吉爲叔後。葬三世七棺，咸如禮。監生君在日，與通州盛聰交最善，前所救溺人，適聰弟也。君喪在殯而里失火，聰冒火翼柩出。聰有一子，年四十，貧不能娶，孺人約一歲所入，舉其半畀之，遂克成禮。禮吉初試於鄉，得乙榜，貢太學，孺人猶見之，卒年六十有五。禮吉後中乾隆四十五年順天試，貢禮部爲舉人，易名亮吉。

舊史氏曰：監生君無年而没，故其行事不少概見。然其先世富盛時，常施德於族姻里黨，倘緩急有告，宜必有應者。而君寧客遊於外以治生，又不能骫骳滑稽以取世悅，而坐致困窮，卽此亦足以得其爲人矣。孺人之亡也，賢士大夫爲之誄者八，祭文及哀辭各一，爲之志若銘者一，爲之傳者一，盛矣哉！非是母則何以有是子，非是子則何以使母之賢得大彰顯有聞於時也？余重孝廉之爲人，不容無言，而諸君子之爲母言者則既詳矣。抑聞之，夫者，妻之綱也。母實有賢德，而事當繫於其夫，故爲洪君傳，以明夫世德之相承，固宜獲此同德之助也。

梅式堂小傳甲寅

君諱鈐，字二如，一字式堂，寧國宣城人，姓梅氏，徵君定九先生諱文鼎之曾孫，左都御史謚文穆諱瑴成之第三子也。今與其昆季俱定居江寧上元縣。余適濫席鍾山書院，因得與君昆季時過從。君厚重老成，言甚簡，至見之，若無所得也；既而思之，甚有意乎其爲人而樂與之親。乾隆丁酉，君試於鄉，余欲讀君試文，來候君，閽者以病辭，無何遂以不起聞矣。視君之言語動作，常相期以壽考，而竟不然，天道之不可問也如是！嘗詢君生平行誼於其弟鏐，越明年三月，鏐始詳録一册以見示。會文弨已辭席束裝啟塗，不及緝綜，藏之笥中有年，俗事牽縈，筆硯久不理，每一念及，輒耿耿難爲懷。今年甲寅，理故篋，得君之行實，因亟摭其大略書之。君六歲喪母王夫人，微好動旋，即自懲創。少長，紀所聞儒先講論同異理道性命之旨，爲習傳録。聞人之善，久而不忘，且樂傳述於人。文穆公告歸後，君侍枕履不少離，出入或先或後，而敬扶持之。嘗侍疾數十晝夜，親甚安之，君猶以納溺器衾中指爪觸親膚爲深疚，遂終身勤爪翦。王夫人既没，而徐夫人攝内主。徐後文穆卒，所親謂於制本不得持三年服，矧覃恩明後年接開科，宜急圖顯揚。君泣對曰：「母視鈐、鏐，不異所生，安忍異服於所生乎？」卒終三年喪。君中江南庚午科鄉試乙榜，得以貢生就順天試。愛君者咸欲爲之地，君一切謝去，於後遂不再就順天試。重故交，雖其人已没，言及之輒怦怦然，於其筆墨留遺者，裝潢而什襲之唯謹。樂引進故人子，唯恐其遠而漸疎也，座右所書皆鍼砭藥石之言。疾革時，神明不亂，語子準云：「今歲鈔太公家訓未完，汝其足成之。」太公家訓者，徵君示子書也。又語某書價須償，其他屬家人語，率視此。年四十有六。妻崔氏，先一年卒。子二人，準爲伯父後，次曰望。孫女五人。君長於古文，不苟作，詩及書法皆遠出輩流，然未嘗以此自矜也。手所鈔輯者，取文獻通考議論之要者爲大事論，又纂三禮中典制爲一書，又選古文爲內外編，其勤勤纂述又如此。嗚呼！略舉君之大端，誠不愧人之師表也已。

盧文弨曰：君貴公子，又才望動一時，達官貴人争欲引君出我門下以爲重，而君坐紅塵中不異居深山，不肯詭其道以求進，至歷久而不渝，而僅以一貢太學終其身。知君者無不爲君惜，終亦歎介然獨立之能使其身完然而無玷也。君弟鏐能詳言君之志事，是亦不隨流俗者。余悲君之不可見，見君弟，庶少有以慰余思也夫。

梁孝廉處素小傳 癸丑

梁君處素名履繩，余益友也。善讀書，既擷其精，并正其誤，與其兄曜北相礱錯，一時有元方、季方之目。余老而衰，漫思攷訂羣書，有所遺忘及錯誤，處素率爲余審定之。兩君皆厚余，其氣象則曜北侃侃然，處素闓闓然，和易近人，人尤樂親之。曜北既棄舉子業，專精史記學。處素以乾隆戊申科舉浙江鄉試，人咸意其發名成業之未有涯也。乃再試南宮不遇，歸途風日燥烈，塵埃漲天，熱氣中人毒甚，然抵家尚無恙也。會葬其先考侍郎公，在山閱月餘，親程畚杵之勞維謹。塋面富春江，時當秋末，江風射人作寒，君自以尚强壯不爲意，然而君之受病深矣。兩害俱發，臥牀未幾即失音，越日而目已瞑矣。余聞而驚訝，往覘之，信，爲之失聲長慟。悲夫廣我見聞者之少此一益友也。嗚呼！君生宦家，家門鼎盛，祖則文莊公，父則侍郎公，伯祖太史薇林公，伯父侍講山舟公，設以常人處此，不爲帬屐風流，則爲裘馬清狂，日以酒食遊戲相徵逐爲事，不復知有文字之樂者，比比然矣。君獨蕭然若寒士，衣不求新，出則徒步，不以所能病人，不以所不知愧人，博學而能孱守之，以故不涉於愛憎之口。自其曾大父谿父先生以來，學問文章照曜海内，代精八法，得其片楮，珍同拱璧。君克自奮厲，繼承家學，其於眾經中，尤精左氏傳。蓋其舅氏元和陳君名樹華，著有春秋内外傳攷證，君復彙輯諸家之説而折其衷，疏爲三編，先以其成者示余，余讀而善之。其續纂者尚未竟也，遺草具在，檢拾而加以整比焉，此則曜北之責已。君詩清新越俗，向與其兄及所親合刻有梅竹聯吟集，可見其崖略。書法雖不名家，然端謹不苟，如其爲人。且通説文，故下筆鮮俗字。使老其材，其成就烏能測其所至，乃年僅四十有六而竟夭死，廼乾隆之五十八年十一月三日也。在梁氏失一佳子弟，在宇内少一讀書人，豈不哀哉！君娶於曲阜孔氏。孔氏多學人。余友孔君名繼汾者，君之外舅也。以君處族黨閒，可以無愧色矣。一子曰常，孫曰壬。在長逝者固可無憾，而未死者烏能免於憾也。余頽唐之筆不足以爲君重，但爲之志其略，亦聊以抒余之哀而已。

抱經堂文集卷第三十一

傳六

夏節母傳 庚辰

江陰夏節母者，傳一先生之室也。先生至性過人，喪父哀毁，將葬，值天寒，不忍父棺入冷穴，特創意以身煖之，卧窀中兩日夜，竟以是致疾卒。母時年二十九，有姑在堂，禁之得無死，督二孤甚嚴，訖爲名諸生。次子二銘，嘗客宜興令王君所，王甚重之。王疾病，家人爲姦利者咸弗便二銘，肆妄言。二銘怒欲辭去。王君堅留不可，則使人聞於母。母乃速止之曰：「王君與爾交好，今病困，舍去不義。」乃止，王病亦愈。既縣人有以試事屬二銘者，其人於二銘素有德，雖不可，然意猶慊慊。母曰：「汝唯有辭王君而歸可耳。」王復使人邀之再三，母曰：「前王君有急，義不可去；今無事，何必往。」其斷事合義皆此類。夏氏之先好施，以是毁其家。傳一先生殁時，有責半千金，母鬻田以償，曰「不可使夫子有遺憾」，雖所負母家者亦必償。族人哀其志，欲分建祠金并公田以贍母，母堅不受。二銘與兄慎脩自幼即好施，憐號寒者，積尊長所賜爲之衣。母雖當困乏，不移取以給他用。或問其故，曰：「童子有仁心，不可闕也。」邑有災，賷粥以食飢者，二銘任其事，勞甚得疾，醫危之，母曰：「天道神明，宜無有求活人而先自斃者。」他日，慎脩又因水災募槥收江中流屍病，母信之亦如二銘。已皆如母言。二銘奉母命一至京師，遊鄉先達楊文定公之門，未幾公捐館，母命經理其喪畢卽歸，曰：「大賢既歿，久留無益也。」母年已合旌例，堅不欲。初邑人以傳一先生死孝求旌，議者以煖壙不經却之，母傷之，故戒其子勿以節求旌也。母年七十一而歿。逾年爲乾隆十九年，乃始聞於朝得旌云。母湯氏。其孫祖焞來學於余，乃備知其事如此。

論曰：母所爲蓋有丈夫風。易曰「夫子制義」，今觀母於去就辭受閒，何其審所處而皆當也！得之於巾幗綦難哉！易於坤爲吝嗇，母又不然，其家至今能遵其教，足以愧彼富者。余嘗讀宋史孝義傳，董道明葬母，罯墓中三日；又侯義、沈宣，葬皆不掩壙，夜皆拊棺而臥。彼皆無恙而傳一獨不幸死，且不得旌。然賴有賢妻以顯其事，作史者其舍諸。

江陰張節婦傳 癸巳

江陰張節婦者，不知其母家姓，或云鎭江人，嫁江陰張庖之仲子爲婦。張庖者，以其業名之。貧困，去爲滸墅關卒，貲少裕，乃爲兩子娶婦。其冢婦得於舅姑；仲婦卽節婦也，以無口才，故不得於舅姑。其小姑嘗爲人婢，後得歸，與其丘嫂嘗陵藉節婦，訌其夫亦弗禮節婦。於是張氏無小大無一人善節婦者。生一女而夫死，節婦時年二十餘，安張氏，無改適意。其家人百端説之，不動，乃交以惡語相迫，婦亦自若也。一日其兄來省之，張氏合口稱仲婦不賢，其兄信之，亦怒其妹，出誶語，且曰：「汝何顏爲張氏婦乎，不改嫁，將安歸？」婦至是始曰諾。兄辭而去。婦整理箱篋無戚容，入夜尚自乳其女，張氏大小皆喜，謂不賢婦行去矣。晨興，見婦寢户尚牢閉，叩之不應，抉而視之，則赫然已懸於梁矣。以繦約兒於牀，兒故得無墮。婦既死，張氏以無故輕生聞於官，事遂已。鄉鄰有知者，爲大息，傳其事。余妻季楊在室時聞而異之，他日爲余說如此，且請爲之傳。

舊史氏曰：張氏之遇仲子婦，可謂少恩矣。婦之以節殉張氏也，豈爲私愛哉！語曰「好内女死之」，此言夫常情耳。若夫義根於性，行成於志，堅確不二，以完所守，則非恩怨之所能加損者矣。節婦初不期死以徼身後之名，及迫之以不得不死然後死，此尤爲得死之正。有風化之責者，當亟表之。

李節婦顧恭人傳 甲午

節婦顧氏，上元人，明南刑部尚書東橋先生之裔。父配元，名諸生。節婦年十九，歸同邑太學生李仙經，字尹授，後贈官至朝議大夫者也。既歸後，甚宜其家。贈公思以文學致身，讀書刻苦，應秋賦者再，不得志，遂病。節婦左右之，勞瘁備至，疾終不起。是時節婦年二十有六，上有舅姑，年皆俯七十，遺孤文在始六歲，欲自殉，不可，則强起搘拄。外侮疊至，一不貽老人憂，奉養極誠孝。翁嘗有所往，中途驟得疾，距家四百里許。節婦一昔夢見翁形容異常，驚而覺，卽稽顙北辰，祝翁得生還，後果歸至正寢而歿。姑病蠱，節婦與之同卧起，湯藥必親嘗。夫歿後又四年，舅姑乃皆以天年終。教孤子慈而嚴，以故文在名譽早起。應童子試，知縣事袁君賞其文，引居門下，以遠到期之。文在顧善病，時或失血，節婦患其復如乃父之以勤苦致夭也，輸粟爲太學生，既又爲之輸金入仕。初任南城兵馬司指揮使，出爲廣西梧州府同知。所司鹽榷，人以爲美遷，節婦切誡曰：「必毋染指。」後又攝鬱林、柳、潯諸州郡篆，所至清謹，以最擢湖南常德府知府，换劇衡州，旋遷署衡永郴桂道，又嘗護臬藩二使司印。文在居官，每遣人迎母，再三請，僅一至而返，曰：「吾性好清約，汝能以此自持，勝養我多矣。」及文在以失察所屬知桂陽州某虧帑不報落職歸，節婦殊無慼慼意。及文在復職，需次吏部，乾隆三十七年春，卒於京師。節婦晚年失壯子，痛不自勝。喪歸，一一手自經紀。逾年，疽發於背，猶日召諸孫至前，訓以保身持家之道，神明炯然不亂。以五月七日終於内寢，年六十有六。節婦於乾隆三十一年，奉旨旌表節孝，又以子貴封恭人。孫三人，育蕃、育芬、育荃，皆業儒，長者方成童云。

舊史氏曰：曩余督學湖南，歲試始衡州，爲之守者李君也。使者校生童騎射，必之郭外教場，地曠遠，觀者填塞，囂每不易戢，而士又非素練，或先焉，或後焉，往往惑使者之耳目，以甲爲乙者不少矣。李君植木爲表，繩連之，以節觀者，闌入者始鞭之，不勞而自肅。於控馬將發處，使官屬監之，五人爲一班，一人出焉，所司呼云某甲，吏布於道，傳聲相呼，以達於使者，則士之著籍而不至者與夫馬失道而求復者，皆可辨也。余是時以爲通例然也，既而乃伏李君之能。自余來李君之里，君時方留京師。聞其鄉人云：「昔歲大饑，官分地爲粥以食餓者，以在籍之鄉官分主之。唯李君實視如己事，勞怨不辭，人用以濟。」其共事者皆能道之，然不知李君有母也。今因母之弟顧生銘來學於余，始知之。銘又自言曰：「銘幼喪父，賴姊教育之，以有今日。李氏而無姊，則風雨毁室之患，殆亦不能有其家。吾姊少嘗讀書，識大義，其待本宗外姻咸有恩義，固不獨私於銘，而銘感之不能忘也。」余聞銘之言，乃知李君之才敏而事無不誠者，得於慈教爲多。先儒嘗言婦人可無才。若節婦之所處，非德而兼之以才，則李氏之業幾墜矣。余嘗欲書李君之事，不果，今故併著之，以見非是母不能生是子也。

汪氏雙節傳 丙申

乾隆二十九年，蕭山故淇縣典史汪楷之繼妻王氏、妾徐氏皆以忍苦完節，奉命旌表，樹坊於邑東所居之大義里，曰雙節。爲之傳曰：王氏，會稽人，庠生雍文之次女，年二十三，歸汪楷爲繼妻。楷前妻方氏遺二女尚幼，而妾徐氏居箎室已七年，生一子輝祖，僅六歲。徐氏，鄞人也。楷方爲淇縣典史，徐奉王偕之任。王氏有母道，慈子女若所生，與徐歡若娣姒，徐則嚴事之無閒言。楷居官廉恕，在任八年，念父母皆老，亟引疾歸。父没，有逋不能償，薄遊粤東，未幾遂卒於粤。是時王年二十八，徐年二十九，上有老姑沈氏在堂，下有一子四女，其二女，王所生也。家故有負郭田，爲小叔斥賣以償博進，至是，歲入無幾，索責者滿户外。二氏辛苦嘗甘膬，奉老姑，且衣食其子女，而己則忍飢以爲常。或謂可以辭緩索責者，王曰：「不可以口實貽死者。」鬻簪珥以償，不足，又盡賣其餘田，猶不足，相率晝夜勤織作，銖積寸累，三年遂畢償。當其夫凶問之至也，小叔攜其妻子遠徙他所，沈欲往就養，二氏相與謀曰：「何可使七十餘歲老姑遠離鄉井，他日將無以見死者於地下。」乃皆涕泣固止之。凡爲養之具，王殫力經營，而起居扶掖病中百凡指揮，皆徐任之。時復有欺老弱構釁者，或勸宜徙家避之。二氏又相與謀曰：「汪氏支屬單微，今三世墳墓在此，去之將誰守。」卒不肯徙，外侮亦漸息。輝祖少多病，兩母愛護惟謹。及從師讀書，少不中程，則怒，或至予杖。輝祖年十七，請於母，欲應童子試。王問曰：「汝自度可入學乎？」應曰：「可。」先試於縣，例取文優者覆試之，無輝祖名。王怒而詰之，則以曾受兩生屬，爲代作文字，得薄少以製夏衣爲解，其人則已前列矣。王聞之愈怒，謂徐曰：「兒無志氣！吾寧凍餓死，不忍見兒爲此也。」幾欲予杖，卒流涕被面而起輝祖。以是年爲學使者所取，入縣學爲弟子員。少長，以負米出遊，而沈氏卒，煢煢兩寡治殯治葬咸如禮。徐以乾隆二十七年卒，年五十一；王以乾隆四十年卒，年六十三。其得旌也，王尚在。語及族婦有未得與者，愀然曰：「吾與若等耳，何獨以吾爲異行。」其子乃採諸輿論，得二十三人，爲上其事，咸祔主節孝祠，以成母志云。子輝祖，以乾隆三十三年舉於鄉，四十年成進士。孫男女各四人。

舊史氏曰：觀二母處境之危苦，何其甚哉！唯其志定而壹，故視勞若逸，視險若夷，以周旋於內而扞禦於外，卒之無不可感之人，無不可格之天。噫！人可知所自處矣。王之教子以遠利也，不以微而忽，不以幼而恕，此與李景讓之母揜錢不取何以異？徐甚憐其子而不溺於私，與王有同德焉。輝祖守母之訓以入官，庶無得罪於百姓矣乎！

節婦楊孔氏傳丙申

溧水楊汝柔妻孔氏，高淳庠生孔雲彩之女也。幼失母，長於祖母朱氏，不苟言笑。及將笄，朱又亡，哀不自勝。歸楊五年而寡，時氏年二十有三也。汝柔業儒，應學使者試，不入選，後出其卷視之，已在所録中而復遺之，憤惋成疾，腹痛至不能忍，發狂惑，自刎死。氏一慟幾絶，遂不粒食，昏迷者逾四旬，死而復甦。舅姑諭以立後，使夫不亡爲辭，乃勉起就食，然自是成錮疾，終其身無康寧矣。其築里李亦早寡，氏與相依，日夜事組紃以給衣食，不復歸寧。撫夫從弟之子志忠爲嗣，課以讀書，慈教兼備，子或少懈，卽不怡，至垂涕泣。子今爲諸生。乾隆三十五年閏月卒，年六十有六，合旌例云。

論曰：義有所重，恩有所遺。婦人之有歸寧也，上下一也。父母既没，則無歸寧之禮，此常也。父母在而不敢歸寧者，變也。若節婦者，豈不念其父母哉！以義斷恩，兹所謂變而不失其正者歟！其夫以讀書無成而亡矣，不懲前事，又以是勖其子，必使之繼乃父未竟之志，賢乎哉其不以利鈍成敗易也。子知乞言以表彰母德，是卽讀書之效也夫。

萬孝女傳己亥

孝女上元諸生萬某女也。少孤，無他兄弟，獨與母居，矢志不擇對，日勤鍼黹以養母。所居隘甚，以席自障，外人罕覩其面。里中聞而賢之，屢有向其母求婚者，女輒泣涕不許。鄰媪語以若母一旦不諱，若將何依？女曰：「亦唯有死耳。」乾隆二十一年大疫，母病死，女售其屋，得四金，棺而斂之，越三日亦死，時母年九十，女六十餘矣。女父有門人杜定基起元者，聞而哀之，使老嫗往爲之斂。今杜亦老死，故其詳不可得聞。或云女父名瑛字玉峯。

舊史氏曰：女之死以病與？以毀與？抑果踐其言而以身殉與？皆未可知也。吾獨異一弱女子，煢煢與母相依至白首，所處又極困苦，人所不能堪者而安之，得不謂天性之異於人哉！吾鄉土橋有莫孝女者，兄以吏術佐人，常遠出，女不忍離其母，願代供子職，竟老於家。當雍正閒請旌者數矣，輒爲吏所格。未幾，楚亦有與孝女事相若者先得旌，遂援以爲比，得報可，今屹然樹闕里中。以萬孝女之所爲，尤難於二女，乃若滅若沒，久且不知有其姓氏，不尤重可慨哉！余得此於顧生淞，爲書之，且以告後之修志乘者，慎毋遺若人也。

盧母包孺人傳 己亥

女子有士行者，以吾族包孺人當之無愧焉。夫士有百行，而孝弟爲本，不孝弟卽不足以爲士。顧常人性情未摯，義理未深，則孝弟之念尚不能不衰於妻子。況乎以舅姑爲父母，以娣姒爲兄弟，異姓相合者，而欲比於生我之愛、同氣之親，不尤難哉！今觀孺人之事，可以風已。孺人之來歸永源也，年十有八。時姑方病劇，孺人不以新婦故事嚴飾，旦暮伺顏色，奉湯藥。數月姑少痊，卽以家政委孺人。逾年而姑卒，舅衡九公悲悼之餘，體中時有不適，而永源又常客外，孺人身代子職，備極孝敬，舅賴是以安。時諸叔五人，長者纔就塾，小者一方六歲，一方四歲。孺人爲之時其飢飽，節其寒煖，紉鍼補綴之事必躬親之。迨舅之卒也，叔四人者尚未授室，已各以次爲之娶，妯娌六人，雍雍相得無閒。繼而第四第五俱早寡，依孺人居，各有二女，皆慎擇良對歸焉。永源以父祖殯俱在淺土，足繭山中以求吉壤。既得吉卜以葬其大父母，而更求葬其父母者，徧歷湖上之山不得，求之半山留下又不得，蒙犯霜露，遂病店，竟不起。孺人痛其夫志不遂也，泣以命其子卒成之。乾隆丁酉，孺人八十初度，子婦輩奉觴爲壽，孺人顧其子而言曰：「爾父在日，時以先人窀穸未定、諸子女嫁娶未畢爲憂。今幸皆次第舉矣，汝父安，予更無不安矣。」蓋孺人一生，其發於孝友之性者，自初笄以迨白首，無閒焉，是不足以風乎！長子其位，永源第三弟宜源子也，孺人以爲己子。次子世美，側室張所生也。女七人，孫四人，孫女三人。孺人以乾隆四十四年三月七日考終，年八十有二。長孫家炎，年十六，能讀書，後孺人十四日亦歿，里黨皆惜之，故亦牽連書焉。

事略

張貞女事略 丙子

貞女，故大學士張公允隨第六女也。少許字安徽布政使安州陳公德榮之子曰籓。將及笄而籓死，貞女聞，堅請歸陳氏。時籓叔父官京師，命其夫人往辭。貞女嚮聞陳夫人來，匿不見，至是則服其喪父之故衰以見，號哭不絕聲，夫人亦相對嗚咽，不能致其辭，歸陳之議遂定。乃具車迎至安州郭外，從者假館請止易吉服入，女曰：「惡可乎！」亟驅之，至於陳氏門外，哭而入，盡哀。姑止之曰：「勉事我老人。」乃屏居一小室，聚瓴甋爲坐臥具，唯一老嫗與俱。初至，以稻米饋貞女，問：「食有異乎？」曰：「皆食粱粟耳。」貞女即不肯食，曰：「人食精，我固宜麤食，今反是，可乎！」姑籍所有俾掌之，至金珠，則曰：「此非嫠所宜佩，不如盡斥賣，易田以供祭。」安州去京師三百里，貞女母思貞女甚，趣歸寧。貞女乃使人言於母曰：「兒非不念母也，顧義不忍三年中釋衰絰。」他日，其姑來京師，欲與俱，貞女仍執不可。其動中禮節若是。

論曰：吾嘗聞先儒之言，以未嫁而守貞者爲過中之行。在室之女，義當從父。今相國生既以女字陳矣，而相國死，女舍其父之言安從哉！然則貞女之行，雖謂之中道可也。而其他事，又率闇與古合。余聞之眉菴，輒爲次第其語如右。近者，正紅旗滿洲官生誠保之妻名祥符，夫病亟，無舅姑子女，誓以身殉。及卒，不哭，不成服，不翦髮，言語動作如平時，衣服盡以予人，竟自縊死，年僅二十，後夫死二日也。嗚呼！爲女而貞，爲婦而烈，皆世所疑爲過中者也。然彼皆有不可奪之志，故貞者卒成其貞，而烈者卒成其烈。士苟不立志，尚奚可哉！

節孝王太君事略 丙子

太君王氏，世爲泉之惠安人。祖池，值明亡，隨其季大父户部郎忠孝公俱赴海死。父諱石蓮。太君及笄，歸於蔣府君諱某，杭人也。隨其父宦泉，致仕後，貧不克歸。太君勤紡織，操井臼，事舅姑，咸得其歡心。舅没，府君亦病作，罄所有營醫藥，終不效，逾年亦卒。家故貧也，又連遭大故，太君年方少，以頭觸棺和求死。鄰舍有白嫗者，急挽之曰：「若上有老姑，下有稚子，奈何一死可謝。」乃忍哀，日夜勤十指給饘粥，更急爲府君營窀穸。闢舍後隙地，蓺薯蕷以代糧，屑之，和以穅覈，用自食。别炊飯，飯姑及子。薯蕷歲熟可三十石，食有餘，薄切之，暴諸日，以待烝而食之。其葉可飤豚豕，豕肥碩，售之取贏焉，以故得無乏。姑所嗜，必進之；衣敝，取所織，手製之以獻。後其兄公官粵，官江陰，官黄巖，太君皆奉姑往。姑數患利下疾，冬夜畏寒不能起，太君以紙承之，手掬以出，一夜十起，不安寢也。生一子振雅，從先君學，嘗語余曰：「吾母至孝。吾幼時不能識，而得於人之稱者，蓋僂指不勝記矣。請言近事。吾大母在太湖病甚，吾母適亦患瘧，猶自力起居，不敢離左右。一昔，聞牀上窸窣聲，起視，則吾大母以帶自絞其頸欲死，大驚，救解乃得甦。使遲之數刻，則已不及救矣。醫者謂病人不勝患苦，則有此證云。是時母之年五十有五矣。」乾隆十三年，奉朝命旌表。性仁恕，明大體。振雅所述尚多，余以孝爲大節，故獨著之。

抱經堂文集卷第三十二

墓表 墓碣

山西汾州府知府雷公墓表甲辰

古之善爲政者，莫不以水利爲要務。史遷作河渠書，而班固則志溝洫，溝洫之於民尤切矣。禹決九川，陂九澤，孔子獨稱其盡力於溝洫。蓋民以土爲命，而土以水爲命，故思利民，則必求美其土疆；能美其土疆者，厥惟水。昔西門豹爲鄴令，鑿渠十二，引灌民田，後世稱賢焉。史起猶以漳水在鄴旁，豹不知用，於仁智猶未盡。然則循良之政多端，唯能因水之利利民者，斯其利匪獨在一時，兼可以遺後世。若吾鄉雷公之爲令、爲牧、爲守也，其一行此道者乎！公諱汪度，字饒九，號蓮客，浙江錢塘人也。其得姓實自黄帝時，源遠流長。漢唐以來，代有聞人。有居湖廣之麻城者，復徙居四川之井研。有以進士起家，歷官監察御史，外補天津兵備副使者，諱嘉祥，公七世祖也。子孫科第仕宦，蟬聯不絶。六世祖諱過，湖廣荆門州知州。高祖諱起龍，湖廣長沙府知府。曾祖諱經中，浙江衢州府知府，既致仕，不能歸。祖諱宏遠，拔貢生，娶故太學士錢塘黄文僖公女孫，遂占籍錢塘，生公考諱驥，兩世皆以公貴贈朝議大夫。公考舉丈夫子四人，公其季也。十歲而孤，母汪太恭人辛勤教育。少長，益自刻苦向學。既壯，舉於鄉。旋南宮報罷，慨然有經世意。伯兄素器其能，爲入貲謁選，得河南寶豐縣知縣，調繁虞城，擢陝州知州，最聞，特授山西汾州府知府，七年以足疾告歸。在官凡二十一年。歸逾年而卒，年五十有七，是爲乾隆四十七年七月十二日也。最公之政，在寶豐，則開浚德化、普濟、新慶等渠，以資灌溉，而礓礫皆成沃壤，又疏泄潦水，達之於汝州之宋公渠，而水患亦息。虞城瀕河，其南岸則江南之碭山也。有土垻三，横亘下游，以禦河水之建瓴直下者。當伏秋水王時，河水去緩，多泛溢，自上游之儀封、考城、商丘，以至於縣境，多被其患。公請於大府，會河督商度兩利之道，於是始議殺垻尾。公喜於得請，晝夜督率改作，工竣，數邑賴焉。陝州地處高，州屬之閿鄉，與陝西之潼關鄰。閿鄉西董村之民，向飲渠水，渠發源於潼關之南山嵩岔峪。潼之大留屯居民，占吝不以及鄰。訟久不決。公移商潼關吏，謂兩境皆王民也，然大留之水亦非有餘，若以有餘之水濟大留，而大留之水亦可以濟西董。於是始議移瀵井等村之水給大留如公言，而訟乃息。汾治西北有馬跑泉，故時疏引入城以資民汲，久之堰壞，水遂不至。公案故道，如法修治，而民乃不苦遠汲，因請渠名命之曰通巽。他若決獄如神，懲姦不尚姑息；興程明道祠；修汾州府學，置學田；建西河書院，規畫其經費；平由汾道永寧之黃蘆嶺，而輓運者利焉；王師征緬甸，道出於陝，軍無乏興，而民亦不告勞：皆公之政績也。分校乾隆三十年河南鄉試，得士六人，周君世績爲解首，士論咸伏。階朝議大夫，積資軍功，加三級，紀録十一次卓異候陞。初娶朱，繼娶吳，皆前卒，贈皆恭人。子在者輻，國學生。孫一，汝恭。三女皆字右族。其詳誌銘具之。輻今以乾隆四十九年七月壬申葬公於城北甘墩村之原，伐石樹表，而以文爲請。案公之宦蹟，誠有可揭示於後者，遂不辭而爲之。且系以詩曰：

衆人之智，僅營目前。後世稱利，利乃大焉。公勤於水，磽爲腴田。既開其利，亦弭其患。匪私所治，兼惠其鄰。爰暨江南，以逮於秦。未耆挂冠，世鮮此賢。福云考終，胡不永年。崇崇堂封，鬱鬱松阡。欲求公行，豐碑屹然。

湖廣道監察御史蔣公墓表戊申

公名和寧，字用安。系出周文公之後，以國爲氏，氏曰蔣。有居河南開封者，復徙居江南之常州，今爲陽湖人。世有達者。考諱汾功，雍正首科進士，官松江府儒學教授，通經術，工古文辭，學者宗之，稱爲濟航先生。公稟承家學，未弱冠，所作詩若長短句，已流傳人口，且兼工徐、庾近體。教授公既壹意古學，有來求應用之文者，率命代之。及去任，無以治生，趣公往京師。時族人有以文藝見知寧邸者，正思得替人，乃以公名薦。一見契合，唱訓無虛日，聲譽大起，諸老先生多款門納交。以諸生就順天試，久不遇，思歸省。宗衮虞山文恪公與賢王咸惜其去，相勸爲迎養計。教授公亦止其歸，謂新婦「汝當攜汝子往」。公不得已，復留。以乾隆十七年，皇太后萬壽恩科，聯捷鄉會試，殿試二甲第三人，賜進士出身，改庶吉士。亟請假歸，旋丁教授公艱。服闋，散館授翰林院編修，充方略館、武英殿纂修官，改湖廣道監察御史，充會試内監試。命爲貴州鄉試正考官，未復命，復丁母莊太宜人憂，哀毁奔歸。迨喪葬事都畢，將補官，會有以私干鹽政語上聞者，遂落職。余與公爲同年生，深知公。竊於公之歷履而不能無疑於天道之難知也。公非僅文士也，其智識遠過人，通曉當世之務，處事多中。其性行純淑，無激亢矜厲之氣。中朝貴人咸折節與爲久要，而朋輩亦樂親之。鄉舊貧士之困於旅資者來告，必有以慰其意而去。爲人如此，而又有才華之美，聲譽之重，汲引之衆，將進而掌制誥，備顧問，宜不後人；或出而當旬，宣統率之任，亦必恢恢乎有餘力。此皆吾同人意中之所竊料者也。一聞中於蜚語，咸相顧歎咤，以爲怪事，才名果足以折官職耶？然以公之才，又似未可謂之不遇者。長安米珠薪桂，顧況所謂居大不易者也。公以諸生久居日下，滫瀡之奉，饔飧之計，傔從車馬之費，咸取給於筆硯，而餘力且足以贍窮交。世有懷才而終艱于一第者矣。公雖晚遇，而以高第入承明，遷侍御，掌文衡，清資要職，舉皆處之。然則雖有才，疑亦不爲造物之所忌，而何以止於斯耶？此誠不可知也。公歸而培植後進，邑有利益事，率身任之。主休寧講席，造就甚多。大吏聘入書局，謂書成，例當剡薦，公已無宦情矣，辭之。娶同邑莊宜人，内外無閒言，先十年卒。生三子：長泰，殤；次齊耀，貢生，需次縣丞；次重耀，副榜貢生，直隸州判，署浙江餘姚、蕭山、松陽等縣知縣。女三，長殤，二適士族。公就養常往來江浙閒。以乾隆五十一年九月初六日，卒於杭州之寓館，年七十有八。初，教授公有遺集，未及梓，藏於家，公遠出而家不戒於火，焚焉。公痛甚，於己所作亦不自整理，子姓私相抄撮，成若干卷，將乞知公者而梓行焉。嗚呼！公雖不以功業顯，而託於文以傳，亦可以無憾。以公卒之三載，文弨來公鄉主講席，聞既葬，乃爲文以表於墓。且系以頌曰：

有才不施，而昌於詩。人也天也，誰其知之。失馬爲福，墮甑不顧。優游壽考，抱樸完素。不爲良臣，猶爲才子。胚胎前光，引掖後起。地能埋骨，不能埋名。餘輝爛然，何羨時榮。

處士吳愚齋墓碣 己亥

處士吳姓，諱琰中，愚齋其號也。系出唐左臺御史少微，至處士三十有七傳矣。自休寧遷海寧之長平鄉，今四世。生而岐嶷。少長，有老成風，非僻之事，一不涉於耳目。事父玉方公，母蕭孺人，備極孝敬。病則千里致醫，凡可以冀有瘳者，無不盡也。居喪，一遵朱子家禮。日夜求所以安先人體魄者，取昔賢大儒論葬之書，參互考究，而從所謂三合土灰格之法，凡築十二晝夜，始封畢。哀泣過甚，目由是失明。平素嫉異端之教爲世害，嘗著不惑論以闢之，且預戒後人，我身後慎勿延緇黄作音樂也。居嘗致千金，盡償先人遺逋。與弟共財，不爲節量。親舊以緩急告，無恡情。以故亦時形支詘，然卒不爲悔。教其子慎擇師友，凡所訓誡，皆立身行己之要。晚年病風眩，以乾隆三十六年九月二日，考終故里，春秋七十有二。娶程孺人，考州同知韶，母王蚤世，撫二妹一弟，恩義竝至。既許字處士，未行而若考又卒，重以外侮，孺人以弱女子爲之捍格，既遷匶於淺土，次第嫁其二妹，屬幼弟於叔父，而後來歸。事舅姑盡婦道。雍正二年秋，淫雨海溢，姑適病牀蓐，良人遠出求醫，夜半水奄至，孺人攀牀號泣，水勢忽小卻，負姑升極以免。時東西家之罹於厄者衆，既免，人咸異之。同產弟夭，復爲考立後，且營葬，并葬兩叔父之無後者，手植松楸，里人稱孝女阡云。年七十，後處士九月卒。子三人皆爲儒。仲出後，蚤世。文弨與其季子騫遊。騫博覽多通，能文章，泊然于榮利之途，蓋能守處士之訓者。其敘述考妣言行，具有條理。葬時未有銘，余以賢孝違絶之行，所當使人其見聞之有所興起，故不追爲之銘，而特文諸碣，使揭於墓道之左。且系以論曰：

人子之於親，莫不志在顯揚，然富貴而名磨滅者何限？求不死其親，莫若處善循理而有文章。天地之道，其蓄之也淳厖敦固，其發之也顯融光明。以若人之行事，得令子而彌彰，有美而稱之，余是以信其道之交相成也。處士之名，百世之榮，豈藉圭紱鍾鼎而乃爲輝光也哉！

國子生朱君補堂墓碣 辛丑

蒙養之不講也久矣，豈爲人父兄者顧皆不愛其子弟哉！毋亦以能養正者之不數數見也，則求之庸愈於不求也。吾求之即得，朱君補堂真其人也。得之而幸，則知失之之大不幸也。君之教余幼子慶鍾也，不以其蒙蒙無所能識也而易諸，爲之審句讀，辨形聲，坐止有儀，進退有節，導其性，慎其習，剛不迫，柔不怠。由斯道也，聖功具矣。豈非於世不易求之而得者哉！君之病也，余適有遠行，懼吾子之失所依歸，而日祝君之愈也若所親然。聞君之訃，爲痛惜不已。今君之子縉以狀來，合余所見於君者，則知其言之皆可信也。君諱以寬，字容之，別字補堂，系出新安。長老相傳又云：「其先本吳興趙氏，元季遷於杭，改姓朱，今遂爲仁和人。」自十一世祖以來，始班班可考。曾祖式曾，應徵君撝謙之門人。祖世恩，父廷文，兩世仕宦皆不甚顯，咸有著述藏於家。君年十九，隨父宦遊閩越荆楚閒，棄舉子業，專竭力營護緩急，賴以取濟。壯歲入燕，有高貲王氏者，以鹽筴請君經理，久而益孚。君所主在豐潤，其大綱在長蘆，事尤重，司其事者所得亦最饒，欲以屬君。前主者有私，冀君相爲隱，君不肯苟就，并辭豐潤歸。未幾，王氏業驟落，人以是服君先見。昔秦西巴放麑，而孟孫取爲子傅。君不負人之誣諉，其於貨財猶若是，況人之子弟乎？乃館君僅兩旬而病，病未浹旬遂卒於家，天乎，何奪之速也！居常疾殉貨者，謂當官以盡職獲罪，可無憾也；若以賄敗，庸足惜乎？吾不願子孫他日有是也。疾革，猶惓惓以小學不可不讀爲勖。卒以乾隆四十五年六月甲寅，年五十有八。娶盛氏，先七年卒。子四人：謙、縉、齡、發。伯與叔皆出爲人後。仲卽縉也，邑庠生，有志正學，與余善。季尚幼。女一人，孫二人，孫女三人。卽以其年十一月辛丑，葬於錢塘五雲山先人之墓，不及爲納壙之銘。余以君言行皆合義，儒者之道不是過，故爲文，使揭於墓，以動來者之慕焉。

奉直大夫候選直隸州同知吴君墓碣 乙巳

吾杭海寧新倉里有以孝友能繼志聞者，是爲東山吴君諱正純，字景一。系出唐左臺御史少微。君之高祖由徽之休寧始遷今居焉。祖誠菴公，諱琦文，嘗因父病，徒步百里外求醫，及父没，慟哭歐血數升，母目有眚，舐之復明，鄉黨皆稱其孝。生贈奉直公，諱有曦，君卽奉直之長子也。生三歲，母查宜人亡，哭泣如成人。迨少長，以生計之艱，求所以解贈公憂者，家故商籍，乃厘身從事，經營積歲，家始漸饒。贈公恆以誠菴公孝行未得表章爲恨，君於今上初元，手疏事實陳請，迨得朝褒，而贈公已前卒；君以若考抱此志有年而不及見也，一慟幾絶。邑故有忠孝祠，君又敂爲孝子專祠於文廟大成門外，并出田若干畝歸之祠，爲歲修費。以考墓地庳，慮有水，欲遷葬，人曰未必然，君求得善地於海鹽石屋山之陽，卒移窆焉。及啟竁，而槨上果有痕，若屋漏然者，人始歎君之精誠獨至，爲能洞幽入冥也。祖姑適朱者，歸侍母疾，以勞卒，無子，贈公遵考之遺命，坿葬祖穴旁，令吴氏子孫守其祀。君又歷敘平生懿行，求名人文，碣其墓。其切於紹述舉類此。家又立孝子祠，祀誠菴公，爲祭田五頃，兼以贍族，壹如宋范文正義莊遺規。君壯未有子，取母弟景源子爲子，無何相繼殁，乃子從弟之子武。人曰：「君之齒未也，何遽爲？」君曰：「吾恐老人以無孫爲戚也。」蓋是時贈公在堂，故云。卒年七十有九，其日則乾隆四十有四年十一月七日也。循例爲選人當補直隸州同知，加二級，授階奉直大夫。妻曹氏宜人，不逮事姑而奉舅也孝。考妣咸封贈如例。武爲君後者，前卒。有二子英進、英達，俱太學生。君又以英達後其弟，英進今已舉二子矣。以歲辛丑之三日，葬君於海鹽東山之阡。美哉！孝友之風爲不墜矣。乃系以詞曰：

泰伯、虞仲，孝友開先。仲後嗣伯，以永其傳。遥遥千載，仍世象賢。孝友繩繩，有光於前。行無定軌，體微入玄。有創有因，咸無閒然。古稱不朽，匪曰世禄。繼述若斯，輝華其族。東山之原，行者止止。宰如繄誰，孝子孫子。

抱經堂文集卷第三十三

誌銘

秦封公墓誌銘 己丑

封公諱有倫，字天彝，姓秦氏，吾同年日講起居注官、翰林院侍講學士大士考也。先世太平當塗人。祖考應瑚，諸生。崇禎末年，挈家避流寇之亂，道相失。其妻方太君獨攜一幼子九歲者俱，卽公考諱邦燦也。至杜塘，寇且至，度不能脫，見前有水，則置兒岸側，卓簪簪，令兒識其處，遂自沈。後三日，應瑚公始求得其屍葬之，率諸子來江寧占籍焉。公考舉丈夫子七人，公最少，年十四封臂以愈父疾。諸兄治生適四方，公獨在膝前盡子職，有子，教以讀書立品。乾隆十二年，仲子大士舉於鄉。十七年，會試中式。時奉廷對者二百有餘人，天子獨覽其策異焉，親置第一，賜進士及第，授翰林院修撰。明年迎公京師。文弨以年家子進謁，見公神氣內充，言語簡重，信爲有德人也。二十六年，長孫承恩，聯舉成進士，改翰林院庶吉士。公年登八十，親朋捧觴稱盛事，公益欿然以盈滿爲懼。明年，大士典福建試，奏乞事竣歸里門，覲省，帝曰俞。會覃恩進階，公考暨公皆得贈封如大士官，而大士與承恩亦各以其階授。公備禮郊迎，焚黄告墓。既訖事，即趣大士進京供職。又數年而目始有告，時大士業已告歸侍養，公時與之述先德以教子孫。三十三年正月，疾作，以元夕前一日考終正寢，享壽八十有七。公平生坦直，臨財廉，勇於赴人之急。有故人言氏子負逋，官責之急，欲自戕，爲代償得免。嘗與人共財，其人客死，有籍所不載錢三十萬，其子亦不知也，召而還之。北鄉某甲兄病狂，雉經死。甲與乙鬩，乘闇移屍懸乙門。乙大窘，踞公前求爲計。公直造甲所，諭禍福事，乃得解。然人無知者，公没後，有以善田來售者，但取平價，詰之，即乙也，始言其狀，且曰「吾以報公德」。公國學生，誥封中大夫、日講起居注官、翰林院侍講學士。娶曹淑人，先公卒。子七人：吉士、大士、彬士、元士、賢士、上士、升士。彬士、賢士先卒。孫六人，承恩今爲某官，承業國子生，餘某某。女孫九人，曾孫二人。今將以某年月日葬於某原。銘曰：

何以基福唯曰德，深耕疾芸享其食。田於何所方寸域，愛護靈苗去牟螣。天在人中此可識，自童而耄厚概植。持以提撕無倦息，讀書爲善各識職。有欲型家必取式。樂哉斯丘卜食墨，銘兹貞石永不泐。

贈奉直大夫永順縣教諭費君墓誌銘 丁酉

君諱元傑，字渭英，姓費氏，岳州巴陵人也。先世自豫章徙焉，居於邑之雙橋山。數傳而大多以文學顯名。考厚齋公諱某，重誼敦行，不禄蚤世。君是時年尚未成童，母王太孺人撫教備至。年十八，試補郡學博士弟子員，嗣是每試輒冠其曹，學使者書原潘公激賞尤至，文譽大起。前後視楚學者，若養齋董公、渭湄李公，咸聘佐衡校之任，所取士，率滿人望。始君之就幕也，有致一緘於舟中者，君不發封，亟投諸水。郡守許公熟君行誼，禮請爲岳陽書院山長，訓帥諸生，多所成就。蓋君之可爲人師者，實不徒以其文也。事母極孝，病，禱於神求代，不得，哀瘠幾殆。其他爲義於鄉里者甚多。如請豁瀕湖荒田之租及以鼉鶴灘新生洲歸之學爲學田；出貲倡脩文廟，浚泮池，建書院；割地以益義冢，顧僧拾遺骼瘞埋之；姻黨中有貧而未娶者，輒量力爲之助。當郡邑修志時，載筆者摭君之實書之，而人咸以爲允，則孝義之孚有素也。娶李宜人，與君同德。城南有步，淪水，人病涉，君議修築，宜人亦出針黹所積百餘金助成之，所謂「馬頭」者是也，至今人享其利。有佃負租欲鬻其女以償，聞而憫之，亟焚券，更資其嫁。生平所爲類若此。子四人：應豫，拔貢生，官學教習，歷任福建龍巖、直隸州知州；應泰，拔貢生，武英殿纂脩，任瀘溪縣教諭，江西白鹿洞山長；應孚，縣學增生；應壯，歲貢生。女二，皆適名族。孫十一人，遜學，貴州、廣順州知州；志學，江蘇崑山縣知縣。其已仕者也。君先以長子官，遇覃恩，封文林郎，妻孺人；繼以孫遜學官，誥贈奉直大夫，妻封宜人。君年七十有二，以乾隆十四年九月十七日卒。宜人年八十有六，以乾隆二十八年九月二十七日卒。先後合葬於邑之南角山而未有銘，乃因志學之請，爲之銘曰：

師儒之官，古所重也。山主堂長，隆於宋也。故相領之，或侍從也。爲文章宗，道德統也。洛閩誰嗣，美難踵也。岳陽鍾英，行可頌也。含和孕粹，學緝綜也。衡文式士，材見用也。厚德澤物，爲後種也。有美閨中，黽勉共也。仕雖不達，享榮封也。愔愔幽宮，固無縫也。不震不泄，大無恐也。余斯銘斯，徵輿誦也。

翰林院侍講學士秦公墓誌銘 戊戌

乾隆四十二年二月丁巳，學士秦公以疾終於江寧里第。公乾隆十七年，皇太后萬壽恩科，聖上特拔第一人也。而公之終，適當奉皇太后哀詔哭臨之後四日。公自聞國有大卹，卽哀痛傍偟，不寧厥居。文弨與公爲同年生，官階相等，時適爲鍾山書院長。詔至之日，同班行禮，哭盡哀而退，語文弨明日早臨當先至。迨歸而疾作，入夜更劇，次日竟不能至。自審病不可起，卻醫藥，口占四言十六句以示子孫，沐浴而逝。嗚呼！豈不異哉！今葬有日，公子觀察君以銘幽之文爲請。乃案狀而書之曰：公諱大士，字魯一，號澗泉。先世有貳守江南之太平者，因家當塗。曾祖諱應瑚，縣學生，娶方夫人，值明季流寇之亂，以節烈死事，詳先封公誌中。祖贈公諱邦璨，亂定後，隨父兄來江寧占籍焉，故今爲江寧人。考封公諱有倫，國學生，生七子，公其亞也。生有穎質，十歲能屬文。少長，兼精篆隸行草之學，求者踵至。有知公貧以金幣請者，微察其有德色，遽還之。一遊淮陽鹺使幕中，聞前輩箴規語，亟歸竟學。以親年老，顯揚須及時，禱於神，願減算以博一第。迨壯歲，舉於鄉，三試南宮，獲雋，遂登上第，授翰林院修撰。明年，充順天鄉試同考官。又明年，散館，欽定一等，旋充咸安宫官學總裁，入直武英殿，以母憂歸。二十二年，服闋復官，命教習庶吉士。是冬，奉命直上書房，侍皇子講讀。明年，御試詞臣，欽定一等二名，擢翰林院侍講學士。二十四年，京察一等，充順天武鄉試副考官，旋又奉命祭告北岳等處。二十五年，充會試同考官。二十七年，充福建鄉試正考官，便道歸省封公。明年，復充會試同考官。既竣事，遂請終養歸。承歡者閱五載而封公没。服闋，以病乞展假。三十五年，來京師，祝皇上萬壽。逾年，又祝皇太后萬壽。同朝諸公見公精神未衰，敦勸復起，而公已無復出山之意矣。公之勸講皇子也，勤而恪，正而和，凡可以啟迪培養者，無所不盡。至膺衡校之任，一字句不敢苟，所得皆真材。其主八閩試也，同事者適嬰疾，公不辭勞瘁，取八千餘卷盡閱之，是科得人爲極盛。他若甘肅提督馬公全後死王事於西陲者，亦公順天武闈所得士也。少即工詩，邑令袁君枚取其詩以入志。迨入館閣，益得雅頌之體。賦專以神韻爲工，不專襞積。爲古文，則自謂得力老泉云。嘗恭和聖製喜雨詩十韻，進入，蒙天語褒焉。公長子承恩，弱冠成進士，相繼入翰林，洊升侍講，出爲江西分巡廣饒九南道。公丁寧訓誡。其要務在勵廉隅，勤職守。嘗一至官，下亟歸，家居怡怡友愛，親課諸從子學業。公素精於論文，決利鈍無不驗。嘗一主常之龍城書院。在饒，進芝陽書院高才生而親講示之，無不得意以去。近年，當事有聘主揚之安定書院者，謝勿往也。晚年惟愛吕新吾呻吟語，取其切要者録之。有求書者，即視其人之情性有可以爲韋弦者書之。其不苟如此。公以翰林院侍講學士加二級，覃恩誥授中議大夫，祖父、父咸如階官封贈，祖母陳、母曹俱贈淑人，妻劉封淑人，而承恩亦以庶吉士邀綸錫焉。公享年六十有三。子三人：承恩，江西分巡道，署理按察使事；承業，鄉貢士；承家，幼。女二人：長適内閣中書舍人王彝憲，次字汪雲森，次未字。孫男一人，繩曾。孫女三人：長字孫應魁，次字王鼎襄，次未字。以某年某月某日葬公於某原。銘曰：

始之求名，欲爲親榮。卒之告歸，欲與親依。方膺任使，華膴可俟。決計翩然，勇退侔錢。生兮若浮，死兮若休。衆人惜死，擾擾未已。治命諄諄，旋返其真。自挽同潛，子姓炎炎。此二端者，似公蓋寡。余來鍾山，得數往還。識公學力，晚益有得。兢兢畏慎，終免緇磷。公不可攀，余去鍾山。勒詞幽扃，公兮永寧。

贈資政大夫大理寺卿王公墓誌銘 己亥

今大理寺卿王君昶，將葬其先贈公也，上書天子，乞假歸營窀穸事。既報可，即馳歸。卜日得吉，謀所以爲銘者。向知文弨不肯爲澶漫呴愉之辭，其言宜可取信，遂以書與狀來，請勤懇甚至。文弨其可以苟辭乎哉！案狀，公名士毅，字鴻遠，王氏，松江青浦人。先世由浙之蘭溪遷焉。考諱瑛，生三子，公其季也。九歲而孤。少長，竭力爲母營甘旨，自奉則取其至觳者。伯兄出爲人後，常苦貧，時時爲給朝夕費。仲兄没，無後，公兼主其祭，歲時對几筵，輒泫然興哀。檢身治家，嚴而有法，有犯者置不與校。嘗擇經語十二條，取史事附著之，以朝夕自鏡。因益悟誠中爲立身行己之大本，誠則未有不形，誠則未有不動。顔子居陋巷，言語不多見，聖人乃亟稱之，諸子皆自以爲莫及。漢黄叔度、徐孺子、管幼安之倫，皆終身隱約，而當時稱之，後世信之。此於人世文章功業有弗藉焉，矧富貴利禄耶？公之志趣見於言者如此。子就傅後，每夕爲陳説通鑑事。又取古來名臣碩儒，自屈子而下，止於明季，凡百二十人本傳總編之，命曰百世師録，俾誦習之，引其志使不落於庸近也。同時宿學耆德，咸取其書以詔學者。乾隆九年八月二十二日卒，年六十有四。以子貴，三遇覃恩，初贈文林郎、内閣中書舍人，再贈奉直大夫、吏部考功司主事，今誥贈資政大夫、大理寺卿。妻陸氏，三贈至夫人。子一，昶，以文學著稱，進士出身，今官大理寺卿。孫女一，適吳縣嚴榮昶。以乾隆四十四年七月壬辰，合葬公與陸夫人於蘇州崑山縣之雪葭灣，從先人也。初，公葬其考於是，土人謂其年於方不利，率衆阻之，公不能抗，歸而慟哭，至絕復蘇。今昶之葬公也，亦猶公之欲葬考也，豈能一日忘哉！然方貧賤時，思有待以榮其親，既涉仕途，義不敢私其身，從役萬里，飛書馳檄，計不反顧。迨乎綏定而還，策勳飲至，天子念勞臣，積階至二品，綸誥蜜章，推及三代，鄉里益嘖嘖稱公爲善教子，子奉朝命歸葬，更爲非常之榮。世有君子，當快其遇而更憐其志之至是而始遂也。銘曰：

木生火爲光，明火不離木。子父道以成，不求名而名，不求榮而榮。教子義方，實顯實揚。歸從先人，無忝所生。體魄孔安，曰鍾厥祥。其以卜子子孫孫之慶。

都察院左副都御史提督山東學政忍廬黄公墓誌銘 辛丑

公諱登賢，字雲門，系出徽之程氏。祖大城縣學教諭，諱華蕃，少失二親，母舅無爲州同知大興黄公諱爾悟，養以爲己子，遂從其姓，著籍爲順天人。考侍郎諱叔琳，學者所稱崑圃先生也。以進士高第，陟館閣，柄文衡，歷封疆，享高壽，終妣後。武夫人侍郎公年三十七而生公。雍正二年，舉順天鄉試，年才十六。父不欲其速化，會撫浙，攜以自隨。母卒於里第，亟奔喪歸。侍郎公爲怨家誣奏，欲中以危法，憲皇帝察其誣，但令在海塘效力。當是時，公方弱冠，感家門顛沛，祖母吳太夫人年高，懼其以憂致疾，時時依膝前解慰。弟登穀尚幼。公以家督,措傾扶危,形神交瘁,猶以餘力,兄弟相勉學問,切劘無虚日。侍郎公旅羈吴中八年,少得以解内顧之憂者,繄公是賴。中閒與其弟更代來南省視,兼得從諸名勝游,所學益進。乾隆元年成進士,分部學習,得户部河南司額外主事。越七年,實授江南司主事,轉員外郎。又二年,進陝西司郎中。皆在户部。長官器公才能劇繁,常令兼攝他司,恢恢而辦,洞悉利弊,吏不能欺。遇興革大事,推公定議,奏上靡不報可。爲尚書海公望撰皇后躬蠶儀,上覽之稱善,詢何人爲之,海以實對。由是擢廣西道監察御史,遷吏科給事中,轉刑科掌印給事中,巡視通州漕務。丁憂。服闋,補户科給事中,再任刑科掌印,巡視江南漕務。前後任臺察給諫凡十一年,所陳奏皆切於時務,可施行者。山東災,運奉天、河南、天津米接濟,公言如此則東省西界北界爲有備矣。惟青萊距濟東寫遠,利津、昌邑以南諸縣,山徑崎嶇,陸運復不易。謂宜豫糧仍舊運通,而以南漕如數抵撥,近從淮安、鹽城出口,由海港直達沂州府屬之夾倉口,青州府屬之宋家口,萊州府屬之膠州東門外海口,分貯平糶,則東界南界亦俱得資接濟。又言飢民就食他方,向有留養資送之例,然其中有本來游惰之民,無業可資,轉以荒年爲幸,及資送回籍,往往成羣滋事,有於經過鄉村搶食作踐者。臣以爲賑卹之恩難容濫及,遞送之例當有區分,被災之區自有賑濟,勸其毋輕遠出。其已出者,惟老弱殘疾留養外,餘聽其自爲謀食。至願回籍者,陸續資送,按日分遣,多不過三十人。如有强梁之人混入隊中者,即繩以法,別行遞解回籍。庶乎主客相安,不受外來之擾。其他如除幕客盤踞省會之弊,杜經紀巧昂錢價之害,提比捕役專責成府廳,磨勘試卷令考官迴避,漕丁餘米許在通出糶,諸議咸奉旨允行。廢員劉光訓以縣丞署知縣，被黜，賄通文選司書吏，藉起復原官文，躐補知縣。公劾奏論如法。其巡南漕歸也，復命稱旨，擢太常寺少卿，尋遷光禄寺卿，又升授太常寺卿。蓋駸駸嚮用矣，會上御門，班退，公素短視，不知駕猶未起，即於班後憩坐，部議革職。及所司別請簡人，復奉恩旨留任。三十二年，改宗人府府丞。明年，擢都察院左副都御史，命往湖南審覈茶陵州城工，覆奏，有平允之褒。又明年，授倉場侍郎，甫三月，簡署漕運總督。是冬，實授加兵部尚書銜。公在農部久，又兩任巡漕，於漕政素熟悉，處置輕重咸得其宜，丁有所資運，乃速達。明年，督運北上，命隨軍機大臣同入見，眷顧方殷，公因越常例，奏請調劑湖南疲幫并水次州縣建倉事宜，且請親往鎮江察勘挑濬。奉旨申飭，部議降調。去官需次，當得運使，上加恩以三品京堂用。三十六年，復補授都察院左副都御史。三十九年，奉命提督河南學政，特調山東。蓋是時壽張賊初平，士習民風亟須整頓，上以公有威重，故改用公。公之生也，侍郎公正提學山東，今相距六十六年，而復繼斯任。凡整飭士習，崇勵風教，一以先侍郎爲法。先是，東人於大明湖三賢祠增祀愚山施公及侍郎公爲五賢祠。公至瞻謁，重加修葺，并置祭器，且默自矢以毋貽先侍郎之玷。視事年餘，恭遇聖駕東巡，於界首祗迓，上見公容瘦，諭加意調養。蓋公唯以盡職爲念，雖積勞成瘵而猶不自知也。恩賜之隆，亦視前學政有加。是夏，按試曹州閲卷，不異常時，忽命子嘉績具遺疏，且曰：「生於山東，死於山東，命也。生於學署，死於學署，數也。吾分止此，夫復何憾。」目注書笥，他無所屬，至夜端坐而逝，時乾隆四十一年五月十二日也，享年六十有八。公奉侍郎公極孝，自以生晚，不及親見父少壯所行事，每於燕閒侍談，隨得輒録，今所傳年譜，率本於此。學不務雜，以小學、近思録爲主。文弨館公家，每好糾梓本書籍之誤。公曰：「讀書以求益也，今書并受君之益矣。」余知其以此規我也。娶曲阜孔夫人，襲封衍聖公謚恭慤女，操身儉約，有文采而不肯自著見，先公二十八年卒。子五人：端紱，縣學廩生，早世；景緯，拔貢生，今知江西安義縣；嘉績，以謄録議敘分發江西候補縣丞；符綵，進士，今知浙江台州府；脩純，府學生，早世。女三人：一適舉人河曲縣知縣張德泂，一適監生四庫館謄録陳箴，一適進士户部主事包慄。孫六人：應桐，縣學廩生；仲馥，府學生；季譽、泰寧、進冠、文衡。公豫作遺教，置書笥中，令祔葬祖塋，官階衹稱見在，不可仍稱總漕前銜，毋以浮詞長語作行述。公子遵其教，以某年某月某日葬公於韓山祖塋之旁，來乞銘。嗚呼！余之不工於緣飾也，公素知之已。銘曰：

出自貴介，庸愈孤寒。服官三紀，左瓢右簞。退食一編，無營無競。生斯卒斯，信知有命。即事求理，坐言可行。再蹶再起，帝嘉老成。鞠躬盡瘁，聿追先德。前光後煇，東人是式。全而歸之，韓山之原。上配若考，下啟後昆。

封儒林郎翰林院編修邵君墓志銘 甲辰

嗚呼！士有績學砥行以没其世，而不能自致身青雲之上，所藴不得以大發舒於時，此交遊知識之所爲重太息也。雖然，屈伸顯晦之理，猶夫陰陽晝夜之代嬗，終鬱不燿，理固無之，既不於其身，必於其後人。吾以此驗諸人世，往往而合。今吾鄉邵太史請吾銘其先君子之墓，因得以悉行履之詳，亦吾言之一徵也。案狀，君諱佳銳，字藉安。自宋南渡來，世爲紹興府餘姚人。曾祖琳，前明進士，山西洪洞知縣。祖炳，縣學生，贈修職郎。考諱向榮，由舉人會試中式，內閣中書，改知縣，終鎭海縣學教諭，贈文林郎、翰林院編修。前母陳氏，母蔣氏，俱贈孺人。教諭君年過四十未有子，禱於神，夢神自書叢中紬片紙授之，已而舉君，占者曰「書種也」。祖母張鍾愛特甚。比就傅，不程以所業。少長，會季父徵士坡自京師歸，教里中，君諦聽其旁，卽能爲人演說，因試之文，振筆立就，家人咸訝其何遽能是也。自是從季父學，學日進。繼隨教諭君於鎭海，鎭海之士咸推服焉。君於文不隨俗好，識者以爲在明江右五家中，與章羅酷相似。亦嘗以諸生試，高等，宜可以食餼矣，顧缺出蚤晚無一定，卒不與相值，僅補增廣生。鄉試屢詘，而君志氣卒不少挫。居貧，所守益峻，其天性之篤也。嘗侍嚴親疾，不解帶者五閱月，夜則究岐黃家言，遂通其旨，劑量醫所處方，飲之，愈。季父客會稽而病，君在鎭海聞之，疾馳往奉以歸。會稽至餘姚僅二百里，而舟不能徑達，中隔以曹娥江。輿轎登陸，肢體不得展舒，渡江再易舟，又過兩壩，牽挽上下，始達於姚江。病者苦煩，聞邪許之聲，不堪尤甚。君於陸行，舁以涼牀，施幕其上，風日不侵。過壩則約滴水爲號，以齊衆力，轆轤無聲而舟已進。其用意體貼入微若此。教諭君既告歸，君事二親，曲盡其懽，疏小圃以娛之，日求所嗜以進之。以親居北方久，洩麪效北人爲餺飥，親食之甘。於論著之散見者，皆爲緝綜成帙，與季父遺書竝藏之唯謹。邑有介士徐君，義不受人之周，母病，君託言負其家金厚遺之，後其母死，又鬻田以爲賻。其勇於義，率此類，雖家人未盡知也。晚年喜詁易，詩文偶一爲之，多出人意表。以乾隆四十八年九月乙巳卒，年七十有二。及見其子貴，受封文林郎，晉封儒林郎，如其子官。妻袁氏，封安人。子三人：履涵，蚤世；晉涵，乾隆三十六年舉禮部試第一人，成進士，官翰林院編修；鼎涵，國子監生。女二人，適名族。孫六人：秉恆、秉仁、秉華、秉理、秉章、秉瑞。以卒之明年十二月某日，葬於邑文山之南原。銘曰：

嘗吉夢神告，誕生文人。誰之不如，而鬱湮不伸。其行可式，又進於文。孝乎惟孝，而乃醇乎醇。嘗藥知醫，巧變入微。泆而爲義，欲人莫知。是曰隱德，天其知之。及身食報，有子而才。有子而才，衆推班揚。領袖南宮，潤色玉堂。錫以清資，方來未艾。瀧岡之文，將毋有待。見託下走，作此銘詩。雖曰不文，庶無愧辭。

浙江杭嘉湖海防兵備道周公墓誌銘 乙巳

公諱克開，姓周氏，字乾三，號梅圃，湖南長沙人。乾隆四十九年七月二十日，以疾終於浙江杭嘉湖兵備道任，年六十有一。士民悲悼，相與言曰：「天胡不俾終惠我民邪！」大吏以聞，上深惜之。公子內閣中書舍人有聲，聞喪星奔，將奉公柩歸鄉以葬，匄余爲銘。余嘗見公於江寧，又客太原，爲公舊治，故老猶能述公治行。公子以余嘗典學於其鄉，師事余，是不可辭。案狀：公以鄉貢士中乾隆十九年會試明通榜，引見，發甘肅以知縣用，蓋挑舉也。值甘肅軍興，卽協辦軍務，署張掖古浪，實授隴西，調寧朔，凡歷四縣，擢知固原州，以憂去，復補雲南姚州知州，特擢貴州都匀府知府，調貴陽，緣事罷，復用爲山西蒲州府知府，調太原，擢授江西吉南贛寧道，署布政司使事，坐失出逆書案，吏議劾力軍臺，聖恩許贖罪，卽命往江南以同知用，署知江寧府事，特除江西九江府知府，調南昌，未幾卽擢浙江糧儲道，調補今職。此公敭歷之本末也。性勁直，不以依阿骩骳取容。所至爲民興利，必計長久。治獄必當其罪，於威勢無所瞻畏，雖以此取怨怒，勿恤也。大吏久而知之，屢以最聞。聖上深悉公任事有風力，故再折再起，不久淹也。寧朔舊有漢唐二渠，與大清渠而三，百姓資以灌溉。唐鐸堡之地，有暗洞焉，以泄濱湖宿水，修治不善，漢渠之水不行，泛溢爲害。議者苟趣目前，欲加填塞，寧夏利而寧朔不利。公堅主修復。時春月資水甚急，民以不及待相阻撓。公期以五日可就。及期，夏民羣持畚臿來，擬不就即填塞耳。至則工已垂竣，反相助爲盡力。蓋公蚤籌度某所有石可用，某項有錢可借，故能成之之速如是。縣民閆姓爲旗人所毆，叢毆致斃，旗員以獲偷拷問爲辭，公驗狀非偷，且身有傷，須考實。將軍聞之大怒，詰以不當株連。公據律令爲對，竟致兇渠於法，一破姑息之習，人皆以爲快。在太原修復屬縣之風峪口隄堰，以除水患。往時每爲姦民佔荒者浮議沮其事，及聞公往勘，復蟻聚蜂擁，洶洶馬前。公陽言：「吾不審當若何，試推曉事者導吾往。」得三人，械之以行，曰：「若率多人將復抗我耳，有繫吾馬者，必置若法。」衆紛然各散去。於是沿隄行視，隄亘十數里，其尾爲水所決，瀰漫平田中，無所歸。復循而下，則汾流帶之，中隔民田。公以開田償直詢諸民，民曰：「以潦田易永利，某等願不受直。」隄卒以成，民因爲祠以祝公。公於臨財廉，亦不以賂要結上官。近年甘肅、浙江官吏皆以贓敗，而公絕無連染。當時誚公迂者，舉皆喪身亡家，公獨安於其官，獲保令名以終。嗚呼！仕者不可知所自立歟！公督修海塘，當潮汐之衝，每苦墊陷，晝夜不離工所，積勞冒暑，以至於大故，豈不哀哉！舉此數端，亦可以見公之崖略矣。祖諱炳，父諱宣智，舉人，漵浦縣學教諭，以公貴，贈皆中憲大夫。祖妣某氏，妣侯氏，皆恭人。公初入仕，授文林郎，妻張氏，封孺人，後所得階封，皆以貤贈。子三：長卽有聲，徵仕郎，以中書充歷代職官表纂修官；次有度，早没；次有蕃。孫二，鳴鸞，鳴鷺。女四人，壻皆士族，三已嫁，一許字未行。卜以某月日葬於縣之某原是宜。銘詞曰：

惟禮有云：「勤事而死則祀之。」公之盡職自初仕，國功民功燿前軌，尸而祝者徧畏壘，行書其實上太史。報功有典俾筵几，神則如水魄在是。以此爲清白吏，歸全之所，詎不美乎！

黄母方孺人墓誌銘 辛丑

今之卜葬者，吾惑焉。以父祖之骨，爲子孫博富貴之具，而一奉命於地師。地師之説，又言人人殊，交持而不相下，則狐疑而不敢決。迨世逾久則枝逾繁，宜於孟者，或疑其有害於仲，若叔若季，亦惟恐其不利己也。交相遷延，寧使其親棺朽骨腐，終不敢輕議葬事。達官富室揚揚然伸眉抵掌，出入光輝，諸事恥不若人，獨至於葬其親，反不得下比於窶人子之蓬顆蔽冢，猶得以安體魄而無暴露之患，此其人於天下豈少也哉！使其聞潮陽黄母方孺人之事，寧不愧焉。孺人普寧方氏諱淑。考憲韶，四川重慶府同知。及笄，歸於黄，是爲同菴府君，諱應泰，舉拔萃科，應廷試，候選儒學教諭，歸而復舉於鄉，得乙榜，未仕遂卒。同菴始爲諸生時，娶孺人。患前妣郭孺人墓地卑下，將改卜，孺人力贊成之。於時祖考妣之喪猶在淺土，則以從祖兄弟人多，議不一，同菴之父雖能不惑於形家之説，然猶慮持之過急則應之反緩，乃延地師爲兄弟所信服者於家，令其擇地。孺人主中饋之事，必豐必潔，惟恐少怠，彼將不肯盡力。如此者數年，地師感其意良厚，指一穴謂其衆兄弟曰：「此最吉。」衆兄弟咸以爲然，於是遂葬，實孺人之陰爲相也。既而良人先卒，君舅後亡，督諸子獨肩附棺之事，蓋視前此少易焉，則孺人之素行孚於人者深也。近三十年中，黄氏之門遂無停喪不葬者，豈非見理明決，而又善於委曲調劑，故事集而内外安之無異言，噫！可謂難能也已。其他閨門細行不悉書，書其大者。子五人：長霖，次鳴鸞，皆諸生；次象璣，國子生；次作乂，先卒；次雲章，國子生。女一人，適海陽鄉貢生陳雄略。孫七人，蓮峯，瞻峯，皆諸生，餘皆業儒。以乾隆四十四年二月五日卒，年八十有二。同菴君已前葬，諸孤重於啓竁，乃以明年十一月六日舉孺人之喪，葬於縣竹山都長美坑之原，距同菴塋域僅數里。未有銘。其女夫，余所取士也，重以爲請，乃銘曰：

不裂而泄，不齧而缺。地不違天，爰得吉穴。昔孺人之安先人也，今後人之安孺人也。昭爾子孫，後先一轍。

馮恭人墓誌銘 壬寅

恭人氏馮，爲代望族。考諱元方，廣西按察司使，母王淑人。馮公與四川布政司使陽曲李公諱如蘭，交相善也，遂以恭人歸李公次子天培。由進士歷郎署，出爲湖南衡永郴桂道，復授廣西左江兵備道。官罷，恭人偕歸里中，凡十有四年而卒，年六十有七，時乾隆四十有六年九月三日也。逾年十一月某日，葬於太原縣許丹村之原。先期以狀來請銘，余素知兵備君之賢，今乃知恭人實有助云。恭人少隨父任，兵備君奉父命就婚焉，既而應鄉試歸。馮公止一子，聘兵備君之妹，亦命之蜀就婚。既行而馮公疾作，恭人忘其將免身者，日夜左右奉湯藥唯謹。生男三日而馮公疾革，即彊起，茹哀視附身物，無一遺憾；又懼母夫人年高，不宜過哀，所以調護扶掖者無不至。洎與弟扶柩歸代，以積勞幾瀕於危，逾年始差。布政公以王淑人所生止此女，不堪遠離，命且留侍母。久之，布政公卒官，始歸奔喪。家旋被籍，至無以給朝夕，恭人安之無愠容。迨兵備君仕於朝，恭人奉姑曹夫人命送小姑嫁來京師，未幾復至代，由代至太原，由太原至京，復至代，十餘年中，往還殆無寧歲。兵備君家貲既盡，所得禄不足以給裘葛僕馬費。士大夫舉京官之貧者，必曰李君，而君彌自刻苦，微特不受非義，并不輕從人乞假。恭人仰事俯育，黽勉有無，坼鈿移繡，辛苦備至。兵備君乃得壹意職事，絶無内顧憂。既而從宦衡陽、南寧，以遠離二母，居常悒悒。聞當鐫秩，喜謂兵備君曰：「今乃獲偕君歸事老親矣。」歸一年而母王淑人卒，又四年姑曹夫人亦卒，侍病送終，備盡哀禮，恭人爲女爲婦之道盡矣。以夫貴，誥封恭人。子二：長德中，增廣生員；次錫璉，殤。女四，皆適宦族。孫二，應垣、應均。銘曰：

處素貧易，處暴貧難。雪霜驟至，當之鮮歡。幸爲男子，專奉二親。女也及笄，辭家適人。豐約一致，恩義無二。天鑒孔明，咸遂其志。以亨其迍，以榮其身。同德賢夫，無或緇磷。井椁既具，高丘之原。銘以考信，我詞不繁。

談孝貞墓誌銘乙巳

女子外成，以適人爲家者，此人道之常也。離己之父母而事人之父母，義則有降而情則無降，故已嫁而孝不衰者稱焉。若夫兄弟凋零，幼孤未立，懼親年之易老，傷左右之無人，撤環瑱以守貞，奉盤匜而致養，遇值其變，則其事爲尤難。有若江寧談氏孝貞女者，名淑範，旦泉君之愛女也，母許夫人。女善承兩親意，自小即願長依父母。及笄，聞將爲擇對，則涕泣終日。旦泉有兩子，先喪其長子，其遺腹幸男也，而次子又夭，女願供子職之志益堅。未幾母亡，長嫂又相繼逝，天倫之樂，生人之趣，旦泉舉無得焉。女上承下撫，綜理井然。復勸父置側室，親擇端謹者令視寢，舉一男，今已就傅矣。其孫授室後，亦生男。旦泉今乃有子有孫，且有曾孫矣。是皆女辛勤鞠養之所致也。性嚴重，寡言笑，家人咸憚之。以乾隆五十年六月十九日，卒於室，年四十有三。其父痛之甚，以其年十月十九日，附葬於祖塋之旁，請余爲之誌，并銘之曰：

女孝而貞，國人所稱。在室伊何，降酷相仍。生我孑然，意先志承。扶厥微緒，家用是興。先聞其鄉，有萬孝女。十指養母，相依白首。昔惟北宫，今乃有侶。迹殊志同，孰敢輕不。卜兹幽宅，日月其良。魄歸於土，神或在堂。

抱經堂文集卷第三十四

誌銘 附哀辭祭文

贈奉直大夫焕文吉公墓誌銘 癸未

公姓吉氏，諱曦曜，字焕文，鎭江丹陽人也。先世自山西徙焉。四傳至邵武府同知貴和，明初以孝弟徵入官，廉惠著聲，郡志書之。其在嘉靖時，有御史棠，上疏斥張璁、桂蕚之議禮爲曲學阿世，及請召還故相楊一清事，皆見明史，是爲公五世從祖。祖諱象乾，有二子，伯諱大兆，公考也，仲諱大祥。兄弟白首熙熙無閒言，仲老無子，而公考有子三人，遺命以季子爲仲後，卽公也。公事所生、所後，生死咸盡禮。伯兄居外久，公獨與仲兄偕。家貧，棄舉子業，治生以爲養。家漸饒，撫諸子姪如一，同居數十年，齒益繁，所親數以析産諷公。一日，與仲兄大治具，召親黨飲讌，與者私相語，此必議分析事也。共目兩老人，則見笑談甚洽，諸子若孫咸雍雍列侍，各以次捧觴爲壽，語不及家事。在坐莫不嗟歎，極歡而罷，後遂無復言者。公性簡重，其教子微示喜愠之色，諸子莫不肅然敬憚，相與砥礪學行，顯聞於時。子三人：長夢賚，鄉貢士，黟縣教諭；次夢熊，乾隆十七年恩科進士，入翰林，改御史；次夢蘭，乾隆二十二年進士，庶吉士。夢熊之初授御史也，公貽書舉練溪公故事以爲勖，且曰：「人臣知無不言之謂直，言無不盡之謂忠。凡進言，務識大體，不當毛舉細故。其要尤以積誠爲本。」練溪，即在前朝疏斥張、桂者也。乾隆二十四年，公喪長孫，繼又喪庶常君，哀慟，遂得病，以明年八月五日卒於里居之正寢，享年六十有九。覃恩封修職郎，晉贈奉直大夫。妻錢宜人。女二人，湯登嵩、丁翰賓，其壻也。孫九人：禮庭、春庭、芝庭、芸庭、昌庭、士璜、士琛、士英、士琦。孫女九人。御史君既卜葬公於先人之墉，而以銘屬其同年生盧文弨。銘曰：

彼韡者華承以跗，有藟者葛緜者瓜。和氣所集荆不枯，後昆繩繩肥厥家。峩峩一鳳昌言敷，坐見纖甸疲甿蘇。翁之教也遺讕拘，亦欲侃侃追前模。銘幽宮者其人盧，以貽來葉辭非誣。

贈中憲大夫鄉飲大賓作菴劉公墓誌銘 戊寅

乾隆八年，予始晤香山劉舍人於外家張鳳巖先生所。先生前以學士典學粵東，舍人，所首拔士也。學士門下士，予不盡識，獨識舍人，愛其淳厚退讓有古君子風，因以知其稟承於家先生作菴公者有素。舍人歸里後，越十有二年，而舍人之子有官比部於京師者，相見亟詢其大父、父，皆無恙，爲之喜甚。是時作菴公年九十有九，越明年百歲，例得以建坊，請大吏以聞。朝之貴人重公名德壽考，亦相率爲詩文以壽，而公乃即於是年捐館舍，是爲乾隆二十有一年二月二十日也。舍人將免喪，復來京師，盡輯諸公前所爲壽言，什襲之以歸，見公之生平可徵信者如此，歸即將營葬事，求文以納諸幽，於是以狀來請。予交公之子，又交公之孫，雖不文，義其可辭？案狀，公姓劉氏，諱清字泳斯，作菴其號。先世在宋時從彭城遷香山之德慶鄉，傳至公十七世。父長祚，母方氏。生公八歲而孤，母守志，翼公於成，居貧，藉女紅以得食。及公少長，痛其母之劬也，乃慨然棄舉子業以治生。家漸饒，母乃顧公而泣曰：「而父夙嗜學，不幸蚤世不顯。余年廿八稱未亡人，流離荼苦，常恨不即從而父於地下，不圖及見今日。然迺父之志，其尚不止於是。」公聞之長號失聲，因是課舍人兄弟頗嚴，延名師以教之。至今子若孫皆讀書守禮爲儒者，起而仕宦皆有聲。公好行利濟事。邑南木橋久不治，公易以石；西有岐江，設義渡，便往來者；歲饑，出私穀千石佐振，常爲邑人倡；有佃死，孤弱，嫠失田無以活，遂弗易佃，租入不足一不問。其他施濟多類此。晚年以家廟未立，居常怏怏，及告成，舉祀事，扶杖詣廟，肅衣冠載拜，乃大喜。邑中歲兩舉鄉飲酒禮，公常爲大賓。以子貴，勅封修職郎，晉文林郎；又以孫起鯤貴，復貤贈中憲大夫。娶徐氏，贈恭人，先公十年卒。子二人：長錦，金華縣丞；次濤，辛酉科選拔貢生，内府中書科中書舍人，誥封中憲大夫。女二人，李英光、鄭燕其壻也。孫十人，孫女五人，曾孫十六人，曾孫女十一人，玄孫二人，玄孫女一人。銘曰：

既富且壽，康寧考終。惟德攸好，惟福攸崇。既醉之章，爰備五福。從以孫子，克享天禄。何啬於若考，豐於厥身。匪唯豐身，利其後人。母節子孝，宗緒是延。天之報施，豈曰偶然。鵶鶫之原，祖魄所藏。後先百歲，鬱然相望。不崩不陁，不震不泄。貞珉在中，永不磨滅。

鄉貢生盧府君墓誌銘 庚辰

府君諱國佐，字遜及，號均疇，與余同出自涿，世居永定之大塘凹。祖諱珏，邑諸生。父諱某，舉丈夫子六人，君爲長。康熙五十六年舉於鄉，再上公車，不第，以乾隆二十年某月某日卒，年七十有二。娶某氏。有子七人。其第五曰如纘，挾化居術，寓揚州。乾隆二十四年，余往揚州，如纘聞之來見。余曩與其宗人監利縣丞殿人者敘昆弟之好，如纘輩行與之同而齒長於余，亦鴈行也。謂余曰：「吾將以明年歸葬吾父，以銘匄子。」不知爲狀，余謹謝不能。他日至越，永定族人多有在越者。教諭觀源亦適以計偕至。與言及之，則知府君素爲鄉黨所敬服。其欲爲義而不克者，推府君爲倡，卽事無不集。事有紛糾不可理者，府君發片言，人不敢有異議。兄弟怡怡如也，終身無幾微辭色之忤。噫！可爲有德君子矣。乃爲之銘曰：

爲善於國，不如爲善於鄉。君有太丘之德，不以之自名。有彥方之化，不以之自功。殁已逾紀，而鄉人懷之至今不能忘。吾得於君之子者畧，而得於羣子姓之口者特詳。有高者丘，魄所寧耶？子孫賴之，後其有興耶？

待贈文林郎增廣生毅齋陳府君墓誌銘 丁亥

夫不知其父兄，觀其子弟而可矣。海陽有陳生雄畧者，乾隆三十年，余奉命主廣東試所貢士也。其文閎以肆，甚愛之。既乃延之湖南學政署中，所往必與俱，衡校文藝，極精敏。嘗從永順放舟而下，灘流湍悍，舟回轉顛簸於洪濤巨浪閒，幾不測。又從辰赴沅，適大兵之往滇者亦將至，昏夜疾馳，雨甚，山路犖确，澗水奔注，砰訇若雷，擔夫皆股栗，生自若。試岳州日，驕陽酷熾，通夕汗沾濡，蟲蝱嗜人肌膚，交扇揮之不去。生於此時，秉燭披閱達旦，不言勞。噫！余何以得此於生哉！生將辭予歸，予尚欲生留，則以告曰：「雄畧將卜葬吾母也。」且請曰：「昔先君子之葬也，銘隧之辭尚闕，今願併有述也。」其狀曰：府君諱萬盛，字君冕，海陽縣學增廣生員。世居縣之龍津都古樓里。考天純，文昌縣學訓導，有五子，府君行第三。幼嚴整若成人，逮事王父，曲盡其驩；不妄交遊，所與友，終身不渝；教督子孫，一言動皆有規矩。子三人：長嵩齒，以文學與府君同受知於學使者，在諸生高等，食廩餼，蚤世；次卽生也，舉人；季曰雄思，諸生。孫五人，本文、章程、本衮、章洛、本高，章程爲諸生。曾孫二人。府君初娶於李，生嵩齒而歿，繼娶於王，通詩書，善視前子，舉生及雄思，望其爲善士，不姑息。事所生孝。父官南澳守備，既老，迎養於家，生死咸盡禮。生平從不佞佛，其持家一切具有法度。府君卒於乾隆十六年某月某日，年六十有七。王孺人以乾隆二十六年某月某日卒，後府君十年，年六十有八。府君與元配前已合葬於縣之曲灣山，今以王孺人祔，是歲乾隆三十四年十二月某日也。噫！予雖未見府君，而以生之言行考之，固知其來有自。爲之銘曰：

昔吳惠公以經學迪海邦，孰克應之，君父子則同。君之學行，匪唯文雄。顯不於其身，在其後人。雖弱一个，二難譽振。仲實贊我，忠我實多。美哉義方，我銘匪誇。

文林郎錢塘縣知縣魏公墓誌銘 戊子

公諱嶸，字陟菴，世爲南樂著姓。明兵部侍郎介肅公諱允貞，公高祖也。考諱體仁，永清縣學訓導。母宋孺人。公稟至性，三歲，祖母谷孺人病，公隨司訓公侍側不少離，持匕箸勸食飲，不嘗不敢退。康熙四十一年，以縣學生舉於鄉。四十五年，成進士。先以家貧，常客外謀養，凡十餘年。及登第歸，二親皆年高，遂不出。食上，必在左右，偶近行值風雪，家人意未即歸，將進饌，公已趨而至矣。連丁內外艱。服除謁選，五十四年，授杭州錢塘縣知縣。縣附藩，事至劇，吏易爲姦。公下車，首先潔己，罷民一切供應。向時相沿，如倉胥供署中食米，屠儈供肉，江步供薪，漁户供魚之類，一旦盡革之，民大悦。晝謁諸上官，以晨夜治簿書，斷理獄訟，無留牘，無遁情。吏相顧戒曰：「未見有書生如公者也。」減正賦秏羡，諭輸租者以時輸，予終不鋃鐺女，桁楊女，女第勿使予不中程。於是當輸者咸相勸輸，勿累公，課更最。故時徵漕米入倉，主倉吏餽官千金。公笑曰：「彼無故而坐捐多金，非人情，其姦不待問也。」自止於倉，親評米高下，令納者自操量，畢徵，吏無私焉。杭有駐防旗丁，多不戢，市物薄予之直，伺婦女出道上，恣笑謔，民病之。有司以非所隸，不詰也。公至，輒移所司論罪，遂相戒勿犯魏錢塘。先後中丞徐公元夢、朱公軾，皆嘉歎以爲能。瀕海塘，歲修費不訾，時議欲令民出家財以佐公，且謂紳士當爲倡者。公與海寧陳太史同年，上官令往諭意，公察不可，即往謁陳母，不數語，馳還白曰：「豈惟陳氏，浙士皆無貲也。且此例一開，貽患無窮。」事遂寢。縣志自明聶公後，閲八十年不修，公開館，延儒士，搜輯成書三十六卷。所識拔於童子中者，如孫灝、任應烈、汪振甲，後皆有盛名。分校鄉試亦得人。五十七年冬，自劾去官。時勢豪與民争塋田，公直民，上官有右豪者，公不自得，力匄去。無以爲辭，則以庫貯前政所補金色微惡及民輸錢之當易銀者未盡内二事，坐虧空免。百姓籲留者數千人，或願持金代償。上官意亦悔，後卒偕中丞疏請還公職。公堅不起，家居十二年，以雍正九年十二月十四日卒，年六十有八。所著有且齋草四卷。娶武孺人，崇禎壬午舉人殉難諱緯孫女，性淑慎，事舅姑孝，持家以勤，以康熙四十年三月二十五日卒，公自有狀。繼娶李孺人，以乾隆二年七月十五日卒。子一，則乾，貢生。孫男二：長大名，乾隆三年舉人，青縣教諭；次大器。孫女三，長適縣學生王宗曾，次適濮州國子生黄檍岸，次適清豐縣學生李遐年。曾孫三，曾孫女一。公子乾隆九年卒。公孫大名以乾隆十七年十一月三日始克合葬公暨兩孺人於城東南三里魏家莊之西原，未有銘。又十四年，介大興吴侍讀肇元持其所自爲狀來，求余文，追而納諸幽。余生仁和，與錢塘同郭，公之澤得及焉。公去杭時，余甫二歲，長乃得耳熟公治行，又讀公所爲邑志，文獻賴有所考，且與教諭君同年舉順天牓，義皆不可以辭。適校士湖南，卒卒無暇以爲，又二年官罷，乃克踐前諾，詮次其事如右，而繫以銘。銘曰：

脱穎而出，善刀而藏。官不爲久，治則有聲。越五十年，遺愛未忘。昔丱今皤，口魏錢塘。處膏却潤，作法戒涼。孰秉史筆，登之循良。有鬱者阡，宰木成行。銘公之績，繄杭之氓。

奉直大夫吏部文選司主事汪君墓誌銘 壬辰

君諱孟鋗，字康古，姓汪氏。先世自休寧遷桐鄉，至君考又遷秀水，遂占籍焉。曾祖諱森，户部郎中，階中憲大夫，富著述，世稱碧巢先生者是也。以弟内閣中書諱文桂次子爲後，諱繼燝，由鄉舉，歷官吏科給事中，巡臺灣，君祖也。考諱上堉，大理府知府。兩世階皆奉直大夫。大理生四子，君爲長。幼穎悟，善屬文。自其年十五六時，從宦至京師，先達見其文，已奇之。既益好古文辭，家有裘杼樓藏書，多先代善本，歸里盡發篋讀之，務爲博綜，又益購所未備，或鈔寫以足之。君之弟仲鈖，才名與君相上下，好學與君同。又得同志友二三人，朝夕相與鏃礪，所爲詩若文，駸駸及古作者，名譽大起。又好訂金石文字，得古泉纍纍，時復攜行笈中，備考核。大理卒於雲南，奔往扶櫬歸，母祝宜人已前卒，遂合葬焉。乾隆十五年，與仲弟同舉於鄉，人咸以得二俊爲主司慶。二十七年，天子三舉南巡之典，君獻詩并所著龍井見聞録十二卷，得旨留覽，賜緞二匹。試入高等，特授内閣中書。大臣重君，凡上有所纂輯，輒以君攝其事，精核爲一館最。三十一年，中禮部試，奉廷對，賜進士出身，不改官。又三年，遷典籍，以貲深，旋改授吏部文選司主事，精勤能舉其職。以君才，御史、郡守可計日而至，乃任吏部未一年，年始登五十而遽殞矣。其卒之日，乾隆三十五年五月二十八日也。以修書勞，加一級。後一年，遇覃恩，以子官贈奉直大夫。所著有厚石齋詩文襍著凡若干卷，皆可傳。君嘗欲盡梓曾大父碧巢遺書而力不逮。仲弟亡，不忍其無傳，爲梓其遺詩數卷。又梓亡友萬徵君光泰詩，萬垂歿，盡以所著託君，君亦將爲次第刊布，而不虞其不及爲也。然君於兄弟朋友之道則至矣。初娶舅氏海寧祝氏，今贈宜人，生子如藻、如澈。宜人父維詰，内閣典籍。繼娶仁和金氏，封宜人，生如洋、治猷。三女，長字朱某，次字錢某，其幼未字。宜人父甡，今禮部左侍郎。側室范氏，生承澤。君仲弟無後，命如澈後之，年十七殤，又命如洋爲之後，今爲縣學生。如藻，舉人，官國子監學正。予與君舅氏同官，習君才名久，及相見，歡甚。君中第之歲，予分校禮闈，聞唱君名，滿堂皆大快。朝廷第羣臣所上歌頌，凡君代他人作者率在選。君卒之前月，予來候君，不得見，予無位於朝，訃者不及，予不得哭君柩前，意常慊慊。今孤如藻將以某年某月日子葬君於某縣某鄉之原，來請銘，其曷可辭。銘曰：

瀛州華選，以待俊彦，胡獨遺兮。材則輪囷，而貌逡遁，世皆知兮。無援於人，又阨於天，年止斯兮。視仲非促，視萬有禄，又佳兒兮。欲乞君文，今反銘君，詒此辭兮。玄石深刻，藏之不泐，期無期兮。

文學陳少雲墓誌銘 癸巳

余與少雲友也，情則兄弟也。兩家居相近。少雲考曰汭徵府君，母謝太君。少雲長余三歲。方余母馮太恭人免文弨時，乞乳於謝太君，兩家子在襁褓中，姁嫗數提抱往來，更相子也。既而少雲讀書家塾，余往就之，同受業於沈武曹先生元斌，情彌厚。少雲英敏，雖習舉子業，時時取資治通鑑讀之，於歷代興廢離合之故，人品邪正之分，無不了了。時過先贈公所，率胸臆劇談，先贈公每稱善。數試不利，星家言當改業，不從，竟補博士弟子員。家貧欲出遊，余在京師招之，同館於大興金氏。其文日益進，鑱削刻露，鋒凜然不可犯。書宗顔平原，無論正草大小，率懸臂書之，嚴整遒勁，幾於逼真。每據案作書，楮幅必正向，教弟子亦如是，曰「此卽柳誠懸意也」。年餘，仍歸里課徒，盛暑，肅衣冠正講。童子有治經未畢遽請學弄筆作文者，不許。束脩所入無幾，終不肯以貧語人，以是常困。既而翻然曰：「奈何以貧累吾親乎？吾父兄皆以理人術佐長吏，吾將繼之。」遂偕其異母兄復之京師，遂就幕而南，足以衣食家口矣。未幾，其同産弟在里中以病殁，少雲念母老已，又衣食奔走無人侍膝下，每將戒行李，哽咽不自勝。居常謂人曰：「兄弟如左右手，今吾一體亡矣，何能獨生。」在江西德興縣幕病作，伏枕蘸筆爲書數千言，與母訣，自恨不能終事，語甚淒楚。遂以乾隆二十四年九月三十日卒，年四十有五。姓陳氏，一傑名也。每服膺裴行儉之言，自製字曰儆唐，少雲其號也。先世上虞人，遷仁和兩世矣。娶嚴氏，無子，後四年卒。伯兄亦無子。唯季弟先卒者有三子，其仲名熌，今爲後，將以某年某月某日葬君於某原，余乃泚筆爲銘。銘曰：

學則史，教則經。不一施，命所丁。嗚呼哀哉！予忍不銘。

贈中憲大夫予寧秦公墓誌銘 癸巳

乾隆三十八年秋，余同年友江都秦黌以將奉其母趙太君之匶，祔葬於其考中憲公之塋，使使來告文弨曰：「卜以今歲十一月十九日吉。昔先考之葬，銘尚有待也。今以吾母祔，當合爲銘，以屬子。」文弨於是考其家狀，因歎中憲公與恭人皆以孝友篤天倫爲足以挽薄俗而使之厚也。公諱熙，字予寧。先世陝西三原人，其遷揚州之江都，至公考來劬公七世矣。康熙十六年，舉於鄉，授中書舍人。生四子，公其仲也。十歲而孤，母鄭安人苦節撫教之。公前母兩安人皆王氏。後王安人生兄庠生與權。公念父兄皆以儒爲業，亦惟苦志讀書，庶可爲劬勞報繼；而家日以落，伯兄與公異居，公同母二弟尚幼，不能治生，大懼甘旨有缺，不得已始棄經生業，此公畢生隱憾也。繼連居母與兄之喪，摧毁欲絶，殯葬諸費，一皆身任之。且撫兄之仲子賓爲子，賓爲郡庠生，日望其昌大先人之業，愛誨備至，顧又不幸早殁，婦俞無子，公已自有子釁，謂釁他日生男當後之。其訓子也嚴，未嘗少有姑息，朝夕必垂泣警戒曰：「先人世業竟忍終墜邪！」釁以乾隆十二年舉於鄉。十七年壬申恩科，成進士，選入詞館爲庶吉士，即乞假歸省。公率之祭中翰公之墓，未至數里，即却輿步行，及墓展拜，且告曰：「今而後差可對先人於地下矣。」一慟幾不能起，歸而臥病，不旬日遂卒，乾隆十八年五月初七日也。年六十有九。娶恭人趙氏，同邑歲進士候補訓導諱豫吉之第三女也。世居邵伯埭，爲著姓，今其地隸甘泉。恭人年十七來歸，事姑孝，待娣姒如同生。念中憲公嗣續未廣，爲置側室熊，生覺，撫摩鞠育，一日不忍離。後就養入都，攜以自隨。及聞熊病，亟命歸視，竟賴以瘳。初賓之爲子也，恭人撫之如實己出。賓亡後三十年，釁官湖南，始舉次子恩楚。恭人諭釁曰：「以汝子爲兄後，汝父命也。兄本汝世父子。世父生時，尚有二子，今皆已殁無後。大宗不可絶，今當以汝新生子後汝兄，而仍歸宗於汝世父。俟其免乳，即歸告於廟而立之。亟傳語汝嫂，庶使其三十年苦節之貞，亦藉以少慰也。」俞旋殁，即命襁褓子成服。恭人之明於大義類若此。乾隆三十七年七月十三日卒，年八十有六。嗣子賓已歸宗，其爲之後者復殤。今舉其見在者子一人：

贊，由翰林院編脩，歷湖南岳常灃道；覺，台州臨海縣丞。女三，庠生陳詩，高成璇，庠生潘瑢，其壻也。孫四，恩復、恩海、恩誥、恩蔭。孫女一，許字程菊生。公國學生，以子貴，勅贈承德郎、翰林院編修，加二級，晉贈中憲大夫。恭人敕封安人，晉贈恭人。墓在揚州城北仙源橋祖塋之旁。銘曰：

世澤詩書，勿棄我畬。精神所馮，始鬱終舒。庭植嘉樹，殊條同根。雨露共之，靡憂不蕃。匪其蒸之，後曷克繩之。匪其凝之，後曷克承之。分形同氣，牉合異族。嘉耦尤難，交敦互勛。爾子我育，我孫爾續。於古誰倫，諸葛、氾毓。孝友之德，德之大者。榮生考終，天錫純嘏。安此幽壚，偕返其真。我作銘詞，用式後人。

文林郎施秉縣知縣朱君墓誌銘 壬子

君諱履吉，字旦銘，朱姓，松江婁縣人。先世故浙產，凡三遷至今縣，詳具先世誌中。考諱秀文，廣西柳州府通判。柳州君早年生兩子，皆不育，四十外始舉君，愛憐倍至。幼聰慧好學，以父遠宦，成童即綜理家政。復銳精學業。體素弱，嫡母夏安人憂其過勞也，令就怡適，所親示以六法，閒撫七弦以自娱，遂兼通藝事。年十八，省父柳州，途次即熟復法家言，至則佐幕中畫，有老成風。柳州君以君之習於爲政也，年幾强仕，遂爲援例銓授貴州鎮遠府施秉縣知縣。縣居衝途，困於供億，君籌畫有方，刻己奉公，一不以累民，革賦外浮派之弊，而民皆樂輸恐後。其聽訟也，剖決如流，且化且誘，兩造往往各解讎釋忿而去。修偏橋，使商旅不病涉；葺廨舍，使官吏不侵民居。月兩期課士，而士知向方。甫二年，善政畢舉，大府方擬以循良薦，忽一夕心動，亟陳情歸養。未到家一舍，聞若考已先一月捐館，即號咷徒跣奔赴，慟絶幾不欲生，遂得咯血疾。踰年少差，隨擇地安窆，并建祠置田，呈縣勒石，以垂久遠。又推柳州君遺意，浙五世以下諸塋及金山縣冉莊祖塋，親往封植，各製祭器鑪瓶鐙檠之屬，畢具，謹庋以供時祀。君之歸也，年四十有一，以生母孫孺人年高，家居侍養者十餘年，怡怡然樂也。孫孺人疾，君侍湯藥，月餘目不交睫，皆爲之爛。先是，君自祖塋祭埽回，遇疾風甚雨得疾，至是新愈，而孫孺人病卒不起，君哀毁骨立，沈疴頓發。醫者咸謂痛傷五中，不静攝將不治，戚友亦引禮「五十不毁」之文相勸慰，君聞言更戚，竟於乾隆五十七年正月十二日卒於喪次，年五十有五，距孫孺人之没未及一期。卒前三日，力起端坐書示曰：「蘧云寡過，曾引履冰。五十五年，勉服於膺。春朝撒手去，仍作打包僧。一片寒松裹，慈烏唤我曾。」蓋君考嘗航海至補陀求子，遇老衲，以禪語示意，後生君，故其言有自也。又指壁閒懸緘曰：「與我將去。」及斂取視，外裹以麻，緘以素紙，細書「百日髮」三字，蓋喪滿百日所薙髮也。噫！此亦全歸之道矣。鄉人來會者，重君誼，皆行哭失聲。且爲之議曰：「曾子稱慈愛忘勞，盡力而有禮。大易云『庸行之謹』。君之敬親絜己，宜受此名也。私謚曰孝謹先生」。僉曰然。君階文林郎，考不以其官封而就君之階，新例也。初娶於陸，繼娶蔡，皆前卒，又繼娶王。子四人：光曜、子鄂，皆諸生，光綸、光綖。一女蘭馨，適青浦學生蔡光治。孫二人，大源、大韶。女孫二人。今卜於十二月二十一日乙酉，奉君匱葬於婁縣北鱗字圩祖塋之次，君生前所自定也。諸孤介余年家子范公弼來請銘，爲之銘曰：

士有百行，唯孝莫大。愼厥身修，唯謹斯最。晉有靖節，唐有貞曜。古道猶行，德音孔邵。循吏之名，不足盡君。終焉死孝，匪獨生勤。婁江之濆，幽宮是宅。永遂瞻依，祥徵烏奕。

閻考功懷庭哀辭并序　戊子

乾隆二十二年，禮部試天下士，余與分校，得山東一卷，其辭簡淡而醇雅，以爲非學有元本者不能。既呈薦，主司嫌其寂寥，弗善也。甲乙既定。諸分校者皆退，余獨抱卷上堂，與主司言，不宜失此士，爭之竟不得。時分校諸公聞有此卷，爭取傳觀，咸稱善。秀水鄭君炳也，任丘李君廉衣，武進莊君本淳，尤歎息不已。既撤棘，言頗傳於外，并有傳予爲之出涕者。吾鄉陳句山先生，深於文者也，索此卷閱之，謂當冠倫。詢邑里姓名，則昌樂閻循觀，卽君也。雖不遇，而名聞京師。來見余，果粹然儒者，氣度沖夷，語不自矜詡。君言試前得余所爲亡室桑孺人行畧讀之，惻惻然若有動乎中，謂能質言之而情事亦曲盡也。君好余文，余好君文，其相合亦自有不偶然者。自後試屢不利，君守其道自若。至三十一年會試，余又與分校之列。揭榜日，唱名至第九，侍郎劉公藴檜見君名，詫於衆曰：「此卽往年盧某所爲抱其卷而泣者也，今可爲之一鼓掌矣。」滿堂聞之皆大噱。是年實出宜興湯君萼南之門云。既成進士，分部學習，得吏部考功司。議事持正，不苟隨人上下，有齮齕之者，君卒不少變。今年春，余失官，至京師與君相見，纔逾月，聞君以疾請假。余亟謂君：「盍書數語見貽乎？卽他年相望數千里外，見手跡如見故人。」君行急，不果書。既而郵余一椷，别無通問語，惟手書近日體驗之言見貽，踐前諾也。方謂君已復初，及秋而凶問至矣。嗚呼！君内行脩，學術正，教人盡其誠，其鄉人多能道之。而臨事有執，又見於居官之時。胡天虐之使病，病而至於不永年邪？君言行之懿，必不終泯泯。余雖識君，而不能資君爲砥礪，是余之窮也夫！爰爲辭以寫余哀云。

古有特立獨行之士兮，不隨俗以變遷。余將以求夫今之人兮，豈所在而皆然。舍吾範以馳驅兮，將詭遇而取憐。置瑟而操竽兮，刓方而爲員。競追逐以從時兮，奚本志之能堅。羌始進其若斯兮，吾又惡知其終焉。懿若人之古處兮，豈外物之可鐫。吾玉固自若兮，甘不字以十年。文與行若合符兮，今人中而有此賢。余不足以得君兮，徒兩情之惓惓。巧者遇而拙者亦不終棄兮，乃今而信夫大圜。匪榮名之足珍兮，將大任之可肩。見正直之道行兮，彼遵捷徑者其言旋。既覲政於郎署兮，繫升降之是權。寧使人驚吾之謇謇兮，吾終抱吾之專專。君以余同草木之臭味兮，余亦以君叶宫商之相宜。忽長揖以歸去兮，霅乎矢之離弦。既詒我以話言兮，期理道之共研。胡卽成此永訣兮，悵年壽之不少延。嗚呼！余求友於天下兮，落落晨星之在天。君今又舍我而去兮，不禁清淚之潺潺。惟今之悲其實可悲兮，過乎昔者之所傳。功業雖未顯融兮，遺文有待於爲之編。我車載脂兮，將適燕而辭燕。末由過君之里兮，一洒涕於重泉。嗚呼！此特敘余兩人之交情耳，余爲後死，尚思約君行之大者，以表於君之阡。

孔洪谷户部哀辭 并序　甲辰

嗚呼！君蓋天下學士之所以爲宗主者也。自成進士後，嗜學轉篤，服官農部，恐不能卒所業，亟告歸。左圖右書，日有所采獲，得古來遺文墜簡，爲一一整齊補綴，出與友朋相質正。海內學者多樂就之，見聞益以富。其厚於朋友也，不以死生易節。東原戴君既歿，爲版行其遺書，無有散失，士林尤高其義。其他所梓，復不下數十種，扶微振絶，厥功茂焉。昨歲冬孟，文弨自太原南還，過魯訪君，蓋不相見者星一終矣。留余止宿，示余以漢隸，借我以佳本，餉我以新刻。微見君容黯黮而多涕，勸君宜少近藥餌，然亦不圖有朝夕虞也。今年仲春初旬，忽得君不禄之赴，驚噩涕零，進使者而問故。使者不能言其詳，但言君第三郎君新就婚於金陵而歸，亦以是月夭亡，相去僅三日。嗚呼！一何酷也。以君之淳懿融粹，絶無瑕玼，宜其享遐年，膺厚福，余方欲託君以身後事，而何意余反爲後死者耶？既以悲君，實亦自悲，爰爲之詞，以寫我哀。

子聖人之後也，仍好古而敏求。釋纓紱而反初兮，壹藏修以息游。物固聚於所好兮，祕簡恣其遐搜。友朋相與討論兮，盡一時之勝流。美交道之不渝兮，信臭味之相投。延陵之不忘故兮，我亦遺文之是收。既不負此良友兮，復表章夫前修。文章天下之公器兮，應學子之所求。緊余得之而暴富兮，溢璀璨乎琳璆。曩吾黨有端人兮，謂余門范崧，君所師也。知子維端人之儔。溯淵源而我敬兮，嗟薄俗其有此不。自締交以至今兮，剛歲星之一周。歎合并之不易兮，隔千里而通郵。渴思君而一見兮，溯洙泗以停輈。喜余來而止宿兮，盡永夕之綢繆。思從容而展意兮，奈吾行之甚遒。君年少余兩紀兮，騁長途其未休。猥余珍夫敝帚兮，亦將託子以去留。久懷兹而未發兮，將排比而始謀。何意竟不我待兮，乃一疾而不瘳。余自今無以爲質兮，淚忽忽其盈眸。憶合尊以歡讌兮，方子獻而我酬。曾兩月之爲期兮，判萬古與千秋。重以叔子之不祐兮，疑與善之悠悠。幸長君之繼志兮，文與行其竝優。輿衆可追夫二鄭兮，向歆遠軼於二劉，少者係踵而接武兮，咸不隊夫弓裘。有子孫其若此兮，宜亦可含笑而無憂。獻歲寓書以通問兮，神爽豈或閒夫明幽。茲不能累君之行兮，聊以代夫執紼者之謳。嗚呼！吾與君之交其盡於此乎，猶庶幾夢寐之閒神彷彿而來遊。

公祭汪容甫中文 甲寅

維年月日，同學友盧文弨、孫志祖、張燕昌、梁玉繩等，謹以清酌之奠，致祭於拔萃汪君容夫之靈曰：吁嗟汪君！無怛而化。驟聞惡秏，舉皆驚詫。日者相招，促坐談笑。曾未浹旬，銷聲埋照。君實不狂，而衆曰狂。皮裹春秋，涇渭分明。彼妄男子，號召羣愚。如羶集蟻，知矢叢蛆。世奉尊耆，君實唾棄。海內正人，備載簡記。師門風義，不忘久久。沈椒園、鄭純齋兩先生。披榛拜墓，遺金卹後。同道爲朋，端臨、劉台拱。懷祖。王念孫。秋士江德量。先徂，金蘭誰補。四庫在胷，爲行祕書。大放厥辭，佩玉瓊琚。文章何師，西京、鄴下。汴都、臨安，未始孺炙。不恕古人，指瑕蹈隙。何況今人，焉免勒帛。衆畏其口，誓欲殺之。終老田閒，得與禍辭。名園高枕，山茶雙植。竹閣柏堂，風流允嗣。不死揚州，而死杭州。禪智山光，終焉首丘。吾儕結契，無論舊新。聞名相思，握手情親。臭味本同，膠投漆中。來幸天假，去何悤悤。一去不返，儀觀在目。樽酒具陳，皋某來復。聞君佳兒，嶄然頭角。庶幾他年，父書能讀。魂無不之，邗江之湄。執紼相送，涕下漣洏。嗚呼哀哉！尚饗。

校勘記

二卷一二頁六行　及直音某字爲某者　「及」疑「乃」之訛。

三卷三一頁一四行　應劭　「劭」原訛「邵」，今改正。

四卷五〇頁六行　上一字本不作識因家諱改之　作者諱「存」字。

五卷六一頁九行　周易家諱義録　作者諱「存」字。

七卷八六頁一一行　留家諱改舊　作者諱「存」字。

七卷八九頁八行　西市萬章　「西市」漢書王尊傳作「城西」。

七卷八九頁一四行　有沈君名上一字同家諱醇者　作者曾祖名承芳，祖名之翰，父名存心。此不知諱何字，待考。

七卷一〇二頁六行　上自黃帝　「黃」原訛「皇」，今改正。

七卷一〇三頁六行　遵守勿替　「替」原訛「暜」，今改正。

九卷一二八頁一五行　洪氏之詞家諱改苑羣書　作者諱「翰」字。

九卷一三四頁一五行　恭順不替　「替」原訛「暜」，今改正。

九卷一三五頁一〇行　嶺南　「嶺」原作「領」，今改。

一〇卷一四七頁一一行　共四百十有二字　「共」原訛「其」，據直隸書局影印本改。

一一卷一六二頁一三行　所居號小谷口　「口」原作「日」，據直隸書局影印本改。

一三卷一七九頁一五行　周官之義彖諱古字　作者避「存」字。

一三卷一八一頁二行　與上句文正相對　「句」原訛「旬」，今改正。

一四卷一九一頁三行　金陀園之故地也　「地」直隸書局影印本作「址」。

一四卷一九五頁一行　易有言不信　「易」當作「禮」，「言不信」一語見禮記緇衣。

一五卷二〇七頁一三行　張胤　「胤」原諱省作「肴」，今補缺筆。

一五卷二〇七頁一五行　張裔諱改　作者避雍正諱改作「裔」。

一五卷二〇七頁一六行　張後嗣　作者避雍正諱，改「胤」爲「後嗣」。

一五卷二〇八頁一四行　開府儀同三司　「開」原訛「關」，據直隸書局影印本改。

一六卷二二四頁一五行　則是篆之回字　「回」原訛「[illegible]」，據直隸書局影印本改。

一六卷二三〇頁八行　今覩遺蹟　「今」原訛「令」，今改。

一六卷二三四頁四行　此書爲宋郭若虛撰　「宋」原訛「未」，據直隸書局影印本改。

一七卷二四五頁九行　玉牒館　「玉」原訛「王」，據直隸書局影印本改。

一七卷二四六頁八行　文學待從之臣　「待」疑當作「侍」。

一九卷二六五頁二行　至以蓨爲絛之語　「絛」原作「脩」，據上文改。

一九卷二六八頁五行　曲成侯劉建　「侯」原訛「後」，今改。

二〇卷二七六頁一二行　大火者星家諱改也　作者諱「心」，而改「心」作「星」。下同。

二〇卷二七九頁一四行　龜非火不形家諱改　作者避「兆」字。

二一卷二九〇頁一〇行　沈果堂　「果」原訛「杲」，今改。

二一卷三〇六頁一六行　骨肉歸復于土　「歸復」原誤倒，據禮記檀弓下乙正。

二二卷三二〇頁一〇行　唯古作隹　「隹」原訛「佳」，今改。

二三卷三二六頁一四行　苗傜溪峒之地　「傜」原作「猺」，今改。下同。

二四卷三三四頁五行　衛至宣惠之世　「宣惠」原誤倒，今乙正。

二五卷三四六頁四行　褒然爲中書領袖　「褒」原訛「襃」，今改正。

二七卷三六六頁一一行　始得其崖略　「崖」原訛「厓」，據直隸書局影印本改。

二八卷三七五頁一三行　唐高祖武德元年　「德」原訛「功」，今改正。

三〇卷三九八頁一一行　則店中之銀一空　「店」原訛「店」，今改正。

三〇卷三九九頁六行　不扑一人而事集　「扑」原訛「朴」，今改。

三一卷四一四頁二行　以勤苦致夭也　「夭」原訛「大」，今改。

三二卷四二四頁一二行　正思得替人　「替」原訛「朁」，今改。

三四卷四五五頁一六行　其文日益進　「文」原作「學」，據直隸書局影印本改。

三四卷四五六頁八行　裴行儉　「儉」原訛「險」，今改正。

附録一

抱經堂集序

抱經盧先生之歸道山，屈指十八載矣。方先生之歿也，騫走哭諸寢門，葬往視其窆，畢封乃去。及同人彙刻遺集，得之爲獨先。他日，鮑君以文過溪上之敝廬，而言抱經堂集梓成久矣，未有序，環顧先生平昔交游，太半零謝，子其可無一言乎。騫深謝不敏，既而伏念，辱先生之知垂數十年，每摳趨請業，無少厭倦，謬以直諒多聞之友見許，晚至有願言與夫子永結爲弟昆之語。且先君子碣墓之文，實出先生手筆，嗚呼！是雖欲以不文辭，得乎！竊觀先生之學，原本六經，泝洄於先秦、兩漢，扶樹風骨，含咀英華。其發而爲文，磅礴鬱積，牢籠萬有，灝灝噩噩，日星麗而霞霨變。至於探賾索隱，浸淫乎義訓，反覆乎句讀，開來繼往，其勤可謂至矣。先生少志卓犖，厲操行，孝以事親，忠以取友，廉謹方嚴，忼慨懷濟時之略。比擬巍科，入詞苑，出典粵東試，視學湘楚，思以文章報國。俄因言事，議左遷，旋請養歸，遂不復出。林居餘二十年，歷主晉陽、鍾山、龍城、婁東、暨陽等講席，所至執經問業弟子之舍恒滿。先生教人，首重倫品而次學術，耳一善言，見一善行，輒津津道之不去口，故被賞識士，莫不束脩自好。尤癖嗜典籍，幾忘寢饋。聞人有異書，必宛轉假録，遇亥豕則爲校正而歸焉，人亦樂以借之。嘗謂士不可頊刻離書，譬魚不可須臾離水，時以爲名言。家貧，無負郭之産，藉脩脯以給。晚主崇文書院，浙西人士咸樂其化，駸駸有鄒魯之風。會榷使者晉接禮稍弛，先生乃拂衣去，而之鍾山。時已篤老，抱痾衝嚴寒，道病劇，還抵龍城書院而終。無何，儀徵阮侍郎來視浙學，雅慕先生名，甫下車即訪之，則先生已謝世，爲悼悵者久之。噫！奚晚景之多轗軻也。然而先生著書滿家，已足垂諸不朽，矧擘摩經傳，起廢鉤沈，尤有裨於聖賢。昔人嘗惜鄭康成未與天禄、石渠之選。騫以爲藉使先生生於隋唐間，與老師宿儒整齊故訓，蒐集遺亡，其匡贊宏益之功，當亦不在陸、曹、顔、孔諸公之亞。爰不揣固陋，聊抒梗概，以諗於飽君云爾。壬申冬十月。

——録自吴騫愚谷文存續編卷一

附録二

皇清故日講官起居注前翰林院侍讀學士盧先生行狀 庚申仲冬

曾祖承芳，明署建平縣知縣，妣某士生妣朱氏。

祖之翰，妣支氏、楊氏。

父存心，皇錢塘歲貢生，應試博學鴻詞科，妣馮氏、張氏。浙江杭州府仁和縣東里人，餘姚縣籍，盧文弨，年七十九。

狀

先生姓盧氏，字紹弓。顔其堂曰「抱經」，學者稱抱經先生。父徵士公與同里桑主事調元交最善，母馮太宜人故雅敬之。生先生五歲，得瘵疾，將卒，聞主事來，啟中門再拜曰：「以兒子爲託。」主事感其誠，遂以女字先生，招至京師，授以業，由是學日益進。乾隆戊午，舉順天鄉試。壬戌，考授内閣中書，會試中式廷對剴切，暢所欲言，以一甲第三人成進士。甲戌散館，上命取詩片進閱，曰：「你就是盧文弨麽？」欽定一等一名，授日講官、起居注，由詹事府左春坊左中允陞翰林院侍讀學士。丁丑、丙戌，充會試同考官，在尚書房行走，侍皇子講讀，出典廣東試，提督湖南學政，以端士習、正文體爲急，拔寒畯入家塾，廷師課其成，如丁未進士洛陽令龔鶴鳴，其一也。戊子，以條奏學政事，奉旨撤回，吏議左遷。念繼母張太宜人春秋高，告終養歸，時先生年五十有四矣。壬辰，兩江總督高公晉奏請主鍾山書院講席，先後八年，從遊者若方維甸、孫行衍、董教增爲最著。迨先生卒訃至江寧，前及門顧銘、姚大慶等奉栗主崇祀書院焉。歷主浙江之紫陽、崇文，山西之晉陽，太倉之婁東，常州之龍城，江陰之暨陽諸講席，著録最稱極盛。在龍城，郡尊李公廷敬延修府志，迺根據正史，參考羣書，采輯事文數百十篇，屬草稿曰：「史有史料，志亦有志料，吾不能依循舊本草率了事也。」病中猶與分纂諸君論不輟。既而李公調他郡，資費中匱，不克蕆事，因以所成稿授郡中紳士，辭講席歸。歸而兩浙都轉運阿公林保延主紫陽，待先生忠且敬，課期必盛服坐講堂，鐍院户，按名給卷，五日發案，評閲詳悉，如鍾山、晉陽時。乙卯秋，獲雋者八人。龔君麗正，丙辰聯捷成進士。會鹺使有失禮，先生復辭去。至江寧訪舊友，感寒疾，歸過常州，卒于龍城書院，乾隆乙卯十一月二十八日也。先一日猶强起，與及門丁履恒講儀禮。童時喜鈔書，貧不能多得紙，縮爲巾箱本十餘簏，皆蠅頭小楷。官中書日，始篤志校書，入直每携四册，盡日點勘，十年讀經史皆徧。作書閲文，點畫不苟，稍有譌闕，必爲訂正，曰「此古人小學之事也」。篤學，耄而不厭。昧爽即起，夜分始寢。終日莊坐，讀書遇疑義，則取别本勘；若有不當，又檢視他書，卷帙繁雜，堆几盈案，而心志益清。嘗合經史子集三十八部，成羣書拾補若干卷，正誤輯遺，倣經典釋文例，句釋而字注之。又取董仲舒春秋繁露、賈誼新書校而合刊，名之曰漢兩大儒書，以皆經生而通達治體，如周末孟軻氏、荀卿子之儔也。又取逸周書、荀子、孟子音義、呂氏春秋、方言、白虎通、韓詩外傳等，一一校刊，至今海内之士多知讀周、秦、兩漢書焉。凡十三經、二十一史、大戴禮記、國語、國策、史記索隱、蔡中郎集等，皆精意細勘，有手訂善本藏於家。晚年更取影宋鈔釋文，審定付梓，每卷撰考證附後。蓋先生以經術導士，於是爲至，而衣被學者之功亦由是益廣矣。所自著書，有周易注疏輯正十卷，儀禮注疏詳校十七卷，廣雅注釋二卷，經義考補若干卷，鍾山札記四卷，龍城札記三卷，文集三十四卷，大半刊行。少事繼母，得其歡心，服官京邸，雖甚貧，奉養必竭力謀豐腆。及張太宜人疾亟，先生年已七十有三，尤匝月衣不解帶，居喪盡禮。家忌，旅居必奠，謝客終日。自外歸，必設祭于桑主事墓，與人言，必稱弢父先生。外王父馮公景詩文集燬于火，爲重録之。執友江陰趙君曦明注顔氏家訓，爲補刊之。見道純正，不惑于釋老。遇佞佛者，必多方戒諭，或作書振救之，曰「吾不忍其陷于異端，并不許其以釋混儒也」。待人無城府，有不可則義形于色，及其改又善之如初。閒居飽粗糲，衣布褐。戚友困者，周之。不能營葬者，賻以襄事。不能應試者，給以卷資。所到間，栽花木，馴鴿鳥，以養性焉。配馮氏，繼室謝氏、楊氏。子四人，慶貽，附監生 後先生七月卒； 慶謀，國學生，早卒； 慶鍾，縣學生； 慶録國學生。孫一人，能庸。乾隆戊申，主講龍城，知鏞堂，亟欲見之。以月令雜説請正，曰：「子異日學業，吾不如也。」鏞感其言，執弟子禮。會修郡志，采先高祖學行入儒林傳，而語于里人湯君賓路曰：「是子他日亦儒林傳中人。」及先生之終，纔二十日耳，教誨諄懇，垂歿不衰。身受大德，無以發明先生之道是懼，嘗乞錢少詹大昕、段知縣玉裁撰志傳，得段君文，少詹未有作也。先生卒後五年，鏞堂乃次先生歷官行事、治經大畧、著書卷數爲之狀，以備史館傳儒林采擇。謹狀。嘉慶五年十一月十七日，受業弟子常州府學附生臧鏞堂狀。

——録自臧庸拜經堂文集卷一